KB069656

학습환경 설계의
이론적 기반

Theoretical Foundations
of Learning Environments _ 2nd Edition

| David H. Jonassen · Susan M. Land 편저 | 한승연 · 한인숙 공역 |

학지사

역자 서문

　이 책은 2012년에 출판된 David H. Jonassen과 Susan M. Land의 편저 『Theoretical foundations of learning environments』 2판을 완역한 것이다. 1990년대 구성주의 학습이론이 대중에게 소개되고 학습자 중심의 학습이론과 학습환경에 대한 관심이 급증하면서 수많은 이론서와 연구 결과물이 출판되었다. 편저자들은 이 책을 이론서라고 소개하고 있으나, 이론에 대한 심도 깊은 논의와 함께 매우 다양한 사례를 통해 이론이 실제로 어떻게 적용되고 있는지도 충분히 설명하고 있다. 그렇지만 읽기 쉬운 책은 아니다. 몇몇 장은 거의 한 권의 책에서 다룰 만한 분량의 이론과 사례를 압축적으로 담고 있다고 해도 과언이 아니다. 그러므로 이 책을 단순한 개론서라고 할 수는 없다. 이만큼 다양한 정보를 담고 있는 책은 찾기 쉽지 않기 때문이다. 그런 의미에서 이 책은 학습자 중심 학습이론과 테크놀로지 기반 학습환경 설계를 위한 매우 알차고 풍부한 내용을 담은 참고서라고 할 수 있다.

　이 책은 총 3부로 구성되어 있다. 1부 1장에서는 학습자 중심 학습환경을 구성하는 이론적 배경, 가정, 설계방법에 대한 개요를 설명한다. 특히 근거기반 설계의 관점에서 구성주의적 인식론과 관련된 토대, 가정, 방법에 기초한 학습자 중심 학습환경의 원리를 소개하는 데 초점을 둔다. 2부는 다양한 학습자 중심 학습환경을 소개한다. 2장에서는 실천공동체에 대한 매우 깊이 있는 논의를 전개한다. 상황이론과 인류학 관점에서 실천공동체의 본질을 논의하며, '연습의 장' 비유를 들어 학교가 실천공동체가 되려면 구성원을 위해 어떤 역할을 해야 하는지에 대한 대안을 제시한다. 3장은 모델기반 학습환경 설계에 대해 소개한다. 정신모델의 개념, 개별적인 학습과정에서 어떻게 정신모델이 작동하는지, 학습환경이 개인의 정신모델에 어떻게 반응하는지 살펴보고, 모델기반 학습환경의 주요 설계원리를 소개한다. 4장은 개념변화 이론을 다룬다. 개념변화 이론에 대한 개요, 개념변화 이론의 점진적 관점과 급진적 관점 그리고 최근의 '온건한 경향'에 대해 설명한다. 5장은 논증과 학습자 중심 학습환경을 다룬다. 논증의 개념, 이론적 기반, 테크놀로지 기반 논증지도 사례, 협력적 추론, 언어게임으로서의 논증, 논증을 위한 학습환경 설계원리를 설명한다. 6장은 사례기반 학습자료의 이론과 실제를 다룬다. 인지모델로서 사례기반 학습자료와 이의 핵심 구성 요소, 학습을 촉진하기 위한 테크놀로지 활용 사례기반 학습자료의 시사점, 대규모 학습환경 설계를 조성할 수 있는 방안을 살펴본 후 다양한 사례를 제시한다. 7장은 학습자 중심 학습환경에서 복잡하고 어려운 주제를 학습할 때 메타인지와 자기조절 학습의 중요성에 대해 다룬다. 자기조절 학습의 가정을 소개하고, P. Winne와 A. Hadwin의 모델에 대한 깊이 있는 설명을 제공하였으며, 학습과 관련된 메타인지적 점검과 자기조절적 과정 및 네 가지 사례를 제공한다. 8장은 체화된 인지와 학습환경 설계를 소개한다. 체화된 인지적 접근을 통해 학습환경을 어떻게 설계할 수 있을지 그리고 이러한 설계가 학습에 대한 학습자의 흥미와 자신감을 어떻게 증가시켜 줄 것인지, 학습과 이해와 수행을 어떻게 향상시킬 것인지에 대한 다양한 예를 제공한다. 9장은 형식적·비형식적 학습환경에서의 일상적 전문성에 관련된 내용으로, 그 개념과 관점이 학습환경 설계에 어떻게 적용되는지를 설명한다. 특히 비형식적 교육환경에서 학습의 발달과 연구를 위해 일상적 전문성 체제 활용에 초점을 두고 있다.

10장은 활동이론과 학습공학을 다룬다. 이 장에서는 활동이론의 기원과 학습공학에서 이를 어떻게 수용해 왔는지를 설명하고, 간단한 사례와 적용을 제시한다. 이 장의 목적은 가능하면 활동이론을 보다 단순하게 설명하여 쉽게 이해하게 하는 데 있다. 11장은 학습공동체에 관한 이론적 기반을 설명한다. 공동체와 학습공동체의 정의, 학습공동체의 사례, 학습공동체의 이론적 기반(사회적 구성주의 이론, 사회적 실재감, 사회적 상호의존성, 상황학습, 자기주도 학습과 자기조절 이론), 학습공동체 구축과 관련된 이슈와 도전 사항, 학습공동체 구축 전략과 기법을 설명한다. 12장은 실천공동체 개념의 역사와 기저 이론의 가정에 대해 설명한다. 또한 실천공동체를 만들고 유지하면서 확인된 중요한 과정들에 대해 검토하고, 실천공동체의 개념을 다른 사회적 학습 접근법 혹은 지식공동체와 비교 · 대조하며, 테크놀로지를 활용하여 실천공동체를 지원하기 위해 사용해 왔던 몇 가지 기법을 소개한다. 3부 13장에서는 연구방법론적 측면에서 대안을 모색한다. '학습-환경' 의 이론과 연구 방법을 위한 제언을 통해 논쟁을 재개념화하고 복잡한 물리적 사회 시스템에 대한 연구에 사용되는 개념적 관점과 방법들이 어떻게 학습환경과 학습과학 분야의 연구에 활용될 수 있을지 논의한다.

이 책은 꼭 차례의 순서에 따라 읽을 필요는 없으며, 관심과 필요에 따라 어느 장에서 시작해도 무방하다. 이 책이 교육공학, 교육방법, 학습이론, 수업설계에 관심이 있는 학생, 연구자, 실천가들에게 매우 유용한 참고서가 되기를 기대하며, 각 장의 참고문헌과 사례들에 대해 추가적으로 더 탐색해 보기를 권한다.

한승연, 한인숙

　1990년대에 등장한 구성주의와 이와 관련된 심리학, 교육학 분야의 이론들은 학습을 '전달'로 보는 관점에서 좀 더 '사회적, 대화적, 구성적'인 것으로 보는 관점으로 패러다임의 변화를 가져왔다. 이러한 현대적인 학습이론들은 학습을 전달적인 것으로 보는 전통적인 관점과는 근본적으로 다른 존재론과 인식론을 바탕으로 하고 있다. 이 책의 1판에서는 학습환경에 대한 이러한 새로운 개념들의 개요를 소개하였다. 1판은 1990년대 구성주의와 상황학습에 의해 안내된 학습심리학의 혁명을 중심으로 한 학습이론들의 융합에 대한 요구에 부응하여 발간되었다.

　지난 10년간 학습자 중심 학습환경에 대한 개념은 더욱더 성숙해졌다. 새로운 이론적 관점은 학습에 대한 구성주의적이고 상황적인 관점을 좀 더 명료하게 해 주었다. 1판에서 소개된 관점들과 더불어 이번 2판에서는 이론적 기저에 대한 새로운 시각을 바탕으로 메타인지, 모델기반 추론, 개념변화, 논증, 체화된 인지, 학습공동체, 실천공동체를 포함하였다. 2판은 학습자 중심 학습환경에 대한 이러한 추가적인 이론적 기반을 교수설계자, 교육과정 전문가, 수학·과학 교육자, 학습 심리학자, 이론적 관점에 관심이 있는 모두를 위해 저술되었다.

　학습자 중심 학습환경은 교수자(혹은 테크놀로지)에서 학습자로 정보가 전달되는 (여전히 많이 사용되는) 전달 위주의 수업에 대한 대안을 제시한다. 많은 교육자는 지식이 전달되는 것이라고 잘못 생각하지만, 이 책의 각 장에서는 지식이 학습자들로 하여금 구성된다고 가정하고 있다. 전달식 교수는 커뮤니케이션 모델에 기반을 두고 있다. 교육자들은 학습을 향상시키는 것은 전달 내용을 더 명료하게 하여 학습자들에게 아이디어를 좀 더 효과적으로 전달하는 문제라고 믿고 있으며, 교사들이 자신들이 아는 것을 학생들에게 전달해 주면 학생들도 역시 그것을 알게 될 것이라고 가정하였기 때문이다. 이때 좋은 가르침이란 좀 더 효과적인 커뮤니케이션을 의미하고, 단지 교사들이 더 오래 공부해 왔고, 더 잘 알고 있어서 내용을 더 잘 전달할 수 있기 때문이라는 이유에 기반하고 있다. 인식론적으로, 지식이란 개인이 소유하고 전달할 수 있는 대상이라고 가정하며, 학생들은 교사처럼 세계에 대해 알게 될 것이라고 가정하고 있는 것이다.

현대 사회에서 학생이 된다는 것은 성숙의 과정에 문화적으로 수용되어 가는 것이다. 다시 말해, 성인이 되어 가는 과정이자 사회적으로 수용되는 가치를 받아들이는 과정이다. 행동주의는 기본적인 커뮤니케이션 과정에 연습과 피드백을 추가하여 커뮤니케이션 과정을 확대시키기 위한 이론적 기반이다. 행동주의자들은 학습이 행동의 변화라면, 그 행동은 강화된 연습으로 형성된다고 가정한다. 그렇기 때문에 반복, 암기법, 의미 정교화, 알고리즘 등 다양한 연습 전략들이 교사들의 지식을 모사하기 위한 학생들의 능력을 강화해 주기 위해 커뮤니케이션 과정에 추가되었다. 1970년대와 1980년대에 걸쳐, 인지심리학이 학습과정에 대한 내적·정신적 설명을 제공하였지만, 안타깝게도 그러한 설명들은 교육 현장을 체계적으로 바꾸지는 못하였고, 학습과정을 복잡하게 표상하는 것만으로는 교육과정 변화에 충분한 추진력을 제공하지 못하였다.

1990년 무렵부터 교육과 심리학은 역사상 가장 실질적이고 혁신적인 학습이론의 변화를 목도했다. 이러한 혁신을 좀 더 실질적으로 만드는 것은 학습에 대한 존재론, 인식론 그리고 현상학에서의 변화다. 학습에 대한 현대의 상황적, 사회문화적 그리고 구성주의적 개념들은 커뮤니케이션 이론, 행동주의 그리고 인지주의와는 다른 존재론적이고 인식론적 기반 위에 정립되었다. 100여 년의 비교적 짧은 학습이론 역사상 이 책에 소개된 것같이 이렇게 다양한 이론들이 가정과 기반을 공유한 적은 없었다.

이 책은 사회적으로 공유된 인지, 상황학습, 모델기반 추론, 개념변화, 논증, 사례기반 추론, 자기조절, 체화된 인지, 일상적 인지, 활동이론, 학습공동체, 실천공동체 그리고 복잡성 이론을 포함하는 학습과 의미 구성에 관한 이론들을 설명하고 있다. 학습에 대한 이러한 개념들은 많은 신념과 가정을 공유하고 있다. 즉, 유사한 존재론, 인식론 그리고 현상학에 기반하고 있다. 이론가들은 학습이 단순한 전달과정이 아니라고 믿는다. 오히려 학습은 의식적·의도적 활동이며 의식적·구성적 실천으로 상호적인 의도−활동−성찰 활동을 포함한다. 학습은 종종 적극적인 과정으로 간주된다. 활동은 인식과 의식적 사고의 통합이다. (10장의) 활동이론에서는 의도된 학습과 활동(성과)은 완전히 상호작용적이고 상호의존적이라고 주장한다(우리는 사고 없이 행동하거나 행동 없이 사고할 수 없다).

활동은 학습에 필요하지만 충분하지는 않은 것으로 간주된다. 이러한 인식적이고 의도적인 활동들에 대한 성찰은 7장에 논의된 것처럼 의미 구성에 필요하다. 이 책에서는 학습을 의도와 성찰로 이루어진 의식적 활동으로 본다.

이 책에 설명된 이론들에는 적어도 세 가지 이상 사고에 대한 근본적인 변화가 포함되어 있다. 첫 번째로, 학습은 의미를 구성하는 과정이며 지식 전달이 아니라는 것이다. 인간은 세상의 다른 사람들 그리고 인조물들과 상호작용하며 자연스럽게, 지속적으로 그러한 상호작용들에 의미를 부여하려고 한다. 의미를 구성하는 것(우리가 확실히 알고 있는 것과 우리가 인식하거나 다른 사람들이 알 것이라고 믿고 있는 것 사이의 불일치를 해소하는 것)은 혼돈, 동요, 기대 위반, 호기심 혹은 인지적 갈등으로부터 생겨난다. 현상과 경험에 대한 의미 구성은 우리가 아는 것과 우리가 알고 싶어 하는 혹은 알 필요가 있는 것의 불일치를 포함한다. 이러한 불일치는 학습자들로 하여금 지식에 대한 소유권을 갖도록 한다. 개인적 혹은 사회적으로 구성된 지식은 필연적으로 의미 구성자의 소유가 된다. 따라서 혼돈 혹은 문제가 발생하였을 때, 학습자들은 현상을 이해하려는 노력을 보여 주고 상호작용하며, 그러한 상호작용의 의미에 대해 지속적으로 성찰하여야 한다. 이러한 활동의 기저에 놓여 있는 인식론적 혁명은 정신과 행동이 분리된 현상이라는 이원론적 신념에 대한 부정이다. 오히려 정신과 행동, 인식과 활동은 전체적으로 통합되어 있다. 즉, 우리는 영역에 대한 지식을 영역에서의 상호작용으로부터 분리해 낼 수 없다. 또한 활동으로부터 구성된 지식을 그 활동이 구성된 맥락 밖에서 생각할 수도 없다.

두 번째로, 현대의 학습이론가들은 의미 구성 과정의 사회적 속성에 대해 점점 더 많은 관심을 가지고 있다. 행동주의와 인지주의 이론들은 개인을 학습의 매개자로 간주하였다. 정보는 자신들의 표상을 다른 사람과 비교는 할 수 있지만, 공유하지는 않는 개인들로 인해 처리, 저장, 검색, 활용된다. 그러나 물리적 세계를 우리 모두가 공유하는 것과 같이 그 세계로부터 구성되는 의미 또한 공유한다. 인간은 자신들의 존재와 개인적 신념에 대한 진실성을 확인받기 위해 동료들로부터의 피드백에 의존하는 사회적 존재다. 사회적 구성주의(7장과 8장)는 의미 구성을 모든 활동의 참가자들 사이의 사회적 협상 과정으로 본다. 이 관점에 의하면 학습은 내적인 과정인 동시에 사회적 협상인 대화다. 학습은 본래적으로 사회적 대화의 과정인 것이다.

학습에 대한 가정의 세 번째 근본적인 변화는 의미 구성의 발생지와 관련이 있다. 많은 심리학자는 지식이 머릿속에만 존재하는 것이라는 믿음을 고수하고 있다. 인간만이 경험으로부터 의미를 구성할 수 있는 유일한 정보 처리자라는 것이다. 그러나 실천공동체에 참여하는 동안 세계에 대한 우리의 지식과 신념은 그 공동체와 그들의 신념, 가치에 영향을 받는다. 합법적 주변적 참여(Lave & Wenger, 1991)를 통해 우리는 문화가 구성원들 각각에 의해 영향을 받는 것처럼 공동체의 핵심적 부분이 되는 문화를 흡수하게 된다. 우리가 공동체의 담화와 실천에 참여할수록 우리의 지식과 신념은 그 공동체로부터 영향을 받게 된다. 정체성 형성도 마찬가지인데, 이 역시 학습의 주요한 결과다. 지식은 개인적·사회적으로 협상하는 정신에 존재할 뿐만 아니라, 개인들 간의 담화, 개인들을 엮어 주는 사회적 관계, 그들이 사용하고 만들어 내는 물리적 인조물 그리고 그것들을 만들어 내기 위해 사용하는 이론, 모델, 방법들에도 존재한다. 지식과 인지적 활동은 문화와 역사에 걸쳐 존재하며, 개인들이 사용하는 도구로 중재된다(10장 참고).

이 책은 이론을 중심으로 구성되었다. 학습과 사고에 대한 이러한 새로운 이론들은 여러 방면에 걸쳐 교육에 영향을 주었다. 구체적으로, 이 책은 학습자 중심 학습환경의 설계와 분석에 이 이론들을 적용하는 것에 초점을 맞추고 있다. 지난 20년간, 교육 연구들은 열린 학습환경, 인지적 도제, 구성주의적 학습환경, 마이크로월드, 목표기반 시나리오, 앵커드 교수, 사회적 중재 커뮤니케이션 등의 형태로 문제기반, 프로젝트 기반, 탐구 중심 교육에 좀 더 많은 관심을 가져 왔다. S. M. Land, M. J. Hannafin, K. Oliver(1장)는 이를 학습자 중심 학습환경(student-centered learning environments: SCLEs)이라고 한다.

이 책에서 설명하는 아이디어, 관점, 신념 간에는 중복되는 내용들이 있는데, 이는 여기에 설명된 이론들 간의 일관성을 나타내는 것이다. 1장에 서술된 것처럼, 이러한 일치성과 이론들 간의 수렴에도 불구하고 학습에 대한 단일한 이론은 없으며, 각 이론들은 구성주의적 학습의 메타이론의 구성요소들이라고 할 수 있다.

David H. Jonassen, Susan M. Land

1부

개요

1장

학습자 중심 학습환경:
기초, 가정, 설계

Susan M. Land, Michael J. Hannafin, & Kevin Oliver

    학습자 중심 학습환경(student-centered learning environment: SCLE)은 개인이 저마다 학습에 대한 흥미와 요구를 드러낼 수 있게 해 주고, 다양한 수준의 복잡성을 학습하고, 이해를 심화하는 상호작용적이고 보완적인 활동을 제공해 준다(Hannafin & Land, 1997, p. 168). 학습과학 분야에서는 이러한 틀로 테크놀로지 도구, 자원, 스캐폴딩(scaffolding)[1]을 갖춘 풍부한 문제 상황을 통해 개별적인 의미 구성을 지원하는 설계 방법을 설명한다(Quintana, Shin, Norris, & Soloway, 2006). 그러한 환경은 주제 영역의 실천, 문화, 과정과 부합하는 복잡하고 개방된 문제에 학습자들이 몰입할 수 있도록 해 주는 학습자 중심 혹은 자기주도적 학습을 촉진한다.

----

1) 역주: 학습자에게 교수-학습 관련 도움을 제공함으로써 유의미한 학습을 수행할 수 있도록 하는 것을 의미한다.

지난 20년 동안 구성주의적인 학습에 대한 관점은 학습환경을 설계하기 위한 새로운 틀을 제안하였다(Jonassen, 1991). 1990년대에 그러한 관점은 학습과 설계에 대한 패러다임에 본질적인 변화를 가져왔지만, 설계자들에게 학습자 중심의 환경을 설계하도록 안내하는 지침은 몇 가지뿐이었다. 테크놀로지의 발달은 디지털 자원, 도구, 연결성을 설계에 통합할 수 있게 해 주었다. 학습-설계-테크놀로지 지평에서의 이러한 변화는 학습에 대한 새로운 관점과 테크놀로지에 부합할 수 있는 이론과 설계 틀의 변화를 요구했다(Hannafin & Land, 1997).

NRC(National Research Council Report, Bransford, Brown, & Cocking, 2000)는 『인간은 어떻게 학습하는가(How people learn)』라는 저서를 통해 학습의 사회·문화적 맥락을 강조하는 학습자 중심 환경 설계 원리를 제안했다. 이러한 관점은 개별 학습을 매개하는 과정으로서 학습자의 사전지식과 심오하고 사용 가능한 지식, 메타인지 등을 포함하여 설계, 수업, 평가하는 데 있어 새로운 접근을 요구했다. NRC가 제시한 학습환경 설계의 시사점 중 하나는 "학교와 교실은 반드시 학습자 중심이어야 한다"는 것이다(Bransford et al., 2000, p. 23). 2006년에 출판된 케임브리지 학습과학 핸드북(Cambridge Handbook of the Learning Sciences)은 2000년의 NRC 보고서에서 제시한 학습자 중심 환경의 목표와 더불어 학습과학 분야의 연구와 개발에 대한 아이디어를 확장하였다(Sawyer, 2006).

NRC보고서가 인간은 어떻게 학습하는가에 대한 설득력 있는 관점을 구체화하고 있으나, 구성주의적 관점을 지지하는 연구 결과에 대한 의구심이 제기되면서 학습자 중심 설계 가정의 타당성에 대한 논쟁이 다시 제기되고 있다(Hirsch, 2001; Kirschner, Sweller, & Clark, 2006 참조). 전통적인 교수와는 달리 연구, 확산, 일반화를 위한 학습자 중심 학습환경 설계에 관한 통일된 이론은 없는 것 같다. 저자들은 다양한 맥락, 과제, 실용성, 목표의 부산물이 되는 설계 요소 결정과 더불어, 교수와 설계에 대한 다양한 접근의 효능을 인식하고 있다. 이 장은 구성주의적 인식론 관련 기초, 가정, 방법에 기반한 학습자 중심 학습환경의 원리를 소개하는 데 초점을 둔다.

이론적 배경

학습환경에서 인식론의 역할

인식론의 변화는 혁신적이고 도전적인 학습환경을 만들어 낸다. 예를 들면, 학습자 중심 교수학습에 대한 흥미는 교수설계에 있어 유연하고 강력한 대안을 제공하는 무수히 많은 기법을 만들어 냈다(Jonassen, 1991). 학습자 중심 환경은 명시적으로나 암묵적으로나 학습자가 실제적인 학습에 참여하는 동안 의미를 협상하기 위한 개인적인 노력을 지원하도록 설계되어야 한다. 다양한 인식론을 반영하는 학습자 중심 접근은 문제기반학습(Hmelo-Silver, 2004), 앵커드 교수법(Cognition and Technology Group at Vanderbilt, 1992), 인지적 도제(Collins, 2006), 컴퓨터 지원 협력학습(computer-supported collaborative learning, Stahl, Koschmann, Suthers, 2006), 설계를 통한 학습(learning-by-design, Kolodner, 2006), 프로젝트기반학습(Krajcik & Blumnefeld, 2006), 게임과 시뮬레이션(Clark, Nelson, Sengupta, & D'Angelo, 2009), 열린 학습환경(open-ended learning environments, Hannafin, Land, & Oliver, 1999) 등을 출현시켰다. 서로 다르게 실행되지만, 학습자 중심 학습환경은 공통의 인식론적 기반과 가정을 갖고 있다. SCLE는 의미란 보편적으로 정의되는 것이 아니라 개인적으로 정의되는 것이라는 구성주의적 학습 관점에 근거하고 있다. 그러한 관점은 내용, 맥락, 이해의 연계, 개별적 의미 협상, 지식의 구성을 가정하는 상황 인지(Brown, Collins, & Duguid, 1989) 분야의 연구와 이론의 영향을 크게 받았다

(Jonassen, 1991). SCLE는 고립되고, 탈맥락화된 지식과 기술이 아닌 풍부하고 실제적인 학습맥락을, 직접교수가 아닌 학습자 중심의 목적 지향 탐구를, 표준적 관점이 아닌 개인적 관점을 지지한다(Iiyoshi, Hannafin, & Wang, 2005).

대중적 인지도가 높아지면서, 그러한 환경이 지원하는 학습의 유형, 최상의 설계 방법, 다양한 영역과 맥락에 일반화할 수 있는 설계가 가능한가와 같은 근본적인 의문들이 제기되었다(Dick, 1991; Merrill, 1991; Kirschner et al., 2006). 무수한 설계 관련 지침들이 제공되었지만 대부분 적절한 이론적 또는 실증적 틀이 부족했다(Hannafin & Land, 1997). 학습자마다 서로 다른 학습목표와 요구조건을 가정할 때, 포괄적 설계 모형을 도출하기는 불가능할지도 모른다. 그보다는 특정한 기초, 가정, 실행에 맞추어 구체화할 수 있는 학습환경의 분석, 설계, 실행을 위한 틀을 규명하는 것이 필요하다.

Clark(Clark & Hannafin, 2011)는 거의 모든 사례에서 충분한 안내를 포함한 직접교수가 성과가 더 높았음을 예로 들며, 발견학습의 이론과 실제 같은 구성주의의 영향을 받은 학습환경의 함정과 약점에 대해 설명했다. 학습자 중심 학습, 탐구기반학습, 자기주도학습 등 구성주의의 영향을 받은 학습 전략과 환경에 대해서도 유사한 논의가 있었다(Kirschner et al., 2006). Clark는 또한 직접교수에 관한 연구의 결과는 인식론적 기반에 상관없이 모든 유형의 학습에 적용 가능하다고 제안하였다. 나아가 개인적 관점은 실증적 근거도 없이 안내를 최소화하는 교수 기법의 유행을 가져올 수도 있다고 설명했다. 마지막으로 Clark는 "우리 분야는 자신에게 유리한 신념과 의견을 옹호하기 위해 불리한 증거를 피하는 경향이 너무 많다"(p. 375)고 경고했다.

그러나 이러한 관점의 목적, 가정, 학습맥락이 직접교수에 기반한 학습과 실제로 비교할 만한가? Clark 등의 지침은 환경과 가정이 설계 요소 결정과 일관될 때만 가능하다. 그의 관점, 방법, 결과는 이를 반박할 만한 관점을 가진 이론가, 연구자, 실천가들과는 맞지 않기 때문이다. Hmelo-Silver, Duncan, Chinn(2007)은 Kirschner 등(2006)이 말한 최소한의 안내라는 용어에 대해 "문제기반 학습과 탐구기반 학습은 최소한의 안내라기보다는 학습을 촉진하기 위해 광범위한 스캐폴딩과 안내를 제공하는 접근 방법이다"(p. 99)라고 반박했다. McCaslin과 Good(1992)은 "스스로 동기를 부여할 수 있는 적극적인 학습자를 길러 내기 위해 의도된 교육과정은, 시키지 않으면 그저 수동적으로 따라가기만 하는 학급 운영 방침 때문에 심각하게 훼손되고 있다"(p. 4)고 지적했다. 교사와 학생 모두 의미 있는 교육 변화에 적응하고 변화를 실행하기 위해서는 지속적인 기회와 지원이 필요하다. 학습 결과가 사전에 명시적으로 정의하기 힘든 것이라면, 최적의 안내가 필요하다는 것이다.

　저자들은 하나의 관점이 다른 것에 대해 본질적으로 더 우월하다고 주장하려는 것은 아니다. 종종 악의적 논쟁만 해 왔던 것을 다시 시작하려는 것이 아니라 교수, 학습, 테크놀로지를 연계하기 위해서, 원리에 근거한 관점을 좀 더 발전시키려는 것이다. 학습은 설계의 목적이기 때문에, 어떤 유형의 학습을 촉진시키고자 하는지 먼저 명확하게 할 필요가 있다. 학습 체제 설계는 직접교수를 지원하는 데 중요하고 유용한 틀을 제공하는 데서부터 발전해 왔다. 그래서 저자들은 충분한 안내를 제공하는 직접교수가 외적인 학습조건을 지원하는 데 적절하다는 것을 인정하면서도, 똑같은 방법이 형식적 학습(예를 들면 지구 온난화 혹은 Jefferson가의 가계도에 관련된 토론 후의 개별 사후학습)이나 비형식적 학습(예를 들면 정원 병충해의 원인이나 개인 재정에 최근 세법의 영향과 같은 학습) 상황에서 점점 더 자발적이고 자기주도적이 되어 가는 학습을 적절하게 지원해 주지는 못할 것이라고 판단한다. 이 장에서는 다양한 학습 목적이 존재하며, 설계와 학습에 관한 이러한 관점들이 주는 시사점에 대해 인지하고, 주어진 학습 요구에 최적으로 부응하는 전략들을 규명하고 있다.

근거기반 설계

근거기반 설계(grounded design)란, "인간의 학습에 관한 기존의 이론과 연구에 근거한 과정과 절차의 체계적 실행"을 말한다(Hannafin, Hannafin, Land, & Oliver, 1997, p. 102). 근거기반 접근은 핵심 기반과 가정의 일관성, 인식론에 부응하는 방법과 접근의 연계를 강조한다. 설계에 있어 특정 인식론이나 방법론이 본질적으로 더 우수하다고 옹호하거나 추정하지는 않는다. 오히려 근거기반 설계는 다양한 설계의 실제와 관련된 신념 체계의 기본 원리들이 조화를 이룰 수 있도록 틀을 제공한다. 저자들은 학습환경의 심리학적, 교육학적, 기술적, 실용적, 문화적 기반 간의 조정이 중요함을 강조한 바 있다.

근거기반 학습자 중심 학습환경은 학습자들이 동일한 관점보다는 다양한 관점에서 서로 협상하고, 경쟁 · 갈등하는 관점과 신념을 조정하고, 개인과 관련된 의미를 구성해 가도록 지원해 준다. 겉보기는 서로 다른 환경이지만 이를 아우를 수 있는 가장 중요한 가정과 가치가 반영되어 있다. 예를 들면, 어떤 환경은 과학적 실제에 관한 의미 공유를 촉진하기 위해 협력 활동을 지원할 수도 있고, 또 다른 환경은 개인의 이론을 생성 · 검증 · 정련해 가도록 개별적인 테크놀로지 활용을 강조할 수도 있다. 두 환경 모두 학습이 목적 지향적 활동임을 강조하고 있으며, 각각 서로 다른 맥락(전자는 풍부한 기술적 지원, 후자는 풍부한 사회적 지원)에서 학습자의 의미 구성을 지원한다. 근거기반 설계에서 중요한 것은 학습과 교육학의 이론적 기반에 설계 요소 결정, 특성, 순서가 부합하게 하는 것이다.

근거기반 설계는 여러 이론적 기반에 걸친 일치점을 극대화하기 위해 각 이론들을 동시에 고려하고, 이론 간의 교차가 증가할수록 더 나은 근거기반 설계가 된다. 다양한 심리학적 관점이 적용될 수 있고, 다양한 교육학적 대안 모색이 가능하다. 이처럼 다양한 관점과 방법은 서로 교체될 수 없지만, 근거이론하에서는 상호의존적이다. 원래 그렇든 설계에 의해서든, 많은 학습환경은 근거기반 수업의 정의, 기반, 가정, 방법에 딱 맞지는 않는다. 수업이라고 주장하기는 하지만, 필요한 이론과의 일관성을 반영하지 못하는 설계와 근본적으로 다른 이론적 관점에 근거하고 있는 학습환경 둘 다가 이 경우에 해당된다. 예를 들면 교수자 중심의 방법론과 비교해서 학습자 중심 관점은 다양한 학습목표를 지지하고, 다양한 방법을 활용하며, 아는 것과 이해의 본질에 대한 다양한 가정을 채택한다. 그러나 수업에 있어서는 학습자 중심 학습환경이 언제나 제대로 된 근거를 갖추고 있지는 않다. 대부분 적절한 근거에 기반하고 있지만, 방법은 가정과 조화를 이루지 못하는 경우가 많다. 이러한 차이는 근거가 되는 구성주의적 인식론과 실제 행위 유발성과 활동 사이에는 차이가 있기 때문이다 (Perkins, 1985; Salomon, 1986). 예를 들면, 학습자가 통제하고 주도하는 연습이 사실 직접적 교수에 초점을 맞추고 있음에도 불구하고 구성주의적인 것으로 구분되거나, 반대로 필요한 스캐폴딩을 제공하지 않아 외부 지원이 전혀 없는 것을 학습자 중심 학습으로 잘못 생각하기도 한다. 다른 관점과 마찬가지로 구성주의자들은 설계에 있어 기반, 가정, 방법이 서로 일관되게 하려고 노력한다. 학습자 중심 학습환경의 근거기반 설계를 위한 대안적 이론들을 소개하는 것이 이 장의 주요 목적이다.

근거기반 설계 실제의 기초가 되는 네 가지 조건이 있다. 첫째, 설계는 논리적 근거가 있고 잘 알려진 이론적 틀에 근거하고 있어야 한다. 학습환경은 핵심 요소에 근거하고, 그러한 핵심 요소들은 이론적 기반, 가정, 방법에 연계되어야 한다. 둘째, 방법은 근거하고 있는 이론을 검증, 타당화, 확장하기 위해 수행된 연구 결과와 일치해야 한다. 근거기반 설계방법은 상황, 사례, 연구를 통해 평가되어 왔고 근거기반 설계는 검증되고 입증된 접근법에서 나왔다. 셋째, 근거기반 설계는 성공적인 개별 사례를 넘어 다른 설계자들이 채택·수정하여 활용할 수 있으며 일반화가 가능하다. 이는 엄격하게 정의된 조건에 따른 기본 알고리즘적인 방법이라기보다는 다른 상황에도 적절하게 적용될 수 있는 발견적 접근이라고 할 수 있다. 넷째, 근거기반 설계와 틀은 연속적인 실행을 통한 반복적 검증과정을 거친다. 이는 그것이 근거하고 있는 이론적 틀을 지지해 주는 방법으로 효과성이 입증되어 왔고, 연속적인 방법론의 적용이 그러한 접근을 명료하게 하면서 이론적 틀을 확장하게 된다. 설계과정과 방법은 계속해서 근거하고 있는 이론의 틀과 가정에 대한 정보를 제공하고, 검증하고, 타당화하고, 반복해 나가야 하고, 그 반대도 마찬가지다.

학습자 중심 학습환경의 핵심 가정과 방법

학습자 중심 학습환경은 학습의 본질, 환경의 구조, 학습자의 역할에 대한 중요한 핵심 가정들을 반영한다(Hannafin & Land, 1997). 학습자 중심 설계의 다양성에도 불구하고, 핵심 가치와 가정은 ① 학습자 중심의 의미 정의, ② 실제적 과제와 사회문화적 실천에의 참여 지원, ③ 의미 구성에 있어서의 사전적·일상적 경험의 중요성, ④ 다양한 관점, 자료, 표상에의 접근성이다.

학습자 중심의 의미 정의

학습자 중심 환경에서 가장 중요한 것은 학습자가 의미 구성에 적극적으로 참여하도록 돕는 것이다. 외적인 학습 목적은 미리 세워질 수 있지만, 학습자는 신념을 생성하고 검증하는 동안 생기는 개인적 요구와 의문에 기반해서 어떻게 목적을 달성할지 결정하게 된다(Hannafin, Land, & Oliver, 1999). 가령, WISE 프로젝트는 컴퓨터 기반 학습자 중심 과학수업

설계에서 스캐폴딩을 통한 지식 통합(scaffolded knowledge integration)의 틀을 적용했다. 예를 들면, 학생들은 열역학을 배우는 가상 실험실에서 주변 객체들의 온도에 대한 시뮬레이션 결과를 통해 조사, 실험, 예측, 비교하는 활동에 참여했다. 열역학에 대한 내용을 읽기만 하기보다는, 일상 경험과 연계하고, 실제 자료를 수집하고, 열역학의 기초 개념들에 대한 가상의 조사를 수행했다. 물질 유형에 따른 열전도율 효과 등을 조사하는 동안 학습자들은 결과에 대한 설명을 계속해서 개발·검증·수정할 수 있는 시뮬레이션 도구를 활용했다. 열역학 개념 탐색이 순서대로 일어나도록 계열화하기는 했지만, 초점은 의미 구성에서 학습자가 스스로 노력을 기울이게 하고 자신이 아는 것을 적극적으로 축적해 가도록 하는 데 있었다.

스스로 선택하고 개인의 흥미를 추구할 수 있는 기회가 주어지면 학습자들은 자신의 학습에 대해 더 큰 책임감을 갖게 되는 것 같다. 전통적인 수업환경에서는 학습경험을 최적화하는 데 필요한 의사 결정, 자기 관찰, 집중 정도 등을 점검할 수 있는 능력을 키울 기회가 거의 없었다(Perkins, 1993; Sawyer, 2006). 학습자들은 학습에 점점 순응적이 되고, 의미도 외부의 중재자가 기대하는 것에 일치시키는 식으로 과제를 인식했다(McCaslin & Good, 1992). 반대로 성공적인 학습자들은 목적을 계획하고 추구하고, 새로운 지식과 기존 지식을 통합하고, 질문과 추론을 만들어 내고, 자신의 사고를 평가하고 재조직하는 다양한 전략을 발전시켜 간다(Bransford et al., 2000).

따라서 학습자 중심 환경은 학습자들의 사고와 행위를 지원하여 자신이 아는 것을 지속적으로 관리하고 개선하도록 촉진시킨다(Hannafin, Land, & Oliver, 1999). 학습자들은 새로운 주제가 주어졌는데 학습과정을 관리하는 전략적 지식이 부족하면 "선택의 복잡성에 압도되어 자신들의 탐구 방향을 설정하고, 어떤 단계가 관련성 있고 생산적인지 판단하고, 활동을 효과적으로 결정하는 데 어려움을 느낄 수 있다"(Quintata et al., 2004, p. 359).

마찬가지로, 결과를 추적하며 개방적 과제를 계속해 가고, 다음에 무엇을 해야 할지 결정하고, 문제를 해결하는 데 유용한 자원과 활용 가능한 도구가 무엇인지 결정하고, 학습되고 있는 것을 성찰하는 것과 같은 탐구과정은 환경에 내재된 구조와 안내를 통해 지원할 수 있다(Quintana et al., 2004). 개별 학습자는 학습과정에 대한 자율성과 소유권을 높일 수 있도록 자신이 이해하고 있는 것을 세부적으로 정의하고 점검하지만, 이러한 과정이 외부 지원 없이 저절로 일어나지는 않는다.

설계를 위한 시사점

SCLE는 주기적 지원을 통해서 다양한 탐구 절차와 진행이 가능하게 한다(Schwartz, Lin, Brophy, & Bransford, 1999). 설계는 학습자가 초기 아이디어를 명료화하는 것으로 시작하여 중심 개념으로 갈수록 점점 더 복잡한 문제를 사용한다. 전문가나 참고 자료와 자신의 아이디어를 비교하고, 자기 주도적인 탐구 활동에 참여하며, 실험을 통해 아이디어를 검증하고, 형성적 아이디어를 공개적으로 심사받고, 이해한 것에 대한 결과물을 생성해 내는 것 등의 활동을 통해 학습자는 점진적으로 원래 갖고 있던 아이디어를 개선하고 재구조화하게 된다. 예를 들어 WISE 프로젝트(Linn, 2006)는 내재된 질문을 사용하여 사전에 결과를 예측하게 한 후, 실험하고(학습자의 선입견을 없애기 위해), 어떤 요인으로 조사를 할지 결정하고, 학습자가 설계한 가상 실험의 결과를 예측해 보고, 예상된 것과 자료 기반의 결과를 비교하고 성찰해 보도록 설계되어 있다. 학습자는 초기 아이디어를 비판적으로 검증해 보고 보다 과학적으로 설명할 수 있도록 데이터에서 패턴을 찾을 수 있도록 안내를 받는다.

Schwartz 등(1999)의 안내된 탐구를 위한 체계는 학습자들이 복잡한 과제에 점진적으로 참여하게 하고, 도전 사항들에 대해 학습자 자신의 아이디어를 생성하고, 다른 학습자들과 아이디어를 비교하고, 차이점을 성찰 · 개발 · 평가하고, 자신의 이해를 수정하여, 궁극적으로는 최종 해결책이나 결과물을 다른 사람들에게 발표하도록 지원한다. 문제 중심 학습(Hmelo-Silver, 2004)과 같은 다른 SCLE에서도 유사성은 명확하게 드러난다. 문제나 활동이 구조화되어 있고 학습자들에게 일방적으로 부여된 것일지라도, 반복적인 학습과정은 부가적인 정보, 표현, 실험, 관점을 통해 점진적으로 개선시켜 온 학습자의 초기 아이디어에 의해 주도된다.

실제적 과제와 사회문화적 실천에의 참여 지원

학습자 중심 학습은 지식, 사고, 학습의 맥락이 실제와 얽혀 있고 실제에 처해 있다는 상황학습 이론에 근거를 두고 있다(Brown, Collins, & Duguid, 1989). 상황이론은 "실천은 학습과 별개의 것이 아니며, 실천은 협상이 이루어지는 맥락과 분리하여 생각할 수 없다는 관점에서 학습을 재정의하고 있다"(Barab & Duffy, 2000, p. 26). 실천공동체(Lave & Wenger, 1991)는 특정 영역의 실천을 정당화하고, 활용하고, 발전하게 하는 "공유된 과업을 추구하는 동안 장기간에 걸쳐 함께 정의한 실천, 신념, 이해를 공유하는 개인의 집합"을 포함한다(Barab & Duffy, p. 36). 정체성뿐 아니라 이해도 실제적인 실천에 참여하는 것을 통해 발전된다. 공동체의 실천, 맥락, 과정은 지식이 어떻게 의미 있게 활용되는지 특징짓는다.

지식은 맥락에 기반하지만, 모든 상황이 똑같이 지식의 활용을 지원해 주는 것은 아니다. 예를 들면, 탈맥락화된 상황에서 습득된 지식은 활성화되지 않으며 실제 적용은 거의 일어나지 않는 경향이 있다(Whitehead, 1929). 예를 들면, 교과서의 방정식 문제를 푸는 것은 실제적인 맥락이나 경험과 무관하며 지나치게 단순화된 이해만을 촉진시킨다(Brown et al., 1989). 학습자는 알고리즘이 동일한 근전이 문제를 성공적으로 해결할 수는 있을지 모르지만(예를 들면 교과서의 다른 문제) 융통성 있게 적용하거나 비판적으로 사고해야 하는 원전이 문제나 독창적 과제 해결에는 실패할 수도 있다(Perkins & Simmons, 1988). 상황화된 맥락에서의 학습은 실제 세계의 문제를 해석ㆍ분석ㆍ해결하기 위한 필요성뿐 아니라 학습자가 지식의 활용성을 인식한 결과로서 일어나게 된다.

설계를 위한 시사점

학습자 중심 학습환경은 지식을 맥락과는 동떨어져 처리ㆍ정교화ㆍ인출되는 것으로 다루는 것이 아니라, 실제 상황에서 활용될 수 있게 만든다(Sawyer, 2006). 학교교육의 맥락에서 Barab와 Duffy(2000)는 '연습의 장'이라는 은유를 사용하여 학습환경이 실제 세계, 학교 밖, 지역사회에서 직면할 수 있는 문제를 '연습'하게 해야 한다고 설명했다. 이러한 연습의 장을 설계하기 위한 전략으로, ① 학습자는 과목이나 주제를 단순히 배우는 것이 아니라 이와 관련한 연습을 할 수 있어야 하며, ② 학습자는 탐구활동에서 주도권을 가질 필요가 있고, ③ 사고 능력의 코칭과 모델링이 필요하고, ④ 학습자에게 솔직하고 명쾌하게 성찰할 기회를 제공해야 하며, ⑤ 딜레마는 비구조화되고 복잡해야 하고, ⑥ 비현실적인 문제로 딜레마를 단순화할 것이 아니라 과제의 실제적인 복잡성에 직면하게 해야 한다.

실제적 실천에 참여하는 것은 "초보 학습자와 전문가 간의 경험 차이를 주제 영역 전문가"가 스캐폴딩을 제공해 주지 않으면 불가능하다(Quintana, Shin, Norris & Soloway, 2006, p. 121). 아동이나 초보 학습자가 전문적인 건축가, 과학자 혹은 운동선수와 같이 완벽하게 참여할 것으로 기대하기는 어렵다. 실제적 실천이 발달단계에 맞게 제공되어야 이에 참여하고 성찰하는 것이 가능하다(Edelson & Reiser, 2006). 실제적 실천은 전문가의 수련 방법에 직접 참여하도록 하는 것이다. 비록 아동이나 초심자는 과학자나 역사학자가 문제를 해결하는 것과 같은 수준의 전문성은 부족하겠지만, 전문가가 하는 것과 유사한 방법으로 문제를 해결해 보도록 직접 실제 세계를 경험할 수 있는 활동에 참여해 볼 수 있다.

실제적 실천을 지원하는 설계는 복잡하지만 몇 가지 이점이 있다 (Edelson & Reiser, 2006). 첫째, 실제적 실천은 학교 밖에서 개인에게 의미 있는 방법으로 관련성이 더욱 높은 형태로 주어질 수 있다. 둘째, 의미 있는 맥락에 지식을 적용함으로써 동기를 높일 수 있다. 셋째, 지식의 구조나 주제 영역에 대한 인식은 수련 방법에 참여함으로써 보다 명확해질 수 있다. 이와 관련하여 실제적 맥락에서의 학습을 지원하기 위해 실제적 실천을 의미 있는 맥락에서 일어나게 할 것, 실제적 실천의 복잡성을 줄일 것, 실제적 실천의 암묵적 요소는 겉으로 드러나게 할 것, 발달 단계에 맞도록 학습활동을 배열할 것 등의 네 가지 설계 처방을 제안하였다(p. 336). 상황 인지의 심리학적 기반과 관련 있는 교수학습모형은 문제기반 학습 (Savery, 2006)과 앵커드 교수법(Cognition and Technology at Vanderbilt, 1992) 등이 있다.

사전적 · 일상적 경험의 중요성

개인적 신념과 경험은 새로운 이해를 하는 데 있어 독특한 틀을 제공해 준다. 사전 지식과 경험은 학습자에게 개념적 준거를 형성하여, 새로운 지식을 조직하고 동화시키며, 학습자의 사전 지식과 신념은 학습자의 인식 · 조직 · 해석에 영향을 준다(Bransford et al., 2000). 아이디어가 생성, 확장, 검증, 개정되는 과정에서 이해는 지속적이고 역동적으로 발전한다 (Land & Hannafin, 1996). 학습자는 자신의 일상 경험에 깊은 근거를 둔 확고하지만 한편으로는 불완전한 신념을 갖고 있다. 개인의 모델은 암묵적이고 때로는 기존의 관점과 맞지 않지만, 학습자가 새로운 개념을 설명하고 해석하는 근거를 제공한다. 때로는 신념과 반대되는 증거를 찾게 되어도 이를 유지하려고 하는데, 아동들에게 모든 무거운 물체가 다 가라앉는 것이 아니라거나, 지구가 둥글다는 것을 설명하는 것도 어렵다는 사례를 생각해 보면 쉽게 이해될 것이다. 대신에 교사와 설계자들은 기존의 신념을 유도해 내고 이에 근거해 적극적으로 이해를 쌓아 가도록 하는 방법을 활용해야 한다(Bransford et al., 2000).

SCLE는 일상 경험에 연계하고 학습자가 아는 것으로부터 시작하도록 설계된 문제 상황을 활용한다. 학습이 일상생활의 맥락에 근거해야 학습자는 개념들이 어떻게 적용되고, 왜 개념들이 중요한지 더 잘 이해할 수 있고 전이를 촉진하기도 쉽다(Bransford et al., 2000). 일상생활의 맥락과 연계하는 것은 학습자가 학교교육과 일상의 경험을 더 풍부하게 하고 통합할 수 있게 해 주고, 의미 있고 오래 지속되는 관심과 이해를 발전시킬 수 있게 해 준다(Bell, Lewenstein, Shouse, & Feder, 2009).

설계를 위한 시사점

학습자 중심 설계는 암묵적 신념을 외현화 · 공식화하여 검증할 수 있게 했다. 예를 들면 시뮬레이션은 학습자가 자신의 암묵적 이해를 위한 작동 모형을 생성 · 검증하게 하며 피드백을 제공해 준다(Clark et al., 2009). 결과의 매개변수를 다양하게 조정하고 가설을 세움으로써 학습자는 가정을 짐작해 보고 결과 관찰을 통해 사고를 수정하게 된다. 일부 설계 방식은 학습자의 비형식적 · 일상적 경험에 기반하여 좀 더 공식적인 개념으로 경험을 확장시켜 나가는 학습에 대한 단계적 접근을 촉진한다. 예를 들면 Clark 등(2009)은 물리학에 대한 직관적 지식을 초기에 형성하고 추후 물리학 개념에 대한 학습자의 이해를 확장시켜 주는 공식화된 개념과 표상을 소개하는 방식의 비디오 게임을 활용하였다. 유사하게 증강 현실 설계는 친숙한 물리적 위치에 대한 이해, 경험, 관찰을 확장시키기 위해 미디어(비디오, 텍스트, 데이터)에 GPS를 접목시킴으로써 출현하게 되었다.

학습자 중심의 환경은 개인의 이론과 경험에 대한 접근과 기존 경험의 배열을 촉진해 주는 친숙한 문제나 지역적 이슈를 활용한다. 학습자의 경험에 쉽게 연계되는 활동과 맥락은 관련성과 몰입을 증가시켜 줄 수 있을 것으로 기대된다. 예를 들어 롤러코스터 시뮬레이션은 가상의 롤러코스터를 개발하는 것을 통해 힘과 운동에 대해 탐색해 볼 수 있게 한다(Kirriemuir & MaFarlane, 2003). 롤러코스터를 타는 것과 같은 친숙한 상황을 활용하여 학습해야 할 개념과 경험을 연계시키도록 도와주는 것이다. 다른 예로는 학습자의 실제 식단 선택에서 건강과 영양소에 대한 내용을 조사해 보게 하는 것이 있다(Land, Draper, Ma, Hsui, Smith, & Jordan, 2009). 일상생활 맥락은 학습자의 관련 지식을 유도하여 과학적 지식을 해석, 설명, 궁극적으로는 공식화하게 하기 위해 활용된다.

다양한 관점, 자원, 표상을 통한 풍부한 학습

학습자 중심 학습환경은 다양한 관점, 자원, 표상을 통해 학습을 풍부하게 하고 확장시켜 나가는 데 초점을 둔다. 그러한 환경은 성찰과 수행의 시범을 보이거나 지원해 주기 위해 교사-학습자, 학습자-학습자 간 상호작용을 활용한다(Palincsar & Brown, 1994 참조). 그렇게 하면 교사, 전문가, 동료의 다양한 관점을 통합하여 학습자가 의미의 다양한 원천을 평가하고 의미를 협상하여 지식을 형성할 수 있게 된다. 다양한 방법과 관점은 심도 있고, 발산적이며, 좀 더 융통성 있는 사고과정을 개발하는 데 중요하다.

SCLE에서 활용되는 컴퓨터 도구도 사고와 관점을 향상, 증진, 확장시키기 위한 것이다(Pea, 1985). 아이디어를 시각화함으로써 다양한 표상을 지원할 수 있다. 이해하기 어려운 개념을 설명하고 조작하는 대안적인 방법들을 써 봄으로써(예를 들어 학습자가 지구의 자전축의 기울기를 바꾸어 봄으로써 계절 변화를 시뮬레이션해 보는 것), 학습자는 쉽게 접근할 수 없는 개념과 아이디어를 생각해 볼 수 있게 된다. 시뮬레이션, GPS 데이터, 지도, 가상 현실 등과 같은 도구는 학습자가 개념의 복잡한 표상을 시각화하고 경험해 보게 함으로써 주제에 대한 관점을 보다 풍부하게 해 준다. 외현화된 표상은 새로운 형태의 담화와 몰입을 가능하게 한다(Roth, 1995).

설계를 위한 시사점

SCLE는 개인적인 경험과 관찰을 통합하고 공유할 기회를 구조화하는 것과 같은 전략을 활용해 다양한 관점, 표상, 자원을 통한 학습을 가능하게 한다(Linn, 2006). 예를 들어 앞서 언급한 WISE는 과학적 현상을 평가하기 위해 학습자가 구성한 증거를 공유할 수 있도록 웹을 활용했다. 학습자는 스스로가 구성했거나, 다른 학습자나 교사와 함께 구성한 증거 데이터베이스를 검색해 볼 수 있다. 학습자는 자신의 입장을 지지하거나 반대하는지 확인하기 위해 다양한, 때로는 서로 상반되는 증거를 검토해 볼 수 있다. 다양한 관점을 꼼꼼하게 검토해 봄으로써 학습자는 차이점을 조정하거나 설명을 개선하기 위해 보다 깊은 탐구를 할 수 있다. Hedberg와 Chang(2007)은 지리학 객체 모음을 단층의 형태로(예를 들어 해변 단면, 특정 지역의 식물) 표상하는 G-포털 디지털 박물관을 소개했다. 학습자들은 그룹 프로젝트 공간에서 관련 자료와 노트를 수집하고 데이터를 공간에 배치해 봄으로써 가상의 해변 리조트를 위한 토지 계획을 수립하는 실제적인 과제를 수행했다. 학습자들은 탐구하는 동안 다양한 논의를 했고 특정 조건에서 리조트 위치에 관한 제안사항을 담은 발표자료를 개발했다.

설계 요소와 방법

SCLE는 적용되는 목적과 상황에 따라 다양한 방법과 전략을 쓸 수 있지만, 일반적으로 네 가지 요소로 구성된다(Hannafin et al., 1999). 상황은 학습자를 안내하는 전반적인 문제나 과제의 특성을 나타낸다. 상황은 개별적인 탐색을 허용하면서 문제와 결과를 구체화하는 맥락부터, (예를 들면 특정 개념 세트에서 몇 개의 변인을 곱해 볼 수 있는 시뮬레이션) 외적으로 생성된 문제(예를 들면 비구조화된 문제에 대한 해결책을 요구하는 문제기반 접근)나 독특하게 정의된 맥락(예를 들면 새롭게 진단된 의학 조건을 다루기 위해 새로 배워야 하는 지식과 기술 등과 같이 일상생활에서 개인적으로 정의한 문제)까지 걸쳐 있다.

도구는 표상, 조직, 계산, 또는 이해의 구성을 지원하는 테크놀로지를 말한다. Hannafin 등(1999)은 학습환경에서 활용될 수 있는 전형적인 도구를 세 가지 유형으로 설명했다.

- 처리 도구: 인지 처리, 정보 탐색, 수집, 조직, 통합, 성찰을 위한 도구
- 계산 도구: 사용자 입력, 변수 변경 및 검증, 시각화 효과를 위한 기능을 제공하는 도구
- 커뮤니케이션 도구: 사회적 상호작용과 대화를 지원하는 도구

시각화 도구는 도구 없이는 보기 어려운 현상에 대한 자세한 조망을 제공한다(Clark et al., 2009). 웹 2.0 도구는 설계자들에게만 접근권이 있었던 도구를 학습자가 직접 만들고 제작해 볼 수 있는 기회를 제공해 주었다. 다운로드 할 수 있는 소프트웨어와 함께 활용할 수 있게 되면서 이러한 제작 도구는 인지 처리와 성찰을 증진시키기 위해 학습환경에 통합되었다. 예를 들어 학습자들은 프로그래밍 지식 없이도 기존의 소프트웨어를 활용하여 컴퓨터 게임을 만들고, 자신들의 생각을 조직·표상하여 공유 가능한 개념지도를 만들고, 학습한 것을 조직·표상하기 위해 팟캐스트를 제작할 수도 있게 되었다(Peppler & Kafai, 2007). 모바일 컴퓨팅 도구는 데

스크탑을 넘어 실제 물리적인 환경으로 학습자 중심 학습환경의 공간을 확장했다. 모바일 앱과 소형기기로 GPS 기능 활성, 과학 측정, 오디오 및 비디오 캡처, GPS 정보를 담은 증강현실 등을 활용하는 것이 그 예라고 할 수 있다.

자원은 학습하고 있는 주제와 관련된 고정된 자료부터 사회적으로 구성해 가며 역동적으로 발전하는 자료(위키, 블로그 등)에 이르는 정보와 내용을 의미한다. 예를 들면, 공유할 수 있는 자료의 창출을 가능하게 해 주는 웹 2.0 도구와 GPS를 활용하여 원하는 지점에서 정보를 제공해 줄 수 있는 모바일 도구 등이 이에 해당된다(Pastore, Land, & Jung, 2011).

스캐폴딩은 개별 학습자를 도와주도록 설계된 지원 체계이며, 다음과 같은 기능을 제공하는 것이 일반적이다(Hannafin et al., 1999).

- 문제와 관련된 개념을 안내하는 개념 관련 지원
- 성찰, 계획, 점검하는 방법을 안내하는 메타인지 관련 지원
- 환경의 특성을 활용하고 이를 통해 계속 과제를 진행해 가도록 하는 절차 관련 지원
- 과제에 접근하고 전략을 개선해 갈 수 있도록 하는 전략 관련 지원

Quintana 등(2004)은 학습자 중심의 환경의 특성을 세 가지 주요 범주로 종합하여 제시하였다. 첫째, 의미 구성(가설의 설정·검증, 표상의 조작·검증, 비교, 설명, 주제 관련 전략을 강조할 수 있도록 학습자를 지원하는 것), 둘째, 절차 관리(복잡한 환경을 더 잘 관리할 수 있도록 학습자를 안내하거나 제한하는 것), 셋째, 명료화와 성찰(복습, 성찰, 종합, 표현할 수 있도록 지원하는 것)이다. 스캐폴딩은 학습자가 환경의 복잡성, 실제성, 개방성에 효율적으로 참여할 수 있도록 지원해 주는 역할을 한다.

학습자 중심 학습환경의 유형

학습자 중심 학습환경은 다양한, 나아가 서로 상이하게까지 여겨지는 설계 방법, 도구, 스캐폴딩, 문제들에 기반한다. 관점 간의 명백한 차이에도 불구하고 학습자 중심 학습환경은 이론적 기반과 학습 목적에 있어 우선시하는 점은 유사하다. 이 절에서는 다양한 학습자 중심 학습환경의 유사점과 차이점을 기저 이론과 설계라는 측면에서 범주화하여 설명한다.

문제기반 학습

문제기반 학습(problem-based learning: PBL)은 "정의된 문제에 대한 실행 가능한 해결책을 개발하기 위해 학습자가 조사를 수행하고, 이론과 실제를 통합하고, 지식과 기술을 적용하도록 하는 학습자 중심의 교수법(혹은 교육과정)이다"(Savery, 2006, p. 9). PBL은 의대생들이 실제적 맥락에서 의학 문제 해결력을 기르기 위한 의과대학 교수법에서 시작되었다. PBL은 현장에 적용할 수 있는 지식과 기술을 배우기 위한 틀로서 실제적이고 비구조화된 문제를 사용한다. 의과대학의 예를 들면, 학습자들은 가상의 환자를 연구하면서 점진적으로 사례를 관찰함으로써 그와 관련된 중요한 생리학적 개념에 대한 설명을 고찰하고, 개발하고, 개선해 나가게 된다. 학습자들은 문제의 원인에 대한 최초 설명을 생성하는 자기주도적인 학습과정에 참여한다(Hmelo-Silver, 2004). 학습자들은 문제를 규명하고 심층 조사해야 할 '학습 이슈'를 만들어 내기 위해 질문을 한다. 학습자들은 이러한 학습 이슈를 수업 시간 외에 조사한 후 배운 것에 대해 토론하고 새로운 학습 이슈를 만들기 위해 다시 모인다. 문제에 대한 원인과 해결책을 만들어 내고 나면, 학습자들은 관련 개념과 원리에 따라 설명하고 성찰한다.

PBL은 문제를 탐구하는 과정에서 숙련된 조력자에게 의존하게 되고 이들은 학습자들에게 메타인지적 스캐폴딩을 제공한다. 학습자들이 문제를 설명하고 해결하는 데 필요한 관련 정보를 혼자 조사하는 데 있어 자원이 핵심적인 역할을 하게 된다. 실제적인 문제의 활용이 핵심적인 업무나 과목에서의 학습을 위해 K-12나 고등교육에서도 적용되고 있다.

학습공동체

학습공동체(11장 참조)는 주제 영역과 관련된 실제적인 실천을 함께 배우는 학습자 집단을 의미한다(Palincsar & Brown, 1984). Beilaczyc과 Collins(1999, p. 271)는 "학습공동체의 수준은 이해하기 위한 집합적인 노력에 모두가 참여하는 학습문화에 달려 있다"고 하며 학습공동체의 네 가지 특성을 설명했다. 첫째, 다양한 전문성을 독려하고 촉진한다. 둘째, 목적은 공동체 공동의 지식을 발전시키기 위한 것이다. 셋째, 학습하는 법을 배우고 지식을 창출하는 것이 강조된다. 넷째, 배운 내용을 공유할 수 있는 메커니즘과 테크놀로지가 핵심이다.

잘 알려진 학습공동체인 Knowledge Forum은 지식 구축에 관한 이론적 · 교육학적 기반에서 나왔다(Scardamalia & Bereiter, 2006). Knowledge Forum은 함께 아이디어를 구축하고 개선할 수 있게 해 주며, 학습자들이 자신의 아이디어와 노트를 올리고, 다른 사람의 아이디어에 코멘트를 하거나 내용을 추가하고, 다양한 개념적 틀에 따라 자기 자신과 다른 사람의 아이디어를 조직하게 하고, 다양한 시각적 표상을 추가해 볼 수 있는 테크놀로지를 제공한다. 학습자들은 이해하는 데 주체가 되고, 개별적이고 집합적인 지식을 만드는 데 참여한다.

Stickler와 Hampel(2010)은 사회적 구성주의 이론에 기반한 협력적 언어학습환경인 Cyber Deutsch 프로그램에서 학습자들이 다양한 도구로 상호작용을 해 보고, 언어 형태를 연습하고 실제로 소통해 봄으로써 언어를 학습할 수 있다고 설명했다. 학습자들은 실시간 FlashMeeting 비디오컨퍼런스나 설문 작성 도구, 블로그, 코멘트를 주고받거나 동시 편집이 가능한 위키와 같은 웹 2.0 도구를 활용한 비실시간 토론 포럼을 통해 다양한 학습활동을 완성하게 된다.

실천공동체

실천공동체(comunities of practice: COP, 2장과 12장 참조)는 공유된 계획을 추구하는 데 있어 실천, 신념, 이해를 공유할 수 있게 하는 집단을 의미한다(Barab & Duffy, 2000). COP에서 실천은 의미 협상이 이루어지는 맥락이나 학습과 분리하여 생각할 수 없다(Brown, Collins, & Duguid, 1989). 전통적인 도제 제도에 기반한 COP는 교실 밖에서 공동체가 어떻게 학습하는지 강조한다(Lave & Wenger, 1971). 이러한 맥락에서 학습은 참여와 새로운 멤버가 점진적으로 공동체의 핵심이 되어 가는 방법을 중심으로 한다. 참여의 결과로 실천과 정체성이 발전되어 간다(Barab & Duffy, 2000).

설계는 지식 공유를 증진시키고 기존의 업무 현장과의 결속을 강화하기 위해 실천공동체에 테크놀로지를 적용하는 데 주안점을 둔다. 예를 들면 Company Command(Hoadley & Kilner, 2005)는 실전에서 서로 돕기 위해 전 세계에 주둔한 미 육군 중대장들의 온라인 실천공동체다. 유사한 COP로는 예비교사나 신임교사 대상(Barab, Barnett, & Squire, 2002) 혹은 우수 실천 사례나 스토리를 공유하기 위한 자동차 판매사원이나 서비스 담당자를 위한 것도 있다(Land et al., 2009).

게임, 가상 세계, 시뮬레이션 환경

Balasubramanian과 Wilson(2005)은 다른 연구자들이 게임과 시뮬레이션의 차이를 규명하고자 하는 데 비해 '차이점보다는 유사성이 더 많다' 는 데 주목했다. 최근 게임 분야에서의 융합 기술은 교육적 활용과의 경계 를 더욱 모호하게 한다(deFreitas & Griffiths, 2008). 예를 들면 3D 환경을 만 드는 소프트웨어 도구로 게임을 영화와 통합시킬 수 있다. 게임을 위해 채 팅을 하거나 경험과 관련된 내용을 생성할 수 있는 웹 2.0 도구 등과 멀티 플레이어 환경 가상 세계(multiplayer environments and virtual worlds: MUVEs)를 통합시킬 수도 있다. 더 나아가 손에 들고 다닐 수 있는 모바일 기기와 통합되면서 전통적인 교실 공간을 벗어나 게임을 할 수 있는 기회 도 생겨났다. Scratch(Calder, 2010)와 같은 도구는 개인의 학습 흥미에 적 합한 게임을 설계하고 공유할 수 있는 기회를 증대시켰다. 교육에서 게임 과 시뮬레이션을 활용하기 위해서는 핵심 개념을 학습자들에게 제시할 수 있는 전략과 스캐폴딩을 기획하는 것이 필수라고 할 수 있다.

Civilization III는 역사 발전과 국가 수립에 관한 학습에 적용되어 온 블 렌디드 게임이자 시뮬레이션이다. 이 프로그램에는 조건으로 제시된 인 구수에 맞는 음식 생산량, 도시 주변 건설을 위해 필요한 도시 규모 등의 규칙이 있다. 실제적 시나리오상에서 학생들은 전쟁을 지지하거나 반대 할 수 있고, 확장 팩에서는 사용자들이 자신의 시민들을 온라인상에서 서 로 대립하게 할 수 있다. Charsky와 Ressler(2011)는 9학년 학생들이 세계 사 수업에서 Civilization III를 통해 핵심 개념에 초점을 맞추도록 개념지 도를 스캐폴딩으로 활용했다. 그러나 통제집단에 비해 개념지도 활용 학 생들은 상대적으로 동기가 줄어들었는데, 이는 외부에서 주어지는 스캐 폴딩이 게임의 특성을 감소시켜 버렸기 때문인 것으로 판단된다.

Spires(2008)는 미생물 연구 중 병이 든 과학자라는 문제가 주어진 가상 의 과학 활동을 제공하는 Crystal Island를 개발했다. 이 시뮬레이션은 주 인공들의 대화에 개념적인 스캐폴딩과 메타인지적 스캐폴딩을 내재시키 고, 가설 검증을 위한 가상 랩 도구의 형태로 절차적 스캐폴딩을 포함했다. 만약 학습자가 가설 검증을 무작위로 하고 한계를 벗어나면 시뮬레이션의 네 가지 핵심 요소를 다시 살펴보게 하는 절차적 스캐폴딩을 제공한다(Spires, Rowe, Mott, & Lester, 2011).

디지털 저장소

지난 20년 동안 교육용으로 활용할 수 있는 방대한 데이터, 지도, 이미지, 기타 문서 등 웹을 통해 실제적이고 맥락이 풍부한 자료를 제공하는 디지털 저장소는 극적으로 증가하였다. 학습자 중심의 탐구를 지원해 주는 디지털 저장소의 잠재성에도 불구하고, 이러한 자료들이 구조화되어 있지 않기 때문에 제대로 효과를 보지 못하곤 했다. 정말로 디지털 저장소가 학습자 중심의 학습을 지원하기 위해서는 적절한 학습 과제, 도구, 스캐폴딩이 자료와 효과적으로 통합되어 있어야 한다.

Oliver와 Lee(2011)는 19세기 미국 플랜테이션 농장주들이 서로 주고받은 편지 모음인 Plantation Letters를 주요한 정보 저장소로 소개했는데, 사전 정의된 주제로 검색해 볼 수 있게 되어 있다. 인지적 융통성 이론(Spiro, Feltovich, Jacobson, & Coulson, 1992)에 근거하여 만들어진 한 레슨에서는 학습자들이 노예들 사이의 의학적 문제에 관한 조건을 검색하기 위해 건강 관련 태그를 활용하여 편지를 검색하도록 하고 있다. 자연 재해에 의해 생긴 최근의 의학적 위기뿐 아니라 만성적인 질환 같은 것까지 다양한 편지를 읽어봄으로써 의학적 위기의 개념에 대한 다각적 관점들을 제시해 줄 수 있다. 학습자들은 문제로 주어진 농장이나 다른 지역(예를 들면 부적절한 주거시설, 의료, 음식)과 유사한 조건에서 생길 수 있는 현재의 의학적 위기를 해결하기 위해 과제의 우선순위를 정하고 계획을 세워 볼 수 있다. 학습자들은 Plantation Letters Ning이라는 소셜 네트워크를 통해 자신들의 계획을 발표하고 토론하면서 가장 해로운 조건을 규명하거나 가장 적절하고 인간적인 처방에 대한 동의에 이르게 된다.

Plantation Letter 프로젝트에서 스캐폴딩이 가장 많이 주어진 레슨 가운데 하나는 개인적 관심사에 따른 주제에 대해 가이드를 해 줌으로써 학습자들이 SCIM-C[2]라는 역사 조사 전략을 적용하게 되어 있다(Hicks, Doolittle, & Ewing, 2004). 학습자들은 자신이 선택한 자료에 대해 정보를 요약하고, 자원 중 맥락적 정보를 필기하고, 교사가 물어볼 수도 있는 광범위한 역사 문제에 대해 추론해 보고, 자신의 가정과 해석에서의 한계를 점검한다. SCIM을 다양한 자원에 적용해 본 후, 학습자들은 다섯 번의 확증 단계를 거침으로써 깊이 있는 해석을 하게 해 주는 자원들의 유사성과 차이점들을 살펴보게 된다. SCIM-C가 디지털 저장소에서 조사를 할 수 있도록 과제 과정과 관련된 스캐폴딩을 해 주는 동안 교사들은 The History Engine(HE) (Benson, Chambliss, Martinez, Tomasek, & Tuten, 2009)과 같은 웹 기반 도구를 활용하여 학습자들을 도와줄 수 있다. The History Engine은 학습자들에게 역사학자들처럼 1차 자료에 대한 해석을 출판할 수 있게 해 주고, 깊이 있는 분석과 역사 전문가들이나 다른 학습자들과 함께 확증해 볼 수 있는 실제적 기회를 제공해 준다.

구성주의 학습환경

학습은 직접 설계해 보고 프로젝트에 참여할 때보다 의미가 있으며 동기도 높아진다(Kafai, 2006). 구성주의 학습환경(constructionist environment)은 이해한 것을 표상하기 위해 물리적인 혹은 디지털 객체를 개발함으로써 실제 활용할 수 있는 지식을 독려하기 위해 설계된 것이다(Kolodner,

---

2) 역주: 역사적 자료를 조사하고 검토하는 전략으로 요약(summarizing), 맥락화(contextualizing), 유추(inferring), 점검(monitoring), 확증(corroborating)의 다섯 단계로 이루어져 있다.

2006; Papert, 1993). 학습 결과물은 로켓 모형과 같은 물리적 객체나 학습자가 만든 게임이나 비디오 같은 디지털 객체를 포함할 수 있다.

웹 2.0은 사용자들이 사용자 참여 비디오, 성찰적 블로그, 협력적 위키 페이지 등과 같이 다양한 형태로 새로운 정보를 온라인에 만들고 공유할 수 있게 하는 것이다. 웹 2.0 도구는 그 자체로서는 모든 SCLE에 적용할 수는 없지만 풍부한 맥락과 전문가 및 동료의 다양한 관점과 스캐폴딩을 제공하여 학습자들이 이해한 것을 구성주의 프로젝트로 만들도록 설계할 수 있다.

Lindsay와 Davis(2007)의 Flat Classroom 프로젝트는 다양한 웹 2.0 도구를 연계시킨다. 전 세계의 중·고등학교 교사들이 자신의 학급을 등록시켜 세계가 연결된 결과에 대한 경향(예를 들면 Google, 글로벌화, 모바일 컴퓨팅, 소셜 네트워크)을 설명하는 "The world is flat(세계는 평평하다)" (Friedman, 2007)의 개념에 대해 토론할 수 있다. 학습자들은 이메일이나 Skype 같은 동시적·비동시적 도구를 활용하여 여러 학교의 학습자들과 관점을 비교하고 위키 스페이스를 만들고 혁신, 창업, 놀이와 같은 다양한 주제에 대한 자신들의 이해를 표상하기 위해 비디오를 만들기도 한다. 학습자들은 계속해서 소통과 협력을 하기 위해 반드시 파트너 학교로부터 비디오의 일부를 받아 통합해야 한다. 학습자들이 자신의 작업을 공유하고 전문가로부터 피드백을 받을 때는 가상 회담을 개최한다.

요약

이 장에서는 학습자 중심 학습환경을 구성하는 기초, 가정, 설계방법에 대해 설명하였다. 2000년에 이 책의 초판이 출판된 이후로 협력학습의 결과를 구성, 공유, 표상하는 기술 발달과 더불어 교육학적 틀을 명료화하는 연구도 많은 진보가 있었다(Sawyer, 2006). 저자들은 학습자 중심 학습의 복잡하고도 개방적인 특성을 스캐폴딩하는 데 관련된 개념적 틀, 잠재적 문제점, 설계 기법 등에 이해를 깊이 하고자 했다(Quintana et al., 2004). 또한 교사, 학습자, 테크놀로지의 상호작용과 자연스러운 환경에서의 학습 과정에 대한 연구를 하는 데 있어, 복잡성을 다룰 수 있는 설계 연구방법론들이 지난 10여 년간 보다 발전하였다(Barab, 2006). 그러한 연구는 이론과 설계를 동시에 개선할 수 있도록 해 주었다. 이처럼 우리의 이해를 발전시키는 데 주목할 만한 진보가 있었음에도 불구하고 여전히 질문과 이슈는 남아 있다. 설계의 실천영역의 기반을 계속 다질 뿐 아니라 다양한 맥락에서 학습자 중심 환경의 전망과 한계에 대한 이해를 심화시키기 위해서 이 노력은 반드시 계속되어야 한다.

【 참고문헌 】

Balasubramanian, N., & Wilson, B. G. (2005). Games and simulations. *ForeSITE, 1.* Retrieved March, 25, 2011, from http://site.aace.org/pubs/foresite/

Barab, S. (2006). Design-based research: A methodological toolkit for the learning scientist. In R. K. Sawyer (Ed.), *The Cambridge Handbook of the Learning Sciences* (pp. 153-170). Cambridge, MA: Cambridge University Press.

Barab, S. A., & Duffy, T. (2000). From practice fields to communities of practice. In D. Jonassen & S. Land (Eds.), *Theoretical foundations of learning environments* (pp. 25-55). Mahwah, NJ: Lawrence Erlbaum Associates.

Barab, S. A., Barnett, M. G., & Squire, K. (2012). Building a community of teachers: Navigating the essential tensions in practice. *The Journal of the Learning Sciences, 11*(4), 489-542.

Bell, P., Lewenstein, B., Shouse, A., & Feder, M. (Eds.). (2009). *Learning science in informal environments: People, places, and pursutis.* Washington, DC: National Academic Press.

Benson, L., Chambliss, J., Martinzez, J., Tomasek, K., & Tuten, J. (2009). Teaching with the history engine: Experiences from the field. *Perspectives on History, 47*(5). Retrieved March 24, 2011, from http://www.historians.org/perspectives/issues/2009/0905/

Bielaczyc, K., & Collins, A. (1999). Learning communities in classrooms: A reconceptualization of educational practice. In C. M. Reigeluth (Ed.), *Instructional-design theories and models: A new paradigm of instructional theory* (pp. 269-292). Mahwah, NJ: Lawrence Erlbaum Associates.

Bransford, J. D., Brown, A. L., & Cocking, R. R. (Eds.). (2000). *How people learn: Brain, mind, experience, and school.* Washington, DC: National Academy Press.

Brown, J. S., Collins, A., & Duguid, P. (1989). Situated cognition and the culture of learning. *Educational Researcher, 18*(1), 32-41.

Calder, N. (2010). Using scratch: An integrated problem-solving approach to mathematical thinking. *Australian Primary Mathematic Classroom, 15*(4), 9-14.

Charsky, D., & Ressler, W. (2011). Games are made for fun: Lessons on the effects of concept maps in the classroom use of computer games. *Computers & Education, 56*(3), 604-615.

Clark, R., & Hannafin, M. (2011). Debate about the benefits of different levels of instructional guidance. In R. Reiser & J. Dempsey (Eds.), *Trends and Issues in Instructional Design and Technology* (3rd edn.), (pp. 367-382). Upper Saddle River, NJ: Pearson.

Clark, D. B., Nelson, B., Sengupta, P., & D'Angelo, C. M. (2009). *Rethinking Science Learning Through Digital Games and Simulations: Genres, Examples, and Evidence.* Invited Topic Paper in the Proceedings of the National Academies Board on Science Education Workshop on Learning Science: Computer Games, Simulations, and Education. Washington DC.

Cognition and Technology Group at Vanderbilt (1992). The Jasper experiment: An exploration of issues in learning and instructional design. *Educational Technology Research & Development, 40*(1), 65-80.

Collins, A. (2006). Cognitive apprenticeship. In R. K. Sawyer (Ed.), *The cambridge handbook of the learning science* (pp. 47-60). Cambridge, MA: Cambridge University Press.

deFreitas, S., & Griffiths, M. (2008). The convergence of gaming practices with other media forms: What potential for learning? A review of the literature. *Learning, Media and Technology, 33*(1), 11-20.

Dick, W. (1991). An instructional designer's view of constructivism. *Educational Technology, 31*(5), 41-44.

Edelson, D., & Reiser, B. (2006). Making authentic practices accessible to learners: Design challenges and strategies. In R. K. Sawyer (Ed.), *The cambridge handbook of the learning sciences* (pp. 335-354). Cambridge, MA: Cambridge University Press.

Friedman, T. L. (2007). *The world is flat: A brief history of the 21st century* (3rd release). New York, NY: Picador/Farrar, Straus and Giroux.

Hannafin, M. J., & Land, S. (1997). The foundations and assumptions of technology-enhanced, student-centered learning environments. *Instrutional Science, 25*,

167-202.

Hannafin, M. J., Hannafin, K. M., Land, S., & Oliver, K. (1997). Grounded practice in the design of learning systems. *Educational Technology Research and Development, 45*(3), 101-117.

Hannafin, M. J., Land, S. M., & Oliver, K. (1999). Open learning environments: Foundations, methods, and models. In C. Reigeluth (Ed.), *Instructional design theories and models,* Vol. II. Mahwah, NJ: Erlbaum.

Hedberg, J. G., & Chang, C. H. (2007). The G-Portal digital repository as a potentially disruptive pedagogical innovation. *Educational Media International, 44*(1), 3-15.

Hicks, D., Doolittle, P. E., & Ewing, T. (2004). The SCIM-C strategy: Expert historians, historical inquiry, and multimedia. *Social Education, 68*(3), 221-225.

Hirsch, E. D. (2001). Romancing the child: Progressivism's philosophical roots. *Education Next, 1*(1). Retrieved March 24, 2011, from http://educationnetx.org/romancing-the-child/

Hmelo-Silver, C. E. (2004). Problem-based learning: What and how do students learn? *Educational Psychology Review, 16*(3), 235-266.

Hmelo-Silver, C. E., Duncan, R. G., & Chinn, C. A. (2007). Scaffolding and achievement in problem-based and inquiry learning: A response to Kirschner, Sweller, and Clark (2006). *Educational Psychologist, 42,* 99-107.

Hoadley, C., & Kilner, P. G. (2005). Using technology to transform communities of practice into knowledge-building communities. *SIGGROUP Bulletin, 25*(1), 31-40.

Iiyoshi, T., Hannafin, M. J., & Wang, F. (2005). Cognitive tools and student-centered learning: Rethinking tools, functions, and applications. *Educational Media International, 42*(4), 281-296.

Jonassen, D. (1991). Objectivism versus constructivism: Do we need a new philosophical paradigm? *Educational Technology Research and Development, 39,* 5-14.

Kafai, Y. B. (2006). Constructionism. In R. K. Sawyer (Ed.), *The Cambridge Handbook of the Learning Sciences* (pp. 35-46). Cambridge, MA: Cambridge

University Press.

Kirriemuir, J. K., & McFarlane, A. (2003). *Use of Computer and Video Games in the Classroom*. Proceedings of the Level Up Digital Games Research Conference, Universiteit Utrecht, Netherlands. Available from: lmp://www.silversprite.com/

Kirschner, P. A., Sweller, J., & Clark, R. E. (2006). Why minimal guidance during instruction does not work: An analysis of the failure of constructivist, discovery, problem-based, experiential, and inquiry-based teaching. *Educational Psychologist, 41*(2), 75-86.

Kolodner, J. L. (2006). Case-based reasoning. In R. K. Sawyer (Ed.), *The Cambridge Handbook of the Learning Sciences* (pp. 225-242). Cambridge, MA: Cambridge University Press.

Krajcik, J., & Blumenfeld, P. (2006). Project-based learning. In R. K. Sawyer (Ed.), *The Cambridge Handbook of the Learning Sciences* (pp. 317-334). Cambridge, MA: Cambridge University Press.

Land, S. M., & Hannafin, M. J. (1996). A conceptual framework for the development of theories-in-action with open-ended learning environments. *Educational Technology Research & development, 44*(3), 37-53.

Land, S., Draper, D., Ma, Z., Hsui, H., Smith, B., & Jordan, R. (2009). An investigation of knowledge-building activities in an online community of practice at Subaru of America. *Performance Improvement Quarterly, 22*(1), 1-15.

Lave, J., & Wenger, E. (1991). *Situated learning: Legitimate peripheral participation*. Cambridge: Cambridge University Press.

Lindsay, J., & Davis, V. (2007). Flat classrooms. *Learning and Leading with Technology, 35*(1), 28-30.

Linn, M. (2006). The knowledge integration perspective on learning and instruction. In R. K. Sawyer (Ed.), *The Cambridge Handbook of the Learning Sciences* (pp. 243-264). Cambridge, MA: Cambridge University Press.

McCaslin, M., & Good, T. (1992). Compliant cognition: The misalliance of management and instructional goals in current school reform. *Educational Researcher, 21*(3), 4-17.

Merrill, M. D. (1991). Constructivism and instructional design. *Educational*

Technology, *31*(5), 45-53.

Oliver, K., & Lee, J. (2011). Exploring history in plantation letters. *Learning and Leading with Technology, 38*(6), 24-26.

Palincsar, A., & Brown, A. (1984). Reciprocal teaching of comprehension-fostering and monitoring activities. *Cognition and Instruction, 1*(2), 117-175.

Papert, S. (1993). *The children's machine: Rethinking schools in the age of the computer.* New York: Basic Books.

Pastore, R., Land, S. M., & Jung, E. (2011). Mobile computing in higher education. In D. Surry, R. Gray, & J. Stefurak (Eds.), *Technology integration in higher education: Social and organizational aspects* (pp. 160-173). Hershey, PA: IGI Global.

Pea, R. (1985). Beyond amplification: Using the computer to reorganize mental functioning. *Educational Psychologist, 2*(4), 167-182.

Peppler, K. A., & Kafai, Y. B. (2007). From SuperGoo to Scratch: Exploring creative digital media production in informal learning. *Learning, Media, & Technology, 32*(2), 149-166.

Perkins, D. N. (1985). The fingertip effect: How information processing technology shapes thinking. *Educational Researcher, 14*, 11-17.

Perkins, D. N. (1993). Person-plus: A distributed view of thinking and learning. In G. Salomon (Ed.), *Distributed intelligence* (pp. 89-109). New York: Cambridge.

Perkins, D., & Simmons, R. (1988). Patterns of misunderstanding: An integrative model for science, math, and programming. *Review of Educational Research, 58*, 303-326.

Quintana, C., Reiser, B., Davis, E., Krajcik, J., Fretz, E., Duncan, R., Kyza, E., Edelson, D., & Soloway, E. (2004). A scaffolding design framework for software to support science inquiry. *Journal of the Learning Sciences, 13*(3), 337-386.

Quintana, C., Shin, N., Norris, C., & Soloway, E. (2006). Learner-centered design: Reflections on the past and directions for the future. In R. K. Sawyer (Ed.), *The Cambridge Handbook of the Learning Sciences* (pp. 119-134). Cambridge, MA: Cambridge University Press.

Roth, W.-M. (1995). Affordances of computers in teacher-student interactions: The case of interactive physics™. *Journal of Research in Science Teaching, 32*(4), 329-347.

Salomon, G. (1986). Information technologies: What you see is not (always) what you get. *Educational Psychologist, 20*, 207-216.

Savery, J. (2006). An overview of problem-based learning: Definitions and distinction. *Interdisciplinary Journal of Problem-based Learning, 1*(1), 9-20.

Sawyer, R. K. (2006). Introduction: The new science of learning. In R. K. Sawyer (Ed.), *The Cambridge Handbook of the Learning Sciences* (pp. 1-18). Cambridge, MA: Cambridge University Press.

Scardamalia, M., & Bereiter, C. (2006). Knowledge building: Theory, pedagogy, and technology. In R, K. Sawyer (Ed.), *The Cambridge Handbook of the Learning Sciences* (pp. 97-118). Cambridge, MA: Cambridge University Press.

Schwartz, D., Lin, X., Brophy, S., & Bransford, J. (1999). Toward the development of flexibly adaptive instructional designs (pp. 183-213). In C. Reigeluth (Ed.), *Instructional-design theories and models: A new paradigm of instructional theory,* Volume II. Mahwah, NJ: Lawrence Erlbaum Associates.

Spires, H. A. (2008). 21st century skills and serious games: Preparing the N generation. In L. A. Annetta (Ed.), *Serious educational games* (pp. 13-23). Rotterdam, The Netherlands: Sense Publishing.

Spires, H. A., Rowe, J. P., Mott, B. W., & Lester, J. C. (in press). Problem solving and game-based learning: Effects of middle grade students' hypothesis resting strategies on science learning outcomes. *Journal of Educational Computing Research.*

Spiro, R. J., Feltovich, P. J., Jacobson, M. J., & Coulson, R. L. (1992). Cognitive flexibility, constructivism, and hypertext: Random access instruction for advanced knowledge acquisition in ill-structured domains. In T. M. Duffy & D. H. Jonassen (Eds.), *Constructivism and the technology of instruction: A conversation* (pp. 57-76). Hillsdale, NJ: Erlbaum.

Squire, K. D., & Jan, M. (2007). Mad city mystery: Developing scientific argumentation skills with a place-based augmented reality game on handheld computers. *Journal of Science Education & Technology, 16*(1), 5-29.

Stahl, G., Koschmann, T., & Suthers, D. (2006). Computer-supported collaborative learning. In R. K. Sawyer (Ed.), *The Cambridge Handbook of the Learning Sciences* (pp. 409-426). Cambridge, MA: Cambridge University Press.

Stickler, U., & Hampel, R. (2010). CyberDeutsch: Language production and user preferences in a moodle virtual learning environment. *CALICO Journal, 28*(1), 49-73.

Whitehead, A. N. (1929). *The aims of education.* New York: MacMillan.

학습환경의
이론적 관점

2부

2장

연습의 장에서
실천공동체로

Sasha A. Barab & Thomas M. Duffy

서문

이 장을 집필하는 동안 구성주의자와 상황이론가로서 저자들은 두 이론의 차이를 구분하고 학습환경 설계에 주는 시사점을 도출하기 위해 고군분투하였다. 두 저자의 관점을 명확하게 하기 위해 (또한 정당화하기 위해) 저자들은 각자의 관점의 한계를 서로 비판해 보았다. 비록 상황이론과 구성주의에 관한 논의가 서로 다른 학문적 기반을 가지고 있고, 특화된 용어가 있지만, 상황이론과 구성주의는 해석의 차원에서 유사하다는 것을 알게 되었다. 나아가, 각자의 관점에 근거한 학습환경 설계는 유사한 원리를 따르고 유사한 학습환경을 지지한다는 것을 깨닫게 되었다.

저자들이 다루는 것은 아직 형성 중인 개념이다. 사람들은 기존의 개념을 포함하고 또한 확장시키기 위해 새로운 용어를 사용한다. 구성주의는 객관주의에서 떨어져나오기 위해 사용한 명칭이었으나 스스로를 '구성주의자'라고 칭하는 경우에도 서로 다른 관점과 가정이 존재한다(Cobb, 1994, 1995; Phillips, 1995 참조). 보다 일반적으로 활용되고 있는 '상황화(situated)'라는 용어는 지식이 경험에 의해 맥락화된다고 하는 구성주의자와 상황이론가 양쪽 모두의 핵심적 제안을 반영하고 있다. 이 장을 집필하는 데 있어 구성주의나 상황이론에 관련된 학습이론과 원리의 차이를 구분하는 것은 별로 중요하지 않다고 생각한다. 그보다는 저자들의 이해를 증진시킨 다양한 이론들이 상황주의 학습이론에 근거하고 있다는 것을 알게 되었다. 용어와 관련된 가정, 해석은 우리가 추구하고 있는 학습 맥락의 핵심을 더 잘 포착하고 있다. 그러나 상황주의 이론의 맥락 내에서라도 용어에 대한 구분을 할 필요가 있는데(구성주의와 상황주의 관점의 비교가 아니라), 이러한 구분이 이 장의 핵심이다.

서론

근래 아는 것과 학습하는 것에 관한 새로운 이론을 담은 책과 논문이 쏟아져 나오면서 우리는 학습과 인지에 관한 이론에 변화가 일어나고 있는 것을 목도하고 있다. 개별적인 사고와 고립된 마음을 강조하는 것에서 인지와 의미의 사회적 특성을 강조하는 것으로 인지이론의 흐름이 바뀌어가고 있다(Resnick, 1987). 더욱 최근에는 개인들뿐만 아니라 인지와 의미도 상호작용 내에서 사회적·문화적으로 구성된다는 상보적 특성을 강조하는 상황주의 이론이 관심을 받고 있다(Lave, 1988, 1993; Michael, 1996). 인류학적 관점에서 출발한 상황주의 이론은 세계와의 상호작용이 사회적 세계에 대한 의미를 만들어 낼 뿐 아니라 세계와의 관계를 통해 구성되는 개인의 정체성을 창출한다고 본다(Lave, 1993; Lemke, 1997, Walkerdine,

1997; Wenger, 1998).

일반적으로 상황주의 관점은 실제와 학습은 별개가 아니며 의미는 그것이 협상되는 실제와 맥락으로부터 분리될 수 없다는 점에서 학습을 재구조화하고 있다. 지난 10년간 인지에 관한 상황적 관점으로 옮겨 가는 동안 상황인지가 무엇인가에 대한 이해 자체도 매우 다양했다(Greeno, 1998; Lave & Wenger, 1991; Resnick, 1987; Young, 1993). 이 장에서는 두 가지 중심적인 주제들을 탐색해 보고자 한다. 첫 번째는 학교 상황에서 학습 혹은 학습 실패에 관심을 갖는 심리학과 교육학의 영역에서 온 것이다. 학교 상황이기 때문에 이는 특정한 학습 목적과 내용에 초점을 맞추게 된다. 예를 들면, 수학(혹은 대수학)이나 과학(뉴튼의 법칙)을 학습하는 데 있어 학습자를 지원할 수 있는 학습환경은 어떻게 설계 할 것인가 등의 질문을 하게 된다. 여기서 초점은 학습 내용이 실제적인 활동 속에 놓여 있도록 하는 데 있다. Senge(1994)의 용어로 이야기하자면, 학습자들이 실제로 학교 밖에서 직면하게 될 문제와 실천에 참여할 수 있는 '연습의 장(practice field)'[1]을 만들어 주어야 한다.

둘째는 상황주의에 대한 심리학적 관점의 발전에 따른 것으로 Lave와 그의 동료들의 업적에 가장 많이 반영되어 있는 '인류학적' 관점[2]이다. 인류학적 관점은 의미나 내용의 상황화에 초점을 두기보다는 공동체와 공동체의 일원이 되는 기능적인 면으로서의 학습의 의미에 초점을 둔다. 분석 단위에 있어 개별적 맥락에서 공동체 맥락으로의 관점 이동은 기술을 배우거나 이해를 높이는 것으로부터 "공동체의 일원으로서의 정체성을 개발하고 지식이 숙련되는 과정이 기존 구성원들이 새로 들어온 구성원들에게

----

1) Senge는 스포츠에서 연습의 장(practice field)의 은유로 '연습의 장'이라는 용어를 소개했다.
2) 독자들이 주의해야 할 것은 여기에서 '심리학적'이라거나 '인류학적'이라는 명칭을 그 분야를 의미하는 것으로 해석해서는 안 된다는 것이다. 그보다는 그 영역의 실천가들의 작업과 전형적으로 연관되는 분석의 초점이나 단위를 의미하기 위해 이러한 명칭을 쓴 것이다.

동기를 부여하고, 행동을 조성하고, 의미를 부여하는 과정과 동일하다는 것"(Lave, 1993, p. 65)으로의 초점 이동을 가져왔다.

이 장의 목적은 학습환경을 만들기 위한 상황주의에 대한 두 관점의 시사점을 탐색하는 데 있다. 먼저 학습에 대한 표상적 관점에서 상황적 관점으로의 변화를 설명한다. 다음으로 상황적 관점과 인류학적 관점의 차이를 살펴보고, 상황적 틀과 관련된 학습 환경을 소개한 후, 상황주의 이론들과 관련된 학습환경(연습의 장) 설계를 위한 핵심 원리를 도출함으로써 상황주의 이론의 심리학적 관점을 상세하게 다루고자 한다. 그 다음으로 어떻게 인류학적 관점이 심리학적 관점을 강화하며 학습환경 설계를 복잡하게(연습의 장에서 실천공동체로) 만드는지 살펴보도록 한다. 저자들은 학습을 위한 심리학적 설계에서 전형적으로 발견되는 특징을 보다 확장하여 실천공동체의 세 가지 특성을 제안한다. 마지막으로 상황주의에 인류학적 관점을 반영하고자 한 학습환경의 몇 가지 사례를 깊이 있게 살펴볼 것이다.

논의에 앞서, 이 장의 구성을 따라가는 데 중요한 사항이 두 가지 있다. 첫째, 학교교육에 초점을 둔다. 즉, 학교에서 활용될 수 있는 학습환경의 설계 원리를 이해하고자 하는 것이다. 설계가 학교의 체제적 변화를 요구하게 될 수도 있지만, 학습맥락과 학습에 대한 동기는 학교환경 내에서 논의될 것이다. 둘째, 인식론적 가정과 실천은 상호 결정적인 관계라는 것이다. 다시 말해, 개인이 가진 학습과 지식에 대한 가정은 학습환경 설계와 개인이 환경에 어떻게 참여할 것인가에 서로 영향을 주게 된다(Bednar, Cunningham, Duffy, & Perry, 1992). 교사나 교수 설계자가 학습자가 어떻게 사고하고 학습하는 지에 관해 하다못해 어떤 암묵적인 이론조차 없이 특정 레슨이나 활동을 설계하고 실행한다는 것은 상상도 할 수 없다. 마찬가지로, 수업 실행에 대한 불만족은 그 수업이 기반하고 있는 인식론적 가정에 대해 의문을 품게 한다. 실제로, 학교 밖에서 일어나는 학습에 대해 설명할 수 있는 이론의 필요성과 더불어 학교 교육에 대한 불만족은 상황주의 이론의 개발에 주요한 요인 중 하나다.

습득에서 참여로의 은유

1960년대 인지주의 혁명 이래로 표상은 인지이론의 중심개념 역할을 해왔으며, 정신에 대한 표상이론은 인지과학의 가장 일반적인 관점이었다 (Gardner, 1985; Fodor, 1975; Vera & Simon, 1993). 표상적 입장의 핵심 원리는 "지식은 정신의 상징적 표상으로 구성되며 인지 활동은 이러한 계산적 표상에서 상징들을 조작해 보는 것으로 구성된다"(Shanon, 1988, p. 70)는 것이다. 따라서 학습은 이러한 상징을 '습득하는' 것이며 수업은 이 습득을 촉진할 수 있는 가장 효율적인 수단을 찾는 것이다.

1980년대 후반부터, Sfard(1998)가 주장했듯이, 초·중·고등학교에서 지배적이었던 '습득'에서 지식은 궁극적으로 실제에 관련되어 있다는 '참여'로 관점이 변화하였다. 거시적인 관점에서 보자면 이러한 인식의 변화는 학교 교육에 대한 불만족이 커짐에 따라 나타나게 되었다. 학교에서의 학습은 실제로는 사용되지 않고 그저 '알고 있는' 비활성 지식만 낳는다는 것이다(Whitehead, 1929). Resnick(1987)은 미국교육연구학회(American Educational Research Association)의 학회장 연설에서 학교 밖에서 지식을 어떻게 배우고 활용하는지와 비교하면서 습득의 은유로 특징지어지는 학교 교육의 실제에 대한 연구 결과를 발표하였다. Resnick의 분석은 실제 세계에서 일어나는 학습의 협력적·맥락적·구체적 특성에 초점이 맞추어져 있었으며 이는 학교에서 일어나는 학습의 개별적이고 추상적인 특성과는 반대되는 것이었다. 이 연구가 상황화된 활동을 강조하는 참여적 관점의 발달을 촉진시킨 가장 중요한 자극 중의 하나였다는 데는 의심의 여지가 없다.

Resnick의 연구 직후, Brown, Collins, Duguid(1989)는 아는 것과 행하는 것은 상보적이며, 지식은 상황화되고 활동을 통해 점진적으로 발전해간다고 주장했다. 이 이론의 핵심은 실천에 참여하는 것이 학습과 이해를 구성한다는 주장이다. 더 나아가 개념들이 **독립체**(self-contained entity)라는 관념은 버리고, 실제로 활용해 봄으로써 충분히 이해할 수 있는 **도구**로서 개념을 인식해야 한다고 제안했다. Greeno와 Moore(1993)는 "상황성은 모든 인지 활동의 기초"(p. 50)라고 했다. 학습은 이해를 습득하는 것 이상이며, "도구를 활용해 봄으로써 도구 자체와 세계에 대한 내포된 이해가 점점 더 심화되도록" 쌓아 가는 것이다(Brown, et al., 1989, p. 33). 이러한 이해는 학습되고 활용되는 상황에 의해 규정된다.

지식이나 아는 것(knowing about)을 어떻게 구상하는지에 대한 이 관점의 핵심 원리는 다음과 같다.

① 아는 것은 대상이 아니라 활동을 의미한다.
② 아는 것은 추상적인 것이 아니라 언제나 맥락화된다.
③ 아는 것은 객관적으로 정의되거나 주관적으로 생성되는 것이 아니라 개인과 환경의 상호작용에 의해 상보적으로 구성된다.
④ 아는 것은 '진리'가 아니라 상호작용에 대한 기능적 입장이다(이 견해에 대한 자세한 내용은 Barab, Hay, & Duffy, 1998 또는 Bereiter, 1994를 참조).

이 입장은 저자들이 느끼기에는 Clancey(1993), Cognition and Technology Group at Vanderbilt(1990, 1993), Greeno(1997, 1998), Roschelle과 Clancey(1992), Tripp(1993), Young(1993), Resnick(1987), Brown 등(1989)의 견해와 일치한다. 그러나 인지와 정체성의 상황성을 강

조하는 상황주의 이론과 관련된 다른 논의들도 있다. 단순히 '아는 것'을 넘어 실천공동체 안에서 총체적 인간을 구성하는 데 초점을 두는 인류학적 기반에서 나온 관점이다(Lave, 1997).

교육심리학자들을 포함하여(Kirshner & Whitson, 1997, 1998 참조) 인류학 입장에서 상황성에 대한 논의는 실천공동체와 관련된 학습에 초점을 두며, 무엇이 '상황화' 되는가와 상호작용 내에서 무엇이 구성되는가에 대해 다른 시각을 제공한다. 이 확장된 관점에 근거하여 Lave(1997)가 상황화된 사회적 실천(situated social practice)이라고 언급한 데 따르면, 개인과 세계 사이에 경계가 없으며, "학습, 사고, 앎은 사회·문화적으로 구조화된 세계 안에서, 세계와 함께, 세계로부터 나오는 활동에 참여하고 있는 사람들과 관계가 있다" '문화인류학적' 관점[3]에 의하면 의미만 만들어지는 것이 아니라, 총체적인 정체성이 경험에 의해 형성되고 경험을 형성한다. 다시 말해, 상호작용은 개인, 내용, 맥락의 모든 요소에 의해 구성되고, 이 모든 요소를 구성한다는 것이다. 기술의 발달과 정체성의 발달 사이에는 경계가 없으며 이 두 가지는 개인의 실천이 실천공동체의 중심이 되어 감에 따라 함께 일어난다. 저자들은 인지에 대한 관심으로부터 나온 상황주의에 대한 '심리학적' 저술들(특히 Resnick, 1987과 Brown et al., 1989)이 정신에 대한 지배적 이론과 주입식 수업으로부터 벗어나는 데 결정적인 역할을 했다고 믿는다. 인류학적 틀은 '상황화'가 무엇을 의미하는지에 대한 개

---

3) 하나의 관점을 보다 심리학적인 렌즈에, 다른 하나를 인류학적인 렌즈로 서로 반대되는 것처럼 묘사하기는 했지만 많은 논의가 이 두 관점에 서로 걸쳐 있음을 주지할 필요가 있다. 예를 들면, 많은 심리학자가 자신들의 상황 이론을 설명하기 위해 인류학적 연구 결과에 의존하고, 학습을 통해 총체적 인간(인지와 정체성을 포함하여)이 형성된다고 본다. 심리학이든 인류학이든 인류학자 Jean Lave의 저술을 언급하지 않은 상황이론은 거의 없다. 그러나 교육학적 영역 내에서 상황 인지에 대한 논의는 여전히 정체성 형성이나 협상된 의미, 정체성, 이를 창출하는 공동체 간의 상호적 영향에 대한 것보다는 인지에 대한 맥락의 영향에 초점을 두고 있다. 그러므로 〈표 2-1〉에 구분하여 설명한 것이 상황 이론의 서로 다른 해석(Kirshner & Whitson, 1997 참조)을 이해하고 학습환경 설계를 위한 시사점을 도출하는 데 도움이 될 것이다. 여기에 사용된 명칭들은 해당 영역(심리학적 혹은 인류학적)에서 전형적으로 나타나는 초점이거나 분석단위일 뿐, 어느 한 분야에서 개인 연구자들의 저술이나 연구 결과가 아니다.

넘정립을 풍부하게 하는 데 도움을 주었다. 상황이론에 대한 이 두 가지 관점은 〈표 2-1〉에 제시되어 있다. 상황주의 이론에 대한 이와 같은 분석에 기반하여 심리학적 관점에서 학습환경을 설계하기 위한 원리를 본격적으로 설명하겠다. 이 장의 후반부에는 인류학적 틀에 의한 학습환경 설계 원리가 소개된다.

| 표 2-1 | 상황주의 이론에 대한 심리학적 관점과 인류학적 관점의 비교

	심리학적 관점	인류학적 관점
초점	인지	공동체와 개인의 관계
학습자	학생	실천공동체의 구성원
분석 단위	상황적 활동	공동체에서의 개인
상호작용의 결과	의미	의미, 정체성, 공동체
학습 무대	학교	일상 세계
학습의 목적	미래 과제에 대한 준비	공동체나 사회적 요구에 대한 즉각적 부응
교육학적 시사점	연습의 장	실천공동체

학습환경 설계: 연습의 장

상황주의에 대한 이론적 관점에서 분석 단위는 학습자 간 상호작용, 학습자가 수행하는 실천, 학습자가 특정 실천을 하는 이유, 활용되는 자원, 특정 과제를 하는 데에서의 제한점 등 학습자의 상황적 활동이다. 수업으로 말하자면 개념을 가르치는 것에서 학습자들이 배워야 할 개념과 기술을 활용하게 하는 실제적 과제에 참여시키는 것으로 목표가 바뀐 것이다. Brown 등(1989)은 개념은 도구이며 활용될 때만 비로소 이해될 수 있는 것이라고 주장했다.

학습환경 설계는 무엇을 학습해야 하는가와 더불어 이와 상보적으로 이러한 활동이 일어나는 실제 세계의 상황은 어떠한가를 확인하는 데서 시작한다(Barab, 1999). 이러한 상황 중 하나가 학습활동의 목표로 선정된다. 따라서 학습자를 위한 특정 '활동' 혹은 '경험'의 창출을 강조한다. Resnick(1987)의 제안과 마찬가지로 이러한 활동은 반드시 실제적이어야 하며, 학습자가 '실제 세계'에서 직면할 수 있는 모든 인지적 요구를 다 제시해 줄 수 있어야 한다. 그러므로 주제 영역에서 실제적인 문제 해결과 비판적 사고가 필요하다. 학습활동은 실제 활용과 관련되어야 하고, 그렇지 않으면 비활성화된 지식으로 남아 있게 된다.

Senge(1994)는 학습조직 개발과 관련된 논의에서 연습의 장을 만드는 것이 이와 유사하다고 하며 기업 훈련에서 일차적인 접근으로 활용해야 한다고 주장했다. 연습의 장은 '실제' 상황과는 다르지만, 합법적 참여자(legitimate participants)와는 반대로, 학습자들이 학교 밖의 상황에서 직면하게 될 유형의 활동을 연습할 수 있도록 하는 맥락이다. 더 나아가 학교 밖과 같은 물리적 조건과 환경에 실제적 활동을 상황화하기 위한 노력이 필요하다. 그러나 이러한 맥락은 연습의 장이며, 그렇기 때문에, 시간, 장소, 활동은 활동을 통해 준비하고자 하는 실제 삶과는 명백히 분리된다.

문제기반 학습(problem based learning: PBL)은 연습의 장을 창출하는 한 예다. PBL이 시작되었고 현재도 가장 많이 활용되는 의학 분야에서, 학생들은 진단을 하기 위해 실제 사례 히스토리(Evenson & Hmelo, 2000; Koschmann, Kelson, Feltovich, & Barrows, 1996)를 제공받는다. 문제기반 학습은 의학 분야를 넘어 초·중·고등학교와 경영대학(Milter & Stinson, 1995), 고등교육(Savery & Duffy, 1996), 그 외 많은 영역에서 활용되고 있다. PBL 접근은 (문제에 대한 해결책으로서) 이슈에 대한 자신의 입장을 개발하기 위해 사례를 연구하는 것과는 달리 다른 사람의 해결책을 연구하는 것이다. 그러므로 학습자들은 이 문제를 실제 세계에서 해결하려고 하는 것과 같은 '마치 ~인 것 같은' 상황에 놓이게 된다.

CTGV(1990, 1993)의 앵커드 교수법은 연습의 장을 창출하는 또 다른 접근이다. PBL에서처럼 목표는 실제 문제를 찾아내고 이를 위해 실제 세계와 같은 맥락을 찾아내는 것이다. 그러나 앵커드 교수법에서는 학습자들에게 이것이 실제 문제가 아닌 허구적인 문제 상황이라고 제시한다. Jasper Woodbury 시리즈에서는 매우 생생하고 실제적인 상황의 비디오로 문제 해결을 위한 관련 정보를 제공한다. 예를 들면 〈Escape from Boone's Meadow(Boone 초원에서의 탈출)〉에서, 학생들은 비디오를 통해 독수리를 구하도록 도와주어야 한다는 사실을 반드시 인지해야 하며, 〈A Capital Idea(핵심 아이디어)〉에서 학생들은 학교 가을 축제 부스 만들기를 도와주어야 한다는 아이디어를 인식할 수 있어야 한다.[4] 비디오에 나오는 사람들이 처해 있는 문제 해결 상황과 똑같이 자신이 문제를 '소유하고' 있을 때만 의미가 있다. 물론 증거를 수집하는 방법이나 주의를 산만하게 하는 요소의 범위는 실제 세계와는 다르다. 그러나 독수리를 구하거나 축제용 부스에서 이윤을 내기 위한 가장 효율적인 전략 개발 같이 학습자들은 비구조화된 문제 상황에 놓인다.

인지적 도제는 연습의 장의 개념화와 설계에 대한 또 다른 접근이다(Collins, Brown, & Newman, 1989). 인지적 도제는 전문가의 어깨 너머로 배우는 것을 강조하며, 전문가는 인지적 활동의 코치이자 모델이다. 예를 들어 상호교수(Palincsar & Brown, 1984)는 교사와 학습자가 교재 내용을 이해하는 동안 학습자와 교사의 역할을 차례로 바꾸어 보는 것이다. Schoenfeld(1996)의 프로젝트에서는 전문가가 새로운 문제를 해결하는 동안 생각하는 것을 소리 내어 말하게 하고, 학생들이 이 전략을 반영하여

---

4) 두 가지 허구적인 문제 상황은 Jasper 에피소드에서 가져온 것이다(CTGV, 1990, 1993 참조).

그 해결 경로를 따라하게 하였다.

연습의 장 설계는 지난 10여 년간 광범위하게 관심을 끌었다(Barab, Hay, Squire, Schmidt, Karrigan, Johnson, & Yamagata−Lynch, 2000; Barab & Landa, 1997; CTGV, 1990, 1993; Duffy & Jonassen, 1992; Duffy, Lowyck, & Jonassen, 1992; Edwards, 1995; Hannafin, Hall, Land, & Hill, 1994; Kommers, Grabinger, & Dunlap, 1996; Koschmann, 1996; Roth, 1996, 1998; Roth & Bowen, 1995; Savery & Duffy, 1996; Wilson, 1996; Young & Barab, 1999). Resnick(1987) 이래로 설계를 위한 원리들도 다수 제시되었으며, 요약하자면 다음과 같다.

- 주제 관련 연습하기 학습자들은 교과서나 교사가 요약해 주는 경험이나 다른 사람들이 찾아낸 결과를 그저 듣기만 하는 것이 아니라 반드시 적극적으로 주제와 관련된 실천을 '수행'해야 한다. 적극적인 학습자에 대한 논의는 수행을 통한 학습을 주장한 Dewey(1938)까지 거슬러 올라간다. Schoenfeld(1996)는 학습자들이 수행 딜레마(좋은 성적 받기)에 놓여 있는지 주제 관련 딜레마(암 치료법 찾기)에 놓여 있는지, '수행'의 본질이 무엇인지 숙고할 필요가 있다고 했다. 후자의 상황이야말로 학습하고 있는 내용에 대한 실제적 공감과 이해가 일어나게 할 것이다.
- 탐구에 있어 소유권 학생들은 딜레마와 해결책 개발에 대한 소유권을 가져야 한다. 말하자면 학습자들은 자신들이 노력할 가치가 있는 실제적 딜레마 상황을 볼 수 있어야 하고 학교에서 주는 해결책과는 차별화된 해결방안을 만들어 가는 동안 그 노력에 대해 자각할 수 있어야 한다. 더 나아가 학습자들은 해결책에 대한 책임감을 느낄 수 있어야 한다. 학습자들이 교사가 제시하거나 (혹은 교사가 원하는) 해결책만을 찾는다면 학교 밖에서 장차 직면하게 될 상황에서 해야 할 사고는 하지 못하게 될 것이다(Savery & Duffy, 1996; Schoenfeld, 1996).

- 사고력에 대한 코칭과 모델링 교사의 역할은 내용 전문가에 국한되는 것이 아니라 학습과 문제 해결의 전문가이기도 하다. 그러므로 교사의 임무는 학습자들이 스스로 해야 하는 질문을 해 주면서 학습과 문제해결에서 모델이 되어 주어야 한다. 이는 지시적이라기보다는 참여적이며, '맞는' 답에 기반하기보다는 문제 해결 전문가가 스스로 하게 되는 질문에 기반한 것이다(Savery & Duffy, 1996; Schoenfeld, 1996). 부분적으로 개별적인 과업을 수행하는 데 있어 연습의 장과는 구분되는 성찰적 활동을 포함하는 스캐폴딩(Duffy & Cunningham, 1996 참조)과 코칭 및 모델링이 필요하다[5].

- 성찰 기회 종종 우리는 현재 하고 있는 것, 앞으로 할 것, 혹은 이미 한 것에 대해 성찰할 기회가 없이 일을 하게 된다. 시간에 대한 압박 때문에 겨우 딜레마를 해결하는 과정을 이해하는 정도에 그치고 다음으로 나아가게 된다. 그러나 연습의 장에서는 성찰을 위한 기회가 핵심이며, 업무 환경에서도 그래야 한다. 왜 우리가 지금 이것을 하고 있는지에 대한 평가 기회를 제공해 줄 뿐 아니라 이에 대한 효능감을 평가할 수 있는 기회도 제공해 준다. 추후에 경험을 성찰하는 것은 오개념을 수정하고 이해가 잘못된 부분을 바로잡을 기회를 제공한다. 적극적이고, 철저하고, 분석적인 성찰 과정은 학습의 질적 제고를 위해 필수적이다(Clift, Houston, & Pugach, 1990; Schön, 1987).

- 비구조화된 딜레마 학습자가 처하게 되는 딜레마는 불분명하게 정의되거나 학습자 자신이 스스로 문제의 틀을 만들수 있을 정도로 느슨하게 정의되어야 한다(Roth, 1996; Savery & Duffy, 1996). 학습자가 문제와 해결과정을 자신의 것으로 만들 수 있게 하는 것은 불분명하게 정의된 문제로만 가능하다. 이러한 문제를 해결하는 동안 해결책의 질은 해당

---

5) 물론 공동체로부터 문제 상황을 탈맥락화하는 것은 연습의 장과 과업 수행을 구분하는 가장 중요한 특성이다.

영역에서의 노력의 질에 달려 있다. 해결책에 대한 다양한 근거나 구체적인 해결책, 더 나은 대안 등을 개발하기 위해서는 시간이 필요하다. 비구조화된 딜레마를 탐구해 보는 것을 통해 소유권이 생기고 학습이 일어나게 된다.

- **딜레마를 단순화하기보다는 학습자를 지원하라** 학습자가 직면하게 되는 딜레마는 학습이 끝난 후 학교 밖에서 요구되는 사고와 업무 수행의 복잡성을 반영해야 한다. 다시 말해, 제시되는 문제는 현실적이어야 한다. 단순하고 비현실적인 문제는 대표적인 관점의 특성만 가르치는 전통적인 구성요소적 접근일 뿐 실천의 장을 반영하지는 못한다. 스캐폴딩은 연습의 장에서 복잡한 문제 해결을 위해 필수적인 지원을 제공해 주는 것을 의미하는 것으로, 적절하게 제공되지 않으면 자신의 현재 영역이나 근접 발달 영역을 넘어서지 못할 우려가 있다(Duffy & Cunningham, 1996; Vygotsky, 1978).

- **협력적이고 사회적인 작업** 의미는 지속적인 협상의 과정이다. 이 협상과 이해의 질과 깊이는 사회적 환경에 의해서만 결정될 수 있다. 다시 말해, 사회적 환경에서 우리는 우리의 이해가 다른 사람들의 관점에 부합하는지 알 수 있고, 우리가 이해하는 데 있어 유용하게 통합할 수 있는 다른 관점이 있다는 것을 알 수 있다(Bereiter, 1994). 아이디어가 논의되고 이해가 깊어지는 학습 '공동체'의 중요성은 효과적인 연습의 장 설계에 매우 중요하다(Scardamalia & Bereiter, 1993).

- **동기를 유발하는 학습맥락** 교육환경에서 학습자들이 자신의 삶에서 자연스럽게 생겨나는 문제를 찾아보게 할 수는 없다. 즉, 학습 이슈는 온전히 혼자 결정할 수 있는 것이 아니다. 오히려 학습자들에게 공동체와 그 공동체가 갖고 있는 이슈나 문제를 소개해 줄 필요가 있다. 학습자들의 관심을 끌 수 있는 딜레마는 스스로에게서 찾기 힘들기 때문이다(Barrows & Myers, 1993). 학습자들에게 도전감과 참여를 유발하는 방

식으로 문제의 상황과 관련성을 알려 주어야 한다. 도전감과 몰입의 중요성은 교육(Cordova & Lepper, 1996; Dweck & Leggett, 1988)과 심리학 (Csikszentmihalyi, 1990)에서 오랜 관심사였다.

참여 은유의 확장: 실천공동체

앞서 정의한 것처럼, 연습의 장은 Resnick(1987)이 제안한 학교 안에서의 학습과 학교 밖에서의 학습의 차이점을 보여 주고 있다. 이러한 맥락에서 학습자는 맥락화된 문제에 몰두하는 동안 구체적인 인조물(artifact)과 예제들을 사용하면서 팀으로 일하게 된다. 연습의 장 설계는 심리학자들의 상황주의 이론이 주는 시사점 그리고 저자들이 수행해 온 많은 연구 결과와도 일관성이 있다. 더 일반적으로 말하면, 이 관점은 교육에서 새로운 맥락화를 강조하며, 표상주의적 관점을 뛰어넘는 학습과 인지에 대한 이해를 필요로 한다. 그러나 학습자가 하게 되는 실천은 공동체에서 가져온 '학교 숙제'이며 이는 학습하는 실천의 의미와 유형 그리고 이에 대한 개인의 관계에 중요한 시사점이 있다.

실천 그 자체로 보자면, 학교의 문화적 맥락은 언제나 학습과 학점만 강조할 뿐 참여나 활용은 중요하게 생각하지 않으며, 배운 내용을 활용하고 그 효용성을 평가할 줄 아는 공동체에 기여하는 구성원이 아니라 학교 안에서의 개별 학습자로서의 정체성을 강조한다. Lave와 Wenger(1991)는 다음과 같이 주장한다.

고등학교 물리학 수업에 학생들이 참여하고 자신들의 활동에 의미를 부여하는 것과 전문 물리학자가 하는 방법에는 엄청난 차이가 있다. 학생들이 물리학을 공부할 수 있는 현실적인 실천공동체를 재현하는 것은 물리학자들의 세계가 아니라 학교에서 수업을 받은 성인들의 공동체여야 한다……
[그러한] 학교 수업의 문제는 궁극적으로 교육학적이지 못하다. 무엇보다도
그들은 성인들의 공동체가 스스로 재현하는 것 같은 방식, 신입 구성원들이
그러한 공동체를 찾을 수도 있고 그렇지 못할 수도 있는 장소, 신입 구성원
들과 공동체의 문화적ㆍ정치적 생활 사이에 수립될 수도 있고 그렇지 않을
수도 있는 관계와 관련되어 있다.   (Lave & Wenger, 1991, pp. 99-100)

이 관점에 따르면 연습의 장에서의 주요한 문제는 학교에서 일어나는
것이 아니라 학교를 통한 공동체 안에서 일어난다는 것이다. 이는 학습한
것을 평가하고 활용할 수 있는 실천이 일어나는 사회와 학습맥락의 단절
을 없앨 수 있다. 세상과의 상호작용이 의미와 정체성을 창출한다는 것을
인식한다면, 교육자는 학교 내에서 상호작용, 나아가 정체성이 만들어지
도록 더 강조할 필요가 있다. 공동체에 기여하는 활동을 강조하는 문화 대
신에 학교문화는 지식을 꼭 습득해야만 하는 대상으로 바꾸어 놓고 있다.
명확하게 하자면, 공식적인 채널이 기관에서 의무화하는 형태의 상품화
된 활동에 참여할 수 있는 기회만 제공하면, 아동들은 성적 올리기에 직접
적으로 도움이 되는 이러한 상품화된 활동에 참여하기 위한 능력을 키우
는 것과 관련된 정체성을 발달시킨다. 어떤 학생들에게는, '좋은 학생'이
란 성공적인 학생이라는 정체성을 만드는 데 도움을 주지만, 다른 학생들
에게는 "부정적인 정체성(성적이 부진하거나 학교에 실패한)을 널리 퍼뜨리
는" 결과를 가져오고, 또한 "학교 기관에서 승인하지 않은 실천공동체(학
교생활에 완전히 지쳤거나 문제를 일으키는 학생)"가 출현하게 하기도 한다
(Lave, 1993, pp. 78-79). 실제로, 학교가 교육과정과 교과목을 강조함에도
불구하고, 이는 가장 개인적인 변화가 일어나는 교과과정 이외의 실천공
동체와 관계가 있다.
연습의 장이 학습활동이나 결과와 완전히 동떨어진 것이 아니지만(예를

들면 단순히 성적 획득 이상의 것에 초점을 두고 있음), 그럼에도 활동은 사회에 대한 공헌과는 분리되고, '공헌'이 아니라 '실천'이 될 것이다. 그러므로 여기에서조차 (활동의 사회적 정체성과 의미가 개발되는) 사회적 공헌과 활동이 분해되며 활동 그 자체와는 분리된다. 전적으로 부정적인 정체성을 형성하는 것은 아니지만, 공동체의 실천자로서의 멤버십을 생성해 주지도 않는다. 이러한 우려 때문에 많은 교육자들이 공동체를 학습 무대로 여기는 시각으로 변화해 가고 있다. 그러나 우리는 여전히 공동체의 잠재력이나 구성요소에 대한 이해에서는 초기 상태에 머물러 있다. Lave(1993, 1997; Lave & Wenger, 1991)가 실천공동체의 개념에 집중하게 하는 데 가장 중요한 역할을 했지만, 학습을 지원하기 위해 의도적으로 설계된 환경이 아니라 일상에서의 실천을 검토하는 인류학적인 관점의 영향도 무시할 수 없다.

실천공동체의 개념을 교육 현장에 소개하고자 한 시도는 많았다. 예를 들어 Brown과 Ampione(1990)은 학습자와 사색가의 공동체, Lipman(1988)은 탐구공동체, Scardamalia와 Bereiter(1993)는 지식구축공동체, Cognition & Technology Group at Vanderbilt(Barron et al., 1995 참조)는 학습공동체, Roth(1998)는 실천공동체를 각각 제안하였다. 그러나 '공동체'에 관한 내용을 살펴보면, 공동체 참여를 통한 자기의 개발이라는 핵심을 잘 포착하였는지 확신할 수 없다. 사실 대부분이 연습의 장 안에 있는 것 같다. 이러한 이유 때문에 '자기' 개발의 중요성과 자기 개발을 하는 동안 공동체 일원으로서의 합법적 참여를 재강조하고자 하는 것이다. 우리는 '연습의 장'의 제한점을 판단해 보고 공동체에의 합법적 참여를 교육목표의 필수적인 부분으로 만드는 전략적 방향을 수립하기 위해 노력해야 한다.

요약하자면, 공동체의 참여자가 되는 것은 교육과정에서 필수적인 요소이며, 학교에서 가장 명확하게 나타나는 공동체는 학습한 실천을 활용하는 전문적 실천가가 아니라 학교 교육을 받은 성인들의 공동체라는 것이다. 공동체의 참여로서의 학습이라는 접근으로 변화해 간다고 할 때, 그

공동체는 어떤 것을 의미하는가? 학교/전문가 학교 접근을 대체하는 것인 가? 꼭 필요한 경험을 하게 하기 위해 모두 공동체의 일원이 되어야 한다면, 학습자들의 학습경험의 폭은 어떻게 제공해야 하는가? 극적이고 체계적인 재구조화를 한다 하더라도, 우리가 다루기에는 이 이슈들은 여전히 어렵게 여겨진다. 이러한 질문들을 염두에 두고 실천공동체의 특성에 대해 좀 더 깊이 논의하고자 한다.

실천공동체의 특성

Lave와 Wenger(1991)는 개인을 공동체에 결속시키는 활동과 개인적 참여를 합법적으로 만들어 주는 공동체의 중요성을 파악하기 위해서 '실천공동체'라는 용어를 만들어 냈다. 개략적으로 실천공동체는 공유된 계획을 추진해 가는 데 있어 충분한 기간 동안 함께 정의한 실천, 신념, 이해를 공유하는 개인들의 집합이다(Wenger, 1998). Roth(1998)는 이러한 공동체는 "구성원들이 참여하는 공통의 과제와 관련된 실천과 자원, 서로 공유하고 있는 의심할 여지 없는 기본 가정, 상식, 일상의 이유 등에 의해 규명된다"(p. 10)고 하였다. Lave와 Wenger는 실천공동체를 다음과 같이 정의하고 있다.

> 공동체는 반드시 함께 있어야 한다거나, 동일함을 확인할 수 있는 그룹에 대한 정의가 분명하지 않으며, 사회적으로 가시적인 경계도 없다. 자신들이 무엇을 하고 있는지 그것이 자신들의 삶과 공동체에 어떠한 영향을 미치는 지에 대한 이해를 공유하는 활동 시스템에 참여한다는 것을 의미한다.
>
> (Lave & Wenger, 1991, p. 98)

공동체란 대체 무엇이고, 공동체의 특성은 교육과정과 어떤 관련이 있는가? 인류학, 교육학, 사회학과 같은 연구분야를 검토한 후 저자들은 공동체를 공동의 실천과 계획에 초점을 맞춘 일치된 지식기반, 신념, 가치, 경험을 공유하는 개인 간의 영속적이고 지속적인 사회적 관계라고 고려하는 것이 유용함을 알게 되었다. 이 정의에 기반하여, 실천공동체의 핵심이라고 할 수 있는 네 가지 특성을 기술하고자 한다(〈표 2-2〉 참조). 그 특성은 ① 협력하고, 동기를 유발하고, 공동체의 활동에 의미를 부여해 주는 일치된 목표 혹은 공동의 계획, ② 공유된 목적, 협상된 의미, 실천을 포함하는 공동의 문화적 · 역사적 전통, ③ 개인들이 자신보다 더 큰 무엇인가의 부분이 되는 상호의존적 시스템, ④ '초심자'가 '고참'이 되고 공동체가 스스로 관리할 수 있는 재생산 주기다.

| 표 2-2 | 공동체의 특성

공동의 목표 혹은 일치된 계획	실천공동체는 특정한 목표와 관련하여 출현하게 되며, 특정한 목표를 더 효과적으로 실현시킬 수 있는 전문성을 증가시킬 수 있도록 구성원들을 지원해 주는 것이 공동체의 핵심 기능이다.
공동의 문화적 · 역사적 전통	공동체는 특정한 요구에 응하기 위해 단순하게 일시적으로 모이는 것 이상이다. 성공적인 공동체는 사회적으로 협상된 의미를 부분적으로 얻을 수 있게 하는 공통의 문화적 · 역사적 전통을 갖고 있다. 이는 공유된 목표, 의미, 실천을 포함한다. 그러나 흘러가면서 일어나는 연습의 장에서의 사회적 협상과는 달리, 실천공동체에서는 초심자가 이러한 목적, 의미, 실천을 가설화하고, 검증하고 사회적으로 승인한 기존 구성원들의 경험을 통해 계승하게 된다.
상호의존적 시스템	개인들이 맥락 속에서 과업을 수행하고 공동체에 연결되어 가면서 좀 더 큰 것(이 역시 의미나 가치를 가진 사회와 같은 더 큰 것의 일부분)의 부분이 되어 간다. 이는 개인과 더 큰 공동체에게 공유된 목적과 정체성에 대한 의식을 제공하는 데 도움을 준다.
재생산 주기	공동체는 초심자들이 성숙한 실천에 가까운 동료와 함께 혹은 예시들을 통해 참여하는 동안 재생산해 내는 능력이 있다는 것은 중요한 사항이다. 시간이 지날수록 이 '초심자'들은 공동의 실천(과 관습)을 구체화하게 되고 때로는 '고참'들을 대체하기도 한다.

일치된 목표

공유된 혹은 일치된 계획을 갖는 것은 그룹이 역할을 다 할 이유를 제공하며, 집단 토론, 실천, 도구는 구성원들이 계획을 보다 효과적으로 추진하게 해 준다. 실천공동체는 특정한 목표와 관련하여 생겨나기 때문에 집단적으로 협상된 계획과 관련된 목표를 더 효과적으로 실현시킬 수 있도록 하기 위해서 전문성을 제고할 수 있도록 구성원들을 지원하는 것이 공동체의 핵심적 기능이라고 할 수 있다(Wenger, 1998). 예를 들면, 재단사 공동체는 정장을 만들기 위한 목표나 새로운 섬유를 디자인에 도입하는 것 같은 목표를 가져야 할 것이며, 알코올중독자 공동체라면 서로가 금주를 할 수 있도록 돕는 것을 목표로 삼아야 할 것이다(Lave & Wenger, 1991). 구성원들이 경쟁적인 아젠다를 가질 때 발생하는 긴장을 완화하기 위해 『익명의 알코올중독자(*Alcoholics anonymous*)』(Bill, 2002, p. 6)라는 책의 서문에는 노골적으로 다음과 같이 씌어 있다. "우리의 최우선 목표는 금주 상태를 유지하는 것이고, 다른 알코올중독자들이 금주를 할 수 있도록 도와주는 것이다" 또한 "각 그룹은 단 하나의 목표만 갖는데 그것은, 여전히 고통받고 있는 알코올중독자에게 이 메시지를 전달하는 것이다"(p. 255). 이 맥락에서 특정한 실천의 성공적인 실행은 목표 그 자체에 있는 것이 아니라 각 구성원이 공유된 목적이나 목표를 만족시키는 것이다. 그러나 공유된 계획이 있을지라도, 공동체의 긴장 대부분은 공동체의 필수적인 목표(와 이를 수행하는 방법)에 대한 불일치에서 오게 된다. 서로 다른 구성원들은 각각 다른 목표를 옹호하기도 하고 이러한 불일치는 공동체에 싸움을 야기하기거나 때로는 진화를 가져오기도 한다.

더 자세하게 설명하자면, Grossman, Wineburg, Woolworth(2001)는 의도적으로 교사 공동체를 키우는 데 초점을 둔 교사 교육에서 균형이 학습을 위한 공동체 구축의 필수적인 긴장이라고 언급한 바 있다. 이러한 긴장은 구성원들 간의 경쟁적인 '목표'가 균형을 이루도록 하는 것을 포함하는데, 예를 들면 교사들이 자신들이 가르치는 교과내용에 대한 이해(이는 종종 교사들로부터 평가절하되기도 한다) 혹은 그 내용을 가장 잘 가르칠 수 있는 방법을 심화시키기 위해 함께 모이는 것이 될 수 있다. 다시 말해, 필수적인 긴장은 학습자들의 학습 향상을 위한 교사의 관심과, 교사와 교과내용과의 관계나 내용 전문가로서의 성장이라는 두 가지를 섞는 것이 아니라 교사 훈련에 있어 균형을 맞추기 위한 것이다. 문제는 대부분의 교사 연수가 교사들이 자신들이 가르치는 영역에서 전문가가 되도록 교사들을 인정해 주거나 지원해 주는 것이 아니라, 학습자들의 학습을 향상시키는 즉각적이고 가시적인 목표를 강조하거나 탐구수업에 관한 교수법이나 테크놀로지 활용 우수사례 등을 배우는 것 같은 것에 집중해 오고 있다는 것이다. 이런 것을 강조하는 것은 잠재적으로 가르치는 것이 "배우는 직업"이며(Darling-Hammond & Sykes, 1999와 비교하라), 교사가 전문가라는 관념을 훼손시킬 수 있다. 대신에 교사가 한 번의 성찰적인 노력도 없이 교과서가 쓰여진 대로 전달하기만 하는 비전문가라를 관념을 부추길 뿐이다.

연습의 장과 관련한 논의와 유사하게, 학습을 지원하기 위한 공동체를 의도적으로 설계하고자 할 때 위험요소가 생길 수 있다. 공동체의 초점이 (변화 촉진자로서) 학습자가 세상에 보다 큰 영향력을 가질 수 있도록 지원하는 것이 아니라 (변화 대상자로서) 학습자를 변화시키는 데 있다면, 학습하고 있는 내용의 가치를 제대로 활용하지 못하게 하고 학습을 지원하기 위한 실천공동체의 모델로부터 도움을 얻지 못하게 할 수 있다(Barab, Kling, Gray, 2004). 이는 구성원들이 외적인 목표와 관련없는 아이디어, 사상, 목표에 대해서 이야기하는 이중적인 입장에서 의미 공유 없이 자기참조적 대화를 만들어 내기 때문이다. 여기서 학습은 인지적이고 이론적인 노력이며, 개념적 요구를 제한하거나 실제 세계와 관련된 아이디어와 전문성을 타당화해야 하는 것은 아니다. 그러므로 공유된 계획을 갖는 것이 실천공동체의 핵심 요소이기는 하나, 이는 공동체와 그 구성원들이 다양하고 때로는 경쟁하는 목표를 가짐으로써 공동체와 학습을 지원하는 공동체 모델의 힘을 약화시키게도 하므로, 공동체 설계에 있어 어려운 점이기도 하다.

공동의 문화적 · 역사적 전통

공동체는 의미 있는 역사, 보편적인 문화적 · 역사적 전통을 지닌다. 이 전통은 표준적인 실천을 보여 주는 공유된 목적, 신념 체제, 집합적 이야기를 포함한다. 이러한 공유된 경험은 상호작용을 통해 지속적으로 새로이 협상되는 집합적 지식기반을 구성하게 한다. "의미의 협상은 생산적인 과정이지만 의미를 협상하는 것은 처음부터 의미를 구성하는 것과는 다르다. 의미는 이미 존재하는 것도 아니고 단순히 만들어지는 것도 아니다. 협상된 의미는 역사적이고 역동적이며, 동시에 맥락적이고 독특하다 (Wenger, 1998, p. 54). 학습이 실천공동체의 일부가 될 때 학습자는 특정한 의미의 기능적 가치를 보여 주는 현재의 맥락을 수용하고 동시에 기존 협상의 이력에 접근할 수 있다.

물론 연습의 장은 특정한 문제나 이슈를 함께 해결하는 협력자들 간에 공유된 목적, 이해, 실천의 발달을 지원하기 위해 설계된다. 그러나 공동체 안에 경험이 내재되는 것과 보다 큰 경험적 맥락이 자기개발에 주는 영향에는 차이가 있다. 예를 들면, 공동체 구성원들은 이야기(내러티브)를 통해 자신의 경험을 주고받으면서 부족한 설명을 매뉴얼과 텍스트로 성문화하게 된다. 이렇게 이야기하고 또 이야기함으로써 개인들은 지식을 주고받는 것 이상의 활동을 하게 된다. 즉 실천공동체와 관련된 자신들의 정체성을 구성하는 데 기여하고 자신들이 부분을 이루는 공동체의 구성과 발전에도 기여하게 된다(Brown & Duguid, 1991).

또한 이러한 전통을 통해 공동체는 정통성을 찾는다. 개인들이 공동체의 합법적 구성원이 될 때, 공동체 구성원으로서 정체성과 밀접하게 관련되는 전통을 계승하게 된다. 이는 자기 개발의 핵심 요소다. 개인은 실천공동체와 관련하여 자의식을 개발하는데 이는 공동체의 역사에 문화적으로 적응했을 때 비로소 가능하다. 과학자가 과학 문제를 푼다고 해서 자의식을 발달시킬 수 있는 것이 아니고 공동체의 유용성이라는 맥락과 과학자 공동체의 담화에 참여하며 공동체의 구성원이 되어 갈 때 비로소 가능하다 (Bereiter, 1994, 1997). 연습의 장에 참여하거나 혹은 실천공동체의 주변 참여자로서 참여할 때, 규칙과 행동에 대한 기대는 임의적이고, 인공적이고, 불필요하게까지 느껴질 수 있다. 그러나 공동체에 지속적으로 참여하면 역사적 맥락과, 자신의 정체성과 공동체를 정의하는 사회적으로 협상된 규준의 중요성을 수용할 수 있게 된다. 이는 역사와 자의식을 개발할 수 있는 공동체에의 확장된 참여를 통해서만 가능하다.

상호의존적 시스템

대부분의 공동체 구성원은 자신이 좀 더 큰 무엇인가의 부분이라고 인식한다. 이 같은 관점은 다양한 구성원들이 공동의 목적을 향해 함께 일하는 동안 집합적 완전체를 구성하게 해 준다. 공동체는 구성원들의 협력적 노력이라는 점과 공동체가 속한 보다 큰 사회적 체제라는 점에서 상호의존적 시스템이라고 할 수 있다. 구성원이 된다는 것은 지속적으로 구성원들의 행위에 의해 재정의되는 역동적 시스템(공동체)에 근본적으로 참여한다는 것을 의미한다(Lemke, 1997; Rogoff, 1990). 다시 말해 개인과 공동체는 상호작용적 네트워크를 구성하며 그 안에서 개인은 공동체의 실천을 전유함에 따라 공동체를 변형하고 유지하고(Lemke, 1997; Rogoff, 1990), 공동체는 전유, 궁극적으로는 문화화할 수 있는 기회를 제공함으로써 개인을 변형하고 유지한다(Reed, 1991). 이 관점에 따르면 교육과 학습은 "'참여'하고 '부분이 되는 것'을 포함하는데 이 두 표현 모두 학습은 보다 큰 전체의 부분이되는 과정이어야 함을 상징한다"(Sfard, 1998, p. 6).

보다 큰 공동체에의 합법적 참여 그리고 사회에 이 공동체가 합법적 참여를 함으로써 공동체와 정체성은 형성된다. 특정한 목표, 신념 체계, 인지의 채택과 같은 실천은 보다 큰 공동체에 의해 규정되고 평가되며, 개인이 공동체에 자신을 결속시키는 것은 이러한 실천을 수행함으로써 가능해진다. 또한 학습이 다른 공동체 구성원, 도구와 실천, 사회에 의해 평가된 결과, 자기 자신과 관계 구축을 포함하는 것도 이러한 방법을 통해서다.

> 우리의 활동, 참여, '인지'는 언제나 다른 것(사람, 도구, 상징, 과정, 사물 등)들의 참여와 활동에 연계되어 있고 상호의존적이다. 우리가 어떻게 참여하고, 어떤 실천에 참여하고 있는가는 전체 공동체 생태계와 함수관계에 있다. 참여를 통해 우리는 변화한다. 이 모델에서 우리는 더 이상 독립된 개인이 아닌 활동하는 사람이기 때문에, 우리의 실천 속에서 정체성이 발달하게 된다.
> (Lemke, 1997, p. 38)

그러나 좀 더 큰 것의 부분이 공동체 구성원만은 아니다. 공동체 자체는 보다 광범위한 사회적 역할, 공동체 구성원, 의미, 목적의 실천 내에서 기능한다.

공동체가 부분으로 소속된 사회적 체계로부터 스스로를 고립시킨다면, 개인과 공동체는 약화되고 Amish & Mennonite[6] 공동체처럼 다른 공동체와의 관계나 사회에 제공할 수 있는 "공동체적 결과물"이 없다는 지적을 받게 될 것이다. "이 상호의존적인 관점은 가족으로부터 국가에 이르기까지의 공동체가 세계가 되는 것을 방해한다"(Shaffer & Anundsen, 1993, p. 12). 이 관점은 또한 개인이 세계가 되는 것을 방해한다. 전유된 실천을 통

---

6) 역주: 17세기 스위스의 한 목사에 의해 창시된 일명 '아만파'로 현재 미국 펜실베이니아 주로 이주하여 검소하게 살아가는 작은 공동체다.

해 개인은 공동체에서 보다 중심 구성요인이 되고 근본적으로 실천공동체에의 참여와 멤버십에 의해 부분적으로 구성되는 자기를 발달시킨다.

재생산 주기

마지막으로 공동체는 초심자가 공동체에 공헌하고, 공동체를 지원하고, 궁극적으로는 공동체를 이끌어 가게 되면서 끊임없이 재생산된다. 공동체는 초심자가 문화화 과정을 통해 주변적 참여자에서 핵심 구성원이 되어 감으로써 지속적으로 (기존 멤버를) 대체해간다(Lave & Wenger, 1991). Lave와 Wenger(1991)가 논의한 것과 같은 맥락에서 합법적 주변 참여를 통해 학습에 대한 일차적 동기가 생겨나고, 실제적 활동에 참여하고 정체성을 만듦으로써 점점 더 실천공동체의 구심점이 되어 갈 수 있게 한다. 공동체의 구성원으로서 정체성을 개발하고 실천공동체에 참여할 수 있게 되는 것도 이와 마찬가지다(Lave, 1993; Wenger, 1998).[7]

공동체가 공동의 문화적 전통을 갖기 위해서 초심자가 공동체의 중심이 되어 가고 공동체를 확장하는 재생산성은 필수적이다. 이는 모든 실천공동체에서 지속적으로 일어나는 과정이다. 학문공동체의 경험을 떠올려 보면, 학생들은 교수의 도제가 되어 바로 옆에서 밀착하여 함께 일한다. 그러나 학생들은 도제로 머물러 있고자 하는 경향이 있으며 교수들의 눈을 통해 세상을 보려 하고 주변적 참여자로 남고자 한다. 궁극적으로 그 학생들도 다른 사람들을 가르칠 때 그리고 '고참자'의 역할을 해야만 할 때 비로소 새로운 학습 수준으로 들어가게 되며 자신들이 부분이 되는 공동체의 사고를 확장시키기 시작한다. 그들은 연구과정이나 수업에서 멘

---

7) 이 기회를 통해 실천과 협상된 의미를 학습하고, 형성하고, 의미를 부여하는 공동체의 구성원이 되고 그 공동체를 확대하게 된다. 이는 학생들이 공동체에 어떤 기여도 하지 않고 어떤 실제 세계에서의 적용도 경험하지 않은 채 학점과 같은 가치를 교환하는 것만으로 동기를 유지하고 연습의 장을 그냥 지나쳐 가는 학교 상황과는 매우 대조적이다.

토 신임 교수가 된다. 이 과정을 계속해서 학습하게 되면 아마도 더 중요하게는 공동체에 공헌하는 것과 공동체 내에서 '자기'라는 의식을 갖는 것에 자신감을 갖게 된다. 이 과정 중에 의미의 협상과 구체화를 전유하고 이에 기여한다. 실천공동체와 공동체를 구성하는 개인이 자신을 재생산하고 정의하는 것은 이 사이클을 통해 이루어진다.

학습을 정의하는 것도 재생산 주기를 통해서다. 다시 말하면, 이 주기를 정의하고 이 주기에 의해 정의되는 사회적·물리적 구조는 학습을 위한 합법적 참여가 무엇인지 그리고 학습이 가능한지를 정의한다. 사실 Lave 와 Wenger(1991)는 합법적·주변적 참여가 학습이라고 했다. 학습에 대한 어떤 논의이든 실천공동체에서 시작해야 하며 공동체의 사회·권력구조의 위계 궤도에서 개인의 위치가 어디인지 고려해야 한다. 다른 사회적·정치적 장애를 무시한다면, 공동체 실천과 관련된 개인의 특정한 능력에 대한 정의는 초심자부터 전문가까지의 공동체 궤도에서의 위치라고 할 수 있다. 그리고 "지식이 있는 곳은 실천공동체이기 때문에 학습에 대한 질의는 그 공동체의 개발 주기안에서 논의되어야 한다"(Lave & Wenger, 1991, p. 100). 교육자들이 공동체 궤도의 출현을 지원하고 이 궤도를 따라 학습자들이 나아갈 수 있도록 스캐폴딩을 제공해 온 방법에 대한 이해를 토대로 이제 연습의 장에서 실천공동체에 대한 논의로 넘어가겠다.

연습의 장에서 실천공동체로

연습의 장과 실천공동체에 대한 논점은 공통점이 많으며, 유사한 학습 원리에 근거를 두고 있다. 예를 들면, 두 맥락 모두 Resnick(1987)이 제기했던 서열화 중심의 학교 교육에 대한 비평을 넘어선다. Resnick은 학교에서는 실제 세계의 어떤 요소와도 연계되지 않는 상징을 아무 도움도 없이 활용하고 있는 고립된 학습자들만 키우고 있다고 비판했다. 대조적으로, 연습의 장과 실천공동체에서는 학습자들이 서로 협력하며 구체적인 참조와 기호를 활용하기 때문에 맥락화된 문제를 다룰 수 있다. 더 나아가 이러한 학습맥락의 핵심은 학습자들이 실천을 통해 의미 협상에 적극적으로 참여할 수 있는 기회를 제공한다는 것이다.

이러한 유사성에도 불구하고 몇 가지 중요한 차이점이 있다(〈표 2-1〉 참조). 예를 들어 연습의 장에서의 학습은 일시적으로 협력하는 학습자(지속적이고 계속 재생산하는 것과는 대조적으로)와 특정한 과제를 중심으로(공동체의 작업이라고 할 수 있는 다양한 과업을 아우르는 공유된 계획과는 대조적으로) 함께 모인 사람들(상당한 역사를 가진 실천가들의 공동체와는 대조적으로)을 포함한다. 공동체 학습 맥락과 연습의 장을 구분하는 중요한 잣대는, ① 문화화할 수 있는 의미 있는 역사가 있는 지속 가능한 공동체가 존재하는가, ② 개인들과 그들이 문화화되고자 하는 공동체가 좀 더 큰 어떤 것의 부분이 되는가, ③ 가까운 동료와 성숙한 실천의 모범 사례가 합법적 참여자에서 핵심 구성원이 되어 가는 궤도를 따라갈 수 있는, 그리고 그들과 함께 공동체의 구성원이 될 수 있는 기회가 제공되는가?

저자들이 실천공동체의 핵심이라고 제안하는 세 가지 특성은 합법적 주변적 참여를 통해 학습과 정체성 수립의 기회가 있는지 여부를 결정하게 한다. 이 차이점은 의미 있는 참여 궤도를 통해(최소한 적어도 학습자가 기존의 공동체에 연결되는 수준이라도) 공동체의 출현을 지원하는 것이 중요함을 보여 주고 있다. 앞서 CTGV와 연습의 장의 사례로 의학 분야를 언급한 바 있다. 이 절에서는 연습의 장과 실천공동체의 특성과 차이점을 설명하기 위한 사례들을 더 살펴보도록 하겠다.

SMART 프로젝트

밴더빌트(Vanderbilt) 대학의 Cognition & Technology Group은 연습의 장 설계로부터 벗어나 실천공동체를 개발하고자 시도했다. 비디오 기반의 '거시적 맥락'에 초점을 둔 초기 작업(CTGV, 1990, 1993)은 의미 있는 문제 해결 활동 맥락에 기반을 두고 학습을 하게 함으로써 비활성화된 지식을 극복하고자 한 것이다. 연계성도 없이 '응용문제' 세트를 교과서 각 장의 마지막에 포함한 것과는 대조적으로 거시적 맥락은 의미가 풍부하고 개방적인 환경에서 일어나는 이야기를 의미한다. 학습의 견고한 기반이 되는 거시적 맥락에서, 학습자들은 고차적 문제에서 시작하여 최종 상태에 이르기 위해 필수적인 하위 목표를 생성해 내는 하향식 전략을 활용한다. 이 하향식 처리는 배우고 있는 기능과 이를 활용하는 상호적인 기회의 관계에 대한 통찰력을 제공함으로써 학습자들이 하위 수준의 기술(수학적 알고리즘과 사실)을 학습할 수 있게 한다. 정착자(anchors)는 "이 분야에서는 상대적으로 초심자인 학습자들이 새로운 정보를 배우려고 노력하는 동안 전문가들만 알고 있는 것들을 경험해 볼 수 있게 해 준다"(CTGV, 1992, p. 294).

이 학습환경은 연습의 장 설계를 잘 보여 준다. 그러나 SMART(special multimedia arenas for refining thinking) 프로젝트를 통해 CTGV는 문제에의 참여를 확대하고, 100명의 학생으로 이루어진 학습공동체를 통해 교실에서의 고립을 없앴다(Barron et al., 1995). 이 프로젝트는 Jasper 비디오 시리즈를 사용하여 각 교실 간 그리고 교실과 밴더빌트 공동체를 연결시켰다. CTGV는 Smart Lab(스마트 랩), Roving Reporter(이동식 리포터), Toolbox(도구상자), Challenge(도전과제)라는 네 부분으로 구성된 네 개의 프로그램을 만들었다. 이 프로그램은 이동식 리포터가 다양한 교실을 돌아다니며 수집한 실제 학생들의 데이터와 비디오 클립을 바탕으로 토론을 진행하면서 이 프로젝트에 참여하는 교실들이 연결되도록 설계되었다. 쇼의 끝에는 마지막 이벤트로 지역 PBS 방송에서 생방송으로 나오는 Big Challenge 문제에 도전하게 된다. 학습공동체에서 학생들은 이 문제들에 답하게 되고 요약된 답은 학생들이 볼 수 있도록 프로그램 마지막에 방송된다.

 SMART 프로그램은 개별적인 Jasper 비디오보다 공동체라는 점에 더 가깝게 접근한 것만은 분명하다. 학생들은 사회적으로 협상된 의미와 실천 기반을 만들어 나간다. Roving Report를 통해 학생들은 자신의 경험에 대한 이야기를 나눌 수 있다. 개별적으로 Jasper 에피소드 시리즈의 해결과제에 참여하고 있는 자신과 동료들뿐 아니라 전문가들의 문제 해결을 보면서 보다 큰 어떤 것의 일부가 되어 간다. 그러나 문제들이 허구이고 실제 세계의 요구에서 온 것이 아닌 경우도 있으므로, 사회와의 상호의존성이라는 점을 고려할 때, 공동체의 정통성을 약화시킨다. 나아가 이 공동체는 공통의 전통도 거의 없다. 다시 말해, 좀 더 큰 어떤 것의 부분이 된다는 점에서 자신들의 경험의 정통성을 잠재적으로 제한할 수 있는 것이다. 게다가 공동체는 프로젝트 기간 중에만 형성될 뿐 재생산이 일어나지는 않는다. 결과적으로 시간이 지날수록 보다 중심이나 핵심역할이 되어 가는 움직임도 거의 없다.

 요약하면, SMART 프로젝트는 공동체 개념에 접근하고 있으나 공동체 안에서의 자기개발이라는 핵심 요소는 부재하다. 프로젝트는 여전히 학교 프로젝트이며 사회의 요구나 공동체 자체의 지속적인 요구와 연계되거나 그에 공헌하고 있는 바는 없다. 학생들은 사회에서의 역할을 수행하는 것이 아니므로 그에 대한 자신의 정체성을 개발할 수 없다. 그들은 지속적인 공헌을 만들거나 공동체의 역사나 그것이 의미하는 바가 무엇인지에 대한 인식도 키울 수 없다. 오히려 그들의 공동체는 우리가 연습의 장에서 자주 보게 되듯이, 과제와 관련된 시작과 끝이 있는 일시적인 것이다. 그러나 SMART 프로젝트는 학생들이 과제에 대한 주인의식을 갖도록 하는 데 매우 풍부한 관점과 동기유발적 맥락을 제공하고 있다.

학습자공동체

지난 10여 년간, Brown과 Campione(Brown & Campione, 1990; Brown et al., 1994)는 '학습자공동체'를 설계했다. 핵심은 상호교수와 직소기법을 활용하여 학생들이 협력 활동을 하게 한 것이다. 상호교수는 교사가 가르쳐야 할 다양한 기술을 학생들에게 모델링 및 코칭해 주는 것으로 시작된다. 자신보다 좀 더 숙련된 동료나 교사들의 학습과정 시범을 관찰하며 실천을 전유하는 동안 학생들은 교사의 역할을 맡게 된다. 상호교수라고 하는 이유는 교사와 학생이 서로의 역할을 바꾸어 가며 실행되기 때문이다.

직소기법은 이와는 대조적으로 학생들이 협력활동을 하는 데 있어 큰 과제의 한 요소에 대한 전문성을 키우는 것이다. 한 요소를 완벽하게 알고 나면 그룹 구성원들과 만나 자신들이 무엇을 배웠는지 동료 교수를 통해 서로 가르치게 된다. 이 기법을 쓰는 동안 학생들은 교실에서 반복적인 구조를 만들게 되어 시간이 지날수록 자신의 전문성을 높이게 되고, 자신이 숙련도가 높아진다는 것을 깨닫게 된다. 학생들은 약 10주간 이 연구 사이클에 참여하게 된다. 이 사이클은 보다 큰 그림과 직소를 진행하기 위해 다양한 주제가 서로 어떻게 관련될 수 있는지 강조해 주는 교사나 단원 및 표준 레슨을 소개하는 전문가를 방문함으로써 시작된다. 학생들은 대부분의 시간을 조사하고 가르치는 활동으로 보낸다. 시간이 지날수록 학생들이 자신들의 부분을 좀 더 잘 알아가면서 분산된 전문성이 나타나기 시작한다. 면대면 상호작용 외에도 학습자들은 서로, 혹은 더 큰 공동체와 이메일을 주고받기도 한다. 단원이 완성되면 해당 주제에서 학생별로 1/5씩 나누어 진행했던 내용을 상호교수를 통해 서로 가르치고 배운다. 학습자공동체의 두 가지 주요한 핵심 요소는 분산 인지(직소기법에 통합되는 것으로써)와 전문가가 학생들의 이해를 전유하고, 학생들은 전문가들의 실천과 사고를 전유한다는 의미에서의 상호 전유다.

Brown 등(1994)은 공동의 역할과 결부된 개인적 책임이라는 교실 풍토에 대해 논의했다. 학생들 사이에는 서로의 질문을 진지하게 받아들이고 서로 경청하는 존중의 분위기가 있다는 것이다. 학생들은 또한 "공동체의 구성원이 전문성을 개발하고 공유하는 동안 의미가 협상, 재협상되는" 담화 공동체를 발전시키게 된다(Brown et al., 1994, p. 200). 마지막 특성은 관례 같은 것인데, 참여의 틀은 별로 없고 반복적으로 실천됨으로써 학생들이 전문성을 발달시킬 수 있게 해 주는 것이다. "이 반복적이고 실로 관례에 가까운 특성은 교실의 핵심적인 특성이 되고 학생들은 하나의 참여 구조에서 다른 구조로 신속하고 쉽게 옮겨 가게 된다"(Brown et al., 1994, pp. 200-201).

저자들이 생각하기에는 학습자공동체 교실과 공동체 원리가 우수하기는 하나, 공동체의 개념보다는 연습의 장을 더 완벽하게 반영하고 있는 것 같다. 학습자공동체 프로젝트는 학습자들이 협력적으로 학습하는 문제기반학습(Barrows & Myers, 1993; Savery & Duffy, 1996)이나 다른 프로젝트 기반 환경과는 다르다. 다시 말하지만, 연습의 장 설계라는 점에서는 매우 우수하며, Brown 등(1994)은 저학년에서 연습의 장을 만들기 위한 좋은 예시를 보여 주고 있다.

그러나 이 절에서 저자들의 목적은 학습환경 설계를 위한 공동체의 시사점을 탐색하기 위해 학교에서 일어나는 실천공동체를 살펴보는 데 있다. 즉, 공동체의 합법적인 주변적 참여자로 참여시키게 하는 학습환경의 출현을 어떻게 촉진하여 학습자들이 사회와 관련된 '자기' 개발을 할 수 있게 할 것인가? Brown 등(1994)이 논의한 학습자는 전통이나 실천을 위한 지침을 갖고 있는 공동체에 기여할 수 있는 과제에 참여하고 있는 것도 아니고 교실과 과제보다 더 큰 공동체가 있는 것도 아니다. 물론 학생들은 학교에서 학습자로서, 학교 과제를 하는 협력자로서, 교과서 정보의 교사로서 자신에 대한 의식을 발달시킨다. 그러나 (다른 연습의 장을 넘어서서) 학생들이 다른 학생을 가르치게 하거나, 주어진 과제와 관련된 교실 맥락에서 학습이 일어날 때 특별한 맥락을 만들기 위해 전문가를 초빙하는 것은 별로 좋을 것이 없다. 공동체에 참여하는 목적은 우리가 부분을 이루는 교실 밖의 사회와 관련된 자기의식을 개발하는 것이다. 학습자공동체에서 일어나는 것이 그런 것인지는 확신하기 어렵다.

NGS 키즈 네트워크와 원격도제

National Geographic Kids Network는 TERC라고 알려진 기술 교육 연구 센터(Technology Education Research Center)와 National Geographic Society의 합작으로 과학이나 사회과 탐구에서 학생들이 전문가나 다른 학습자들과 함께 실제 세계 프로젝트에 참여해 보는 원격 프로그램 중 하나다. 키즈 네트워크는 산성비나 태양에너지와 같은 사회적인 문제와 관련된 과학적 이슈에 초첨을 둔다.

프로젝트의 설계 원리는 다음과 같다. ① 학생들은 사회적으로 중요한 실제적이고 과학적인 문제를 탐색할 수 있어야 한다. ② 학생들은 과학자들의 담론에 참여하고 작업하게 된다. ③ 과학은 학교 밖의 다른 학생들과 연결되는 원격통신을 활용하여 이루어진다(Tinker, 1996). 추가적으로 학생들은 수집한 자료를 해석하고 공동체에 결과를 제시하는 데 있어 도움을 줄 과학자들과 연결된다. 이 프레젠테이션은 학생들의 과제를 전시하는 '학부모 공개 수업' 이상의 의미가 있는데, 학생들이 공동체와 관련된 이슈에 대해 이야기하며, 결론을 도출하는 데 필요한 풍부한 과학적 데이터베이스를 가지고 있기 때문이다.

NGS 프로젝트 담당자인 Bradsher와 Hogan은 키즈 네트워크 교육과정에 대해 다음과 같이 말했다.

> 학생들은 자신들의 지역 사회와 관련된 연구 문제를 정해서 가설을 세우고 실험을 통해 자료를 모으고 결과를 분석한다. 결과는 사전에 가르쳐주지 않으며 결과는 교실 밖의 공동체까지 관심을 갖게 된다.
>
> (Bradsher & Hogan, 1995, p. 39)

교육과정은 여기에서 설명하는 것보다는 더욱 구조화되어 있고 결과도 보다 처방적이기는 하지만 (Hunter, 1990; Karlan, Huberman, & Middlebrooks, 1997), 그럼에도 학생들이 실제적인 과학 문제에 참여해 보고 다른 학습자나 과학자들과 실제적인 과학적 담론을 나눈다는 점에서 이 접근은 매우 잠재력이 있다.

키즈 네트워크 교육과정은 1989년에 시작되었으며, 4학년부터 6학년까지 8주 간의 프로그램으로 설계되어 있다. 지리적으로 서로 떨어진 (다른 나라까지 포함하여) 10개의 교실이 키즈 네트워크 담당자들과 연결되어 '연구팀'을 이룬다. 학생들은 산성비와 같은 주제 영역에 대한 읽기로 시작하여 지역 사회와 관련된 이슈를 논의한다. 10개 학급은 팀으로 일하며 각 그룹의 지역적 이슈에 기반하여 조사 주제를 협상한다. 이는 주인의식과 정통성을 허용할 뿐 아니라 그룹이 포괄적 비교를 할 수 있도록 상호의존성과 사회적 협상의 과정을 지원해 준다. 학생들은 자료 수집 도구를 개발하고 자신의 지역에서 샘플을 수집하는데, 키즈 네트워크의 전문가와 이슈를 논의하고 도움을 받을 수 있다. 수집된 자료는 키즈 네트워크에 제출하고 담당자들이 여러 지역의 자료를 통합한다. 자료 요약이 준비되면 과학자의 해석이 함께 주어지는데, 이는 과학자들이 사고하는 방식을 보여 주는 모델이 된다(Bradsher & Hogan, 1995). 이 자료는 그 다음 교실로 보내진다. 학생들은 자료를 스스로 해석하고, 공동체와 관련된 결론을 도출하고 지역사회 청중들을 위한 결과 발표를 준비하면서 수업을 완성한다.

교육과정 단위를 확장시킬 수 있는 잠재력은 무한하다. 한 교사가 지적했듯이, "학습은 다른 수업으로 확대가 된다. 언어와 관련하여 학생들은 짝에게 편지를 쓰게 되고, 과학과 관련하여 생태계를 볼 수 있게 되며, 과학 및 지리학과 관련하여 학생들은 역동적인 지도를 활용하게 된다"(Bradsher & Hogan, 1995, p. 40). 학생팀은 또한 부가적인 실험을 수행하고, 관련된 이슈에 관한 자료를 수집하여 추론의 웹을 확장해 간다. 키즈 네트워크는 사회적으로 중요한 이슈에 관해 동료나 전문가와 협력할 수 있는 기회를 제공하는 틀과 커뮤니케이션 테크놀로지를 제공한다. 키즈 네트워크 교육과정은 49개국 25만 명의 학생들에게 널리 활용되었다(Tinker, 1996). 그러나 저자들의 관점에서 이는 원격 도제 프로젝트의 사례에 불과하다(Hunter, 1990). 두 가지 추가적인 노력을 설명하면 다음과 같다.

- INSITE 이 프로젝트는 8개 교육구, 두 개 대학, 미국 인디애나폴리스 어린이 박물관 그리고 지역 회사의 협력으로 이루어졌다. Buchanan, Rush, Bloede(1989: Hunter, 1990에서 재인용)는 목표가 과학 수업을 위한 교과서를 쓰는 것이 아니라 관심이 필요한 실제 세계의 내용을 반영하는 수업을 개발하는 데 있다고 했다. 학생들은 네트워크를 통해 과학자들에게 질문을 하게 되고 다양한 학교의 학생들과 연락하여 협력적으로 실험을 한다. 설명한 것과 같이 이 프로젝트는 실제 세계 맥락에서 전문가 바로 옆에서 배우고 생각하게 해 준다.
- I*EARN 이는 '초·중·고 학생들이 전세계적으로 중요한 사회적·환경적 프로젝트에 참여할 수 있게 해 주는' 글로벌 네트워크 환경 구축 프로젝트다(Copen, 1995, p. 44). 초점은 전지구적 연결이다. 그러므로 전 세계의 학급들이 환경 문제와 관련하여, 공동체 개발과 교육과정 목표와 연계되는 서비스 프로젝트를 위해 서로 팀을 이룬다. 학생

들은 자신들의 과업을 통해 사회에 의미 있는 공헌을 해야 한다. 학교에서의 실천은 컨설팅의 실천이 되며, 이 과정에서 학습자들은 사회에서 자신들의 과업을 완수하기 위한 지원을 찾는다. 이들은 환경 문제를 연구하는 과학자 공동체와 다른 초심자(다른 학급)라는 보다 큰 어떤 것의 부분을 이룬다. 그리고 여기에 프로젝트 데이터베이스라는 전통이 쌓인다.

교사공동체

교사공동체(community of teachers: CoT)는 미국 인디애나(Indiana) 대학에서 제공하는 교사자격증 취득 지원 훈련 프로그램이다. 자신이 현장연구를 하게 될 학교에 전적으로 참여하여 진행되는 매우 충실한 현장 중심 프로그램이다. 예비 교사들은 교사 역할을 하지는 않고 프로그램의 일환으로 수업을 참관하고 교사들과 이야기하는 활동을 한다. 사회적 협상과 상호 간의 결정에 의해 서로에게 도움이 될 교사 한 명과 도제 관계를 맺는다. 즉, 각 학생은 프로그램 첫 해에 멘토 교사와 짝을 이루어 지속적으로 함께 해나간다.

유사하게, 각 학생은 교사가 되기 위해 공부하는 학생공동체의 멤버십을 갖게 된다. 지속적인 공동체에 참여하고 공부하는 동안 공동체의 일원으로 남아 있게 된다. 공동체의 학생들은 함께 세미나에 참여하고, 어느 공동체나 마찬가지지만 가장 숙련된 고참(4학년이나 교사 경험이 있는), 초심자(2학년), 중간 수준 등이 공동의 노력을 하는 동안 서로 얽혀서 일하게 된다.

CoT 프로그램은 학생들이 공동체의 부분이 됨으로써 자격증 취득을 위해 개별적으로 요구되는 것들을 완수해 가도록 설계되어 있다. 강조점은 학점이 아니라 참여다. "학생들은 학점이나 성적이 아닌, CoT 프로그램 조건"에 명시된 우수한 교사의 30가지 특성을 정말로 취득했는가에 따라 교사 자격증을 부여받는다(Gregory, 1993, p. 1).

CoT는 여섯 가지 원리에 기반한다. 첫째, 공동체에 대한 인식과 공유된 목적을 위해 서로 다른 사람들이 함께 모인다는 것이다. 둘째, 개인화는 좋은 교사가 되기 위해 자신의 역할이 있어야 한다는 것이다. 학생들은 또한 현직 교사나 자신보다 유능한 동료와 함께 하는 도제 제도에 참여한다. 이 프로그램은 집중적인 현장연구를 포함하며, 학생들은 멘토 교사와 매주 하루 온종일을 함께하게 된다. 학생들은 실제적 수행에 참여하여 학교에서 가르칠 수 있다는 능력을 보여 주는 증빙을 쌓아 가야 한다. 마지막으로 각 구성원이 프로그램 운영에 대해 건의하거나 투표로 의사결정에 참여할 수 있는 민주적인 운영체계가 존재한다는 것이다.

프로그램은 준비의 각 단계(초심자에서 교생까지)에서 학생들이 주체가 되고 대학 교수가 지원해 주는 핵심 세미나를 포함한다. 공동체는 15명으로 구성되며 일주일에 한 번 약 세 시간 정도 읽기자료, 기대 사항, 학교에서의 업무에 대해 논의한다. 학생들은 서로 돌아가며 다양한 세미나, 기획 발표, 정보 제공, 교수학습에 관련된 토론 주재 등의 책임을 맡는다. 학기가 진행될수록 학생들이 학교에서 직면하게 될 다양한 '오늘의 이슈'에 대해 논의한다. 주간 세미나 외에 학생들은 전자우편이나 전화로 서로 소통한다. 시간이 지나면 학생들은 졸업 후 신임 교사가 되어 공동체로 들어가게 된다. 나아가, 이전에 학생이었던 구성원들이 이제는 교사가 되어 CoT 와 함께 자신들의 경험을 나누기 위해 돌아오기도 한다.

CoT 프로그램에서 학습자들은 지속적으로 직업과 공동체의 목표와 의미에 대해 협상하게 된다. 나아가 공동체의 표준이 되는 실천을 구체화하는 개인들의 내러티브가 계속 쌓이고 학습자들은 특정한 그룹 실천(예를 들면 오늘의 이슈)이나 특정한 그룹 멤버(예를 들면 최고참 멤버)를 설명하기 위해 공유된 언어를 개발하기도 한다(T. Gregory, 개인 대화, 1998년 7월 7일). 공동체는 미국 인디애나 대학에서 7년이라는 역사와 전통으로 이어져 오고 있다. 전통은 CoT 프로그램의 일원이 되면서 이를 물려받은 구성원들에 의해 지속적으로 발전되어 간다. 공동체는 또한 많은 교실과 상황을 가로지르는 궤적을 갖고 있다. 개인들은 스스로를 프로젝트가 기반하고 있는 CoT의 일원이자 (예비교사에 의해 형성된) 공동체의 일원이라고 인식한다. 마지막으로 공동체는 초심자부터 최고참, 졸업생(현직 교사)까지 이르는 '계속 활동하는 집단' 의 주기로서 지속적으로 재생산된다.

키즈넷과 CoT는 학교가 육성하고 지원할 수 있는 유형의 공동체 특성을 갖고 있다. 활동을 위한 역사적 맥락, 활용될 경험의 역사[8]가 있으며 활동(따라서 학습자/수행자)의 결과가 공동체에 공헌하게 된다. 학습과 전반적인 활동을 목적 그 자체(예를 들면 상품화)가 되지 않게 해 주는 것은 바로 이 맥락이다. 그런 식으로 참여자들은 단순히 학생이 되는 것이 아니라 사회에서의 일원으로 자기 의식을 개발하게 된다. 실천은 단순한 수행이 아니라 의미 있는 행위이며, "행위는 어떤 문화적 체제라는 관점에서 서로에게 의미 관계가 있다"(Lemke, 1997, p. 43). 이 관점에서 보면 학생들은 단지 무슨 실천을 어떻게 해야 하는지 배우는 것이 아니라 수행의 의미를 배운다. 이는 공동체의 정식 구성원이 되기 위해 필수적이다. 학습자가 모든 실천과 결과에 대한 접근권을 갖고 공동체 안에서 기능적으로 합법적 역할을 부여받으면 충분한 경험으로부터 학생들이 배제되는 것, 혹은 Lave(1997)가 말한 "부정적 정체성이 만연하는 것"을 막아 줄 수 있다. 이것이 바로 저자들이 키즈넷과 CoT를 학교에서 실천공동체의 구축에 있어 가장 모범적인 모델로 보는 이유다.

---

8) '경험-기반' 은 모든 학습이 전문가들이 이야기를 하는 데서 온다는 것은 아니라는 점을 강조하고 싶다. 전문가는 어떤 참고자료와 자원이 자신의 학습에서 가장 유용했는지 알려 줄 뿐이다. 전문가라고 해서 '정답' 만을 갖고 있는 것은 아니며 자신들이 행함으로써 어느 정도 성공하고 실패했던 관련 경험을 제시하는 것이다. 주요 이슈는 학습은 과제가 아닌 공동체의 역사에 포함된다는 사실이다.

Quest Atlantis 프로젝트

학습을 지원하기 위한 의도적 설계에서 연습의 장과 실천공동체의 중요한 차이점은 상황화가 무엇을 의미하느냐에 있다. 저자들은 학습자들이 실천과 개념뿐 아니라 가치 있는(사실을 활용 가능한 도구로 효과적으로 변환하는) 상황의 유형을 인식하게 되기 때문에, 연습의 장에서 강조될 부분은 내용의 상황화라고 주장한 바 있다(Brown, Colling, & Duguid, 1989). 이 장의 핵심 원리는 공동체의 맥락에 사람과 경험이 놓이게(상황) 하는 것이 중요하다는 것이다. CoT나 NSG 키즈넷 프로젝트가 그처럼 효과적이었던 것은 공동체 활동의 결과가 단순히 이론적이거나 개념적인 것을 넘어 공동체 실천에 의해 영향을 받은 보다 큰 상호의존적 시스템에 연계되었다는 것 때문이다. 그러나 경험적 영향이나 결과를 허용하는 형태로 학습과정에 연계하는 것을 초·중·고등학교 교실에서 성취하기란 매우 어려운 일이다. 나아가 학습한 내용이 실제 세계에서 어떤 의미와 중요성을 갖는지 모른 채 학습의 결과가 학점 이수에만 그치지 않도록 할 필요가 있다.

부분적으로 이런 도전 사항을 보완하기 위한 목적으로 게임기반학습 환경인 Quest Atlantis(QA)가 개발되었다. QA는 9세에서 12세 어린이들이 학습 과제에 몰입할 수 있도록 3D 멀티 유저 환경을 활용하는 교수-학습 프로젝트다(http://QuestAtlantis.org). 상업용 게임 환경 전략과 학습과 동기에 관한 연구 결과를 접목하여 QA는 아이들이 가상의 공간을 여행하며 퀘스트(Quest)라고 불리는 재미있는 활동을 하게 하며 이는 표준과도 직접적으로 연계된다(Barab, Gresalfi, Ingram-Goble, 2010; Barab, Thomas, Dodge, Carteaux, & Tuzun, 2005). 중요한 것은 퀘스트를 완성함에 따라 멀티 유저 게임 환경에서 자신의 위치나 상태가 변화한다는 것이다. 이러한 환경은 이론적으로 재미있는 방법으로 다른 예들을 만들 수 있다는 점에서 학습을 지원하기 위한 실천공동체의 설계에 대한 도전과 기회를 보여 주는 유용한 사례다.

게임 플레이어 활동의 초점은 퀘스트를 완성하는 것인데, 이를 통해 허구적이지만 실제적인 문제를 해결하고, 특정한 개념적 아이디어(예를 들면 수질, 중심경향척도, 설득적 글쓰기)와 관련된 자신들의 게임상 캐릭터를 진화시켜 간다. 참여의 경로와 다양한 성취는 사용자가 선택을 하면 가상세계와 가상세계에서의 정체성에 동시에 영향을 주는 치명적인 영역에 대해 각성할 수 있도록 설계된 일곱 개의 '사회적 책무'로 구조화되어 있다(Barab, Thomas, Dodge, Carteaux, & Tuzun, 2005). 진행의 범위는 실천, 아이디어, 도구, 특히 해결해야 할 과제다. 사용자가 과제를 해결할 때마다 중요한 위기 상황에서 사회 범죄를 '없애버릴 수 있는' 경험치(게임 포인트)를 축적하게 되어 전문성 레벨은 높아지고 새로운 기능들을 얻게 된다. 경험치는 다른 사용자에게 멘토 역할을 해 주어 어렵고 복잡한 문제를 해결하는 것을 도와줄 때 자원이 되기도 한다.

연습의 장과 게임 세계가 실제 세계와는 약간 분리되어 있기는 하지만, 게임 세계는 연습의 장이나 실제 세계에서는 볼 수 없는 경험에 따른 결과(사용자의 행위가 게임 공간과 게임의 이야기에 직접 영향을 준다는 점에서)를 보여 준다(Barab, Gresalfi, Dodge, & Ingram-Goble, 2010). 가상 세계에서 사용자는 게임 성공을 통해 도구를 얻거나 기능을 진화시키거나, 교류성에 대한 감각을 키울 수 있는 게임 세계의 어포던스(affordance)[9]를 성취할 수 있는 잠재력을 변화시킨다(Barab, Gresalfi, Ingram-Goble, 2010). 교류성은 학습자와 세계가 경험을 통해 변화하는 현상을 의미하며(Dewey & Bentley, 1949), 이러한 변화는 상호영향을 주는 의존관계를 만들 수 있게 한다. 이러한 교류적 관계는 공동체와 구성원을 상호의존적 체제로 연계시켜 주며 Quest Atlantis와 같은 멀티유저 비디오게임이 강력한 학습환경

---

9) 역주: 객체가 주체로부터 행위를 유도해 내는 속성을 의미한다.

이 될 수 있게 하는 주요한 경험적 특성 중 하나다. 또한 허구적이지만 변화 가능한 공간에서 초심자도 연관된 상황이나 개인적으로 의미 있는 상황으로 바꿀 수 있는 능력을 키워갈 수 있는 게임 세계의 전문가가 되어 가도록 지원해 줄 수 있다.

이처럼 비디오게임 환경은 초심자가 자신이 성취할 수 있는 것과 공동체에서 지속적으로 성장해 가는 멤버십의 상태와 관련된 전문가의 위치에 설 때, "자신을 지켜보는 누군가(head above themselves)"[10]와 같이 행동할 수 있도록 공동체 멤버십을 '지원'해 줄 수 있다(Vygotsky, 1978). Vygotsky나 다른 활동이론가들(Leont'ev, 1974와 비교하라)이 놀이를 개인의 발달에 있어 '선도적 활동'이라고 설명하고, Gadamer(1989)가 놀이를 통해 개인이 자아를 효과적으로 보여 줄 수 있다고 한 것은 바로 이런 이유 때문이다. 많은 아동 심리학자가 정서 발달에 있어 놀이와 역할극의 효력에 대해 역설했지만(Bodrova & Leong, 2003), 인지 발달이나 전문성 신장에 있어 놀이의 효과에 대한 탐색을 시작하게 한 '기능성 게임' 동향에 대한 관심은 최근에 들어서다. 그야말로 수십만의 구성원이 지속적으로 다수의 실천공동체를 만들 수 있는 멀티유저 세계에서의 게임 플레이를 경험해 보아야 교육과 연구를 위한 이러한 공간의 실용적이고 이론적인 효과를 이해할 수 있다.

결론 및 시사점

이 장에서 저자들은 상호작용 안에서 정체성과 의미가 구성된다는 상황

---

10) 역주: Vygotsky(1978)가 놀이를 통해 아동이 다음 발달 수준을 연습해 본다고 논의한 데서 사용된 표현이다. 어른이 옆에서 관찰하고 학습에 도움을 주는 것과 같은 역할을 스스로가 해 본다는 의미로 해석할 수 있다.

주의 이론에 대한 관점을 채택했다. 이러한 의미와 정체성의 구성은 그것들이 존재하는 보다 광범위한 맥락에 의해 크게 영향을 받는다. 이 관점은 구성되는 것은 개별적 구성자가 아닌 주관적 세계라고 했던 기존의 구성주의적 관점을 더 확장시킨다. 이는 개인이 학습하는 것이 아니라 학습되는 것은 상황 속에서 구성되는 의미라고 설명했던 상황주의 이론의 관점도 확장시킨다. 이 장의 집필 의도는 이원론적 처치를 넘어, 개인과 환경을 묶어 다른 사람을 구성하고 다른 사람에 의해 구성된다는 학습 생태계를 구축할 수 있다고 설명하는 데 있다(Barab, 1999; Barab, Cherkes-Julkowski et al., 1999). 이 가정에 기초하여 저자들은 학교 실천과 통합될 수 있는 학습의 장으로서 실천공동체를 탐색해 보았다.

학교의 문제는 자신들이 해야 하는 것을 실천하지 않는 데 있다. 학교는 다른 공동체의 실천을 가르치지만 학습자들에게 이러한 외부 공동체에 접근할 수 있는 기회는 거의 제공하지 않는다. 경험은 객체화되고 학습자들을 충분한 경험으로부터 격리시켜 학문적 수행과 관련된 정체성 형성을 고려 대상에서 제외시켜 버린다(Lave, 1997; Lemke, 1997; Walkerdine, 1997). 추상적이고, 탈맥락화되어 있으며, 개별적인 특성을 가진 학교에서의 학습의 제한점을 드러내고자 하는 노력 중 하나가 연습의 장 설계다. 연습의 장에서 학습자들은 실제 세계에서 행해지는 실천과 동일한 것을 탐구하고 참여해 보는 그룹의 일원으로 활동하게 된다. 연습의 장이 학교의 수준별 학습에 대해 비판을 제기하기는 하지만(Resnick, 1987 참조), 여전히 지식을 상품으로 간주하고 있으며 학습자를 좀 더 큰 정체성(공동체의 구성원)으로 연결시키는 데는 실패하고 있다.

Lave와 Wenger(1991, pp. 52-53)는 공동체의 초점을 "사람, 장소, 실천 공동체 참여 간의 장기적이고 유기적인 관계의 결과로 높은 수준의 기능과 정체성의 발달, 즉 개인 발달[11]에 있다고 했다. 이처럼, 정체성 개발과 높은 수준의 기능 개발은 분리할 수 없다. 실천공동체 환경에서 합법적인 주변적 참여 과정을 통해 둘은 상호작용하게 된다.

이는 연습의 장 설계에서 초점이 상당히 변화한 것이다. 즉, 초점이 협력적 환경 내의 개인 활동이라는 데에서 공동체 내에서의 관계와 공동체 참여양식으로 변화했음을 의미한다. 학습자의 소유권을 개발해 주도록 성공적으로 설계되었다면, 연습의 장은 특정한 기능의 개발을 지원할 뿐 아니라 학습자들이 해당 업무에 관한 자신의 역량과 동기를 가늠해 볼 수 있는 기회도 제공해 주어야 한다. 이는 우리가 모두 경험하듯이 자기 의식에도 영향을 준다. 그러나 연습의 장의 일시적인 협력적 환경 이상의, 공동체 멤버십 이상의 무언가가 있다. Lave는 학교와 같은 형식적 교육 환경은 지식과 학습을 상품화한다고 설명한다.

> 제조하는 사람의 삶에서 활용 가치가 없고, 교환을 목적으로 하거나 다른 사람의 이익을 위해 만들게 될 때, 인간의 노동에 의한 생산물은 상품이 된다. (Lave, 1993, p. 75)

핵심만 말하자면, 상품화를 통해 사람의 활동은 목적이라기보다는 수단이 되어 버린다.

이는 연습의 장에서 극명하게 드러난다. 학습자들에게 주는 문제가 복잡성 측면에서 '실제적'이지만, 사회에서의 지속적인 활동의 통합적인 한 부분이라는 측면에서는 실제적이지 않다. 이는 학습자가 어떻게 참여하게 되고 활동에 의미를 부여하는가와 어떻게 정체성이 나타나는가라는 두 측면 모두에 시사점이 있다. 연습의 장에서 교육은 그 자체로서 의미 있는 활동이라기보다는 나중에 하게 될 활동을 준비한다는 관점이다. 사실 이는 부모, 교사, 심지어 학생까지도 현재 가르치고 있는 것에 대한 가치를 설명

---

11) 역주: 물론 공동체의 지속적인 생산 및 재생산과 이에 참여하는 것은 상보적 관계다. 그러나 여기서의 초점은 실천공동체 참여를 통한 학습(자기개발)에 있다.

할 때 쓰는 용어가 바로 '어디에선가 (쓸 지도 모를) 그 어떤 것'이다. 이 때문에 Dewey가 교육체제를 비판하게 된 것이다. Dewey(1897)는 이는 잘못된 모델이라고 했다. "나는 교육은 삶의 과정이어야지, 앞으로 살 것에 대한 준비가 아니라고 생각한다"(p. 78). 나아가, 실천공동체에 참여하는 동안 공동체의 일상 업무에는 실천에 강제 사항들이 있다(예를 들면 더 전문적인 구성원의 실천, 고객의 요구, 공동체 생성의 문서와 결과물에 포함된 것). 교실에서 이러한 강제 사항은 더 큰 공동체의 '대역'이 되어야만 하는 한 명의 교사(혹은 가끔 초빙 전문가)에게만 해당한다.

다시 말하면, 공동체는 단지 많은 사람이 과제를 하기 위해 모인 것은 아니다. 과제의 기간을 연장하고 그룹을 더 크게 만드는 것은 공동체 개념에 별로 중요한 변인이 아니다. 더 중요한 것은 사회에 연계시키고, 학생들이 공동체 참여/멤버십을 통해 사회에서의 합법적 역할(과제)을 하게 하고 배워야 할 내용에 중요한 가치를 부여할 수 있게 하는 실제적 목적이다. 이 장에서 공동체는 ① 공동체의 활동을 통합하고, 동기를 유발하고, 부분적으로 타당화시켜 주는 공동의 목표 혹은 일치된 계획, ② 공유된 목적, 이해, 실천을 포함하는 공동의 문화적·역사적 전통, ③ 개인이 상호의존적 시스템의 일원이 되는 것, ④ 초심자가 더 유능한 동료가 되어 가도록 재생산하는 능력이라는 네 가지 요소로 제시되었다.

형식적 학습의 일부로 학습을 지원하기 위해 의도적으로 공동체 공간을 설계하는 것은 쉽지 않다.(Barab, Kling, & Gray, 2004 참조). 이 공간은 사용할 수 있는 지식을 만들기보다는 지식이 뛰어난 사용자를 만드는 데 초점이 맞추어져 있다. 공동체의 설계가 아닌 공동체의 출현을 위한 설계가 쉽지 않음에도 불구하고, 이와 관련된 유용한 사례를 찾을 수 있었다. 많은 실천공동체(운동 특기생, 학습 소진자, 음악가 등)가 학교에서 출현함을 기억할 필요가 있다.

실천공동체는 교실이나 운동장, 공식적이건 어딘가의 틈새이건 어디에나 있다. 교육과정, 교과목, 주제에 상관없이 대부분 개인적으로 변형 가능한 학습은 실천공동체에서의 멤버십을 포함한 학습이다(Wenger, 1998, p. 6).

사실 이 장의 목적은 실천공동체의 특성과 학습에 주는 이점을 보다 잘 이해하고 학교에서 교육자들이 이를 활용할 수 있도록 개발하기 위한 접근들을 살펴보는 것이다. 저자들은 이 논의가 이러한 질문들에 대한 지속적인 사고를 촉진할 수 있기를 바라며 교육자들이 개별 학습자만큼이나 중요하게 실천공동체의 중요성에 대해 인식한 학습환경에서 활용해 본 결과를 계속해서 공유할 수 있게 되기를 바란다.

【 참고문헌 】

Barab, S. A. (1999). Ecologizing instruction through integrated units. *Middle School Journal, 30*, 21-28.

Barab, S. A., & Landa, A. (1997). Designing effective interdisciplinary anchors. *Educational Leadership, 54*, 52-55.

Barab, S. A., Gresalfi, M. S., & Ingram-Goble, A. (2010). Transformational play: Using games to position person, content, and context. *Educational Researcher, 39*(7), 525-536.

Barab, S. A., Hay, K., & Duffy, T. (1998). Grounded constructions and how technology can help. *Technology Trends, 43*(2), 15-23.

Barab, S. A., Kling, R., & Gray, J. (2004). (Eds.). *Designing for virtual communities in the service of learning.* Cambridge, MA: Cambridge University Press.

Barab, S. A., Gresalfi, M. S., Dodge, T., & Ingram-Goble, A. (2010). Narratizing disciplines and disciplining narratives: Games as 21st century curriculum. *International Journal for Gaming and Computer-Mediated Simulations, 2*(1), 17-30.

Barab, S., Thomas, M., Dodge, T., Carteaux, R., & Tuzun, H. (2005). Making learning fun: Quest Atlantis, a game without guns. *Educational Technology Research and Development, 53*(1), 86-107.

Barab, S. A., Cherkes-Julkowski, M., Swenson, R., Garrett. S., Shaw, R. E., & Young, M. (1999). Principles of self-organization: Ecologizing the learner-facilitator system. *Journal of the Learning Sciences, 8*(3&4), 349-390.

Barab, S. A., Hay, K. E., Squire, K., Barnett, M., Schmidt, R., Karrigan, K., Johnson, C., & Yamagata-Lynch, L. (2000). Virtual solar system project: Learning through a technology-rich, inquiry-based, participatory learning environment. *Journal of Science Education and Technology, 9*(1), 7-25.

Barab, S. A., Zuiker, S., Warren, S., Hickey, D., Ingram-Noble A., Kwon, E. J., Kouper, I., & Herring, S. C. (2007). Situationally embodied curriculum: Relating formalisms and contexts. *Science Education, 91*(5), 750-782.

Barron, B., Vye, N. J., Zech, L., Schwartz, D., Bransford, J. D., Goldman, S. R.,

Pellegrino, J., Morris, J., Garrison, S., & Kantor, R. (1995). Creating contexts for community-based problem solving: The jasper challenge series. In C. Hedley, P. Antonacci, & M. Rabinowitz (Eds.), *Thinking and literacy: The mind at work* (pp. 47-72). Hillsdale, NJ: Erlbaum.

Barrows, H. S., & Myers, A. C. (1993). *Problem based learning in secondary schools.* Unpublished monograph. Springfield, IL: Problem Based Learning Institute, Lanphier High School, and Southern Illinois Medical School.

Bednar, A. K., Cunningham, D., Duffy, T. M., & Perry, D. J. (1992). Theory into practice: How do we link? In T. Duffy & D. Jonassen (Eds.), *Constructivism and the technology of instruction* (pp. 17-34). Hillsdale, NJ: Erlbaum.

Bereiter, C. (1994). Implications of postmodernism for science, or, science as progressive discourse. *Educational Psychologist, 29,* 3-12.

Bereiter, C. (1997). Situated cognition and how to overcome it. In D. Kirshner & J. A. Whitson (Eds.), *Situated cognition: Social, semiotic, and psychological perspectives* (pp. 281-300). Hillsdale, NJ: Erlbaum.

Bodrova, E., & Leong, D. J. (2003). The importance of being playful. *Educational Leadership, 60*(7), 50-53.

Bradsher, M., & Hogan, L. (1995). The kids network: Student scientists pool resources. *Educational Leadership, 53*(Oct.), 38-43.

Brown, A., Ash, D., Rutherford, M., Nakagawa, K., Gordon, A., & Campione, J. (1994). Distributed expertise in the classroom. In M. D. Cohen & L. S. Sproull (Eds.), *Organizational learning* (pp. 188-228). London, England: SAGE Publications.

Brown, A. L., & Campione, J. C. (1990). Communities of learning and thinking, or a context by any other name. *Contributions to Human Development, 21,* 108-126.

Brown, J. S., & Duguid, P. (1991). Organizational learning and communities of practice: Toward a unifying view of working, learning, and innovation. In M. D. Cohen & L. S. Sproull (Eds.), *Organizational learning* (pp. 59-82). London, England: SAGE Publications.

Brown, J. S., Collins, A., & Duguid, P. (1989). Situated cognition and the culture of learning. *Educational Researcher, 18,* 32-42.

Clancey, W. J. (1993). Situated action: A neuropsychological interpretation response to Vera and Simon. *Cognitive Science, 17*, 87-116.

Clift, R., Houston, W., & Pugach, M. (Eds.). (1990). *Encouraging reflective practice in education.* New York: Teachers College Press.

Cobb, P. (1994). Where is the mind? Constructivist and sociocultural perspectives on mathematical development. *Educational Researcher, 23*, 13-20.

Cobb, P. (1995). Continuing the conversation: A response to Smith. *Educational Researcher, 24*, 25-27.

CTGV, Cognition and Technology Group at Vanderbilt (1990). Anchored instruction and its relationship to situated cognition. *Educational Researcher, 19*, 2-10.

CTGV, Cognition and Technology Group at Vanderbilt (1992). The jasper experiment: An exploration of issues in learning and instructional design. *Educational Technology Research and Development, 40*(1), 65-80.

CTGV, Cognition and Technology Group at Vanderbilt (1993). Anchored instruction and situated cognition revisited. *Educational Technology, 33*, 52-70.

Collins, A., Brown, J. S., & Newman, S. E. (1989). Cognitive apprenticeship: Teaching the crafts of reading, writing, and mathematics. In L. B. Resnick (Ed.), *Knowing, learning and instruction: Essays in honor of Robert Glaser* (pp. 453-494). Hillsdale, NJ: Erlbaum.

Copen, P. (1995). Connecting classrooms through telecommunications. *Educational Leadership, 53*(2), 44-47.

Cordova, D. I., & Lepper, M. R. (1996). Intrinsic motivation and the process of learning: Beneficial effects of contextualization, personalization, and choice. *Journal of Educational Psychology, 88*, 715-730.

Csikszentmihalyi, M. (1990). *Flow: The psychology of optimal experience.* New York: Harper and Row.

Darling-Hammond, L., & Sykes, G. (Eds.). (1999). *Teaching as the learning profession: Handbook of policy and practice.* San Francisco: Jossey-Bass.

Dewey, J. (1897). My pedagogical creed. *The School Journal, 543*, 77-80.

Dewey, J. (1938). *Experience & education.* New York: Collier MacMillan.

Dewey, J., & Bentley, A. F. (1949). *Knowing and the known.* Boston: Beacon.

Duffy, T. M., & Cunningham, D. J. (1996). Constructivism: Implications for the design and delivery of instruction. In D. Jonassen (Ed.), *Handbook of Research for Educational Communications and Technology* (pp. 170-198). New York: Simon & Schuster Macmillan.

Duffy, T. M., & Jonassen, D. H. (1992). Constructivism: New implications for instructional technology. In T. Duffy & D. Jonassen (Eds.), *Constructivism and the technology of instruction*(pp. 1-16). Hillsdale, NJ: Erlbaum.

Duffy, T. M., Lowyck, J., & Jonassen, D. H. (Eds.). (1992). *Designing environments for constructivist learning*. Heidelberg: Springer.

Dweck, C. S., & Leggett, E. L. (1988). A social-cognitive approach to motivation and personality. *Psychological Review, 95*, 256-273.

Edwards, L. D. (1995). The design and analysis of a mathematical microworld. *Journal of Educational Computing Research, 12*, 77-94.

Evenson, D. H., & Hmelo, C. E. (Eds.). (2000). *Problem-based learning: A research perspective on learning interactions*. Mahwah, NJ: Erlbaum.

Fodor, J. (1975). *Language of thought*. Cambridge, MA: Harvard University Press.

Gadamer, H. G. (1989). *Truth and method*(2nd rev. ed.) (J. Weinsheimer & D. G. Marshall, Trans.). New York: Continuum (Original work published 1960).

Gardner, H. (1985). *The mind's new science*. New York: Basic Books.

Greeno, J. G. (1997). Response: On claims that answer the wrong questions. *Educational Researcher, 26*, 5-17.

Greeno, J. G. (1998). The situativity of knowing, learning, and research. *American Psychologist, 53*, 5-17.

Greeno, J. G., & Moore, J. L. (1993). Situativity and symbols: Response to Vera and Simon. *Cognitive Science, 17*, 49-61.

Gregory, T. (1993). *Community of teachers*. Unpublished manuscript, Indiana University at Bloomington.

Grossman, P., Wineburg, S., & Woolworth, S. (2001). Toward a theory of teacher community. *The Teachers College Record, 103*, 942-1012.

Hannafin, M. J., Hall, C., Land, S. M., & Hill, J. R. (1994). Learning in open-ended environments: Assumptions, methods, and implications. *Educational Technology, 34*, 48-55.

Hunter, B. (1990). *Computer-mediated communications support for teacher collaborations: Researching new contexts for teaching and learning.* Paper presented at the annual meeting of the American Educational Research Association, Boston, MA.

Karlan, J., Huberman, M., & Middlebrooks, S. (1997). The challenges of bringing the kids network to the classroom. In S. Raizen & E. Britton (Eds.), *Bold ventures: Case studies of U.S. innovations in science education,* Vol. 2. Boston: Kluwer Academic Publishers.

Kirshner, D., & Whitson, J. A. (1997). Editors' introduction. In D. Kirshner & J. A. Whitson (Eds.), *Situated cognition: Social, semiotic, and psychological perspectives* (pp. 1-16). Mahwah, NJ: Erlbaum.

Kirshner, D., & Whitson, J. A. (1998). Obstacles to understanding cognition as situated. *Educational Researcher, 27*(8), 22-28.

Kommers, P. A. M., Grabinger, R. S., & Dunlap, J. C. (Eds.). (1996). *Hypermedia learning environments: Instructional design and integration.* Mahwah, NJ: Lawrence Erlbaum Associates.

Koschmann, T. (Ed.). (1996). *CSCL: Theory and practice of an emerging paradigm.* Mahwah, NJ: Erlbaum.

Koschmann, T., Kelson, A. C., Feltovich, P. J., & Barrows, H. S. (1996). In T. Koschmann (Ed.), *CSCL: Theory and practice of an emerging paradigm* (pp. 83-124). Mahwah, NJ: Erlbaum.

Lave, J. (1988). *Cognition in practice: Mind, mathematics, and culture in everyday life.* Cambridge: Cambridge University Press.

Lave, J. (1993). Situating learning in communities of practice. In L. B. Resnick, J. M. Levine, & S. D. Teasley (Eds.), *Perspectives on socially shared cognition* (pp. 17-36). Washington DC: American Psychological Association.

Lave, J. (1997). The culture of acquisition and the practice of understanding. In D. Kirshner & J. A. Whitson (Eds.), *Situated cognition: Social, semiotic, and psychological perspectives* (pp. 63-82). Mahwah, NJ: Erlbaum.

Lave, J., & Wenger, E. (1991). *Situated learning: Legitimate peripheral participation.* New York: Cambridge University Press.

Lemke, J. (1997). Cognition, context, and learning: A social semiotic perspective. In D. Kirshner & J. A. Whitson (Eds.), *Situated cognition: Social, semiotic, and psychological perspectives* (pp. 37-56). Mahwah, NJ: Erlbaum.

Leont' ev, A. (1974). The problem of activity in psychology. *Soviet Psychology, 13*(2), 4-33.

Lipman, M. (1988). *Philosophy goes to school.* Philadelphia: Temple University Press.

Michael, M. (1996). *Constructing identities.* Thousand Oaks, CA: Sage.

Milter, R. G., & Stinson, J. E. (1995). Educating leaders for the new competitive environment. In G. Gijselaers, S. Tempelaar, & S. Keizer (Eds.), *Educational innovation in economics and business Administration: The case of problem-based learning.* London: Kluwer Academic Publishers.

Palincsar, A. S., & Brown, A. L. (1984). Reciprocal teaching of comprehension-fostering and monitoring activities. *Cognition and Instruction, 1*(2), 117-175.

Phillips, D. C. (1995). The good, the bad, and the ugly: The many faces of constructivism. *Educational Researcher, 24*(7), 5-12.

Reed, E. S. (1991). Cognition as the cooperative appropriation of affordances. *Ecological Psychology, 3*(2), 135-158.

Resnick, L. B. (1987). Learning in school and out. *Educational Researcher, 16*, 13-20.

Rogoff, B. (1990). *Apprenticeship in thinking: Cognitive development in social context.* New York: Oxford University Press.

Roschelle, J., & Clancey, W. J. (1992). Learning as social and neural. *Educational Psychologist, 27*, 435-453.

Roth, W.-M. (1996). Knowledge diffusion in a grade 4-5 classroom during a unit of civil engineering: An analysis of a classroom community in terms of its changing resources and practices. *Cognition and Instruction, 14*, 170-220.

Roth, W.-M. (1998). *Designing communities.* Dordrecht: Kluwer Academic Publishers.

Roth, W.-M., & Bowen, G. M. (1995). Knowing and interacting: A study of culture, practices, and resources in a grade 8 open-inquiry science classroom guided by a cognitive apprenticeship metaphor. *Cognition and Instruction, 13*, 73-128.

Savery, J., & Duffy, T. (1996). Problem based learning: An instructional model and its constructivist framework. In B. Wilson (Ed.), *Constructivist learning environments: Case studies in instructional design* (pp. 135-148). Englewood Cliffs, NJ: Educational Technology Publications.

Scardamalia, M., & Bereiter, C. (1993). Technologies for knowledge-building discourse. *Communications of the ACM, 36*, 37-41.

Schoenfeld, A. (1996). In fostering communities of inquiry, must it matter that the teacher knows the 'answer'? *For the Learning of Mathematics, 16*(3), 11-16.

Schön, D. A. (1987). *Educating the reflective practitioner.* San Francisco, CA: Jossey-Bass.

Senge, P. (1994). *The fifth discipline fieldbook: Strategies and tools for building a learning organization.* New York: Doubleday.

Sfard, A. (1998). On two metaphors for learning and the dangers of choosing just one. *Educational Researcher, 27*, 4-13.

Shaffer, C. R., & Anundsen, K. (1993). *Creating community anywhere: Finding support and connection in a fragmented world.* Los Angeles, CA: Tarcher/Perigee.

Shanon, B. (1988). Semantic representation of meaning: A critique. *Psychological Bulletin, 104*(1), 70-83.

Tinker, R. F. (1996). *Telecomputing as a progressive force in education.* Unpublished manuscript. Concord, MA: Concord Consortium.

Tripp, S. D. (1993). Theories, traditions, and situated learning. *Educational Technology, 33*, 71-77.

Vera, A. H., & Simon, H. A. (1993). Situated action: A symbolic interpretation. *Cognitive Science, 17*, 7-49.

Vygotsky, L. (1978). *Mind in society: The development of higher psychological processes.* Cambridge, MA: Harvard University Press.

Wilson, B. (2002). *Alcoholics anonymous: The story of how many thousands of men and women have recovered from alcoholism* (4th rev. edn). New York: Alcoholics Anonymous World Services.

Walkerdine, V. (1997). Redefining the subject in situated cognition theory. In D. Kirshner & J. A. Whitson (Eds.), *Situated cognition: Social, semiotic, and psychological perspectives* (pp. 57-70). Mahwah, NJ: Erlbaum.

Wenger, E. (1998). *Communities of practice: Learning, meaning, and identity*. Cambridge, MA: Cambridge University Press.

Whitehead, A. N. (1929). *The aims of education and other essays*. New York: MacMillan.

Wilson, B. (Ed.). (1996). *Constructivist learning environments: Case studies in instructional design*. Englewood Cliffs, NJ: Educational Technology Publications.

Young, M. (1993). Instructional design for situated learning. *Educational Technology Research and Development, 41*, 43-58.

Young, M. F., & Barab, S. (1999). Perception of the raison d' etre in anchored instruction: An ecological psychology perspective. *Journal of Educational Computing Research, 20*(2), 113-135.

3장

모델기반
학습환경 설계

Pablo Pirnay-Dummer, Dirk Ifenthaler, & Norbert M. Seel

도입

추론은 학습과정에서 매우 중요한 역할을 한다. 계통오차,[1] 발견기법, 추론 그 자체는 내용과 기술로 학습자들을 이끈다(Gilovich, Griffin, & Kahnemarn, 1974; Seel, 1991; Tversky & Kahneman, 1974). 일반적으로 전문성의 유형은 ① 신체적, ② 인지적, ③ 학문적/복잡한, ④ 예술적의 네 가지인데(Gruber, 1994; Gruber & Ziegler, 1993), 이 중 두 가지가 모델기반 및 모델지향 학습환경의 관심사다(Pirnay-Dubber, 2006). 이 전문성은 학습자가 모델 구축을 하는 동안 추론과정을 통해 얻을 수 있다. 일반적인 심리학과 인식론의 원리는 학습자들이 자신의 신념 체계와 전문성을 개발하

---

1) 역주: 측정기나 측정자에 기인되는 오차로서, 그 크기와 부호를 추정할 수 있고 보정할 수 있는 오차다.

는 데 영향을 주는 학습환경을 이해하고 설계하는 데 도움을 준다(Seel, 2003; Seel & Schenk, 2003). 이 장에서는 정신모델의 개념을 소개하고 개별적인 학습과정에서 어떻게 정신모델이 작동하는지 설명할 것이다. 그 다음으로 학습환경이 개인의 정신모델에 어떻게 반응하는지 살펴보고, 모델지향 학습환경의 주요 설계 원리를 소개한다. 실제에서 적용 가능한 일반적인 원리와 특별한 방법들을 제시하기 위해 저자들이 연구했던 몇 가지 사례를 소개하면서 이 장을 끝맺는다.

정신모델

처음 가 보는 외국에 있다고 상상해 보자. 운전하면서 가다 보니 좀 이상한 것들이 있다. 모든 차들이 빨간불에 지나가고 초록색 불에 정지한다. 이는 우리가 예상했던 것과는 전혀 다르다. 우리도 이 길을 지나가야 하므로 신속하게 새로운 교통규칙에 맞도록 적응하면서 새로운 나라가 우리가 예상하는 것과 얼마나 다른지 깨닫게 된다. 이 나라에서 교통신호등은 정반대다. 어쩌면 이 나라 사람들은 색상에 대해 다른 관점을 갖고 있는지도 모른다. 사실 우리가 속한 세계에서도 일반적으로 나무는 푸르다고 하지만 어떤 나무는 붉은 색상을 띄고 있기도 하다. 어쩌면 이 나라 사람들은 엄격한 규칙이 사고의 유연성을 방해할까 봐 매주 화요일마다 교통 규칙을 바꾸자고 했을지도 모른다. 어쩌면 국제적인 표준에 거스르게 된 이유가, 이 나라를 마지막으로 통치했던 사람이 너무도 엄격한 교통법규를 적용했기 때문에 신호등을 반대로 켜는 것이 그 통치자에 대한 저항의 상징이자, 다시 나라를 빼앗기지 않겠다는 의지의 표현일 수도 있다. 아니면 붉은 색은 문화적으로 사회운동을 상징하는데 빨간 신호등에 멈춘다는 것은 이치에 맞지 않고, 신호등을 반대로 사용했더니 교통사고가 현격히 줄어들었을 수도 있다. 이런 식으로 예를 들자면 끝도 없을 것이다. 이 단순한 사례에서처럼 우리는 왜 신호등이 다르게 작동하는지 진짜 이유는 모르더라도 옆 차와 부딪치고 싶지 않아서 순간적으로 그 변화에 적응할 수 있다는 것이다. 그렇게 하기 위해서 우리는 언제나 우리가 알고 있는 것에서 시작하고 새로운 상황에 적응하기 위해서 우리의 사고와 지식을 재구성하게 된다(Piaget, 1976; Seel, 1991).

앞서 언급한 해결책들은 문화 인류학의 비전문가가 상황에 대해 이해하고 세계에 대한 자신의 지식으로부터 가능한 해결책들을 구성하는 예라고 할 수 있으며, 이때 상황에 맞는 적어도 하나의 정신모델은 생성된다고 볼 수 있다. 단순화된 사례에서 우리는 그것이 다르다는 것을 자각하기만 하면 되지, 왜 신호등이 우리와 다른지 꼭 알아야 할 필요는 없다. 그러나 적응해 가는 과정에서 우리의 마음은 상황과 관련이 있을 것 같아서 개인적으로 재구성한 이유가 있기 마련이다. 그 상황은 적어도 어떤 설명이 있기 전에는 의미가 통하지 않기 때문이다. 일단 세계에 대한 표상이 의미를 잃게 되면, (예상대로) 의사 결정이나 행동은 점점 더 혼란스러워지거나 혹은 예측이 불가능해지게 된다. 지식에 대한 즉각적인 적응의 기반이 되는 것은 개인의 마음 안에 있는 표상이다. 저자들은 이것을 스키마라고 생각한다. 이 경우 적응은 필요하지 않거나 적응은 일어나지 않았다. 상황의 내적인 요소에 대한 적응이 필요하면 시스템은 정신모델(mental model)을 만든다. 정신모델은 기존의 스키마 중 어떤 유형에 대한 지식으로 구성된다. 정신모델은 사실·사물, 아이디어·흥미로운 것에 대한 보다 일반적인 관념행위 틀에 대한 개인마다 갖고 있는 매우 독특한 표상이다. 정신 표상(mental representation)은 언어 같은 구문이나 구성적 의미를 갖고 있다(Carruthers, 2000; Fodor, 2003; Margolis & Laurence, 1999; Pinker, 1994; Strasser, 2010 참조). 표상의 유형으로서 정신모델은 언어에 의존하며, 상황에 대한 발견을 구성하는 지식의 상징적 조각과 과정을 활용한다(Johnson-Laird, 1983; Schnotz,

1994; Shonotz & Preuss, 1997; Seel, 1991). 정신모델의 목적은 의도, 계획, 행동이나 인지처리의 재구성으로 유도하는 발견적 추론에 있다(Piaget, 1976). 정신모델은 의미의 (상징적) 표상에 대한 시각적인 것부터 특수한 아날로그 표상까지 목표의 범위에 따라 서로 다른 요소의 집합을 포함하고 있을 수 있으며, 추상적이고 구체적인 특성을 가질 수 있다. 간단히 말해, 정신모델은 추론이나 의사결정을 위한 (세계를 표상하는) 적절한 근거를 제공해 줄 수 있다. 주어진 과제에 따라 정신모델은 절차적 지식이나 선언적 지식을 활용할 수 있다. 정신모델은 존재론적 관점에서 진실이 아니더라도 의사결정하거나 행위를 하는 데 있어 정신모델에 의존하는 개인들에게는 상당히 신빙성이 있다. 사람들은 실행을 더 잘 통제하고 변화가 좀 더 예측 가능하도록 하기 위해서 실제 세계에서 예측 가능·불가능한 변화의 행동 둘 다에 부합하는 정신모델을 구성한다. 이는 문제해결이나 복잡한 문제해결에서 핵심적인 특성 중의 하나다(Ceci & Ruiz, 1992; Jonassen, 2000; Just & Carpenter, 1976; Seel, Ifentahler, & Pirnay-Dummer, 2008; Spector, 2006).

정신이 행동을 설명하기 위한 표상을 구성한다는 사실은(Seel, 1991 참조) 학습과 교수에 적용될 수 있다. 교육적 처치가 가장 관심 갖는 것은 세계가 학습자의 기대에 부분적으로 부응하지 못하는 부분이다. 이는 다음의 질문과 일맥상통한다. 내부에 모델을 구축하는 과정을 유도할 수 있는 세계(모델기반 학습환경)를 어떻게 구성할 수 있는가?

모델기반 학습환경 설계

모델기반 및 모델지향 학습환경에서는 ① 전문성, 기술, 혹은 일반적으로 학습되어야 할 것들에 관한 모델, ② 학습환경과 학습자가 갖고 있는 현 지식과 신념 체계의 기반(세계의 부분을 설명하기 위해 주로 사용하는)에

의존하여 구성되고 보유되는 학습자 내부의 모델, 두 가지를 고려해야 한다. 첫 번째 유형인 학습환경(learning environment) 모델은 이후 LE로, 두 번째는 학습자(learner) 모델로 이후 L이라 칭하기로 하며, 잘 설계된 학습환경에서 이 두 유형은 매우 긴밀하게 연계되어 있는 것으로 가정한다([그림 3-1] 참조).

교육시스템(중간 외부체계로서)과 학습자는 학습목적에 서로 다른 시간에 다른 영향을 준다. 학습목적은 학습환경의 필수조건들을 구성한다. 가

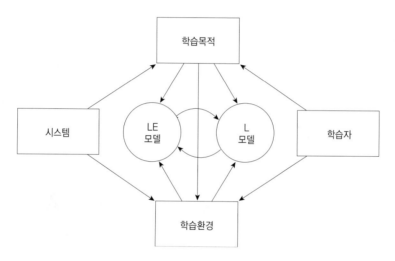

| 그림 3-1 | LE 모델 · L 모델과 교수적 요인

능하고 가용한 학습환경(테크놀로지와 우수 사례)은 교육계획으로 무엇이 가능하고 결정할 수 있는 것인지 범위를 설정함으로써 시스템에 영향을 준다. 학습자는 (설계를 통해 어느 정도 사전에 구조화된) 학습환경에 영향을 준다. 학습은 LE 모델과 L 모델이 상호작용하는 순간 일어난다. 그동안 학습목적은 두 모델의 상호작용을 유도하고 영향을 준다.

모델 중심 테크놀로지가 LE 모델에 좀더 집중하는 동안 LE 모델 지향 테

크놀로지는 L 모델에 초점을 맞춘다. 두 개의 (매우 유사한) 접근은 언제나 함께하며 서로 영향을 준다는 것이 저자들의 관점이다.

일곱 개의 원리

이 절에서는 제대로 작동하는 학습환경을 창출하기 위해 중요한 모델기반 및 모델지향 학습환경 설계의 원리를 소개한다.

1. 분석적 접근: LE 모델을 위한 타당한 원천
2. 인식적 접근: L 모델·LE 모델과 호기심 과정의 조화
3. 인지적 갈등과 혼동: 신념에서 변화를 유도
4. 외관의 다양성: 일반화와 전이를 유도
5. 탈맥락화: 일반화와 전이의 안정화(제한)
6. 목표와 수행평가의 다양성: 이해의 개발과 추적 허용
7. 학습(변화)에 대한 진단적 접근: 학습의 과정 추적

분석적 접근

LE 모델에 대한 출발점은 분석적 접근이다. 항상 학습자와 함께 학습자의 기존 지식·기술·목표와의 차이나 가능성에 대해 진술함으로써 목표와 실제 상황을 연계한다. 다음으로 학습해야 할 것의 완전한 구성요소를 진술하고 어떻게 학습할 것인지와 학습자가 기존 학습경험으로부터 무엇을 가져올 수 있는지 진술한다. 대부분의 경우, 이 지점에서 전문가가 컨설팅을 하게 된다. 명시적 지식뿐 아니라 암묵적 지식도 중요하다. 그러므로 설계와 개발 단계에서 학습자들에게 기술과 지식을 물어보는 것만으로는 문제를 발견하기에 부족하다. 전문가의 구조화된 지식을 얻는 것은 설계과정에서 자주 간과되어 왔던 것 중 하나다. 인지적 과제 분석의 기법

은 매우 유용한 결과를 가져오지만(Means, 1993 참조) LE 모델을 개별적으로 개발하는 것은 LE 설계자들에게 여전히 복잡한 과제다. 일반적으로 다음 네 가지 관점을 전문가들에게서 얻어야 한다.

- 과제 전 전문가의 이해
- 과제 중 소리 내어 말하기 프로토콜 같은 전문가의 언어 표현
- 과제 후 (주로 사후 보고의 형태로) 전문가의 성찰
- 과제의 과정 중 겪었던 일들에 대한 전문가의 회고(과제를 수행하는 동안 녹화한 비디오에서 자신이나 다른 사람들의 행동에 대한 전문가의 사후 언급)

방법론상, 2번과 4번은 같은 상황이 되어서는 안 된다. 이미 소리 내어 말하기 프로토콜을 제공하며 과제 수행을 완료한 일에 대해서 사후 회상을 하도록 하면 안 된다. 각 단계의 초기 프로토콜은 편집되거나 또는 번역되어야 설계자들이 과제에 대해 제대로 이해할 수 있다. 또한 전문가들은 자신들이 수행하는 과정을 언어화하는 훈련을 받아야 하며 전문가들에게 행위 그 자체가 아니라 왜 그렇게 행동했고 어떻게 특정한 결정을 하게 되었는지에 초점을 맞추어야 함을 상기시켜 주어야 한다.

인식적 접근

학습자가 실제 보유한 지식과 기술은 자신들의 신념 체계인 인식의 부분이다. 학습자의 인식은 참이거나 적어도 행위에 타당성을 주는 것으로 자신들에게 각인시키는 모든 사실과 사물을 포함하고 있다. 학습자가 주제에 대해 갖고 있는 특정한 신념은 학습환경을 설계하기 전에 고려되어야 하며, 신념이 다른 학습자들과 같은 이질적인 학습자 집단의 경우에는 더욱 그러하다. 인식 차이의 효과는 다음의 간단한 예를 통해 설명할 수

있다. 음모이론가들이 예를 들면 UFO 목격 같은 것을 매우 비판적인 청중들에게 설명한다고 가정해 보자(그림 3-2) 참조).

성공하려면 공통의 관심사로부터 시작할 필요가 있는데, 자기 혼자 공통의 지식이라고 생각하는 요소를 너무 많이 포함하려고 한다면 LE 모델은

┃그림 3-2┃ UFO 목격-진짜일까?

실패하게 될 것이다. 청중들은 그가 무슨 이야기를 하는지 믿지도 않을 뿐 아니라(어쨌든 안 믿게 될 것이긴 하지만) 가설로라도 그의 관점을 이해하기는 어려울 것이다. 이미 잘못된 가정이라고 생각하고 있는 사람들에게 어떤 것의 가치를 어떻게 설명할 수 있을 것인가? 그 반대의 경우도 마찬가지다. 천체물리학자가 음모이론가의 청중이 될 가능성도 없다. 청중들과 공통된 신념으로부터 시작해야만 한다. 현재의 사고 구조를 부정해 보았자 이상한 반응밖에 끌어낼 수 없다.

물론 실제에서보다는 지나치게 단순화된 예시일 것이다. 새로운 지식은 이미 있는 것에 기반해서 구성되어야 하고 모든 학습경험에 있어 타당해야 한다. 앞에서 제시한 예시는 모든 학과가 과학이나 연구처럼 엄격하지 않기 때문에 지식 그 자체가 중요할 뿐 아니라 사고방식도 중요함을 일깨워 준다. 그러므로 학습자들이 유용한 어떤 것을 구성하도록 하고 싶다면

그 수준에서의 동의 아니면 적어도 상호이해라도 얻을 수 있어야 한다. 이로써 학습자들의 인식을 알기 위해서 현재 지식이 어느 수준인지에 대해 아는 것이 왜 중요한지는 명확해졌다.

다양한 신념 체계의 특성이 일상적 신념 체계에만 해당되는 것은 아니다. 전기의 흐름에 대한 일반적 오개념만 보더라도 학교 교육에서도 이러한 일이 일어난다는 것을 알 수 있다. 어느 시점이 되면 전하와 에너지 흐름의 차이를 이해하는 것이 매우 중요해진다. 학교에서는 이를 이미 공기의 흐름이나 송수관 같은 비유로 가르쳐 버려서 사실은 전하가 에너지의 방향과는 반대로 흐른다는 개념을 도저히 이해할 수 없게 만들어 버렸다. 물론 전하의 흐름은 고주파나 에너지에 의해 변하지만 여전히 한 방향으로 흘러간다(AC, 단상교류). 그러므로 단순한 흐름의 비유에 근거해서 배운 학생들은 자신들이 이미 갖고 있는 모델을 사용하거나 잘못된 점을 발견해서 현재의 신념으로부터 출발해 새로운 모델을 구성할 수 있는 학습환경을 찾아야 한다. 교사가 새로운 것을 배워야 한다고 설명해 주는 것은 이 과정에 별 도움이 되지 않는다. 기껏해야 학습자들은 그냥 테스트를 통과하기 위해서, 의미 차이 정도로 기존의 신념과 연결지어 약간 새로운 아이디어를 구성할 뿐이다. 기존 지식을 활성화하기 위해 사물을 바라보는 '예전 방법'을 상기시켜 주는 것은 소용이 없다. 물론 연속되는 학습과정에서 추론을 할 때, 학습자가 갖고 있는 가장 오래된 신념이 가장 안정적이다. 그 신념이 어떤 맥락에서 행동을 가장 그럴듯하게 설명하기 위해 학습자가 구성한 유일한 것이기 때문이다. 그러므로 학습하기 위해서 학습자들은 반드시 실제 세계 경험을 해야 한다. 그러나 실제 경험을 하는 것이 좋기는 하지만 대화나 내용 제시 방법도 여전히 필요하다. 이러한 방법들은 기존 신념에 직면할 수 있게 하거나 새로운 것을 구성하게 할 수 있는 명시적 기회와 함께 사용되어야 한다.

모델지향 학습환경은 결정과 지식에 관련된 모호함과 불확실성을 허용한다. 학습자가 특정 지식과 기술은 활용 범위가 있고 언제든 개선, 변화, 재구조화될 수 있다는 점을 일찍 깨달으면, 학습자들은 '만기 시점'이나 배운 것을 활용하는 제한점에 대해 구애받지 않게 된다(Pirnay-Dummer, 2006; Seel, 1991). 이전과 현재 학습경험의 역할과 그 경험이 갖고 있는 일반적이고 구체적인 의미와 개별 학습 사례도 또한 중요하다. 학습자가 시뮬레이션에 대해 두 번의 안 좋은 경험을 갖고 있다면 아무리 잘 설계되었고 인지적 부담을 줄여 주더라도 다른 시뮬레이션을 또 해 보고 싶지는 않을 것이다.

인지적 갈등과 혼동

학습자의 목표, 잠재력, 선행 조건을 모두 파악했다면 이제 학습을 유도할 시기다. 세 번째 원리는 학습자 내부의 지식과 기술을 변화시키는 데 그 목적이 있다. 목표가 학습자에게 정말로 새로운 것이라면 학습자가 주제에 대해 갖고 있는 신념을 완전히 벗어 버려야 한다는 것을 의미한다. 이러한 상황은 모델기반 학습환경을 활용해야 하는 핵심 지표다. 모델기반 학습환경은 지식 변화를 위해 좋은 기회를 제공한다. 성공적인 학습환경은 학습자가 믿고 있는 것과 처음 보기에는 정반대인 사실들을 소개하면서 혼동이나 인지적 갈등을 유도해야 한다(Aĭmeuer, 1998; Cooper, 2007; Schnotz & Preuss, 1997). 이를 위해서는 딜레마, 시뮬레이션, 사례, 그 외 학습자의 기존 신념과 반대되면서 새로운 지식에 대한 통찰을 제공해 주는 것으로 세심하게 설계해야 한다. 완벽하고 성공적인 학습 후에 새로 배운 지식이 필요한 상황에서도 학습자가 '기존 지식'을 활성화시킬 수도 있다 하더라도, 학습자가 기존 구조를 넘어 새로운 지식을 구성하기 위해서는 혼동이나 인지적 갈등이 필요하다. 학습자들은 인지적 갈등을 겪는 동안 실질적이고 개별적인 피드백을 제공받아야 한다. 피드백이 제공되지 않으면, 학습자들은 그럴듯해 보이지만 무의미한 모델을 만들 수도 있다. 그러면 학습자들은 오개념을 계속해서 쌓아 가게 될 가능성이 매우 높다. 학습 과정에서의 충분한 피드백이 이런 위험을 줄일 수 있는 유일한 방법이다. 세심한 관찰과 이에 따른 피드백이 제공되더라도 오개념이 형성될 가능성은 여전히 남아 있다. 왜냐하면 학습자는 주어진 모든 환경과 사례에서 너무 많은 것을 중요하게 해석하기 때문이다. 주변 요소 없이 중요한 정보만 전달하는 재미있는 내러티브란 있을 수 없기 때문에, 사례를 내러티브로 재미있게 꾸미기 위해서는 우수한 커버스토리와 추가적인 환경적 정보를 사례에 포함시켜야 한다. 인지적 갈등 중에 지식 구조는 변화할 수 있기 때문에 학습자는 중요한 것과 주변적 정보를 즉각적으로 구분해 내지는 못한다.

외관의 다양성

피드백 외에도 학습경험을 강화하기 위해서는 유사한 경험을 많이 제공할 필요가 있다(Aebli, 1991). 그러므로 학습환경은 학습목표에서 벗어나지 않는 범위에서 이벤트, 커버스토리를 통한 다양한 역할과 관점, 과제의 시간이나 순서를 바꾸거나 심지어는 환경과 밀접하게 연관된 단기 목표(예를 들면, 도시계획 컨설팅하기)를 변경해 주어야 한다. 학습환경에서 같은 경로를 계속해서 반복하는 것은 오개념과 의도된 지식 둘 다 똑같이 고착화시키기 때문에 이는 모델기반 학습환경에서 지양해야 한다. 환경 내에 다양한 과제 간 차이점과 유사성을 심층 비교해야 할 때, 적시에 적절한 피드백을 제공받으면 학습자들은 새로운 지식을 융통성 있게 활용하게 된다(Catrambone & Holyoak, 1989; Spiro, Feltovich, Jacobson, & Coulson, 1992). 그러므로 고착된 오개념은 학습자를 위해서가 아니라 학습자에 의해서 역동적이고 복잡한 것으로부터 분리될 것이다.

탈맥락화

학습환경은 언제나 맥락과 함께한다. 모델기반 및 모델지향 학습환경의
학습과정과 학습성과를 위해 맥락은 특히 중요하다(Schnotz & Preuss,
1997; Seel, 2003). 시뮬레이션 같은 경우, 학습경험은 실제 생활의 경험이
아니다. LE 모델을 다룰 때 실제 세계를 똑같이 다 다루지는 못한다. 사실
설계 과정에서조차 두 가지 전이가 포함된다(Wein, Willems, & Quanjel,
2000).

- 첫 번째는 실제 세계로부터 전문가들이 세계에 대해 갖고 있는 분석
  적 지식으로의 전이다. 분석적 지식은 단순화되어 있고 불완전하기
  때문에 실제 세계보다는 덜 복잡하다.
- 두 번째는 전문가의 지식으로부터 LE 모델로의 전이다. 학습자들은
  하나의 환경, 과제, 또는 시뮬레이션을 통해서 알아야 할 것들을 다
  획득하지는 못하기 때문에 전문가는 지식을 통합하고 이를 단순화된
  형태로 LE에 제공해 주어야 한다. 또한 분석적 모델은 시뮬레이션에

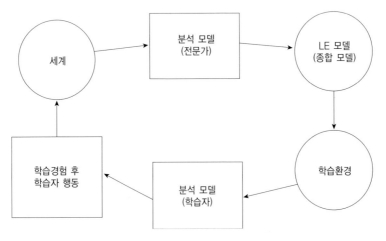

| 그림 3-3 | 주제 영역에 대한 분석 · 종합 모델

서처럼 실제로 실현가능하게 운영되도록 (종합적) LE 모델로만 범위가 제한되어야 한다(그림 3-3] 참조). 학습경험은 LE 모델 설계 수준에서 일어나고 학습자는 이 수준에서 결론을 만든다. 여기에서 학습환경과는 다른 실제 세계에서 자신의 행동과 다시 연결하기 위한 단계가 필요하다.

모델지향 학습환경의 설계 특성상 만들어지는 두 수준의 차이 때문에 학습자들은 자신들이 학습한 것으로부터 탈맥락화(de-contextylization) 하는 것이 중요하다. 탈맥락화는 학습자가 학습경험으로부터 지식을 도출하는 것을 의미한다. 특정한 맥락에 처하기 전에는 전혀 해석해 본 적이 없는 추상적 지식(abstract knowledge) 그 자체와는 대조적으로, 추상화된 지식(abstracted knowledge)은 추상적인 방법으로 제시되는 것이 아니라 구체적인 학습경험 후에 학습자가 직접 도출해 내는 것이다(예컨대, Adams, 1989). 탈맥락화의 기회는 학습환경에 내재되어 있어야 한다. 이는 학습경험의 일부가 학습자가 스스로 지식을 도출할 수 있도록 도와주어야 한다는 것을 의미한다. 이는 시뮬레이션에서 잘 설계된 마무리 활동으로는 가능하지만 학습자가 실제로 해 보도록 하기에는 충분하지 않다. 대부분의 경우 탈맥락화는 성찰을 유도하기 위해 학습자와 전문가의 대화와 혹시 있을지도 모를 오개념이나 상이한 해석에 초점을 맞춘 학습자들 간의 대화를 요구한다. 그러나 중재된 토론은 기회에 그칠 뿐 탈맥락화가 일어나지는 않을 수도 있다. 대부분의 환경에서 이러한 성찰을 적절하게 할 수 있도록 학습자들은 추가적인 메타인지적 훈련을 받을 필요가 있다.

목표와 수행평가의 다양성

게임이나 시뮬레이션 같은 학습환경에서는 평가하기 어려운 유형의 수행이 두 가지 있다. 첫 번째는, LE 모델이 분석적 모델을 따르지 않고 순전히 게임의 운에 좌우되도록 설계된 것이 아닌 한, 전문가들은 학습환경 내에서 모범적인 수행만을 하게 된다. 즉, 설계가 체계적이라면 전문가들은 환경을 실행해 보면서 제대로 된 수행만 할 것이다. 두 번째 유형의 수행은 행동 수준에서 매우 유사한데, 시간이 지나면서 학습자의 수행은 향상된다는 것이다. 전문성이나 전문가의 행동에 정확하게 부합하도록 학습목표가 설정되었기 때문에 학습자의 수행이 학습내용에 대한 이해로부터 나왔다고 기대하게 만든다.

성공적인 수행을 위한 다른 경로가 없는 것이 아니라면 학습자가 제대로 수행하는 것(게임 안에서 수행 평가를 하는 방법)이 실제로 내용에 대한 이해에서 비롯된 것이라고 가정할 수는 없다. 그러나 잘 설계된 학습환경은 지식 이외의 학습경험에도 영향을 줄 수 있기를 기대하면서 탐험과 호기심을 활용할 수 있는 다수의 방법을 포함하고 있다. 이런 함축적 의도는 다음에 일어날 학습과 지식의 적용을 위한 기초를 형성한다. 그러므로 지속적인 이해에 대한 연구에 좋은 설계가 좋은 학습환경 설계를 의미하는 것은 아닐 것이다. 내용과 다른 접근을 탐색해 볼 수 있는 여지는 오히려 교사들이나 연구자들이 게임 내 수행만으로 학습자들의 이해를 추적하거나 수행이 정말 이해에 기반하고 있는지 확신하는 것을 어렵게 만들 수도 있다. 다시 말하면 학습자의 수행은 이해에 기반할 수도 있지만 다른 것(시행착오나 의도하지 않았던 경험 같은 것)에 기반할 수도 있다. 지식의 진정한 적용이 학습환경과 꼭 같다면 시행착오도 여전히 의미가 있다. 설사 잘못되거나 단순화된 모델이라도 제대로 일을 수행하기만 했다면 누가 뭐라 하겠는가? 분석모델과 LE 모델의 차이를 고려할 때, 이 가정은 구체적으로 명시되지 않은 위험을 안고 있다. 즉, 분석모델과 비교했을 때 정교하게 설계된 LE 모델에서조차 사각지대가 있을 수 있고 이는 실제 세계와 비교하면 더 심각할 것이라는 점이다. 그러므로 학습환경에서 전문가의 수행은 의심할 여지없이 지식과 기술에 기반하고 있지만 학습자들의 실제적인 이해 수준은 보여지는 수행 때문에 과대평가될 수 있다.

이 가정의 두 가지 특성은 다음과 같다.

1. 학습자의 이해를 추적하기 위해 수행을 측정하는 것만으로는 부족하다.
2. 학습환경은 특히 복잡성이 중요한 역할을 하는 실생활 과제에서, 자신들이 미래 전문가가 되어 겪게 될 실생활과 똑같이 목표와 선택사항을 다양하게 제공해야 한다.

단순한 혹은 단순화된 과제는 학습자들에게 전문지식을 소개하기 위해서는 유용하다. 그러나 LE 모델과 분석모델의 차이가 커질수록 학습자들의 행동이나 숨겨진 오개념에 영향을 주지 않도록 학습자의 이해를 추적할 때 더 주의를 기울여야 한다. 학습에 대한 진단적 접근을 면밀하게 살펴보는 것은 이해 수준의 범위를 설정하는 데 도움이 될 것이다.

학습에 대한 진단적 접근

정신모델은 즉석에서 그때그때 주어진 목표에 따라 구성되며 보통 과제와 맥락에 의해 큰 영향을 받는다. 정신모델은 학습과정에 포함되며 학습자가 환경을 이해하고 성찰하는 것과 같은 추론의 수단이 된다. 자신만의 결론에 도달함으로써 학습이 일어난다. 정신모델은 고정된 정신 구성이 아니기 때문에 학습의 목적이 아니라 수단이라고 볼 수 있다. 목표에 진술된 지식과 기술에 대한 현재의 정신모델로부터 학습이 더 발전되어 갈 수 있도록 도와주며 이때, 목표는 주어진 시간과 자원으로 학습자가 도달할 수 있는 것으로 가정한다. 연구를 위해서가 아니라 실제로도 학습자가 학습하는 동안 무엇이 일어나고 있는지 반드시 알아야 한다. 학습환경을 통해 오개념이나 잘못된 이해로 유도하는 자원과 구체적인 학습경험이 무엇인지 이해하기 위해서뿐 아니라 그 과정을 통찰하는 것은 좋은 학습환경을 설계하고 재설계하는 데 도움을 줄 수 있다.

일반적으로 평가의 기준은 다소 유연하다. 누가 무엇을 배웠는가를 판단하기 위해서는 어떤 것에 대해 아는지 여부를 테스트해 본다. 많은 경우 어떤 사람이 제대로 알고 있는지와 그것을 적용할 수 있는지의 여부에 대해서 아는 것만으로도 충분하다. [그림 3-4]는 평가의 가장 단순한 형태를 보여 주고 있다.

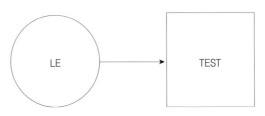

|그림 3-4| 단순한 학습 후 테스트

그러나 시험 같은 것은 학습환경 때문에 무엇을 학습했는지 혹은 누군가 학습을 했는지의 여부에 대해 알려 주지 않는다. 테스트는 누군가 무엇을 아는지 여부를 평가할 뿐이고, 선다형의 경우에는 주어진 과제와 문제 중 얼마나 맞추었는지만 평가한다. 이를 피하기 위해서, 학습자가 모르는 것이 무엇인지 더 잘 알 수 있도록 하는 일반적인 전략은 학습자 능력을 사전과 사후로 나누어 검사하는 것이다. 두 번에 나누어 측정함으로써 학습자의 능력이 변화했는지 알 수 있다([그림 3-5] 참조).

물론, 이 변화가 단순히 발달로 나타난 것인지 학습환경으로 나타난 것인지 판단하기 위해서는 비교할 수 있는 집단이 필요한데, 그렇기 때문에 연구에서뿐 아니라 평가에서 통제집단 설계가 자주 활용된다. 사전·사후 검사 설계는 어떤 사람이 학습했는지 확인할 수 있는 가장 좋은 방법이다.

학습환경에서 지속되는 과정 중에 무엇이 일어났는지 살펴보기 위한 것

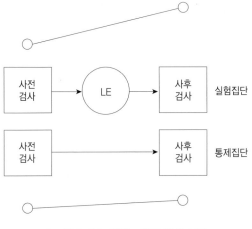

| **그림 3-5** | 사전 · 사후 검사 설계

이라면 사전 · 사후검사로는 충분하지 않다. 사전 · 사후검사로는 그 사이 무슨 일이 일어났는지만 볼 수 있기 때문이다. 그러므로 어떻게 학습이 일어났는지 확인하기 위해서는 여러 시점에서 조사할 필요가 있다. 이는 특히 지식과 기술의 비선형적 발달이 일어나는 모델지향 학습환경에서 더욱 그렇다(예컨대, Ifenthaler, Masduki, & Seel, 2011).

여러 시점에 테스트하는 것은 ([그림 3-6] 참조) (고전적 상황에서) 학습경험과 별도로 실행되는 필요 자원에 영향을 준다. 실험실 밖에서는 학습과정에 평가를 통합하거나 평가를 학습환경의 한 부분으로 만들어 학습을 지원하기 위해 사용하는 것이 유용하다. 이는 학습환경에 따라서 환경의 한 부분인 무반응(non-reactive) 기법의 모든 유형을 활용하여 가능해질 수 있다(Zimmerman & Schunk, 2001, 게임경험에 내재된 평가과제). 보다 복잡한 과정이 관찰되어야 하는 상황이라면 실험 설계나 더 고급 기법이 유용할 것이다(Brown, 1992; Pirnay-Dummer, 2008 참조). 보다 복잡한 평가 설계에서는 데이터와 방법으로부터 도출할 수 있는 것이 무엇이며 제한사항이 무엇인지 알기 위해 평가의 제한조건을 아는 것이 더 중요해진다. 동

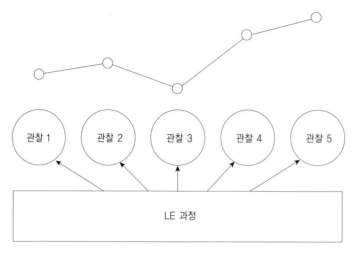

|그림 3-6| 학습과정 지향 설계

시에 수집될 자료의 양에 대해서도 주의해야 하는데 언제나 공변량이 필요한 것이 아니기 때문이다. 초점은 L 모델의 가정, LE 모델 설계, 학습과 전이에 대한 평가를 지원하는 데 필요한 기저 이론에 의해 제공된다.

모델기반 학습환경의 설계모형

실세계와 같은 복잡성에 대해서는 다양한 접근이 가능하다. 때로는 자원이나 교수방법이 전통적 학습 상황에 통합될 수 있는 접근을 요구하기도 한다. 특히 추론이나 사고의 변화를 요구하는 학습과제는, 사물에 대해 다양하게 생각해 볼 수 있는 기회를 충분히 제공해 주어야 한다. 어떤 유형의 학습환경이든 학습자의 전이 능력을 훈련하기 위해 그에 맞는 적절한 사례와 과제를 제공하는 것이 쉽지는 않다(Biggs, 1999; Seel, 1992). 교사가 활용할 수 있는 과제의 종류는 무궁무진하다. 물론 그중 어떤 것들은 단순히 시험 대비용이지만(Resnick & Resnick, 1996), 학습을 지원하기 위해 만들어진 것도 상당히 많다(Danielson & Marquez, 1998; Willis, 2005). 실제 현상을 포함하는 복잡한 과제는 실제 상황을 훈련할 때 필요하다(Savery & Duffy, 1996). 체제지향 접근은 주제 영역과 능력 혹은 지식 목표 둘 다에 부합하는 다양한 분석과 설계단계를 통해 과제를 생성하는 것이다(Zangemeister, 1976). 과제의 구조가 복잡해지면 모델에 영향을 주는 많은 변인 때문에 잘못된 모순을 만들어 낸다. 그러한 모순을 극복하여 지식을 구성하는 데 활용하는 것은 학습을 위한 중요한 요인이 된다(Schonotz & Preuss, 1997; Seel 1991, 2003).

게다가 변인이 학습자에게 직접적으로 제시되지 않고 환경을 만들어 내거나 통제한다면 학습자에게 혼란을 주는 방식으로 표상될 가능성이 있다. 이는 실제 세계에서도 혼란을 가중시킬 만한 문제해결, 분류, 피드백에 대한 해석을 훈련하는 데 활용될 수 있다. LE 모델과 유사하고 학습자가 발전하기에 충분한 혼동을 유도하는 과제를 직접 고안하고 써 내려가 보는 것이 좋다. 원리 4번부터 6번까지는 단순 과제만으로는 충분하지 않다는 것을 보여 준다. 좋은 피드백을 주더라도 과제 맥락이 너무나 고정적이면 학습자들은 지나치게 일반화하게 되고, 이는 이후 과제가 아무리 구체적이어도 전이를 더 어렵게 만든다. 전문가들이 충분히 다양한 과제를 만들어 가려면 충분한 자원이 제공되어야 한다. 분야가 더 전문적일수록 제한된 과제에 개별 교수자가 통합시킬 수 있도록 비교할 수 있으면서도 충분히 복잡한 과제 풀(pool)을 찾기는 쉽지 않다. 과제는 많이 필요한데 자원이 부족한 상황은 자동적 과제 통합을 흥미롭게 만든다. 그러나 전체 시뮬레이션을 다시 만들지 않고서 이것이 어떻게 가능할까?

마이크로소프트 엑셀 프로그램에서 필수적으로 실행되고 있는 단순한 프로토타이핑 방법 중의 하나가 시뮬레이션에서 검은 상자와 투명상자 접근으로 활용되는 문자 행렬 기법이다. 낮은 수준의 테크놀로지로도 개발할 수 있다. 대강의 시뮬레이션 모델을 스케치해 볼 수 있도록 제공된 도구로 학습자를 위한 텍스트 케이스와 과제를 만들 수 있다. 단순화된 사례를 제시함으로써 얼마나 단순하면서도 강력한지 알 수 있다. 학습과 동기에 관한 과제를 만들고 싶다고 치자. 첫 번째로 할 일이 가상의 학생들에게 동기의 다양한 특성을 살펴볼 수 있게 해 주는 것이다. 이것은 연구의 일반적 전략인 설문지를 역설계함으로써 가능하다. 동기를 가장 낮은 것은 1점에서부터 가장 높은 5점까지로 측정한다 치자. 이 과제를 위한 사례를 만들기 위해 우리는 임의로 아무 값이나 선정할 수 있다. 이때, 너무 단순한 사례가 있을 수도 있지만 그렇더라도 그것은 이미 하나의 사례가 되었다. 학습자 X는 동기 2를 갖고 있다. 그러면 과제는 "학습자의 동기를 설명하시오"와 같이 제시될 수 있다. 학습자는 이런 유형의 사례를 좋아하지 않는다. 그러므로 우리는 역측정함으로써 사례의 현상을 제시할 수 있다(〈표 3-1〉 참조).

| 표 3-1 | 단순한 1차원 문자 매트릭스(동기)

동기	1	2	3	4	5
설명	학습자는 매우 낮은 동기를 갖고 있으며 과제에 전혀 집중할 수가 없음	학습자는 낮은 동기를 갖고 있으며 과제에 가끔 집중함	학습자는 중간 정도의 동기를 갖고 있으며 대부분 과제에 집중할 수 있음	학습자는 높은 동기를 갖고 있으며 언제나 과제에 집중할 수 있음	학습자는 매우 높은 동기를 갖고 있으며 과제 이외의 추가적인 학습활동에도 참여함

학습자 동기 임의의 점수에 대한 해당 설명을 〈표 3-1〉에서 선택하면 학습자들에게는 점수 대신 설명이 제시된다. 그러나 1차원 매트릭스는 여전히 흥미롭지도 않고 복잡하지도 않다. 다섯 개의 결과가 나올 뿐이다. 그러므로 우리는 가상의 학습자에게 실제로 효과가 있는지의 여부를 알

기 위해 근면성을 살펴보아야 한다(〈표 3-2〉 참조).

│표 3-2│ 기존 매트릭스의 개선(근면성)

근면성	1	2	3	4	5
설명	학습자는 어떤 과제도 마무리를 못한다	학습자는 과제를 거의 마무리를 못한다	학습자는 언제나 과제를 마무리하지는 못한다	학습자는 대부분 과제를 마무리한다	학습자는 과제를 언제나 마무리할 뿐 아니라 추가적인 과제도 수행한다

〈표 3-1〉과 〈표 3-2〉를 통합해서 보면 우리의 사례는 좀 더 복잡해진다. 과제는 "학습자 X의 동기와 근면성 간의 의존관계를 설명해 보라"와 같이 바뀔 수 있다. 만약 근면성의 점수를 임의로 선택하면 이제 서로 다른 조합으로 약 25개의 사례를 가질 수 있다. 그러나 여기서 극단적인 사례는 당황스러운 논의를 이끌어 낸다. 동기가 아주 높은 학습자가 어떤 과제도 마무리하지 못할 수 있을 것인가? 동기에 관한 Rubicon 모형(Heckhausen & Gollwitzer, 1987)을 잘 살펴보면 처음 보기에는 직관에 어긋나는 것 같은 배열에 대한 의문을 해소할 수 있다. 두 변인 간에 매우 단순한 의존관계를 설명하는 동안에도 학습자는 이미 깊은 통찰을 얻었을 수도 있다. 물론 몇몇 사례의 조합은 직관적으로 예측할 수 있는 것이기도 하다. 변인들의 순서에 따라 마지막 사례가 되는 것이 무엇인지 알면, 매트릭스의 문자는 수직적으로 부합해야 하는데, 이는 첫 번째 변인의 값을 나타내는 문자가 다음 변인과 맞아 떨어져야 한다는 것을 의미한다. 세 번째 레이어는 가상의 학습자가 학습활동으로부터 얻은 결과에 관한 것이 될 수 있는데, 학습자가 이미 모든 것을 알고 있거나, 다른 특성들이 학습의 방해요인으로 작용하거나, 아니면 사전지식이 부족하기 때문에 동기가 높고 근면한데도 학습이 잘 이루어지지 않는 경우와 같은 사례로 구성될 수 있다. 이러한 모든

것들이 레이어에 들어갈 수 있으며, 따라서 복잡성은 더 커진다.

그러나 LE 모델에서는 어떠한가? 지금까지 예시는 균등하게 분배된 무선 할당된 숫자와 관련된 것이었다. 그러나 실제 세계에서 변인들은 이런 식으로 연계되지 않는다. 따라서 동기와 근면성이 상관관계가 있고 정상 분포로 나타나는 것처럼, 순수하게 임의 숫자를 생성하는 것 이상의 함수가 변인의 값을 선택하는 데 활용될 수 있다. 첫 번째 변인이 무선 할당되고 나면 다른 변인은 그에 의존하게 된다. 그러므로 모든 사례가 다 그렇지는 않더라도, 실제 세계에서처럼 동기가 높으면 근면성이 높을 것으로 예측할 수 있는 것이다. 충분한 레이어를 갖고 있으면 직관에 어긋나는 변이는 여전히 정상분포 내에서 사례의 복잡성은 높이면서 자동적으로 자리를 찾을 것이다. 그러면 분포, 상관관계, 효과는 어디서 얻을 수 있는가? 다수의 연구를 통해 수집해야 하고 LE 모델에 그 결과를 통합해야 한다.

Pirnay-Dummer(2010)는 학습자들을 미래 코치로 훈련하는 교수설계자들을 훈련하기 위한 LE 모델로서 L-MoSim(learner model simulation) 소프트웨어를 개발했다. 과제 통합은 앞에서 설명한 사례와 매우 유사하게 개발되었다. 가상 학습자의 개인 특성[교육 배경, 이력서, 프로토콜, 학습자로부터 '직접인용(original quote)']에 따라 네 개의 레이어에 24개의 섹션(등급)을 포함하고 있다. 모든 변인은 다차원 텍스트 레이어로 통합되었고 연구 기반으로 개발된 모델이다. 결과는 12페이지 분량의 사례 기술을 담은 과제와 사례문서였다. 내용 중 어떤 것은 주 모델의 결과에 따라 역동적으로 생성된 것이었다. 평가 결과를 코스설계에 통합한 것은 매우 효과적이었다(Pirnay-Dummer, 2010 참조). L-MoSim은 가상 학습자의 교육 배경 때문에 변이를 모두 헤아릴 수는 없었지만 4억 6천 8십만 개의 사례를 만들어 냈다. 사례 해결책은 교수설계 전 영역에서 광범위하게 적용될 수 있으며 사례와 과제는 다양한 수준의 전문성에 따라 흥미롭게 만들 수 있다. 코스 요구조건은 학습자의 기술 수준에 따라 달라져야 한다. 초보 학습자는 도움을 필요로 하며 우선 분야의 복잡성을 이해해야 한다(복잡성 인식, Moxnes, 2004 참조). 좀 더 숙련된 학습자는 사례의 부분에 대한 이론에 근거한 모델 통찰을 얻을 수 있을 것이고, 잘 훈련된 전문가는 사용가능한 이론을 활용해서 개별 사례에 대한 시스템-분석 이해를 얻을 수 있을 것이다. 이처럼 복잡한 과제와 사례에 대한 학습자의 수행을 평가하고 서로 다른 기술 수준에 있는 학습자들에게 기대조건을 설정하기 위해 다음과 같은 틀을 개발했다(그림 3-7 참조).

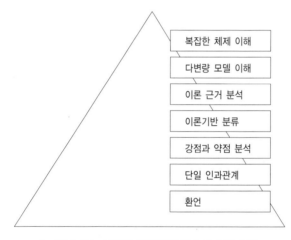

| 그림 3-7 | 복잡한 과제에서 학습자 수행 수준

학습자 수행 수준은 단순히 사례가 무엇인지 자신의 말로 바꾸어 말할 수 있는 것으로부터 시작한다. 두 번째 수준은 "아, 학습자가 동기유발이 안 되어서 수학을 잘 못하는구나. 동기 훈련이 필요할 것 같다" 같이 단일 인과관계를 확인할 수 있는 능력이다. 이 수준의 전형적 지표는 가상의 인물을 돕기 위해 서로 관련되지는 않는 독립적인 훈련 목록을 학습자가 만들 수 있는가다. 세 번째 수준은 대부분의 상황에서 학습자가 강점과 약점 분석이나 찬반 목록을 제공할 수 있을 때다. 예를 들면 "학습자가 동기가

높고 지능도 높군. 이것이 시험 불안과 불균형을 이루었을 수 있어. 다음과 같은 절차가 높은 동기를 이용해서 시험 상황을 더 잘 통제할 수 있도록 해 줄 거야" 와 같은 이론기반 분류 수준에서는 학습자가 중재의 전형적 분류를 찾을 때 이론적 지식을 이용할 수 있다. 예를 들면 "높은 자기효능감은 일반적으로 동료 학생들에게 높은 요구를 수반한다. 그러한 학생을 훈련하기 위해서는 동료 그룹의 동질성을 고려하여 사회적 기술이 부족한 상태를 극복하도록 도와주어야지. 그렇지 않으면 더 이상 나아가지 못할 거야" 와 같은 수준을 나타내는 지표는 사례에 대한 결정을 할 때 이론적 근거가 된다. 이론 근거 분석은 맞는 이론이 무엇인가를 사례의 관점에서 찾는 것이 아니라 사례에서 찾아진 것이 무엇인지를 설명할 때 참고할 수 있는 학습이론을 찾는 것으로 추론을 바꿈으로써 이전 수준을 향상시킨다. 그러면 사례는 가정을 지지하기 위한 실증적 증거를 찾는 형태로 인용된다. 이 수준은 언뜻 보기에는 이전 수준과 유사한 것 같지만 문헌과 이론에 있어 훨씬 향상된 수준의 이해를 요구한다. 첫 번째 이론적 수준에서 학습자들은 기존의 가정을 지지하기 위한 이론을 부분적으로 활용하는 것이라면 후자는 사례가 점점 더 이론의 예시가 되도록 창의적으로 전체적인 이론을 활용하는 것이다. 사례와 과제는 (선호하는) 이론에 근거한 연구에 기초하여 설계된 LE 모델에서만 가능한 옵션을 지원해야만 한다. 다음 수준은 이론의 활용과 다변량 수준이다. 이는 사례의 다른 부분 간의 상호작용의 다중성에 대한 이해를 포함한다. 예를 들면 다음과 같다.

일반적인 시각 인지 유형과는 달리, 학습자는 전반적으로 평범하지 않은 집중 수준을 보여 준다. 이는 이러한 유형 학습자들과는 다른 사례다. 이와 유사한 이례적 사례가 권위자나 연장자에 대한 태도에서도 나타났다. 일반적으로 기대되는 것과 세 가지가 다르므로 이는 일관된 문제행동이라고 할 수 있다. 주어진 상황에서 이 학습자의 사회성을 더 살펴보는 것은 도움이 될 수도 있다. 이 측면에 대해 명확하게 하기 위해 인터뷰가 더 요청된다.

　다변량 모델 이해는 더 광범위한 텍스트와 사례의 논증 전체에 걸쳐 있는 것이기 때문에, 위 예시는 다소 모호하게 보일 수도 있다. 마지막으로 측정할 수 있는 수준은 체제 이해인데 이는 이전 수준을 포함하고 효과, 효과의 지연, 주기 그리고 다른 구인 간 혹은 구인 내 피드백에 대한 이해를 더 추가한 것이다. 전문가조차도 이 수준까지 항상 도달할 수 있는 것은 아니다. 학습자에게서는 거의 찾아볼 수 없으며, 이는 숙련된 학습자들을 평가하는 준거로도 별로 바람직하지는 않다. 논증이 정말로 이 수준에 도달했는지 판단하기도 쉬운 일은 아니다. 피드백과 성적 내기에 시간 제한이 있어서 (정치가들의 논증도 가끔 그렇듯) 이런 유형의 이해를 흉내 내는 문구만 포함하고 있을 뿐인데도 어떤 논증은 이 수준에 도달한 것처럼 잘못 판단되기도 한다.

　학습자가 주제에 대해 언어로 복잡한 측면을 나타내야 하는 모든 유형의 학습환경에서 이 수준이 활용될 수 있다. 피드백과 성적 산출의 근거로 이 준거가 활용될 수 있을 뿐 아니라 다양한 수준에서 학습자 집단에게 복잡한 사례의 적용 가능성을 제시해 줄 수 있다. 초급 학습자의 학습목표가 강점과 약점을 확인하고 활용하는 데만 있다면, 좀 더 상급 학습자나 박사과정 프로그램에 있는 경우에는 목표가 이론에 대한 심층 이해가 될 수도 있다. 이 수준에서 학습자들은 현재의 지식에 의존하여 도전 사항들을 찾게 될 것이다. 같은 영역에 다시 참여하기 위해서, 학습자들은 말 그대로 끝도 없는 사례를 가져볼 수도 있다. L-MoSim의 학습자 시뮬레이션은 하나의 사례에 불과하다. LE 모델 매트릭스는 종속과 분포(수학모델)가 있기만 하면 체계적으로 연결된 어떤 전문 분야에서도 만들어질 수 있다. 완전한 시뮬레이션 모델은 더 적합하고(보통 더 통합적이고 논리적인) 잘 활용될 수 있을 것이다.

위에서 소개된 과제와 사례 종합 기법은 과제를 생성할 수 있는 여러 가능성 중의 하나다. 원형으로 삼기에 쉬운 편이며 많은 자료를 필요로 하지 않고 매트릭스를 만들 저작자만 있으면 된다. 텍스트 요소는 시간을 갖고 계획할 필요가 있다. 모든 텍스트가 쓰자마자 바로 수직적으로 잘 부합하는 것은 아니기 때문이다.

모델기반 학습환경의 특성

외관과 질감

학습환경, 시뮬레이션, 복잡한 과제의 표면과 질감은 자료, 미디어, 커버스토리, 도입, 사례, 과제 부분으로 설계되고 개발된다. LE 모델에 의해 도출된 외관은 개별적 L 모델의 특정 수준과 연결될 수 있다. 외관이 학습자 모델과 연계되지 않거나 학습에서 활용될 모델의 설명적 구조와 적절한 연관성이 없다면 학습자는 외관에 기초해 잘못된 결론을 도출할 수도 있다. 특히 비유가 이러한 오류를 만들어 내는 것으로 알려져 있다(Gick & Holyoak, 1980, 1983; Treagust, Duit, Joslin, & Lindauer, 1992). 그러므로 잘 설계된 외관은 의도하지 않았는데 구성될 수도 있는 것(과잉 일반화, 과잉 구체화, 잘못된 측면들의 연결)을 포함하여 L 모델이 그로부터 어떤 결론을 도출할지 고려하여 구성되어야 한다. 따라서 교사들이 외관을 적절하게 탐색해 보기에는 불충분하며 학습자들이 의미를 제대로 구성해 볼 필요가 있다. 외관과 질감은 단순성과 잘못된 결론에 대한 위험성을 피하기 위해 다음과 같은 조건을 갖출 필요가 있다(Aebli, 1991; Bruner, 1966; Sprio, Feltovich, Jacobson, & Coulson, 1991; Steiner, 2001 참조).

- (관련없는 단일 측면들로부터 벗어나) 통합된
- (집중적인 비교와 다양화의 수단으로) 적응할 수 있는
- (다양한 표상 형태에서) 하나 이상의 방법으로 표상되는
- (전이 가능성과 한계, 지식구조의 추상성) 탈맥락화된
- (학습경험 후 학습자의 학습활동에 대한 추론을 가능하게 하는) 메타인지적

외관 설계에 있어 주요 장애물은 외관 바꾸기(surface dyeing)나 역타당성 (reverse plausibility)이다.

외관 바꾸기는 위에 제시한 준거들을 만족시키기 위해 사례를 이해하는 데 영향이 없는 역할이나 이름이 바뀔 뿐 대안적인 과제를 위해 다른 조건은 똑같이 유지된다. 일반적으로 모델 구조를 취하는 모든 유형의 질감과 외관은 LE 모델에서 연령과 성별이 핵심 역할을 하는 경우가 아니라면 나이든 여자 대신 젊은 여인이 거리를 걸어가게 하는 것 같이 에이전트나 역할만 아주 약간만 바꾼 것이다.

역타당성은 좀 더 복잡하고 더 부정적인 영향을 미친다. 잘못 이해한 수학 문제의 예로 살펴보겠다. 물에서 10미터 떨어진 지점에 서 있는 구조원이 해변에서 5미터 떨어져 있고 구조원으로부터 왼쪽으로 20미터 떨어진 지점에서 사람이 물에 빠진 것을 보았다고 가정해 보자. 해변을 따라 걸을 때 구조원은 초당 7미터를 갈 수 있고, 물에서는 초당 2.5미터를 갈 수 있다. 이 구조원이 걸어서 물에 빠진 사람에게 가장 빨리 갈 수 있는 각도는 얼마인가?

이에 대해 학습자는 "구조원이 이 과제를 계산하는 데 시간이 얼마나 걸리나?"라고 오히려 반문을 할 수도 있다. 실제 상황에 내재되어 있다는 점에서 이런 과제는 처음 보면 타당하게 보인다. 하지만 이 문제의 저작자들은 치명적인 오류를 범했다. 이 문제를 담을 수 있는 근사한 시나리오를 찾아서 그 장면에 문제를 그냥 끼워 넣은 것이다.

LE 모델에서 (특히 학습자들이 귀납적 학습을 위해 사례를 활용해야 하는 경우) 직접적이고 연역적인 방법으로 모든 사례를 도출하는 것은 시간이 많이 들기는 하지만, 모델과 일관된 다양성(과 복잡성)이 충분하여 체계적으로 관련 없는 측면이나 오개념으로부터 자신들의 사례 경험을 해석하도록 해 주는 유일한 방법이다. 위에 언급된 이 단순한 해변 상황 대신 일정한 자원을 가지고 도로를 건설해야만 하는 도시 기획의 외관을 사용한다면 쉽게 재구성될 수 있다. 적어도 이 상황은 실제로 미적분학에서 곡선 그리기를 요구하는 것이다. 그러나 사례, 이야기, 자료는 대체로 초기 모델을 담으려고 할수록 더 복잡해진다. 그러므로 LE의 질을 높이기 위해서는 피드백이 필요하다.

학습자 모델지향 피드백

피드백은 모든 모델기반 학습환경에서 매우 중요하다. 피드백에 관한 이론적이고 실증적인 연구결과는 학습과정을 지원하고 조절하는 가능한 방법에 일치된 연구 결과나 통찰을 제공하지는 않는다(Azevedo & Bernard, 1995; Kluer & DeNisi, 1996; Schimmel, 1983). 그러나 피드백은 학습성과를 촉진하는 기본적인 요소로 간주된다. 이론적 관점, 피드백의 역할, 방법론적 접근에 따라 피드백은 다양한 형태를 취할 수 있지만, 특정 학습환경에서 어떤 형태의 피드백이 효과적인지 고려하는 것은 중요하다. Wagner와 Wagner(1985)는 학습자에게 제공되는 어떤 유형의 정보든 모두 피드백이라고 정의했다. Narciss(2008)에 따르면 수행에 대한 지식, 결과에 대한 지식, 정답에 대한 지식, 다중 시도 피드백, 정교화된 피드백 등 피드백의 유형은 매우 다양하다.

피드백은 특정한 학습목표에 의해 형성될 필요가 있는데, 이는 보통 좋은 학습환경의 특징이기도 하다(Narciss, 2008). 또한 피드백은 학습자의 현재 지식에 부합해야 하는데, 학습자의 현재 모델에 맞는 피드백을 제공하기 위한 중요한 사전 조건임에도 불구하고 학습환경은 개별적 학습자나 심지어 그룹에게도 적절한 모델을 제시해 주고 있지 못하다.

학습하고 있는 시스템에 대한 정신모델을 구축하는 것을 돕는 개념모델과 같은 피드백 또한 연구되고 논의되어 왔다(Mayer, 1989; Pirnay-Dummer & Ifenthaler, 2011 참조). 개념모델은 가장 중요한 객체와 현상의 인과관계를 강조한다. 컴퓨터 테크놀로지의 진보는 단순한 개념모델과 전문가 표상을 역동적으로 생성하게 해 줄 뿐 아니라 학습환경에서 학습자의 상호작용에 직접적인 반응도 생성할 수 있도록 해 준다(Pirnay-Dummer & Ifenthaler, 2009). 모델기반 피드백의 중요한 점은 학습자 구축 모델에 대해 목표가 뚜렷하고 개별적으로 주어지는 역동적 피드백을 제공할 수 있다는 것이다(Ifenthaler, 2009).

새로 소개된 자동화된 지식평가 도구(예컨대, Ifenthaler, 2010c; Pirnay-Dummer, & Ifenthaler, 2011)는 학습과정 중 언제라도 의미적·구성적 학습진보에 대한 즉각적인 피드백을 생성해 낸다(Ifenthaler, 2009). 이러한 역동성과 즉시적 피드백은 학습자의 자기조절 학습을 촉진할 수 있다(Zimmerman & Schunk, 2001). 이 테크놀로지에 기반하여 두 개의 지능적이고 자동화된 모델기반 피드백 도구가 개발되고 실행되어 왔다.

- TASA(text-guided automated self-assessment) 웹 기반 온라인 평가도구로 작문에서의 자기평가를 위해 개발되었는데 자연언어 입력에 기반하여 자동화된 피드백을 생성한다(Pirnay-Dummer & Ifenthaler, 2011). 업로드 직후 사용자의 텍스트로부터 지능적 피드백을 생성하는 데 필수인 HIMATT(highly integrated model assessment technology and tools, Pirnay, Dummer, Ifenthaler, & Spector, 2010)을 내재하고 있다. 작문 과정 중 즉각적인 피드백의 필요성에 대한 요구를 반영하여

TASA가 개발·실행되었고, 실증적으로 검증되었다. TASA는 정신모델 이론(Seel, 2003)과 심리언어학(Frazier 1999)에 기반하고 있다. 학습자의 실제 텍스트의 기저모델을 표상하기 위해 HIMATT 도구세트(Pirnay-Dummer & Ifentahler, 2011)를 사용한다. 350단어가 넘는 텍스트가 도구세트에 의해 그래픽으로 시각화된다(Kopainsky, Pirnay-Dummer, & Alessi, 2010). 휴리스틱을 활용하여 텍스트에서 바로 그래픽으로 관련 개념을 추적한다. 재표상 과정은 자동적으로 수행되고 복수의 컴퓨터 언어 스테이지를 활용한다. 두 번째로 TASA를 사용할 때부터는 지난번에 업로드한 텍스트에서 무엇이 변화했는지에 대한 피드백도 제공받을 수 있다. 현재 버전과 지난번 버전에 대한 두 개의 그래픽 표상의 제시가 가능하여, TASA는 텍스트 모델 내에 아직 남아 있는 링크와 더 이상 나타나지 않는 링크의 새로운 연합에 대한 피드백을 줄 수 있다(Pirnay-Dummer & Ifenthaler, 2011). 그래프 이론을 통한 평가가 가능하여 지난번에 비해 텍스트가 더 복잡해졌는지 더 단순해졌는지 여부에 대해서도 말해 줄 수 있다(Ifenthaler, 2010c; Tittmann, 2010). 평가는 나중에 작문 텍스트의 복잡성 같은 특성과 통합된다. 추가적으로 TASA는 학습자가 시스템에 이미 쓴 시간이 얼마인지 추적하여 이 정보로부터 일반적인 프롬프트를 생성할 수 있다.

- iGRAF(instant graphical feedback) 학습자의 기존 지식에 기초하여 자동적으로 그래픽 표상을 생성한다(Ifenthaler, 2009, 2010a). 학습자의 선입관은 새로운 정보가 아주 그럴듯한 것이 아니면 변화를 꺼리게 만들기 때문에 모델기반 피드백은 학습자의 기존 이해(초기 정신모델, 선입관)를 고려해야 한다(Ifenthaler & Seel, 2005; Seel, 1995). 기존 연구는 주어진 상황에서 특정한 문제에 대한 개인의 이해를 향상시키기 위해 (주어진 현상에 대한 외현적이고 지속적인 인과관계 설명 같은) 개념모델을 제공하는 데 있어 이러한 관점이 부족했다(예컨대, Mayer,

1989; Norman, 1983; Seel, 1995).

iGRAF는 주어진 현상에 대한 학습자의 사전 이해 수준을 고려하여 전문가의 해결책을 포함했으며, 현상에 대한 학습자의 초기 이해를 처리하여 즉각적인 개별적 피드백을 자동적으로 만들어 낸다. 현재 장면전환 모델기반 피드백과 불일치 모델기반 피드백, 두 가지 형태의 피드백이 있다. 모델기반 피드백의 이 두 형태는 관계가 모서리로 표상되는 꼭지점 세트로 구성된 그래픽 재표상(re-representation)이다(Ifenthaler, 2010d). 장면전환 재표상은 개별적 재표상의 모든 명제(꼭지점-모서리-꼭지점)를 포함한다. 추가로 의미상 맞는 꼭지점(전문가 해결책 같은 참조 재표상과 비교하여)은 원(상이한 꼭지점의 생략)으로 강조되어 표현된다. 불일치 재표상은 참조 재표상과 의미적으로 유사하지 않은 명제(꼭지점-모서리-꼭지점)만 포함한다. 추가적으로 맞는 꼭지점(참조 재표상과 비교하여)은 원(상이한 꼭지점의 생략)으로 강조되어 표현된다. 장면전환 피드백 모델이 논의되고 있는 현상에 대해 정확한 이해를 하고 있는지 학습자가 확인할 수 있게 해 주는 것이라면, 불일치 피드백 모델은 개인의 이해에 대한 정확한 명제(꼭지점-모서리-꼭지점)가 재표상에서 삭제되었기 때문에 인지적 갈등을 유발한다(Ifenthaler, 2010b 참조).

따라서 지능적 모델기반 피드백은 학습자들이 자신의 개별적 학습과정을 관찰해 볼 수 있게 한다. 자동화된 지식 평가 도구는 학습과정 중 언제라도 의미적·구성적 학습진보에 대한 즉각적인 피드백을 생성할 수 있는 기초를 제공해 준다(Ifenthaler, 2009). 이러한 역동성과 즉시적 피드백은 학습자의 자기조절 학습을 촉진할 수 있다(Zimmerman & Schunk, 2001).

심층 구조와 혼동

인지적 갈등은 문제 공간을 만들어 학습자들이 사물의 구조에 (창을 통해) 접근할 수 있게 한다. 자연적인 결과는 과제나 피드백 수준에서 설명할 수 없는 혼동의 수준을 만들어 낸다. 학습자의 목표(LE 모델)와 현재 수준(L 모델) 둘 다에 부합하는 적절한 과제와 피드백 배열 외에도 학습자들은 호기심과 혼동의 문화를 찾아 그에 익숙해져야 한다. 다시 말해, 학습자들은 그 과정을 통해 모순이 해결될 수 있는 것인지, 어떻게 해결할 것인지 독립적으로 해결하고 자신감을 가질 수 있어야 한다. 후자는 하루아침에 이루어지는 것이 아니고 연구나 과학 분야처럼 인식적 학습문화를 요구한다. 그러므로 암묵적이든 명시적이든 모델지향 학습환경은 내재된 과학철학과 함께한다. Seel(2003)은 특히 이론과 모델에 있어 과학철학과 심리학(학습자의 실재), 인식론(설계와 교수모형) 간의 교차 모델을 제공했다.

학습환경에 들어오게 되면 대부분의 학습자들은 질문에 대한 신속한 답변을 원한다. 그러므로 그 당시에는 그게 더 실용적인 가치가 있다고 생각하기 때문에 단순한 비법과 스크립트를 제공받기를 더 좋아한다. 모델기반 학습환경은 개념변화를 목표로 하기 때문에 이러한 요구는 수용하지 않는다. 사람의 마음은 너무 많은 것을 바꾸는 것을 좋아하지 않는다(예컨대, Schnotz & Preuss, 1997; Seel, 1991; van Merrienboer, Kirschner, & Kester, 2003). 그러나 중요한 인지적·복잡한 수준의 전문성을 얻고자 할 때, 높은 수준에서의 신념 변화는 불가피하다(Ifenthaler, 2006). 자연스럽게 일어나는 우연적 학습에서 갑작스러운 실패가 복잡성과 역동성에 적용하는 유일한 수단이다. 반면, 실제 세계에서의 실패는 실패를 통해서만 전문성이 발현되도록 하는 위험요인들을 너무 많이 포함하고 있다(예를 들면 성공적으로 수업하기, 비행기 조종하기). 좋은 학습환경의 설계자는 이러한 일반적인 반대 상황을 다룰 수 있는 방법을 찾고 학습자들이 자신의 상황에서 이를 해결할 수 있도록 해 주어야 한다.

요약

　학습자의 현재 상태와 바람직한 미래 상태를 고려한 학습환경을 종합하는 모델을 성공적으로 중재하는 환경은 언제나 생각할 수 있는 다양한 기회를 만든다. 학습될 것이 무엇인가(모델중심)에 대한 이론적 모델, 학습자 모델에 대한 이론, 학습에 대한 이론(모델지향)이라는 세 개의 가정으로 시작된다. 이 세 가지가 설계에 통합되면 학습자들은 유연하게 사고하면서 동시에 의미 있는 새로운 통찰을 만들 수 있게 된다. 대다수의 학습목표는 전문가의 사고와 행동 수준에서 이를 요구한다. 그러므로 학습자들은 생각하는 방법에 익숙해져야 하고 더 중요하게는 내용 영역에 대해 잘 알게 되어야 한다. 이러한 환경을 설계하고 개발하는 것은 결코 쉬운 일이 아니다. 자원이나 상호보완적 측면에서 블렌디드 환경이 최상의 선택일 수 있다. 그러나 이는 체계적 요인이라기보다는 현재 시점에서의 한계라고 볼 수 있다. 적절한 자원이 주어지고 L/LE 모델이 정당화된다면, 독립형 테크놀로지 솔루션이 가장 바람직할 것이다. 이 장에서 소개된 일곱 개의 원리를 따른다면 잘 설계된 모델중심 및 모델지향 환경의 흥미로운 공통점이 나타날 것이다. 즉, 학습과정 동안 LE 모델에 기초하여 상호작용적 학습환경이 (부분적으로라도) 개발된다면, 실제 세계에서의 적응 과정을 제공해 주고 학습자들이 지식의 평형 상태를 얻기 위해서 아마도 자연스러운 추세를 따르도록 해 줄 것이다.

【 참고문헌 】

Adams, M. J. (1989). Thinking skills curricula: Their promise and progress. *Educational Psychologist, 24*, 25-77.

Aebli, H. (1991). Zwölf Grundformen des Lehrens: Eine allgemeine Didaktik auf psychologischer Grundlage. *Medien und inhalte didaktischer kommunikation, der lernzyklus*(6th ed.). Stuttgart: Klett-Cotta.

Aïmeuer, E. (1998). Application and assessment of cognitive-dissonance theory in the learning process. *Journal of Universal Computer Science, 4*(3), 216-247.

Azevedo, R., & Bernard, R. M. (1995). A meta-analysis of the effects of feedback in computer-based instruction. *Journal of Educational Computing Research, 13*(2), 111-127.

Biggs, J. (1999). What the student does: Teaching for enhanced learning. *Higher Education Research & Development, 18*(1), 57-75.

Brown, A. L. (1992). Design experiments: Theoretical and methodological challanges in creating complex interventions in classroom settings. *Journal of the Learning Sciences, 2*(2), 141-178.

Bruner, J. S. (1966). *Toward a theory of instruction.* Cambridge, MA: The Belknap Press of Harvard University Press.

Carruthers, P. (2000). *Phenomenal consciousness: A naturalistic theory.* Cambridge: Cambridge University Press.

Catrambone, R., & Holyoak, K. J. (1989). Overcoming contextual limitations on problem-solving transfer. *Journal of Experimental Psychology, 15*(6), 1147-1156.

Ceci, S. J., & Ruiz, A. (1992). The role of general ability in cognitive complexity: A case study of expertise. In R. R. Hoffman (Ed.), *The psychology of expertise: Cognitive research and empirical AI* (pp. 218-230). Mahwah, NJ: Lawrence Erlbaum Associates.

Cooper, J. (2007). *Cognitive dissonance: 50 years of a classic theory.* London: Sage Publications.

Danielson, C., & Marquez, E. (1998). *A collection of performance tasks and rubrics:*

       high school mathematics. Larchmont, NY: Eye on Education.

Fodor, J. A. (2003). *Hume variations.* Oxford: Clarendon Press.

Frazier, L. (1999). *On sentence interpretation.* Dordrecht: Kluwer.

Gick, M. L., & Holyoak, K. J. (1980). Analogical problem solving. *Cognitive Psychology, 15,* 306-355.

Gick, M. L., & Holyoak, K. J. (1983). Schema induction and analogical transfer. *Cognitive Psychology, 15,* 1-38.

Gilovich, T., Griffin, D. W., & Kahneman, D. (2002). *Heuristics and biases: The psychology of intuitive judgement.* Cambridge, New York: Cambridge University Press.

Gruber, H. (1994). *Expertise modelle und empirische untersuchungen.* Opladen: Westdt. Verl.

Gruber, H., & Ziegler, A. (1993). Temporale wissensstrukturierung mit hilfe mentaler modelle. Temporal knowledge structures based on mental models. *Sprache & Kognition, 12*(3), 145-156.

Heckhausen, H., & Gollwitzer, P. M. (1987). Thought contents and cognitive functioning in motivational versus volitional states of mind. *Motivation and Emotion, 11*(2), 101-120.

Ifenthaler, D. (2006). *Diagnose lernäbhangiger Veränderung mentaler modelle entwicklung der SMD-Technologie als methodologisches verfahren zur relationalen, strukturellen und semantischen analyse individueller modellkonstruktionen.* Freiburg: FreiDok.

Ifenthaler, D. (2009). Model-based feedback for improving expertise and expert performance. *Technology, Instruction, Cognition and Learning, 7*(2), 83-101.

Ifenthaler, D. (2010a). Bridging the gap between expert-novice differences: The model-based feedback approach. *Journal of Research on Technology in Education, 43*(2), 103-117.

Ifenthaler, D. (2010b). Learning and instruction in the digital age. In J. M. Spector, D. Ifenthaler, P. Isaias, Kinshuk, & D. G. Sampson (Eds.), *Learning and instruction in the digital age: Making a difference through cognitive approaches, technology-facilitated collaboration and assessment, and personalized* communications. New York: Springer.

Ifenthaler, D. (2010c). Relational, structural, and semantic analysis of graphical representations and concept maps. *Educational Technology Research and Development, 58*(1), 1556-6501.

Ifenthaler, D. (2010d). Scope of graphical indices in educational diagnostics. In D. Ifenthaler, P. Pirnay-Dummer, & N. M. Seel (Eds.), *Computer-based diagnostics and systematic analysis of knowledge* (pp. 213-234). New York: Springer.

Ifenthaler, D., & Seel, N. M. (2005). The measurement of change: Learning-dependent progression of mental models. *Technology, Instruction, Cognition and Learning, 2*(4), 317-336.

Ifenthaler, D., Masduki, I., & Seel, N. M. (2011). The mystery of cognitive structure and how we can detect it: Tracking the development of cognitive structures over time. *Instructional Science, 39*(1), 41-61.

Johnson-Laird, P. N. (1983). *Mental models. Toward a cognitive science of language, inference and language.* Cambridge: Cambridge University Press.

Jonassen, D. H. (2000). Toward a design theory of problem solving. *Educational Technology Research and Development, 48*(4), 63-85.

Just, M. A., & Carpenter, P. A. (1976). The relation between comprehending and remembering some complex sentences. *Memory and Cognition, 4*(3), 318-322.

Kluger, A. N., & DeNisi, A. (1996). Effects of feedback intervention on performance: A historical review, a meta-analysis, and a preliminary feedback intervention theory. *Psychological Bulletin, 119*(2), 254-284.

Kopainsky, B., Pirnay-Dummer, P., & Alessi, S. M. (2010). *Automated assessment of learners' understanding in complex dynamic systems.* Paper presented at the System Dynamics Conference in Seoul, South Korea, July 25-29, 2010.

Margolis, E., & Laurence, S. (1999). *Concepts core readings.* Cambridge, MA: MIT Press.

Mayer, R. E. (1989). Models for understanding. *Review of Educational Research, 59*(1), 43-64.

Means, B. (1993). Cognitive task analysis as a basis for instructional design. In M. Rabinowitz (Ed.), *Cognitive science foundations of instruction* (pp. 97-118).

Hillsdale, NJ: Lawrence Erlbaum Associates.

Moxnes, E. (2004). Misperceptions of basic dynamics: The case of renewable resource management. *System Dynamics Review, 20*(2), 139-162.

Narciss, S. (2008). Feedback strategies for interactive learning tasks. In J. M. Spector, M. D. Merrill, J. van Merrienboer, & M. P. Driscoll (Eds.), *Handbook of research on educational communications and technology* (pp. 125-143). New York: Taylor & Francis Group.

Norman, D. A. (1983). Some observations on mental models. In D. Gentner & A. L. Stevens (Eds.), *Mental models* (pp. 7-14). Hillsdale, NJ: Lawrence Erlbaum Associates.

Piaget, J. (1976). *Die Äquilibration der kognitiven Strukturen.* Stuttgart: Klett.

Pinker, S. (1994). *The language instinct: The new science of language and mind.* London: Lane Penguin Press.

Pirnay-Dummer, P. (2006). *Expertise und modellbildung - MITOCAR.* Freiburg: FreiDok.

Pirnay-Dummer, P. (2008). Rendezvous with a quantum of learning: Effect metaphors, extended design experiments and omnivariate learning instances. In D. Ifenthaler, P. Pirnay-Dummer, & J. M. Spector (Eds.), *Understanding models for learning and instruction. Essays in honor of Norbert M. Seel.* (pp. 105-143). New York: Springer.

Pirnay-Dummer, P. (2010). Theory-based case simulation and automated task synthesis to support learning on learning. In M. B. Nunes & M. McPherson (Eds.), *Proceedings of the IADIS International Conference on e-Learning* (Vol. 1, pp. 299-306). Freiburg, Germany: IADIS.

Pirnay-Dummer, P., & Ifenthaler, D. (2010). Automated knowledge visualization and assessment. In D. Ifenthaler, P. Pirnay-Dummer, & N. M. Seel (Eds.), *Computer-based diagnostics and systematic analysis of knowledge* (pp. 77-115). New York: Springer.

Pirnay-Dummer, P., & Ifenthaler, D. (2011). Reading guided by automated graphical representations: How model-based text visualizations facilitate learning in reading comprehension tasks. *Instructional Science 39*(6), 901-919.

Pirnay-Dummer, P., & Ifenthaler, D. (2011). Text-guided automated self assessment. In D. Ifenthaler, Kinshuk, P. Isaias, D. G. Sampson, & J. M. Spector (Eds.), *Multiple perspectives on problem solving and learning in the digital age.* New York: Springer.

Pirnay-Dummer, P., Ifenthaler, D., & Spector, J. M. (2010). Highly integrated model assessment technology and tools. *Educational Technology Research and Development, 58*(1), 3-18.

Resnick, D. P., & Resnick, L. B. (1996). Performance assessment and the multiple functions of educational measurement. In M. B. Kane & R. Mitchell (Eds.), *Implementing performance assessment: Promises, problems, and challenges.* (pp. 23-39). Mahwah, NJ: Lawrence Erlbaum Associates.

Savery, J. R., & Duffy, T. M. (1996). Problem based learning: An instructional model and its constructivist framework. In B. G. Wilson (Ed.), *Constructivist learning environments case studies in instructional design.* Englewood Cliffs, NJ: Educational Technology Publications.

Schimmel, B. J. (1983). A meta-analysis of feedback to learners in computerized and programmed instruction. Paper presented at the AREA 1983, Montreal.

Schnotz, W. (1994). *Aufbau von wissensstrukturen.* Weinheim: Beltz, Psychologie-Verl.-Union.

Schnotz, W., & Preuss, A. (1997). Task-dependent construction of mental models as a basis for conceptual change. Aufgabenabhängige konstruktion mentaler modelle als grundlage konzeptueller veränderungen. *European Journal of Psychology of Education, 12*(2), 185-211.

Seel, N. M. (1991). *Weltwissen und mentale modelle.* Göttingen: Hogrefe.

Seel, N. M. (1992). The significance of prescriptive decision theory for instructional design expert systems. In S. Dijkstra, H. Krammer, & J. van Merrienboer (Eds.), *Instructional models in computer-based learning environments* (pp. 61-81). Berlin: Springer.

Seel, N. M. (1995). Mental models, knowledge transfer and teaching strategies. *Journal of Structural Learning, 12*(3), 197-213.

Seel, N. M. (2003). Model centered learning and instruction. *Technology, Instruction,*

Cognition and Learning, 1(1), 59-85.

Seel, N. M., & Schenk, K. (2003). Multimedia environments as cognitive tools for enhanceing model-based learning and problem solving: An evaluation report. Evaluation and Program Planning, 26, 215-224.

Seel, N. M., Ifenthaler, D., & Pirnay-Dummer, P. (2008). Mental models and problem solving: Technological solutions for measurement and assessment of the development of expertise. In P. Blumschein, J. Strobel, W. Hung, & D. H. Jonassen (Eds.), Model-based approaches to learning: Using systems models and simulations to improve understanding and problem solving in complex domains (pp. 17-40). Rotterdam: Sense Publishers.

Spector, J. M. (2006). Introduction to the special issue on models, simulations and learning in complex domains. Technology, Instruction, Cognition and Learning, 3(3-4), 199-204.

Spiro, R. J., Feltovich, P. J., Jacobson, M. J., & Coulson, R. L. (1991). Knowledge representation, content specification, and the development of skill in situation-specific knowledge assembly: Some constructivist issues as they relate to cognitive flexibility theory and hypertext. Educational Technology, 31(9), 22-25.

Spiro, R. J., Feltovich, P. J., Jacobson, M. J., & Coulson, R. L. (1992). Cognitive flexibility, constructivism and hypertext: Random access instruction for advanced knowledge acquisition in ill-structured domains. In T. M. Duffy & D. H. Jonassen (Eds.), Constructivism and the technology of instruction: A conversation (pp. 57-76). Hillsdale, NJ: Lawrence Erlbaum Associates Publishers.

Steiner, G. (2001). Lernen und wissenserwerb. In A. Krapp & B. Weidenmann (Eds.), Pädagogische psychologie (pp. 137-205). Weinheim: Beltz Psychologie Verlags Union.

Strasser, A. (2010). A functional view towards mental representations. In D. Ifenthaler, P. Pirnay-Dummer, & J. M. Spector (Eds.), Computer-based diagnostics and systematic analysis of knowledge. New York: Springer.

Tittmann, P. (2010). Graphs and networks. In D. Ifenthaler, P. Pirnay-Dummer, & N. M. Seel (Eds.), Computer-based diagnostics and systematic analysis of *knowledge* (pp. 177-188). New York: Springer.

Treagust, D. F., Duit, R., Joslin, P., & Lindauer, I. (1992). Science teachers' use of analogies: Observations from classroom practice. *International Journal of Science Education, 14*(4), 327-352.

Tversky, A., & Kahneman, D. (1974). Judgement under uncertainty. Heuristics and biases. *Science, 185*, 1124-1131.

van Merrienboer, J., Kirschner, P. A., & Kester, L. (2003). Taking the load off a learner's mind: Instructional design for complex learning. *Educational Psychologist, 38*(1), 5-13.

Wagner, W., & Wagner, S. U. (1985). Presenting questions, processing responses, and providing feedback in CAI. *Journal of Instructional Development, 8*(4), 2-8.

Wein, B., Willems, R., & Quanjel, M. (2000). Planspielsimulationen: Ein konzept für eine integrierte (Re-) strukturierung von organisationen. In D. Herz & A. Blätte (Eds.), *Simulation und Planspiel in den Sozialwissenschaften* (pp. 275-299). Münster: Lit.

Willis, J. (2005). *A framework for task-based learning.* Harlow: Longman.

Zangemeister, C. (1976). *Nutzwertanalyse in der Systemtechnik eine Methodik zur multidimensionalen bewertung und auswahl von projektalternativen.* Munchen: Wittemann.

Zimmerman, B. J., & Schunk, D. (2001). Theories of self-regulated learning and academic achievement: An overview and analysis. In B. J. Zimmerman & D. Schunk (Eds.), *Self-regulated learning and academic achievement. Theoretical perspectives* (pp. 1-37). Mahwah, NJ: Lawrence Erlbaum Associates.

4장

개념변화와
학습자 중심 학습환경

David H. Jonassen & Matthew A. Easter

서론

　개념변화 이론의 핵심은 학습자가 자신의 아이디어와 지식을 어떻게 변화시키는가에 관한 것이다. 개념변화는 학습자가 자신이 사용하던 개념에 대한 이해와 자신을 지배하고 있던 개념적 틀을 변화시킬 때 일어난다. 인지심리학(Carey, 1998; Chi, 1992; Smith, di Sessa, & Roschelle, 1993; Thagard, 1992), 사회심리학(Eagly & Chaiken, 1993; Tesser & Shaffer, 1992), 과학교육(Chinn & Brewer, 1993; Strike & Posner, 1992; Vosniadou, 2002) 등 다양한 분야에서 변화를 촉진하는 조건, 변화에 영향을 주는 원천, 변화의 지속성과 강도, 변화의 촉진 등 개념변화의 여러 양상을 연구해 왔다(Dole & Sinatra, 1998). 이러한 연구는 다양한 방법으로 구체화되었지만, 학습자 중심 학습환경(student-centred learning environment: SCLE)에서 개념변화를 살펴보기 위해서는 두 가지로 구분해서 보는 것이 바람직하다. 첫 번째는 점진적 관점(Smith et al., 1993; Strike & Posner, 1992; Vosniadou, 1992)과 급진적 관점(Chi, 1992; Chinn & Brewer, 1993)이고 두 번째는 '온건한 경향 (warming trend)'(Sinatra, 2005 참조)으로 개념변화 연구에서 최근 나타난 경향이다. 이 구분에 대해 논의한 후 급진적 개념변화를 촉진하는 다양한 SCLE에 대해 살펴보고, 이러한 개념변화가 어떤 학습환경에서는 다소 온건해질 수 있는지 설명하겠다.

점진적 · 급진적 개념변화

점진적 · 급진적 변화이론의 전신은 Jean Piaget의 이론이다. Piaget(1950, 1952)는 학습자가 개념이나 지식을 어떻게 이해하는지와 새로운 지식이나 경험을 보다 더 잘 설명하기 위해 어떻게 기존의 지식을 변화시키는지의 두 가지 과정을 설명했다. 두 과정 모두 학습자의 스키마에 달려 있다. Piaget(1950, 1952)는 스키마가 사람이 세상을 이해하고 주변과 조화를 이루기 위해 지식과 행위를 조직화한 인지구조라고 믿었다.

스키마는 새로운 지식을 기존의 스키마에 통합시키는 과정인 '동화'에 의해 발달한다(Piaget, 1950). 그러나 기존 지식이 새로운 지식이나 경험을 이해하는 데 부족할 경우, 우리는 기존의 지식을 '조절'하게 된다. 조절은 실재에 잘 부합하는 새로운 지식이나 경험을 더 잘 설명할 수 있도록 기존의 스키마를 재구조화하는 것이다(Piaget, 1950, 1952). 동화와 조절은 우리의 요구에 맞도록 평형에 이르거나 인지 상태와의 일관성 혹은 안정성을 얻기 위해 일어나게 된다(Piaget 1950, 1952). 이러한 욕구는 개념변화, 즉 조절에 이르게 하는데, 조절은 학습자가 점진적 혹은 자신의 지식구조 안에서의 변화를 어떻게 경험하게 되는지 깊이 있게 설명할 수 있게 해 준다.

개념변화는 인지구조에 관한 이론에 근거하고 있다. Piaget의 동화-조절과 유사하게, Norman, Gentner, Stevns(1976)는 인지구조의 재조직화가 부착, 조율, 재구조화의 과정을 통해 일어난다고 했다. 학습하는 동안 학습자의 인지구조는 내용구조나 교사의 지식구조에 보다 유사하게 맞추어지려고 변화하게 된다(Shavelson, 1972). 인지구조는 의미망으로 묘사되기도 하는데, 이러한 의미망은 노드(node)[1], 분류된 관계들, 혹은 그것들을 연결하는 링크로 구성된 정신구조다(Quillian, 1968). 노드는 개념이나 명제 사례의 표시이며 링크는 개념 간의 명제적 관계다. 노드와 링크로 만들어진 망은 개인의 인지구조를 표상한다. 개념변화는 의미망의 재조직화라고도 볼 수 있다.

점진적 개념변화

'점진적 발전'이라는 용어는 Charles Darwin의 업적에서 차용한 것이다. Darwin(1963)은 점진적 적응의 결과로 종(species) 간, 종 내의 신체적 변화라는 느리고 순차적인 과정으로서 종의 발달을 이론화했다. 매우 유사한 방식으로 일부 개념변화 이론가들은 보다 점진적이고 천천히 일어나는 변화의 과정을 제안했다. 예를 들면 Smith 등(1993)은 사전 지식의 점진적 개선 과정은 사전 개념의 대체나 급진적 재조직화가 아닌 학습자의 개념변화에 초점을 맞추어야 한다고 주장했다. 이 관점에 따르면 개념변화에 관한 시스템 수준의 분석을 개발하기 위해서는 지식의 연속성과 기능성이라는 구성주의적 관점이 적용된다. 연속성은 신·구 개념의 통합을 통해 구 개념을 개선하는 점진적 과정을 의미하는 한편, 기능성은 신·

---

1) 역주: 데이터 통신망에서 데이터를 전송하는 통로에 접속되는 하나 이상의 기능 단위로 주로 통신망의 분기점이나 단말기의 접속점을 일컫는 용어다.

구 개념에 대한 인지된 유용성에 관한 것이다(Smith et al., 1993). 연속성과 기능성을 활용한 시스템 수준의 분석은 하나의 특정 오개념에 반대되는 통합된 세트로서의 지식을 점차적으로 개선해 가는 과정으로서 개념변화를 바라볼 수 있게 한다. 그러므로 개념변화는 새로운 지식, 새로운 지식의 유용성, 기존 지식의 유용성이라는 맥락에서 시간이 지나면서 순차적으로 일어나게 되는 것이다(Smith et al., 1993).

Strike와 Posner(1992)는 두 가지 측면에서 개념변화가 점진적으로 일어난다고 설명했다. 첫 번째, 오개념은 오랜 시간 발달해 온 광범위한 개념 생태계의 일부면서 이와 상호작용한다는 것이고, 두 번째, 변화를 활성화하는 것은 오개념의 뿌리를 찾아내어 이를 대체하고 바꾸어 가는 점진적 과정을 포함한다는 것이다. Strike와 Posner(1992)의 수정주의 이론은 구상(conception)이 개념(concept)과는 달리 고립된 것이 아니며, 개념 생태계 내에서 지각 범주의 역할을 하는 사고의 도구라고 했다. 또한 "개념 생태계는 변칙, 유추, 은유, 인식론적 신념, 형이상학적 신념, 다른 영역에 대한 연구를 통해 얻어진 지식, 서로 경쟁하는 개념에 대한 지식으로 구성된다"(p. 150) 개념 생태계에서 이러한 요인들의 상호작용은 오개념을 만들어 낸다. 이러한 오개념을 변화시키기 위해서, Strike와 Posner(1992)는 현재 개념에 대한 불만족, 더 나은 개념의 존재, 믿을 만한 새 개념의 존재, 생산적인 사고의 도구로서 새 개념의 가능성이라는 네 가지 조건을 제시했다. 이 조건들은 두 가지 기법을 활용하면 충족된다. 첫 번째는 오개념을 촉진하고 이를 대체하게 만드는 개념 생태계의 일부를 제거하는 것이고, 두 번째는 직·간접적으로 오개념에 도전하거나 변칙의 바다에 빠져 버리게 하는 것이다(Strike & Posner, 1992). 그러므로 개념은 직·간접적으로 도전을 받거나 더 믿을 만한 개념에 의해 궁극적으로 대체되는 경향이 있다.

개념변화의 점진적 관점의 마지막 예는 과학 분야다(Vosniadou, 1992, 1994,

2002; Vosniadou & Brewer, 1992, 1994). 개념구조는 구상과 신념에 대한 재해석을 요구하는 느리고 점진적인 과정이며, 이론 혹은 정신모델에 의해 가장 잘 이해될 수 있다고 했다. 발달적 접근을 취한 Vosniadou(1992)는 아동은 일상 경험을 통해 개발된 초기 혹은 이미 확립된 과학적 개념모델을 전형적으로 갖고 있음을 발견했다. 이 초기 모델은 대체로 정확하지 않고 어른이 가르치는 내용과 일치하지 않기도 한다. 아동들이 과학에 대한 가르침을 받게 되면 어른들이 맞다고는 생각하지만 동시에 자신들이 경험적으로 알게 된 것이 틀렸다고 인정하고 싶어 하지도 않는다(Vosniadou, 1992). 연구 결과(Vosniadou, 1992, 1994, 2002; Vosniadou & Brewer, 1992, 1994)에 따르면, 학생들은 어른들의 가르침을 자신들이 이미 갖고 있는 개념모델에 동화시키고 조절함으로써 '종합적 모델'을 만들어 내기에 이르는데, 이 종합적 모델은 학교를 다니면서 더욱 복잡해져 간다. 이 종합적 의미 구성은 세계를 이해하는 다양한 수준으로 또 점진적으로 발전해 가는 느린 개념변화의 과정이다(Vosniadou, 1992, 2002).

급진적 개념변화

Darwin의 진화론적 관점으로 점진적 개념변화를 이해한 것처럼, Thomas Khun의 패러다임 변화에 대한 급진적 개념변화를 이해할 수 있다. 과학혁명은 실천공동체의 인식론적 패러다임의 변화로 볼 수 있으며, 이 변화는 정보를 보는 관점을 궁극적으로 바꾸어 놓는다(Kuhn, 1962). 이러한 개념 혁명은 기존의 이론으로는 설명할 수 없고, 새로운 패러다임이 요구되는 중대한 이례적인 사항이 생길 때 일어난다. 또한 새로운 명제를 설명하기 위해 새로운 개념 체제를 채택한다(Thagard, 1992). 그러나 점진적 변화 관점과는 달리 Kuhn은 패러다임의 변화가 급진적으로 이루어진다고 생각했다. 마치 아인슈타인의 이론을 채택하는 것이 점진적으로 이루어진 것이 아니었던 것처럼, 과학적 사고는 사고하는 방법을 매우 신속하고 결정적으로 변화시킨다는 것이다. 일부 개념변화 이론가들은 학습자들의 지식이 변화하는 과정도 이와 매우 유사하다고 설명한다.

Chi, Slotta, de Leeuw(1994)는 개념은 학습자가 갖고 있는 존재론적 범주에 배치된다고 가정하고 개념이 다른 범주에 재배치될 때 개념변화가 일어난다고 했다. 이 관점에 따르면 존재론적 범주는 지식에 대해 일반적으로 공유된 범주다(Chi et al., 1994). 이 이론은 물리학에서 물질, 과정, 정신 상태 등 존재론적 범주를 상정하며 학습과학 분야에 주로 적용되었다. 존재론적 변화는 학습자가 전기에 관한 개념적 정보를 물질 존재론으로부터(예를 들면 전기가 양이 있으며 공간을 차지한다는 것) 과정 존재론(예를 들면 전기는 원자의 상호작용이라는 것)으로 변화시키는 것 등을 예로 들 수 있다. 과학에 대한 무지한 구상은 개념을 존재론적 범주에 잘못 배치시키기 때문에 자주 틀리게 된다. 예를 들면 전기를 물질로 간주하는 것은 매우 일반적인 오개념인데, 과학 입문서에서 전기의 흐름을 설명하기 위해 파이프를 타고 흐르는 물의 비유를 썼기 때문이다. 따라서 학습자는 전기를 부피가 있는 물질처럼 인식하게 된다. 이러한 존재론적 변화는 학습자가 주어진 개념에 대한 지식을 궁극적으로 변화시켜야만 하기 때문에 급진적인 재구조화로 봐야 한다. 다시 말해 학습할 어떤 개념에 대한 특정한 존재론적 범주를 적용하려고 했을 때, 기존의 존재론적 범주가 새로 배운 존재론적 범주와 맞지 않게 되면 학습자는 개념을 재범주화하기 위해 급격한 전환을 수행해야 한다(Chi et al., 1994). 존재론적 범주의 전환은 개념변화의 급진적 형태에 해당한다.

개념변화에 대한 급진적 틀로 간주할 수 있는 또 다른 이론은 Chinn과 Brewer(1993)에서 찾을 수 있다. 이는 세상에 관한 기존의 이론과 맞지 않는 이례적 정보나 이례적인 데이터가 제시될 때 어떤 일이 일어나는지에 초점을 맞춘 이론이다. 예를 들면 다음과 같다.

어떤 개인이 현재 A라는 이론을 갖고 있다. 이 사람이 이례적인 정보를 보게 되었는데, A라는 이론으로 설명이 되지 않는다. 이 정보가 이례적인 것은 이론 A와 충돌하거나 아니면 단순히 이론 A가 정보에 대한 어떤 설명도 제공해 주지 않기 때문이다. 이 정보는 이론 A가 설명해 줄 수 있는 것 이상의 설명을 제공해 줄 수 있는 이론 B로 설명 가능하거나, 혹은 또 다른 이론과 병행되어야 한다. (Chinn & Brewer, 1993, p. 4)

인지적 갈등 상황에서 학습자는 이례적인 정보에 대한 대안적 이론에 대해 수많은 정보를 갖고 있을지도 모른다. 그러나 Chinn과 Brewer(1993)는 이례적인 정보에 대한 학습자 반응을 ① 정보 무시, ② 정보 거부, ③ 이론 A로부터 정보 배제, ④ 정보를 미결 상태로 두기, ⑤ 이론 A를 유지하면서 정보 설명, ⑥ 이론 A를 바꾸면서 정보를 재해석, ⑦ 정보를 수용하고 이론 A 바꾸기의 일곱 가지 유형으로 제시하고 있다. 이 반응 중 마지막 두 개만이 개념변화를 보여 주며 간결하고 급진적 방법으로 일어나는 것처럼 보인다. 학습자가 보다 급진적 변화를 할지 말지는 학습자의 기존 지식, 믿을 만한 대안적 이론의 유무, 이례적 정보의 특징, 학습자의 처리 전략에 달려 있다(Chinn & Brewer, 1993). 예를 들면, 학습자의 기존 지식이 강하게 확립되어 있고, 대안적 이론이 없고, 이례적 정보가 모호하다면 학습자는 이 상황을 매우 피상적인 방법으로 처리하게 되고 개념변화는 일어나지 않을 것이다.

학습자가 경험하는 개념변화의 속도와 특징에 관한 시각은 앞서 설명한 것처럼 서로 다르다. 얼마나 극단적이냐에 따라 약간의 차이는 있지만, 점진적 관점에서 Vosniadou(1992)는 종합적 의미 생성, 급진적 관점에서 Chi 등은 급진적 재구조화라고 한 반면, 약간 온건한 입장에서 Chinn과 Brewer(1992)는 인지적 갈등, Strike와 Ponser(1992)는 수정이라고 보았다. 점진적이든 급진적 개념변화든 학습자가 어떻게 개념을 변화시키는지에 관한 이해를 돕는 것은 사실이지만, 이 분야의 많은 이론은 지엽적이라는 한계가 있다. Dole과 Sinatra(1998)가 지적했듯이 변화이론은 개념변화의 과정과 결과를 설명하는 데만 초점이 맞추어져 있다. 최근 들어 개념변화 이론은 동기나 감정 같은 맥락적 영향이 변화 과정에 어떻게 작용하는지로 그 초점이 확장되고 있다.

뜨거운 개념변화

지금까지 소개한 이론들은 학습자의 동기나 정서와 관련된 이슈는 다루지 않았다. Pintrich, Marx, Boyle(1993)은 개념변화의 인지적 과정과 결과에만 초점을 맞춘 개념변화 이론을 '차가운(cold)' 개념변화 이론으로 구분하고, 동기를 포함한 개념변화에 대한 '뜨거운(hot)' 이론에 대한 필요를 제기했다. 차가운 개념변화 이론들은 지식의 구조적 변화, 지식 재구조화에서의 발달적 과정, 변화를 촉진하는 수업 활용에 초점을 둔다(Sinatra, 2005). 대부분의 이론들이 Piaget(1950, 1952)의 전통과 Shavelson(1972)의 스키마 이론, Rumelhart와 Ortony(1977)의 지식 구조와 발달에 관한 이론 등에 근거하고 있으므로 놀라울 것은 없다. 그러나 개념변화 이론은 Pintrich 등(1993)이 맥락적 요인이 고려되어야 한다고 하면서 바뀌어가게 되었으며, '뜨거운' 요소들은 개념변화 이론의 설명에 영향을 주게 되었다. 개념변화에 대한 이 같은 관점을 반영한 두 가지 대표적인 이론은 개념변화의 인지-정의모델(cognitive-affective model of conceptual change: CAMCC, Gregoire, 2003)과 지식모델의 인지적 재구성(cognitive reconstruction of knowledge model, CRKM, Dole & Sinatra, 1998)이다. 이 두 이론 모두 개념변화 과정의 설명에서 동기와 관련된 다양한 구인을 다루고 있으므로, 개념변화 이론에서 '온건한 경향'에 해당한다.

Gregoire(2003)의 CAMCC는 인지 처리가 개념변화를 중재하고, 동기와 감정은 인지 처리를 중재하며, 환경에서 주목받게 되는 것은 개인의 태도, 목표, 기존 신념의 결과라고 했다. 이 이론은 교사의 교과 주제 관련 신념 변화에 초점을 맞추고 있으며, 변화 과정은 개인이 특정한 환경에서 개정된 메시지를 받게 될 때 일어난다(Gregoire, 2003). 일단 이 개정이 소개되면 개인은 자신에게 이 개정이 시사하는 바가 있는지 평가하게 되고, 없다면 긍정적이거나 중립적인 감정이 활성화되어 표면적인 신념 변화나 혹은 신념 변화가 없는 피상적인 처리가 일어난다(Gregoire, 2003). 만약 자신에게 시사하는 바가 있다면 학습자는 부정적인 감정을 경험하고 환경적 측면에 대해 메시지를 전달하는 위협적 혹은 도전적 평가라고 판단하게 된다(Gregoire, 2003). 위협이라고 판단을 하게 되면 피하고 싶은 의도가 생겨나고 개정에 대한 심층 처리로 이끌어 진정한 개념변화가 일어나거나 혹은 신념 변화가 없게 되거나 둘 중 하나의 결과를 가져온다. CAMCC는 개념변화에 대한 인지이론과 사회심리학의 태도변화 이론에서 발달했다(Gregoire, 2003; Sinatra, 2005). CAMCC와 매우 유사하게, Dole과 Sinatra(1998)의 CRKM은 인지심리와 사회심리에 기반을 두고 있으나, '뜨거운' 개념변화라는 점에서 보다 반복적이며, 더 다양한 학습자에게 적용될 수 있다(Sinatra, 2005).

CRKM은 학습자의 특성과 메시지의 특성이 인지 변화에 반복적으로 영향을 주며, 개념변화는 학습자의 기존 개념과 일치하지 않는 메시지로부터 시작된다고 가정한다(Dole & Sinatra, 1998; Sinatra, 2005). 변화 과정에 영향을 주는 학습자의 특성은 동기와 기존 구상의 본질을 포함한다. 특히 CRKM은 학습자가 기존 개념에 만족하지 못하고, 메시지가 개인적으로 자신과 관련성이 있고, 메시지의 사회적 맥락이 설득력이 있으며, 개인이 인지에 대한 높은 요구가 있을 때, 학습자는 동기가 높아진다고 가정한다(Dole & Sinatra, 1998). 학습자의 기존 개념이 강하게 형성되어 있고, 일관성이 있고, 학습자가 이에 대해 열성적이면, 개념변화는 잘 일어나지 않는다(Dole & Sinatra, 1998). 포괄성, 일관성, 타당성, 설득성과 같은 메시지의 특성은 개념변화에 영향을 준다(Dole & Sinatra, 1998). 학습자의 특성과 메시지의 일관성은 새로운 정보를 처리할 때 학습자의 집중에 영향을 주며, 이 처리가 높으면 강한 개념변화가 일어날 수 있거나 변화가 없을 수도 있다(Dole & Sinatra, 1998). 반대로, 집중이 낮으면 약한 개념변화가 일어나거나 개념변화가 없을 수도 있다(Dole & Sinatra, 1998).

개념변화를 촉진하는 학습환경

다양한 학습환경이 개념변화를 촉진할 수 있다. 예를 들면 Vosniadou, Ioannides, Dimitrakopoulou, Papademetrious(2001)는 개념변화를 촉진하는 풍부한 다중 양식의 학습환경을 구축했다. 5학년 학생들이 소그룹 실험 수업에서 측정 도구를 활용해 힘을 나타내는 상징으로서의 벡터와 마찰력 모델에 대해 학습했다. 학생들은 결과를 예측하고 그에 대해 토론을 했다. 통제집단보다 실험집단 학생들의 인지적 성취가 더 높았다(Vosniadou et al., 2001). 이 연구처럼 학습환경에서의 개념변화에 대한 대부분의 연구는 급진적 개념변화에 초점을 맞추고 있다. 이는 학습자들이 학습환경과 상호작용을 할 때 해결해야 할 대안적 관점과 인지적 불일치를 경험하게 되기 때문이다. 앞서 언급한 것처럼, 이러한 인지 갈등 상황은 급진적 개념변화를 가져온다. 그러나 특히 급진적 개념변화를 경험해 보지 못한 학습자들에게는 서로 다른 학습환경들을 좀 더 장기적으로 사용하게 함으로써 점진적 개념변화를 지원해 줄 수도 있다.

급진적 혹은 점진적 개념변화를 지원해 주기 위해, 교육활동은 다음과 같은 사항을 포함해야 한다(Strike & Posner, 1992).

- 학습자들은 반드시 기존 개념에 대해 불만족을 경험해야 한다. 학습자는 기존 개념에 대해 불만족스럽지 않을 경우, 새로운 모순되는 정보를 기존의 개념과 융합하여 앞뒤가 맞지 않는 이론으로 만드는 경향이 있다.
- 새로운 개념화는 단순한 암기를 피하기 위해, 이해할 만하고 일관된 일련의 명제들에 통합되어야만 한다.
- 새로운 개념화는 학습자들에게 그럴 듯해 보여야 하고, 가능하면 기존의 인정받은 이론과 일치해야 한다.
- 새로운 개념화는 문제 해결에 적용될 수 있어야 한다.

이 제안은 개념변화의 차가운 면(처리와 결과)뿐 아니라 뜨거운 측면(Dole & Sinatra, 1998; Gregoire, 2003)에도 시사점이 있다. 학습환경 내에서 개념변화를 활성화시키고자 할 때 내용, 환경, 학습자의 수준이 반드시 고려되어야 한다는 것이다. 요컨대, 만약 학습자 자신이 검증, 적용, 논쟁하고 싶은 정신모델을 구축했다면 어떤 학습환경이든 개념변화를 촉진할 수 있다.

개념변화를 위한 시뮬레이션

시뮬레이션은 어떤 현상, 사건의 상태, 과정의 모방이다. 시뮬레이션은 현상을 표상하는(가장하는) 물리적 혹은 추상적 시스템 안에서 학습자가 핵심 특성이나 변인을 조작해 보도록 현상을 모방한다. 계산적 기능 때문에 컴퓨터는 실제 생활 상황의 시뮬레이션을 구축하는 데 사용된다. 시뮬레이션 설계자는 시스템이 어떻게 작동하는지 조작적으로 설명해 주는 현상이나 과정의 인과관계 모델을 구축하여 "학습자가 실험을 통해 시뮬레이션에서 숨겨진 모델의 특성을 추론해 보는 주요한 과제를" 제시한다

(deJong & vanJooligan, 1998, p. 179). 학습자가 시뮬레이션과 상호작용할 때, (투입) 변인의 값을 바꾸어 보고 다른 (결과) 변인의 값에 주는 결과를 관찰해 봄으로써 학습자들은 변인 간의 인과관계 현상에 대한 이해를 검증해 볼 수 있다. 예를 들면 [그림 4–1]은 학습자들이 다양한 산염기(acid–base) 반응의 pH를 예측하고 검증해 볼 수 있는 산염기 반응(http://phet.colorado.edu) 시뮬레이션을 보여 주고 있다. 학습자는 기저에 있는 모델에는 접근할 수가 없으므로, 학습자들은 환경을 조작함으로써 모델이 표상하고 있는 규칙과 관계를 유도해 내야 한다.

시뮬레이션은 세부 사항, 복잡성, 분야에 따라 매우 다양하다. 과학 분야에서 유료 및 무료 실험실 시뮬레이션은 수백 가지다. 중·고등학교 학생들은 SimCity 같은 도시 시뮬레이션을 통해 사회수업의 문제를 만들고 검증하기도 하며, 고등교육 상황에서는 전략적 의사결정 훈련에 비즈니

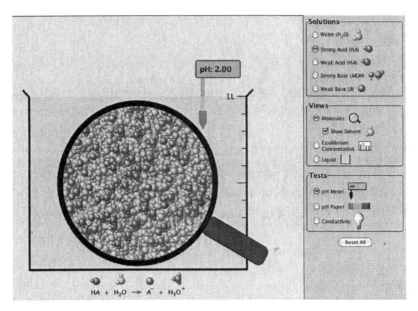

| 그림 4-1 | 산염기 시뮬레이션

스 시뮬레이션을 오래전부터 활용해 오고 있다. 의학교육을 위한 시뮬레이션도 많다. 이 시뮬레이션은 보통 비디오를 활용하여 의학 수련의들이 환자를 관찰하고, 검사를 지시하고, 진단하고, 시뮬레이션 속 환자를 (추론으로 내려진) 진단에 의거해 치료하기도 한다. 이 환자들은 컴퓨터 스크린에 제시되거나 조작해 볼 수 있는 인체 모형으로 제시된다. 어떤 의학 시뮬레이션은 매우 복잡해서 시뮬레이션상에서 수술을 해 볼 수 있게도 해 준다.

상업용 어플리케이션 중 비행 시뮬레이션은 파일럿 훈련에서 매우 중요한 부분이다. 파일럿은 비행 명령에 따라 물리적으로 움직이는 시뮬레이션 조종석에 앉아 볼 수 있다. 이 시뮬레이터는 파일럿이 반드시 겪게 되는 복잡하고 극적인 상황들을 제시해 준다. 시뮬레이션 훈련 동안 여러 가지 상황들을 모두 겪어 보았기 때문에 비행 사고에서 생존율을 높일 수 있는 것이다. 시뮬레이션은 트럭 회사에서도 광범위하게 활용되는데, 운전 훈련생들이 운전해야 할 길의 상태나 잠재적인 사고 상황들을 경험하게 해 준다. 군에서도 매우 다양하게 시뮬레이션을 활용하는데, 특히 도시 전투 상황에 많이 적용된다. 시뮬레이션의 가장 명백한 장점은 아무도 다치지 않고 실수나 사고를 통해 배울 수 있다는 점이다.

연구자들은 개념변화 촉진을 위해 시뮬레이션을 활용해야 한다고 이전부터 제안해 왔다(Snir, Smith, & Grosslight, 1995; Spada, 1994). 또한 가장 효과적인 시뮬레이션은 서로 관련된 개념의 외적인 표상을 제공해 주는 모델을 활용하여 개념적으로 향상된 것이라고 주장한다. 과학 개념에 대한 시뮬레이션의 효과는 반복적으로 측정되었는데 대부분의 연구는 급진적 개념변화 과정에 초점을 맞추고 있다. 예를 들면 Zietsman(1986)의 연구 결과는 속도에 관한 마이크로컴퓨터 시뮬레이션이 오개념을 교정해 주고 의미 있는 개념변화를 가져오는 것을 보여 주었다. 시뮬레이션이 (체화된 인지와 같은) 실험실 실험과 통합될 때 학습자들은 시뮬레이션이나 실험실 활동 둘 중 하나만 할 때보다 개념에 대한 이해가 더 높았다(Jaakkola & Nurmi, 2008). Bell과 Trundle(2008)은 컴퓨터 시뮬레이션이 개념변화 수업 모델 내에서 활용되었을 때 개념변화를 촉진했다고 보고했다. 그러나 모든 연구가 급진적 접근만 보여 주는 것은 아니다. White와 Frederiksen (2000)은 힘과 움직임에 관한 이해를 실험하기 위한 시뮬레이션 Thinker Tools를 활용하여 7년간 연구를 수행했다. 시간이 지날수록 Thinker Tools를 활용한 학생들은 추적 관찰과 성찰을 배우게 되었고 이것이 개념 변화를 촉진했다. 마지막으로 시뮬레이션 활용에서의 맥락적 변인들에 관한 연구가 있다. Windschitl과 Andre(1998)는 사람의 심혈관시스템 학습 에서 절차적 접근을 적용한 것보다 시뮬레이션을 활용할 때보다 더 의미 있는 개념변화가 나타난다고 했으며, 또한 덜 복잡한 신념을 가진 학습자 들은 시뮬레이션 활용 방법에 대한 명백한 지시가 주어질 때 더 잘 수행하 는 반면, 복잡한 인식론적 신념을 가진 학생들은 탐구할 수 있게 해 줄 때 더 잘 수행한다고 보고했다.

시뮬레이션은 어떻게 개념변화를 촉진하게 하는 것일까? 실험적으로 검 증되지 않았지만 학생들에게 시뮬레이션을 사용해 보기 전에 가설을 세 우게 한 후 결과에 대해 성찰하고 자신들의 예측과 시뮬레이션의 결과 사 이의 차이점을 설명하게 하면 개념변화에 더 영향을 줄 것으로 기대된다. 이러한 활동은 급진적 개념변화를 활성화시키는 예이고, White와 Frederiksen(2000)의 연구는 점진적 접근의 예를 보여 준다.

개념변화를 위한 모델 구축

과학 수업에서 개념변화를 촉진시키기 위한 시뮬레이션이 광범위하게 활용되었지만 연구 결과가 일관되지는 않다(Li, Law, & Liu, 2006). 시뮬레 이션은 학습자들이 과학적 모델을 탐색해 보게 해 주지만, 그 모델은 변경

가능한 것이 아니다. 학습자들이 모델에 접근을 할 수 없기 때문에 바꿀수가 없고 모델에 사전에 선정된 변인들만 조작할 수 있을 뿐이다. 현상에대한 다른 사람들의 구상을 배우기보다는 학습자들은 자신의 구상을 모델링하고 다른 사람의 모델과 비교하면서 배우게 된다(Jonassen, Strobel, & Gottdenker, 2006). Li 등(2006)은 역학적 모델링은 학습자들이 과학적으로수용할 만한 개념을 채택하는 데 도움을 준다는 것을 발견했다. 이 절에서는 급진적 개념변화를 촉진하기 위한 수단으로 모델의 구성에 대해 설명하겠다.

모델링이 왜 효과적인가? 시뮬레이션을 테스트할 때 학습자들은 기존의모델을 활용한다. 시뮬레이션 모델을 활용한 학습은 우리가 배운 것을 모델을 조작하는 것으로부터 실제 세계에 대한 우리의 이론으로 전이시킬수 있는 정도에 달려 있다(Morgan, 1999). "모델을 살펴보는 것만으로는 많이 배울 수 없으며 모델을 구축하고 조작해 봄으로써 더 많이 배울 수 있다"(Morrison & Morgan, 1999, pp. 11-12). 모델링을 통해 학습할 때, 학생들은 현상이나 현상에 대한 이론을 표상하기 위해 어떤 요소들을 통합해야하는지 발견할 수 있어야만 한다. 문제를 해결하거나 복잡한 개념에 대한질문에 답할 때, 학습자들은 현상에 대한 정신모델을 구성할 수 있어야 하고, 예측, 추론, 추측, 실험의 기초로서 그 모델을 활용할 수 있어야 한다. 세계에 대한 물리적, 유추적, 계산적 모델을 구축하는 것은 학습자의 정신모델을 구체화해 준다. 모델 구축이 효과적인 이유는 다음과 같다(Jonassen et al., 2006).

- 모델링은 자연스러운 인지 현상이다. 사람은 모르는 현상에 부딪치면 현상을 이해하기 위해 자연스럽게 개인적인 이론과 이에 대한 모델을 구성하기 시작한다.
- 모델링은 경험한 현상에 대한 개인적 표상의 구축이며, 구성주의 이

론의 핵심이다.

- 모델링은 가설 검증, 추측, 추론, 그 외 중요한 인지 기능을 지원해 준다.
- 모델링은 학습자들에게 대부분의 과학적 추론의 인지적 기초가 되는 인과관계 추론을 분명히 표현할 것을 요구한다(Jonassesn & Ionas, 2008).
- 모델링은 수행할 수 있는 것 중 가장 개념적으로 몰입할 수 있는 인지 과정이며 개념변화의 강력한 예측 변수이기 때문에 중요하다.
- 모델링은 인지적 산물(외현화된 정신모델)의 구성을 가져온다.
- 학습자가 모델을 구성할 때 그들은 지식을 소유하게 된다. 학생의 소유권은 의미 생성과 지식 구성에서 중요하다.
- 모델링은 인식론적 신념의 발달을 돕는다. 모델을 비교하고 평가할 수 있다는 것은 대안적 모델이 있으며, 다른 경쟁하는 모델을 테스트해 보기 위해 모델링을 활용할 수 있다는 것을 이해했다는 것이다.

　역사적으로 모델링 관련 연구는 공식 모델을 위한 수식화에 집중되어 있다. 방정식 현상을 표상하는 것이 아마 가장 간단하고 정확한 형태의 모델링이라고 할 수 있다. 방정식이 현상의 가장 정확한 모델이기는 하지만, 개념적 의미는 부족하다. 대부분의 연구자들은 양적모델뿐 아니라 질적모델도 중요하다고 주장한다. 모든 방정식은 개체 간의 인과관계를 숫자로 진술한 것인데, 학습자들에게 방정식에 제시된 개념들을 해체해 보라고 하면 방정식은 극도로 부담스럽고 짜증스럽게 느껴질 것이다. 좀 더 질적인 개념변화를 촉진하기 위해서는 개념 위주의 모델링 도구를 활용해야 한다. Ploetzner Fehse, Kneser, & Spada(1999)는 물리학 문제 해결을 성공적으로 전이시키기 위해서는 질적인 문제 표상이 양적인 표상을 학습하는 것보다 반드시 선행되어야 한다고 했다.

　가장 효과적인 질적 모델링 도구 중 하나가 개념지도다. 개념지도는 이름 붙여진 노드와 링크로 구성된다. [그림 4-2]는 Semantica(www.

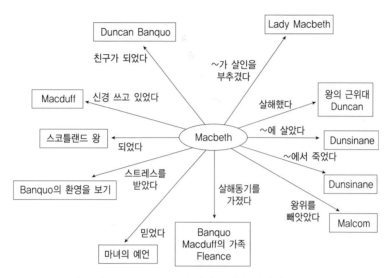

| 그림 4-2 | Macbeth에 관한 복잡한 개념지도의 예

semanticresearch.com)로 만들어진 Macbeth에 관한 복잡한 개념지도의 예를 보여 준다. 어떤 개념이든 더블클릭하면 스크린 가운데 그 개념을 제시하고 이와 관련된 개념들을 보여 준다.

학습자가 개념지도를 개별적으로 혹은 협력적으로 구성할 때 학습자들은 어떤 영역이나 문제 안에서의 개념들을 명제 관계로 표상하게 된다. 학습자들은 자기 자신만의 지도를 만들 수 있어야 하고 교사들은 질문이나 도전을 제시해 주면 된다. Nesbit과 Adesope(2006)는 기존의 지도를 보는 것보다 개념지도를 구성하는 것이 개념변화에 더 큰 도움이 된다고 했다. 학습자들이 자신의 개념지도를 다른 사람과 비교하고 대조해 보게 하는 것이 효과적이다. 학습자들은 자신들이 현상에 대해 모두 서로 다른 개념을 구성했다는 것을 알게 되고 이러한 성찰은 보다 급진적인 개념변화를 촉진시켜 준다.

가장 강력한 모델링 중 하나는 시스템 역학에 기반하고 있다. Stella, VenSim, PowerSin과 같은 컴퓨터 기반 도구들은 사용자들이 개체 간 관계를 설명하기 위해 어떤 유형의 방정식이든 넣어 봄으로써 양적으로 개체 간 관계를 설명하는 동안 질적인 모델을 구성하도록 해 준다. 개념변화 과정을 더 잘 이해하기 위해서 Jonassen 등(2006)은 Stella라는 시스템 역학 도구를 활용했다. [그림 4-3]이 개념변화의 보다 급진적 관점인 인지적 갈등을 표상하기 위해 만든 예를 보여 준다.

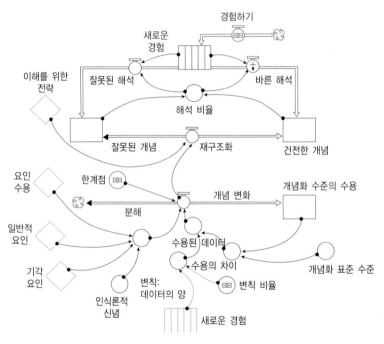

| 그림 4-3 | 인지적 갈등 개념변화의 시스템 역학모델

개념변화에 대한 다양한 이론에 대한 Stella 모델을 구성함으로써 Jonassen 등(2006)은 이론에 대한 자신들의 이해를 검증할 수 있었다. 각 이론에 대한 모델을 구축하는 동안 연구자들은 다양한 이론적 속성에 대해 개인들이 갖고

있는 부족한 이론들을 조화시켰다. 모델은 언제나 불완전하다는 것을 깨달았으며, 모델 구성에 있어 뜨거운 개념적 변화는 변화 과정에서 어떤 변인이 가장 중요한가와 어떻게 조작할 수 있는 형태로 개념변화 과정을 보여 줄 것인가에 대한 철두철미한 협상을 요구한다는 것을 알았다. 이 경험은 의견의 다른 점에 대해 협상하는 것이 협상에 참여한 모든 이해당사자 간의 개념적 변화를 가져오는 것처럼 시뮬레이션이 어떻게 급진적 개념변화를 촉진해 줄 수 있을 것인가를 다시 한 번 강조해 준다. 이 경험은 또한 급진적 개념변화에서 감정이 중요한 역할을 한다는 것을 보여 주었다. 이 감정적 강렬함의 이유는 현상에 대한 자기 자신의 정신모델과 관련하여 각 구성원이 도전적 평가를 했기 때문이었다고 생각해 볼 수도 있다. Gregoire(2003)가 설명했듯이, 이러한 도전적 평가는 부정적인 감정을 이끌어 내어 심층 처리를 촉진하려는 의도를 만들어 내며, 이에 따라 진정한 개념변화가 일어나거나 혹은 변화가 없게 된다.

개념변화를 위한 논증

논증은 이 책의 5장에서 다루고 있다. 여기에서는 개념변화를 지원하는 논증의 역할에 대해서만 간단하게 다루기로 한다. 논증에는 수사적, 변증법적, 필연적 세 가지 유형이 있는데 변증법적 논증이 개념변화를 가장 잘 유도할 수 있다. 변증법적 논증은 대화 게임이나 토론을 하는 중에 대안적 관점의 지지자 간의 대화를 표상한다. 대화적 혹은 다중 발언 논증이라고도 알려져 있는데, 변증법적 논증의 목적은 서로 다른 의견을 조정하는 데 있다(Jonassen & Kim, 2010; van Eemeren & Grootendorst, 1992). 의견 조정은 다양한 형태를 택할 수 있다. 변증법적 논증은 서로 대립관계이며, 목적은 누군가의 의견의 우월성을 상대방에게 납득시키는 데 있다.

변증법적 논증은 개인적으로(의사 결정 등) 혹은 사회적 그룹 안에서 일어날 수 있다(Driver, Newton, & Osborne, 2000). 논증은 이슈에 대한 소규모 혹은 대규모 그룹 토론이나 논쟁을 포함할 수 있다. 개인적 논증은 보통 쓰기 활동에서 일어난다.

Dole과 Sinatra(1998)는 의도적 개념변화를 촉진하기 위해 논증 구성을 활용하면 몰입의 수준을 높일 수 있다고 했다. 많은 연구가 개념변화를 촉진하는 데 있어 논증의 역할을 탐색해 왔고, 연구 결과는 논증이 개념변화를 유도한다는 것을 보여 준다(Asterhan & Schwarz, 2007; Baker, 1999; Nussbaum & Sinatra, 2003; Wiley & Voss, 1999). 개념변화는 논증이 과학의 인식론적 본질을 강조하기 때문에 일어난다. 과학 학습환경에 논증 활동을 추가하는 것은 과학자들의 추론 방법을 반영하기 때문에 개념적·인식론적 목표 모두를 성취할 수 있게 해 준다(Duschl & Osborne, 2002).

논증과 개념변화에 대한 대부분의 연구는 과학에서 비구조화된 문제나 이슈를 제시하는 쓰기 활동을 통해 학습자들에게 일어나는 변화를 탐색하고 있다. Mason(2001)은 서로 다른 신념과 아이디어에 대한 협력적인 추론과 논증, 또한 자신의 개념과 설명을 표현하고, 명확하게 하고, 성찰하고, 추론하고 소통하기 위한 개인적인 쓰기 활동은 지식 수정 과정에서 매우 유용한 도구임을 발견했다. 개별적으로 혹은 협력적 그룹으로 지속적인 논증을 개발하게 한 경우가 설명적인 텍스트를 만들어 내는 학습자보다 더 큰 개념변화를 보여 주었다(Asterhan & Schwarz, 2007). 대학생들에게 역사가가 되어 역사적 사건에 대한 이야기, 요약, 설명 대신 논증을 해 보라고 했을 때, 사건 간의 인과관계를 강조하는 통합적 에세이를 가장 잘 완성한다는 것을 확인했다. 주장을 지지하기 위해 인과관계 이론을 생성해 내는 것은 논증에서 가장 필수적인 기술이다(Kuhn, 1991).

논증은 문제 해결을 지원하기 위해 적용되어 왔다. 물리학 문제에 오답을 한 대학생들에게 대안적인 (과학적으로 타당한) 문제 설명을 지지하는 입장에서 논증해 보라고 했을 때, 논증 없이 문제를 해결하라고 한 통제

집단보다 더 향상된 개념화를 보여 주었다(Nussbaum & Sinatra, 2003). Baker(2003)는 컴퓨터 기반 협력적 논쟁이 학습자들의 문제 해결력을 향상시켰다고 했다. 이 연구는 논증이 문제 공간과 의미 공간(즉, 개념변화)을 중재하는 변증법적 공간을 점유한다는 것을 보여 주었다.

　논증을 구성하는 것은 학습자들의 개념적 집중을 높이고(Nussbaum & Sinatra, 2003) 과학적 추론을 시각화해 주기 때문에(Duschl & Osbornek 2002) 개념변화를 촉진해 준다. 게다가 논증은 과학적 개념에 대한 학습자들의 이해를 측정할 수 있는 방법을 제공해 준다. 논증의 사회적·협력적 특성 때문에 이는 온건한 유형의 개념변화라고 할 수 있다.

요약

　개념변화는 개념구조를 재조직하는 결과를 가져오는 복잡한 사회-인지적 과정이다. 그러한 구조는 문제를 해결하고자 할 때, 새로운 자료를 학습할 때, 현상을 설명하고자 할 때 적용된다.

　개념변화는 새로운 지식이 기존의 개념구조에 동화되고 조절되며, 점진적으로 일어나기도 하고 인지적 갈등에 의해 보다 급진적으로 일어나기도 한다. 이 두 가지 관점은 개념변화의 인지적 양상에만 초점을 맞추었기 때문에 차가운 개념변화 이론이라고 할 수 있다.

　최근 들어 학자들은 개념변화에 대한 보다 온건한 입장을 만들기 시작했는데, 이는 변화가 일어날 때, 사회적이고 동기적인 맥락적 특성을 고려해야 한다는 것이다. 어떻게 마음이 변화하는가를 완벽하게 이해하기 위해서는 복잡한 사회-인지적 요소들을 고려해야 한다.

　학습자들이 어떤 개념구조를 만들어 내고 자신들의 개념모델을 테스트하거나 적용해 보고 싶어 한다면, 어떤 형태의 수업이든 개념변화를 가져올 수 있다. 이 장에서는 세 가지 의도적 개념변화 환경을 설명했다(Sinatra & Pintrich, 2003). 시뮬레이션은 시뮬레이션에 표상된 시스템에 대한 특정 모델을 구성해 보게 한다. 시뮬레이션의 파라미터(parameter)를 변경함으로써 그 이론을 테스트해 볼 수 있고 이를 통해 개념변화에 이르게 된다.

시뮬레이션은 모델에 기반하여 만들어진다. 학습자들은 자신의 개념화를 표상하는 모델을 구축함으로써 더 의미 있는 개념변화에 참여할 수 있다. 학습자가 구성한 외적인 모델이 자신의 정신모델을 질적으로 표상해 줄 수 있어야 한다.

마지막으로 개념변화를 위한 논증에 대해 설명했다. 논증의 효과 및 개념변화에 대한 다양한 학습환경에 대한 지속적인 연구가 필요하다.

【 참고문헌 】

Asterhan, C. S. C., & Schwarz, B. B. (2007). The effects of monological and dialogical argumentation on concept learning in evolutionary theory. *Journal of Educational Psychology, 99*(3), 626-639.

Baker, M. (1999). Argumentation and constructive interaction. In J. Andriessen & P. Coirier (Eds.), *Foundations of argumentative text processing* (pp. 179-202). Amsterdam: Amsterdam University Press.

Baker, M. (2003). Computer-mediated argumentative interactions for the co-elaboration of scientific notions. In J. Andriessen, M. Baker, & D. Suthers (Eds.), *Arguing to learn: Confronting cognitions in computer-supported collaborative learning environments* (pp. 47-78).

Bell, R. L., & Trundle, K. C. (2008). The use of a computer simulation to promote scientific conceptions of moon phases. *Journal of Research in Science Teaching, 45*(3), 346-372.

Carey, S. (1988). Reorganization of knowledge in the course of acquisition. In S. Strauss (Ed.), *Ontogeny, phylogeny, and historical development. Human development series*(Vol. 2, pp. 1-27). Westport, CT: Ablex Publishing.

Chi, M. T. H. (1992). Conceptual change within and across ontological categories: Examples from learning and discovery in science. In R. N. Giere (Ed.), *Minnesota studies in the philosophy of science* (Vol. XV, pp. 129-186). Minneapolis, MN: University of Minnesota Press.

Chi, M. T. H., Slotta, J. D., & de Leeuw, N. (1994). From things to processes: A theory of conceptual change for learning science concepts. *Learning and Instruction, 4*, 27-43.

Chinn, C. A., & Brewer, W. F. (1993). The role of anomalous data in knowledge acquisition: A theoretical framework and implications for science instruction. *Review of Educational Research, 63*, 1-49.

Darwin, C. (1963). *On the origin of species.* London: Oxford University Press.

deJong, T., & van Joolingen, W. R. (1998). Scientific discovery learning with computer simulations of conceptual domains. *Review of Educational Research,*

68(2), 179-201.

Dole, J. A., & Sinatra, G. M. (1998). Reconceptualizing change in the cognitive construction of knowledge. *Educational Psychologist, 33*, 109-128.

Driver, R., Newton, P, & Osborne, J. (2000). Establishing the norms of scientific argumentation in classrooms. *Science Education, 84*, 287-312.

Duschl, R. A., & Osborne, J. (2002). Supporting and promoting argumentation discourse in science education. *Studies in Science Education, 38*, 39-72.

Eagly, A. H., & Chaiken, S. (1993). *The psychology of attitudes*. Fort Worth, TX: Harcourt Brace.

Gregoire, M. (2003). Is it a challenge or a threat? A dual-process model of teachers' cognition and appraisal process during conceptual change. *Educational Psychology Review, 15*, 117-155.

Jaakkola, T., & Nurmi, S. (2008). Fostering elementary school students' understanding of simple electricity by combining simulation and laboratory activities. *Journal of Computer Assisted Learning, 24*(4), 271-283.

Jonassen, D. H., & Ionas, I. G. (2008). Designing effective supports for reasoning causally. *Educational Technology: Research & Development, 56*(3), 287-308.

Jonassen, D. H., & Kim, B. (2010). Arguing to learn and learning to argue: Design justifications and guidelines. *Educational Technology: Research & Development, 58*(4), 439-457.

Jonassen, D. H., Strobel, J., & Gottdenker, J. (2006). Model building for conceptual change. *Interactive Learning Environments, 13*(1-2), 15-37.

Kuhn, D. (1991). *The skills of argument*. Cambridge, UK: Cambridge University Press.

Kuhn, T. S. (1962). *The structure of scientific revolution*. Chicago, IL: University of Chicago Press.

Li, S. C., Law, N., & Liu, K. F. A. (2006). Cognitive perturbation through dynamic modelling: A pedagogical approach to conceptual change in science. *Journal of Computer Assisted Learning, 22*(6), 405-422.

Mason, K. (2001). Introducing talk and writing for conceptual change: A classroom study. *Learning and Instruction, 11*, 305-329.

Morgan, M. S. (1999). Learning from models. In M. S. Morgan & M. Morrison (Eds.),

Models as mediators: Perspectives on natural and social science (pp. 347-388). Cambridge, UK: Cambridge University Press.

Morrison, M., & Morgan, M. S. (1999). Models as mediating instruments. In M. S. Morgan & M. Morrison (Eds.), *Models as mediators: Perspectives on natural and social science* (pp. 10-37). Cambridge, UK: Cambridge University Press.

Nesbit, J. C., & Adesope, O. O. (2006). Learning with concept and knowledge maps: A metaanalysis. *Review of Educational Research, 76*, 413-448.

Norman, D. A., Gentner, S., & Stevens, A. L. (1976). Comments on learning schemata and memory representation. In D. Klahr (Ed.), *Cognition and instruction*. Hillsdale, NJ: Lawrence Erlbaum Associates.

Nussbaum, E. M., & Sinatra, G. M. (2003). Argument and conceptual engagement. *Contemporary Educational Psychology, 28*(3), 384-395.

Piaget, J. (1950). *The psychology of intelligence*. San Diego, CA: Harcourt Brace Jovanovich.

Piaget, J. (1952). *The origins of intelligence in children*. New York: International Universities Press.

Pintrich, P. R., Marx, R. W., & Boyle, R. A. (1993). Beyond cold conceptual change: The role of motivational beliefs and classroom contextual factors in the process of conceptual change. *Review of Educational Research, 63*(2), 167-199.

Ploetzner, R., Fehse, E., Kneser, C., & Spada, H. (1999). Learning to relate qualitative and quantitative problem representations in a model-based setting for collaborative problem solving. *Journal of the Learning Sciences, 8*(2), 177-214.

Quillian, M. R. (1968). Semantic memory. In M. Minsky (Ed.), *Semantic information processing* (pp. 227-270). Cambridge, MA: MIT Press.

Rumelhart, D. E., & Ortony, A. (1977). The representation of knowledge in memory. In R. C. Anderson, R. J. Spiro, & W. E. Montague (Eds.), *Schooling and the acquisition of knowledge* (pp. 99-135). Hillsdale, NJ: Lawrence Erlbaum Associates.

Shavelson, R. J. (1972). Some aspects of the correspondence between content structure and cognitive structure in physics instruction. *Journal of Educational Psychology, 63*, 225-234.

Sinatra, G. M. (2005). The 'warming trend' in conceptual change research: The legacy of Paul R. Pintrich. *Educational Psychologist, 40*, 107-115.

Sinatra, G. M., & Pintrich, P. R. (2003). The role of intentions in conceptual change learning. In G. M. Sinatra, & P. R. Pintrich (Eds.), *Intentional conceptual change* (pp. 1-18). Mahwah, NJ: Lawrence Erlbaum Associates.

Smith, J. P., di Sessa, A. A., & Roschelle, J. (1993). Misconceptions reconceived: A constructivist analysis of knowledge in transition. *Journal of the Learning Sciences, 3*, 115-163.

Snir, J., Smith, C., & Grosslight, L. (1995). Conceptually enhanced simulations: A computer tool for science teaching. In D. N. Perkins, J. L. Schwartz, M. M. West, & M. S. Wiske (Eds), *Software goes to school: Teaching for understanding with new technologies* (pp. 106-129). New York: Oxford University Press.

Spada, H. (1994). Conceptual change or multiple representations? *Learning and Instruction, 4*(1), 113-116.

Strike, K. A., & Posner, G. J. (1992). A revisionist theory of conceptual change. In R. A. Duschle & R. J. Hamilton (Eds.), *Philosophy of science, cognitive psychology, and educational theory and practice* (pp. 147-176). New York: SUNY Press.

Tesser, A., & Shaffer, D. R. (1990). Attitudes and attitude change. *Annual Review of Psychology, 41*, 479-523.

Thagard, P. (1992). *Conceptual revolutions*. Princeton, NJ: Princeton University Press.

van Eemeren, F. H., & Grootendorst, R. (1992). *Argumentation, communication, and fallacies: A pragmadialectical perspective*. Hillsdale, NJ: Erlbaum.

Vosniadou, S. (1992). Knowledge acquisition and conceptual change. *Applied Psychology: An International Review, 41*, 347-357.

Vosniadou, S. (1994). Capturing and modeling the process of conceptual change. *Learning & Instruction, 4*, 45-69.

Vosniadou, S. (2002). On the nature of naive physics. In M. Limon & L. Mason (Eds.), *Reconsidering conceptual change: Issues in theory and practice* (pp. 61-76). Netherlands: Kluwer Academic Publishers.

Vosniadou, S., & Brewer, W. F. (1992). Mental models of the earth: A study of conceptual change in childhood. *Cognitive Psychology, 24*, 535-585.

Vosniadou, S., & Brewer, W. F. (1994). Mental models of the day/night cycle. *Cognitive Science, 18*, 123-183.

Vosniadou, S., Ioannides, C., Dimitrakopoulou, A., & Papademetriou, E. (2001). Designing learning environments to promote conceptual change in science. *Learning and Instruction, 11*, 381-419.

White, B. Y., & Frederiksen, J. R. (2000). Technological tools and instructional approaches for making scientific inquiry accessible to all. In M. J. Jacobson & R. B. Kozma (Eds.), *Innovations in science and mathematics education: Advanced designs, for technologies of learning* (pp. 321-359). Mahwah, NJ: Lawrence Erlbaum Associates.

Wiley, J., & Voss, J. F. (1999). Constructing arguments from multiple sources: Tasks that promote understanding and not just memory for text. *Journal of Educational Psychology, 91*(2), 301-311.

Windschitl, M., & Andre, T. (1998). Using computer simulations to enhance conceptual change: The roles of constructivist instruction and student epistemological beliefs. *Journal of Research in Science Teaching, 35*(2), 145-160.

Zietsman, A. I. (1986). Effect of instruction using microcomputer simulations and conceptual change strategies on science learning. *Journal of Research in Science Teaching, 23*(1), 27-39.

5장

논증과
학습자 중심 학습환경

E. Michael Nussbaum

언어는 건축자 A와 조력자 B의 소통을 도와주기 위한 것이다. A는 벽
돌, 기둥, 지붕, 서까래 등과 같은 건축 요소로 집을 짓는다. B는 돌을 나르
고, A가 요구하는 일들을 수행한다. 이 목적을 달성하기 위해 A와 B는 '벽
돌' '기둥' '지붕' '서까래' 라는 단어로 구성된 언어를 사용한다. A가 지
시하면 B는 무엇을 가져가야 하는지를 배우면서 알게 된 결과로 돌을 가져
다주는 것이다.   (Wittenstein, 1958, 2009, p. 6e)

Auretha: Tom, 나는 너와 다른 생각이야. 왜냐하면, 음…… 동물이 죽
으면 그녀는 매우 화가 날 것이기 때문에…….   (Aderson et al., 2001, p. 18)

사람은 게임을 한다! 이러한 게임은 종종 논거(추론을 포함한 명제의 사슬)
를 구성하고 비평하는 과정인 논증을 포함한다. 게임은 플레이어가 특정

한 목표를 갖고 하는 규칙으로 구조화된 활동이다. 이는 다양한 유형의 활동을 포괄할 수 있는 매우 광범위한 개념이다. 앞서 Wittgenstein의 인용구에서는 집을 짓는 '게임'에 어떻게 두 사람이 참여할 수 있는지 예시를 보여 주고 있다. 첫 번째 플레이어가 단어로 움직임을 만들면 두 번째 플레이어가 행위로 움직이는 협력적 게임이라고 할 수 있다. 논증은 두 명의 플레이어가 단어로 움직여 나가는 언어게임 유형이라고 할 수 있다. 두 번째 인용구는 단편소설 『에이미의 거위(Amy's Goose)』(Holmes, 1977)에서 나오는 도덕적 딜레마 상황에 대한 5학년 학생들의 협력적 추론 토론 중에서 발췌한 것이다(Anderson et al., 2001). 여기서 Auretha는 다른 학생이 해석한 것에 대해 반론을 제기하고 있고, 아동들은 승자와 패자가 있는 논쟁이 아니라 서로 다른 아이디어를 협력적으로 탐색해 가고 있다. 집을 짓는 것과는 달리 이 게임은 가장 가능성이 높은 논거를 수립해 가는 것으로, 한 번에 한 명의 학생만 참여할 수 있고, 증거와 논리로 자신들의 아이디어를 지지하는 기반을 만들어야 한다는 등의 규칙이 있다. Walton(1996)은 설득적 논의, 협상, 탐구 등과 같은 다양한 형태로 논증의 유형을 규명했다.

논증게임은 학습환경의 중요한 요소다. 많은 학습환경이 논증이나 의사 결정 같은 실제적 활동을 포함하고 있다. 예를 들면 학생들에게 과학기지를 설계하거나 설계안을 비교하기 위한 수학적 논거를 만드는 데 있어 수학적 지식과 개념을 적용하게 할 수 있다(Greeno & the MMAP Group, 1998). 논증은 특히 학생들이 한계점을 극복하기 위해 대안을 설계하고 평가해야 하는 확산적 문제 해결에서 중요하다(Van Bruggen, Boshuizen, & Kirschner, 2003). 효과적인 수학 · 과학 · 역사 · 정치 · 윤리 · 문학적 논증을 만드는 것을 배우는 것은 의미 있는 사회적 실천을 습득하기 위한 중요한 부분이다.

나아가 논증은 어떤 특정한 환경에서의 학습을 촉진한다. 연구자들(예컨대, Andriessen, Baker, & Suthers, 2003)은 논증하는 것을 학습하는 것과 학습하기 위해 논증하는 것은 다르다고 지적한다. 논증하는 것을 학습하는 것은 본질적으로 중요하며, 학습을 위해 논증하는 것은 특정 환경 내에서 심층적이고 정교한 정보 처리를 촉진한다. 물론, 이러한 심층적 처리는 논증 자체가 정교한 것일 때 그리고 그러한 논증을 생성하는 것이 개념적 변화 혹은 심층적인 개념 이해를 만들어 내는 수단이 될 때에만 일어날 수 있다.

'논증하는 것을 학습하는 것'과 '학습하기 위해 논증하는 것'은 서로 보완적인 관계다. 1980년대 후반에서 1990년대까지 교육이론가들은 풍부하고 전문적인 내용이 없다면 사고는 비어 있는 것이나 마찬가지며(Brown & Campione, 1990), '이해하기 위한 학습'은 장기적인 파지와 전이를 촉진하는 데 중요하다(Bransford, Brown, & Cocking, 2000)고 생각했기 때문에 논증에 대한 관심이 높아졌다. 논증은 학습자들이 기존의 개념을 드러내고 성찰해 볼 수 있도록 해 주는 학습도구일 뿐 아니라 본질적으로 중요한 학문 분야의 실천을 반영하는 것으로 간주되기 시작했다.

예를 들면 Brown과 Campione(1990)는 학습자들이 근거를 잘 설명할 수 있게 되고 환경 과학에서 논거와 인과관계에 대한 설명을 제공해 줄 수 있게 하는 곳으로서 학습공동체를 설명했으며, 과학 교육자들은 물리학에서 학생들에게 왜 책이 책상을 통과하지 못하는지(Minstrell, 1982) 또는 물이 철제 컵과 스티로폼 컵 중 어디에서 더 빨리 냉각되는지(Slotta & Linn, 2009)에 대한 논증을 만들고 비평하도록 안내를 제공하는 방법에 대해 저술했다. 수학 교육자들은 학습자들이 수학적 알고리즘의 절차를 잘 이해할 수 있도록 돕기 위해 논증 활동을 하게 했다(Lampert, Rittenhouse, & Crumbaugh, 1996). 역사 과목에서, 다양한 원자료를 제공하고 그 객관성을 평가하게 해 보거나 민주주의와 같은 주요 아이디어를 이해하기 위해 논증을 활용하는 것과 같은 학문 분야의 실천으로서 논증을 가르쳐야 한다고 학자들은 강조했다(Wiley & Voss, 1999). 영어 과목에서 구두 토론(예컨대, Nystrand & Gamoran, 1991), 설득적 글쓰기(예컨대, Harris, Graham, & Mason, 2002)는 유명한 예다. 또한 Voss, Kuhn, Perkins, Resnick과 같은 인지발달 심리학자들이나 Pontecorvo(1993)와 같은 유럽의 연구자들은 사형선고 같은 사회적 이슈에 대한 논증을 하는 심리학적 절차에 대해 연구하기도 했다.

처음부터 논증에 대한 연구는 매우 활발하게 이루어졌다. 그러나 이 장에서 지난 10여 년간 어떤 연구가 이루어졌는지 모두 다루지는 않을 것이며, 어떻게 논증을 학습자 중심 학습환경에 통합시킬 것인가에 관한 최근의 사례들만 살펴볼 것이다. 먼저 논증과 학습에 관한 이론적 기반부터 살펴보도록 하겠다.

이론적 기반

Baker(Adndriessen, 2006에서 재인용)는 논증에 참여함으로써 더 높은 학습 성과를 낼 수 있는 네 가지 인과적 메커니즘을 규명했다. 첫째, 논증은 지식을 명료하고 가시적으로 만든다(Bell & Linn, 2000). 구두 토론이나 에세이에서 논증을 표현할 때, 학생들은 기존에 갖고 있던 개념과 오개념을 표출하게 된다. 이때 교사들은 다른 학생들에게 반론을 제기하게 함으로써 오개념을 확인하게 하는 단계로 나아가게 할 수 있다. 이는 Baker가 상정한 두 번째 요소로 유도하는데, 논증이 개념변화를 가져올 수 있다는 것이다. 그 자체는 인과적 메커니즘이 아니고, 일련의 가능한 메커니즘들이라고 할 수 있다. 연구에 따르면 논증을 통해 학습자들은 다양한 측면(Hunt & Minstrell, 1994)과 사고에서의 다양한 변인(Nussbaum, Sinatra, & Poliquin, 2008)을 풍부하게 고려해 보게 되어 자신의 개념에서 잘못된 부분을 찾아내고(Baker, 2003; Ravenscroft & McAlister, 2008) 대안적 아이디어를 이해하고 활용할 수 있게 된다(Asterhan & Schwarz, 2007; Yeh & She, 2010). 마지막 메커니즘은 학습자들이 개념적 갈등을 경험하고, 교사의 지침이 함께할 때 더 우수한 논증이 비교적 약한 논증을 이기게 된다는 가정이다.

Baker가 규명한 또 다른 메커니즘은 새 지식의 협력적 정교화다. 정교화는 처리의 깊이에 관련된 심리적 과정이다(Craik & Lockhart, 1972). 학생들은 두 가지 다른 항목이 서로 관련되었다는 것을 다양한 방법으로 확인하게 되면 한 항목에 대한 단서로 다른 것을 활성화시킬 가능성이 매우 높다. 아치가 왜 더 무게를 잘 견디는가와 같이 하나가 다른 것의 원인이 되는 이유를 설명할 때, '아치'와 '무게'의 관계를 정교화하게 되고 결과적으로 다른 맥락에서 이러한 관계를 더 잘 인식할 수 있게 된다. 예를 들면, 모델 하우스의 출입구로 사각형과 아치 중 어떤 것이 더 좋은가에 대해 서로 논쟁할 때 이런 식의 설명을 생성해 내게 되는데, 이때 학생은 각각 자신의 관점에서 주장하게 된다. 어떤 설명이 더 말이 되는지 외에도, 학생들은 실험이나 시뮬레이션을 통해 실증적 증거를 고려해 보게 된다. 이는 추가적인 정교화(학습)를 만들어 내면서, 논증에 대한 지지 혹은 기각 및 시각적이거나 운동 감각적 기억의 발자취를 제공해 준다. 의외의 실험 결과 또한 인지적 불균형(개념변화를 요구하게 하는 것으로, 4장의 내용을 참고)을 초래하여 불일치 상황을 조정할 수 있도록 도와준다.

두 학생이 서로 반대되는 아이디어를 지지하더라도 각 아이디어의 장단점은 협력적으로 탐색할 수 있다. 학생들은 의견 일치를 못하기보다는 유연하고, 기꺼이 양보하고자 하는 경향이 있다. 이를 협력적 혹은 집단적 논증(Krummheuer, 1995) 혹은 탐구적 대화(Mercer, 1994)라고 한다. Mercer와 동료들은 이기는 것이 목표인 논쟁적 대화나 서로의 아이디어만 쌓을 뿐 불일치는 생기지 않는 누적적 대화와 비교하여 탐구적 대화가 더 나은 학습성과를 가져온다는 것을 확인했다. 이러한 연구 결과로 인해 Baker와 같은 연구자는 서로의 아이디어를 정교화함과 동시에 서로 비평하기도 하는 협력적 정교화를 강조하게 되었다.

Baker가 제시한 마지막 메커니즘은 명료화다. 논증에 참여할 때, 학생들은 자신의 질문이나 아이디어에 대해서 보다 명확하고 자세하게 설명해야만 한다. 그러면 자신들의 지식과 추론 사슬 사이에서의 차이가 드러나기 시작할 것이다. 학생들은 자신의 지식(과 논증)을 조직하여 주요 아이디어가 잘 드러나도록 해야 하고 '열'이나 '소리' 같은 특정 아이디어를 언급할 때 자신이 무엇을 의미하는지 서로 논의하고 협상할 수 있어야 한다(Baker, 2003).

이제 이론과 실제에서의 어려움에 대해 논의할 필요가 있다. 논증이나 다른 사람들을 설득하는 데 있어 효과적이기 위해서 학생들은 토론에 자신들의 아이디어를 내고, 명료화하고, 깊이 생각하고 정교화하고, 증거를 제공하는 한편, 서로 다른 관점에 대해 기꺼이 반대하고 평가하는 태도를 가져야 한다. 이는 학습을 촉진해 주지만 이렇게 할 수 있는 기술이나 성향을 배우게 될 것이라고 보증해 주지는 않는다. 어떤 학생들은 말을 잘 안하거나 표현이 서툴고, 많은 학생이 메타인지가 부족하며(Vye et al., 1998), 대부분은 이론과 증거를 조화시키는 데 어려움을 겪고(Kuhn, 1991), 많은 경우 자신이 논증에서 졌을 때 체면이 깎일까 봐 다른 사람에게 선뜻 반대하지 못한다(Lampert et al., 1996). 이를 위해서는 스캐폴딩이 필요하며, 얼마나 필요한지는 실증적 질문이 얼마나 많은가와 학습자나 주제 영역에서의 다양성에 따라 달라질 것이다. 필요한 스캐폴딩의 양과 특성이 논증을 포함한 학습환경 설계에서 핵심 이슈가 될 것이다.

지금까지는 학습하기 위한 논증이라는 데에 주로 초점을 맞추어 설명하긴 했지만 논증하기 위해 학습하기에도 같은 이슈가 적용될 수 있다. 여기서의 시사점은 학습을 위한 논증을 위해서 논증을 배워야만 한다는 것이다. 어느 정도 그 반대도 맞는 진술인데, 효과적인 논증을 위해서는 새로운 내용 지식을 획득하고 활용해야만 하기 때문이다. 두 목표는 상호 필수 불가결하다고도 할 수 있다. 또한 '논증을 학습하는 것'은 변호사, 엔지니어, 수학자, 건축가, 정치 분석가들처럼 논증하기 위해서 학습하는 공동체의 사회적 실천을 완수하기 위한 활동의 틀을 만들어 줄 수 있다. 이는 학습자들에게 사회문화적ㆍ상황적 관점(Greeno & MMAP, 1998)에서 논증을 학습하고자 하는 동기를 부여해 준다. 정체성 개발뿐 아니라 논증은 선택권과 수단을 제공하고, 호기심을 불러일으킴으로써 학습자들의 내재적 동기를 높여 줄 수 있다(Chinn, 2006). Engle과 Conant(2002)는 학습자들이 특정 학문 분야에서 핵심이 되는 주제와 논란이 되는 문제에 대해 논증을 하는 생산적인 학문적 몰입(productive disciplinary engagement)이라는 아이디어를 제안했다. 한 예로, 멸종위기종에 관한 단원(Brown & Campione, 1990)을 배우고 있는 6학년 학생들이 포식자 고래가 실제로 고래인지 돌고래인지에 관한 논쟁을 수개월간 진행했다. 이를 통해 학생들은 생물학적 적응설에 대해 이해하게 되었을 뿐 아니라 과학적 논증에 대해서도 배우게 되었다. 이 이슈에 몰입한 시간은 흥미로웠으며 논증의 동기 유발적 특성을 드러내 주었다.

이 사례는 시간이라는 또 다른 이슈를 제기하기도 한다. 논쟁을 배우고, 개념변화를 위한 논증을 활용하고, 문제를 심층적으로 분석하고, 창의적으로 문제를 해결하는 것은 모두 시간이 많이 드는 일이다. 보통 학습자들에게는 주제에 대해 배우고 토론에서 나온 논점들에 대해 생각해 볼 시간이 필요하다.

Howe(2010)는 논증적 토론 후에 사고하는 단계를 통해 개념변화나 심층적 학습이 일어난다고 제안했다. 논증과 내용 학습에 대한 연구 결과는 전통적 교수에 비해 즉각적인 이점은 없었지만, 시간이 지난 후 효과가 나타난다는 것이 밝혀졌다(Nussbaum, 2008). 중요한 것은 논증 후에 일어나는 정교화나 통합 같은 추가적인 인지 처리다. 확장된 논증 활동을 활용한 논증 자체가 아니라 그 결과를 보기 위해 기다려야 한다. 앞서 언급한 내용과 더불어, 학습환경은 논거와 반론을 평가하고, 논증을 배우고(Schwarz, Neuman, Gil, & Ilya, 2003), 내용 이해를 높이기 위해서(Engle & Conant, 2002) 학습자들에게 충분한 시간을 줄 수 있도록 설계되어야 한다.

지금까지 논증이 상황화된 사회적 실천과 학문 분야에의 몰입과 관련된 개념들을 보충하여 어떻게 학습을 촉진할 수 있을 것인가에 관한 몇 가지 인지적 매커니즘을 설명하였다. 논증은 본질적으로 인지적이고 사회적인 활동이다. 내용과 관련된 관계와 제약들(논증의 내용이자 참여자들이 서로 논쟁하게 될) 그리고 사회적 상호작용과 관련된 관계와 제약들(예를 들면 어떻게 상대방에게 반대 의견을 가장 잘 표현할 것인가)이 있다. 많은 저자가 제안하듯이(Barron, 2003; Nussbaum, 1997), 논쟁에 참여할 수 있는 문제 공간은 내용과 사회적 제한조건으로 구성되며, 이는 무엇을, 언제, 어떻게 할 것인지 결정하는 것과 조화를 이루어야만 한다. 이 제한조건들은 참여자들이 참여하게 되는 '언어게임'을 정의한다.

학습자 중심 학습환경에서 논증의 사례

이 절에서는 서로 다른 양과 유형의 스캐폴딩과 구조를 포함하는 학습자 중심 학습환경에서의 논증 사례를 구체적으로 소개하고자 한다. 테크놀로지 활용, 내용 영역, 논증에 쓴 시간, 증거 중심인지 실천 중심인지에 따라 사례는 매우 다양하다. 비록 서로 완전히 배타적이지는 않지만, 증거기반 논증은 '무엇'에 초점을 두고 실증적 증거를 기반으로 하는 반면, 실천적 논증은 '무엇을 해야만 하는가'와 행위의 서로 다른 과정을 설계하고 평가하는 데 초점을 둔다. 다음에서는 각 사례에 대한 세부사항과 논의되는 환경의 유형과 관련하여 되풀이되는 주제들을 제시하도록 하겠다.

논증지도

Gürkan, Iandoli, Klein, Zollo(2010)는 컴퓨터 시스템으로 논증의 구조를 지도화했다. 논증지도는 논거가 포함해야 하는 요소들의 범주를 제공해 준다. 이는 논거 관계망(argument ontologies[1])이라고 불리며 지도는 아이디어를 시각적으로 조직화할 수 있게 해 준다.

Gürkan 등은 University of Naples Federico II의 산업공학과 대학원생(n=160)이 참여한 웹 2.0 시스템 Deliberatorium[2]을 통해 약 1,900개의 게시물로 구성된 사상 최대 규모의 지도를 생성했다. 지도 자체는 분기식 토론에 올려진 게시물의 조직과 유사하다. 시스템은 토론 포럼에서 영감을 얻었고, 특징은 지도의 어디에나 노트를 삽입할 수 있는 점이다.

플랫폼은 가상 공동체를 위해 설계된 것으로 중요한 사회적 이슈에 대한 공개 포럼과 블로그로 구성되어 있다. 이러한 공개 포럼은 아이디어를 공유하기 위해 활용되지만 관련없거나 엉성한 게시물이 많아 신호 대 잡음 비율은 낮은 편이다. Deliberatorium 플랫폼은 이 가상 공동체의 논증들을 질적으로 향상시키기 위해 고안된 것이다. 학습자들을 위해 설계된 것은 아니지만, Deliberatorium은 여기 소개한 사례에서처럼 수업 내에서 활용될 수도 있다. 학습자들은 내용(바이오연료)에 대해 배울 수 있을 뿐 아니라 가상 공동체에서 논증하기를 배울 수도 있다.

플랫폼의 관계망은 이슈 기반 정보시스템(issue-based information system, IBIS), Toulmin 관계망, Walton 관계망의 세 가지 형식의 조합이다. IBIS 관계망은 질문, 아이디어, 제안, 긍정/부정 논증, 질문, 결정으로 구성된다(Conklin, 2006). Toulmin 관계망은 주장, 근거, 타당화로 구성된다

---

1) 역주: 철학 분야에서 ontology는 '존재론'으로 번역하나, 수학이나 공학 분야에서는 용어 간의 관계를 정의하는 의미로 쓰이므로 이 책에서는 맥락에 맞게 '존재론'과 '관계망'으로 혼용해서 번역했다.
2) 역주: MIT에서 처음 도입된 (주로 온라인) 협력 논증지도 시스템이다.

(Toulmin, 1958). Walton 관계망은 전문가의 의견이나 유추 같은 논거의 전형적 유형인 논증 구도로 구성되며, 각 구도와 관련된 논거의 유형에 대한 핵심 질문(예를 들면 전문가는 얼마나 신뢰할 만한가)과 연계된다(Walton, 1996). Walton 관계망은 Nussbaum(2011)에서 자세하게 다루고 있다. Deliberatorium 플랫폼에서 사용자들은 다른 노트 어디에 붙일지 결정해서 노트를 게시한다. [그림 5-1]에서 제시하는 것처럼 독자들은 노트에 코멘트를 할 수도 있고, 어떤 노트에든 논증 구도 및 이와 관련된 주요한 질문세트를 선택하고, '못함'에서 '매우 잘함' 까지 논거의 수준에 따라 '투표'를 하게 된다.

다른 가상공동체에서처럼 '편집 혼란(edit war)'[3]같은 것이 일어나지 않도록 토론 중재가 필요한데, Gürkan 등(2010)의 연구에서는 네 명의 학습

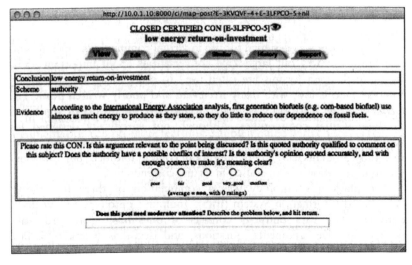

| 그림 5-1 | Deliberatorium에서 활용된 논거 평가표
출처: Gürkan et al. (2010), p. 3690.

----
3) 역주: 온라인상에서 여러 사람이 동시에 수정을 하거나 다른 사람의 의도를 모르고 편집을 하게 되는 것과 같은 상황이다.

자가 중재자 역할을 했다. 최종 지도에 포함되기 위해서 중재자들은 각 노트가 주제에 적절한지, 맞게 범주화되었는지, 제대로 된 위치에 게시되었는지를 확인해야 한다. 중재자들은 노트의 제목이나 위치를 수시로 수정하여 논리적으로 지도가 잘 조직되었는지 확인해야 한다. 5,003개의 노트 중 중재자들은 1,119가 적합하다는 것을 확인했다. 이런 활동은 중재자들에게 매우 큰 시간 부담을 주기 때문에 중재자는 전체 참여자의 5~10퍼센트 정도로 할당되는 것이 바람직하다.

Gürkan 등의 보고는 다음과 같다.

> 직접적인 논쟁의 수준은 중간 정도였다. 참여자들은 서로의 게시물에 많은 논거를 달았으며(게시물의 62%가 논증이었고, 이 중 67%가 다른 사람의 게시물에 붙인 것이었다), 대부분의 논증이(78.3%) 반대보다는 찬성의 내용이었다.
>
> (Gürkan, et al., 2010, p. 3694)

연구자들은 학생들이 다른 사람의 아이디어를 비평하는 것을 꺼렸을 것으로 추측했다. 이 현상에 대한 다른 가능한 설명은 학습자들이 개념 수준이 부족하여 많은 노트를 읽다보니 쉽게 '내용 포화상태'가 되어 하위 주제들을 깊이 있게 탐색하기는 어려웠을 것이라는 것이다. 또한 게시물에 대한 외적 보상(포인트, 작은 상품)은 게시물의 질적 수준보다는 양만 늘리는 결과를 가져 왔다. 연구 결과는 이처럼 논증지도를 만드는 데 있어 어려운 점이 무엇인지 보여 주고 있다.

관련 사례

Deliberatorium은 컴퓨터 지원 논증지도(computer-assisted argument mapping: CAAM)의 일반 범주에 속한다. 더 소규모로 활용될 수 있는 다른 유

형의 CAAM도 있다. 예를 들면, Rationale(Davies, 2009)은 지지나 반대의 관계를 위계적인 지도로 만들어 볼 수 있게 해 준다([그림 5-2] 참조). Rationale은 이러한 도식을 구성, 수정, 공유할 수 있게 해 주는 도구이며 (van Gelder, 2007), 초록색은 지지하는 이유, 붉은색은 반대, 주황색은 반대에 대한 반박 등, 색상이 속성을 표시하도록 하여 각 박스 안에 들어갈 의미 단위인 infons를 지도 안에 넣게 해 준다. Rationale은 대학생들이 논문의 구조를 (철학이나 경제사) 개별적으로 지도화할 수 있게 하는 도구다. 개별적인 실행 결과(Rider & Thomason, 2008) 거의 1 표준편차만큼의 차이로 비판적 사고 능력 표준화 검사에서 높은 점수가 나왔다(van Gelder, Bissett, & Gumming, 2004).

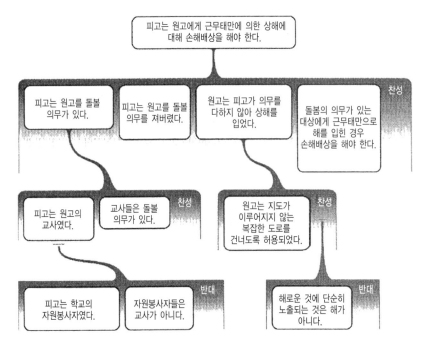

| 그림 5-2 | 찬성과 반대의 관계를 보여 주는 'Rationale' 논증 분석 도구
출처: van Gelder (2007), p. 4.

스캐폴딩 그룹 토론에서 Compedium 사용자들(Okada & Shum, 2008)은 IBIS 관계망에 기초하여 [그림 5-3]과 같은 대화지도를 만들었다(Rittle & Noble, 1989). IBIS는 원래 파편화되고 반복적일 수 있는 중재 없는 토론이 일어나는 정부와 기업 상황에서 문제 해결 회의를 도와주기 위해 개발된 것이다(Conklin, 2006). Conklin은 대화지도가 논증을 보다 체계적으로 만들어 주어 선택한 사항에 관련해 미처 논의되지 않았던 불리한 점을 찾아

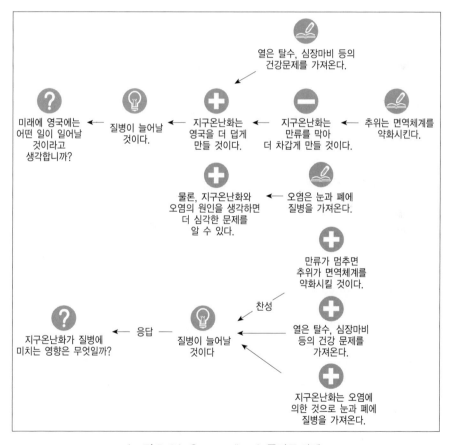

| 그림 5-3 | Compendium 논증지도 사례
출처: Okada & Shum (2008), p. 305.

내게 해 주기도 한다고 설명한다. Okada(2008)는 과학 수업(기후 변화에 대한 에세이 쓰기)에서 Compedium을 활용하여 증거 노드를 포함한 관계망을 만들었다. Okada는 이 시스템이 유연하여 '교점을 자유롭게 만들 수 있도록' 해 주지만 사용자들이 조심하지 않으면 '스파게티처럼' 심하게 복잡한 모양을 만들어 내기도 하므로 단점이 될 수도 있다고 지적했다 (Okada, 2008, p. 159). Okada와 Shum은 소그룹에서 학생들이 지도를 만들게 할 때, 교사의 코칭이 있으면 지도를 더 잘 만든다는 것을 발견했다.

우수한 논증지도를 만드는 능력은 제도(cartography) 기술을 보여 준다

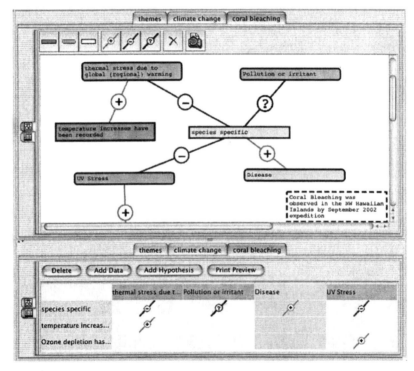

| 그림 5-4 | Belvedere 인터페이스(버전 4.10):
인터페이스는 개념지도뿐 아니라 증거지도와 매트릭스 표현을 지원해 준다
출처: http://belvedere.sourceforge.net/

(Okada, 2008). 이런 제도 능력은 논증문을 쓰는 것(에 도움이 될 수는 있지만)과는 다른 능력이다. Suthers(2008)는 Belvedere라는 시스템을 써서 문장력과 지도 제작 기술의 관계를 연구했다. 이 시스템의 관계망은 [그림 5.4]처럼 초록색 플러스(찬성)와 붉은색 마이너스(반대)의 교점으로 연결된 데이터와 가설로 구성된다. Belvedere의 어떤 버전은 두 학생이 지도를 만들면서 채팅을 할 수도 있게 해 준다. Suthers(2008)는 문자(채팅)대화와 논증지도를 같은 창에 통합하는 것이 독립된 창에서 했을 때보다 더 효과적이라는 것을 발견했다. 또한 Belvedere는 학습자들이 온라인 채팅 상황보다는 면대면 상황에서 통합적 과학 에세이를 쓸 때 더 효과적이라는 것을 확인했다. 온라인 채팅에서는 작성된 문서의 서로 다른 부분을 연계하기 위한 가리키기(pointing) 같은 의사소통 형식을 쓰는 데 어려움이 있었기 때문이다(Suthers, Hundhause, & Girardeau, 2003). 그러나 온라인 사용자들의 상호작용적 담화는 소프트웨어에 의해 지원되는 지식의 구분을 더 많이 포함하고 있기는 했다.

더 나아가, Belvedere와 논거 루브릭(rubric)[4]을 통합하여 학생들이 웹에서 제공되는 논문을 활용해서 과학적 조사의 질을 평가하도록 하는 것은 학습자들의 집합적 논증을 향상시키는 데 둘 중 하나만 썼을 때보다 효과적이었다(Toth, Suthers, & Lesgold, 2002). 루브릭은 학습자들이 불일치하거나 대조되는 상황을 다루어야 할 때 특히 효과적이었다(Suthers, 2008).

마지막으로 Digalo 시스템(Schwarz & Glassner, 2007)은 다른 것과 유사하기는 하지만 특정 지도 활동을 위해 어떤 관계망을 쓸 수 있는지 교사들이 결정하게 한다는 점이 특징이다. Digalo는 짧은 텍스트 노트를 각각의 모양에 넣을 수 있게 해 준다([그림 5-5] 참조). Schwarz와 동료들은 교사가 중재하는 실시간 토론에서 중학교 학생들이 Digalo를 사용하게 했다. Digalo

---

4) 역주: 학습자의 수행을 평가하기 위한 항목별·수준별 기준을 표와 같은 형식으로 나타낸 것을 의미한다.

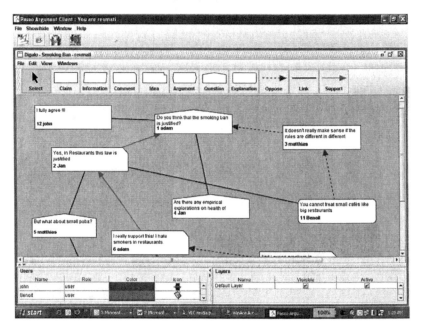

| 그림 5-5 | Digalo 논증지도 예시

출처: Schwarz, & Asterhan (2011).

는 Argunaut(Schwarz & Asterhan, 2011)라는 큰 컴퓨터 시스템의 일부로, 교
사들이 각 그룹이 지도를 개발하는 것을 살펴보고, 개별적인 참여 수준,
(소외된 참여자가 없는지 확인하기 위해) 사회적 관계, 다양한 관계망 움직임
의 배치를 보여 주는 탭을 확인하며 동시에 여러 개의 소그룹 토론을 감독
하고 중재할 수 있게 해 준다. 연구 결과, 효과적인 온라인 중재자들은 일
반적인 도움(왜 그렇게 생각하세요?)뿐 아니라 내용 관련 세부적인 도움(다
른 말로 바꾸어 표현하거나 정교화하기, Schwarz & Asterhan, 2011)을 균형 있게
활용하였는데, 후자의 경우는 토론이 계속되도록 촉진해 주었다(Asterhan
& Schwarz, 2010).[5]

　　교육 목표가 다양한 관점을 보여 주기 위한 것이라면, 그룹 중재 토론,

루브릭, 단순 지도 관계망, vee 다이어그램 같은 그래픽 조직자(Nussbaum, Winsor, Aqui, & Poliquin, 2007)만으로도 쉽게 목표를 성취할 수 있다. 복잡한 논증을 어떻게 하는지 배우는 것이 목표라면 더 정교한 CAAM 시스템이 적절하겠지만 이는 교사, 중재자, 지능적 튜토링 시스템, 루브릭으로 자기평가나 동료평가를 하는 광범위한 코칭과 피드백과 연동될 때만 의미가 있다. 학습자들이 과학적 개념의 복잡한 관계 같은 내용을 학습하는 것이 목표라면 아직 판단하기는 좀 어렵다. 어떤 연구에서는 입증되지 않은 증거가 일부 제시되기도 했지만(Rider & Thomason, 2008; Scheuer, Loll, Pinkwart, & McLaren, 2010 참조), 내용 학습 효과를 찾아내지는 못했다(Schwarz et al., 2003; Stegmann, Weinberger, & Fischer, 2007). 그러나 Van Amelsvoort, Adriessen, Kanselaar(2007)의 연구에서는 지도를 먼저 구성해 보고 파트너와 온라인 채팅을 한 후 수정을 한 경우에는 텍스트만 활용한 경우보다 최종 지도에서 더 많은 근거를 포함했다. 토론이 보다 초점에 맞추어 이루어지도록 지도가 도와준 것이다. 사전에 지도를 만들거나 사후 활동으로 한 경우, 아니면 둘 다에 의한 효과인지는 불분명하나, 어느 경우든 지도가 내용 학습에 기여한 것으로 보인다. Schwarz, Schur, Pensso, Talyer(2011)의 연구에서는 Digalo를 활용한 후 밤/낮 주기에 관한 개념변화가 있었으며, 이는 교사의 효과적인 온라인 중재, 세심하게 설계된 토론 주제, 그래픽 자료의 활용과 연계되었을 때만 일어났다.

학습자들이 이러한 시스템을 활용함으로써 내용 학습을 한다는 것은 신빙성이 있지만 이 학습이 얼마나 깊이가 있고, 지도의 어떤 특성이 공헌을 했으며(학습환경의 다른 구성요소들과 비교했을 때), 이 시스템들이 복잡하고 가르치기 어려운 개념을 얼마나 잘 제시해 주는지에 관해서는 후속 연구

---

5) Belvedere, Digalo 그리고 다른 시스템들은 LASAD 시스템에서 실행할 수도 있다(Loll & Pinkwart, 2009). LASAD 는 또한 교수자들이 자신만의 관계망을 저작할 수도 있게 해 준다. LASAD는 더 융통성 있는 차세대 CAAM 시스템의 가능성을 보여 준다.

가 필요하다. 개념지도(Cañas & Novak, 2008)와는 달리, 논증지도는 내용 외에도 지도 만드는 기술도 배워야 하기 때문에 학생들에게 인지적 부담을 주어 개념학습을 위한 시간과 집중을 방해할 수도 있다(Kester & Pass, 2005). 지도 만들기가 자유롭게 흘러가는 토론 방식으로 이루어지는 상황이라면 논증지도는 어떤 상황에서는 학습자들의 추론을 자극하고 조직화해 줄 수 있지만 다른 상황에서는 지나치게 제한적일 수도 있다. Wegerif (2007)는 논증지도 그 자체는 대화가 아니며, 대화를 성찰하거나(Enyedy & Hoadley, 2006) 대화와 성찰을 지원하기 위해 활용되어야만 한다고 했다. 논증지도 환경이 효과적이기 위해서는 매우 세심하게 설계되어야 함은 분명한 사실이다.

협력적 추론

Anderson과 동료들에 의해 개발된 협력적 추론(collaborative reasoning: CR)은 매우 중요한 사례 중 하나다(Waggoner, Chinn, Yi, & Anderson, 1995). 이는 문학 수업에서 초등학생들에게 활용된 기법이었다. 일반적으로 학생들은 짧은 이야기를 읽고 만나서 소규모로 토론을 하게 되는데, 주로 내용과 관련된 도덕적 딜레마가 질문으로 제시된다.

목적은 학습자가 협력적으로 논증을 구성하고 비평할 수 있도록 자유롭게 흘러가는 토론을 할 수 있게 하는 데 있다. 이 기법은 문학작품의 장면과 개성의 질적 측면을 감상해 보는 미적 관점(Rosenblatt, 1985)과 비평적이고 분석적인 관점(Wade & Thompson, Waggoner et al., 1995에서 재인용)을 통합한 것이다. 교사도 토론에 참여하지만 그룹 밖에서 꼭 필요할 때만 중재하게 된다. 교사는 중심 질문을 제시함으로써 토론을 시작한다 (Waggoner et al., 1995). 학생들은 옹호하는 입장을 손을 들어 표시한다. 그다음 손을 들거나 이름이 불리지 않아도 말할 수 있는 개방 참여 구조를 활용하여 자유토론이 진행된다. 학습자들은 서로에게 이야기하며 교사와 이야기하는 것은 아니다.

학습자들이 다음과 같은 토론 규칙과 규준을 배우는 동안 처음 얼마 동안은 교사의 참여도 필요하다.

- 사람이 아니라 아이디어에 대해 비평적으로 생각해 보기
- 이슈의 두 가지 면 모두 이해해 보려고 노력하기
- 명확하지 않다면 다른 사람이 한 말을 재진술해 보기(Waggoner et al., 1995)

Anderson은 교사의 역할을 중재자보다는 코치로 보았으며, 특히 학생들에게 어떻게 협력적 논증 '게임하기'를 하는지 코칭해 주는 것이 중요하다고 했다. 교사들은 학습자에게 '입장, 이유, 증거, 평가'를 유도하고 (p. 584), 의미를 명확하게 하기 위한 질문을 하고, 학습자들이 한 번도 생각해 보지 못한 아이디어를 제시해 주고, 반론을 제공하는 것의 시범을 보이고, 논증 용어를 활용할 때 학생들에게 간혹 칭찬해 줄 필요가 있다 (Waggoner et al., 1995).

그러나 일반적으로 교사들은 '밖으로 물러나' 있어서 학습자들이 개방 참여 구조로 자유토론을 할 수 있게 해 주어야 한다. 교사들이 토론에 너무 많이 관여하면 학습자들은 서로에게 이야기하기보다 교사에게 이야기하게 되고 교사의 평가나 피드백을 기대하게 된다. 이렇게 되면 교사와 학습자들이 교사들이 질문을 하면 학생이 대답하고 교사가 이에 대한 평가를 하는 IRE 모드, 시작하기(initiate)−반응하기(respond)−평가하기(evaluate)에 빠지기 쉽다(Mehan, 1972). 그러나 이는 학교에서 가장 많이 볼 수 있는 '언어게임'임을 부인할 수 없다. 협력적 논증의 목적은 학생들이 논증적 담화에 몰두해 서로의 관점을 주고 받고, 교사가 아닌 동료학습자가

찬성이나 반대의 논거로서 다른 학생들의 아이디어에 피드백을 제공하도록 하는 데 있다. 학습자들이 협력적 토론에 참여하는 것에 숙달되도록 하는 것도 또한 중요한 목표다. 이는 교사가 코치 역할을 하며 토론에 참여함으로써 '게임하기'를 할 수 있게 해 줄 때만 가능하다. 이런 이유 때문에 협력적 논증의 장기적 목표는 학습자들이 교사의 도움으로부터 독립할 수 있게 해 주는 데 있다. 이는 교사가 '침묵함으로써'(토론에서 아무도 말을 하지 않을 때 침묵하기), 질문하기보다는 아이디어를 재진술해 줌으로써, 아이디어를 제시한 학습자의 이름을 불러줌으로써(John의 의견에 대해 다른 사람은 어떻게 생각하나요?) 가능하다(Waggoner et al., 1995, p. 585).

그러나 이때 학습자들이 논증에 대한 사전 연습 없이 CR 세션에 참여하는 것은 제외한다. Stein과 Miller(1993), Garvey와 Shantz(1992)는 유치원생들이 친구들이나 부모와 어떻게 논증을 하는지 기록했고, Goodwin(1993)은 청소년기 소녀들을 대상으로 유사한 연구를 진행했다. 어느 정도 수준까지 CR은 학습자들의 비형식적 논증 기술을 증진시켜 주고, 이를 교과 영역에 적용할 수 있도록 해 준다. 문화가 다른 학습자의 경우에는 다양한 유형의 논증에 노출되어 본 적이 드물지만 대부분의 경우 어느 정도는 다 경험이 있다. Dong, Anderson, Kim, Li(2008)는 중국 학교에서 온 학생들이 중국 학교에서는 일반적이지 않은 담화의 형태임에도 불구하고 쉽게 CR에 참여하는 것을 발견했다. 중국 학생들은 학교에서 비록 경험해 보지 못했다 하더라도 협력적 토론을 다양한 사회적 상황에서 경험했을 것이기 때문으로 추정할 수 있다.

CR은 논증 전략이라는 동료 모델링을 가능하게 해 준다. 전략은 담화에서 추론 전략을 반영하나 사회적 기능의 역할을 하는 반복적인 대화 패턴이다(Anderson et al., 2001). Anderson 등(2001)은 협력적 담화에서 학습자들이 활용하는 전략들을 확인했는데, '[이야기]에서 [증거가 나왔고]' '만약 [행동]을 했는데 [나쁜 결과]가 나오면 [행동하지 말아야] 한다' 혹은

'[명제]를 얼버무리다(어떤 행동이 [그렇게 한] 것일 수도 그러나 안 한 것일 수도 있는)'와 같은 것들이었다. 만약 한 학생이 전략을 쓰면 다른 학생도 그렇게 하고, 전략을 차용해서 다른 논거를 구성할 때 그 전략을 활용하기도 한다고 했다. 그러면 다른 학생은 그 전략을 그대로 따라하기도 하고 시간이 지날수록 차용하는 사례가 어느 시점까지 폭발적으로 늘어난다고 했다. Anderson 등(2001)은 이를 **스노우볼 효과**라고 했다(Nussbaum, 2003 참조). 전략의 차용은 학습자가 CR에 참여하면서 논증 기술을 향상할 수 있는 방법 중 하나다. CR은 또한 어떻게 끼어들고, 정중하게 반대 의견을 표시할 수 있는지와 같은 상호작용적 대화 능력과 자신감을 키워 준다. 스노우볼 전략의 사례를 보면 상대방의 논거에 대해 찬성하거나 반대하기 위한 방법으로 '네 의견에 대해 할 말이 있는데, [이름]'과 같이 시작하는 것이다. 다음 발췌문(Anderson et al., 2002, p. 17)에서 학습자들은 『에이미의 거위(*Amy's Goose*)』(Homles, 1977)에 대해 토론하고 있다. Amy는 농장에서 살고 있는 외로운 소녀로 상처 난 거위들만이 유일한 친구인데, 중심 질문은 Amy가 거위를 계속 데리고 있어야 하는지, 다 나으면 남쪽으로 날아갈 수 있게 놓아 주어야 하는지에 관한 것이다.

> AURETHA: 나는 너와 의견이 다른데, Kyle, 음, 그러니까, 거위가 스스로 먹이를 찾을 수 없다니. 그럼 이 농장에 오기 전에는 음, 어떻게 먹이를 구했을까?
>
> KEVIN: Auretha [Timothy는 한숨을 쉰다], 나는 의견이 다른데. 그러니까 그 거위가 농장에 계속 오래 있었다고, Amy가 놓아 준다고 해도 야생 생활을 안 한 지 좀 돼서 먹이를 못 구할 거잖아.
>
> TIMOTHY: 나는 반대 의견이야. Sylvia[Kevin이 킥킥 웃는다], 그런데 만약 거위가 거기 돌아가기 싫으면, 만약 거위들이 걔를 받아 주기 싫으면……

AURETHA: 나는 의견이 다른데 Cassius, 나는 Cassius와 Kevin의 의견
에는 반대야, 너네들은 그러니까 그, 그, 그 거위가 또 아파질 수도 있
으니까, (지금 다 낫긴 했지만), Amy가 호수에 데려가서 수영시켜 주고,
그때 물에 들어가도 병이 들지 않는다면, 가을에 거위들이 다시 돌아오
면 그때 돌아가도 되잖아.

AURETHA: 나는 반대 의견 있어. 나는, Amy가 거위 때문에 화날 수도
있으니까, 그냥 보내 주고 다른 애완동물을 어디선가 또 찾거나, 아니
면 엄마 아빠한테 애완동물 하나 얻게 해 달라고 해도 되지 않을까?[6]

상대방이 얼굴(사회적 자아상, Goffman, 1963)을 찌푸릴 수도 있기 때문
에, 의견이 다르다고 해도 다른 학생에게 반대 표시를 하기는 쉽지 않다.
앞서 설명한 전략은 담화를 보다 재미있고 협력적으로 만들어 주는데 무
엇인가 서로 공유하는 것이 있으면 반대 의견을 내기도 좀 쉬워진다.

연구 결과에 따르면 CR은 학생들의 참여, 감정이입, 흥미, 어휘력, 증거
의 활용, 추론의 복잡성 등을 향상시켜 준다(Clark et al., 2003). 게다가 다수
의 연구(Dong et al., 2008; Reznitskaya, Anderson, & Kuo, 2007; Reznitskaya,
Anderson, McNurlen, Ngyuen-Jahiel, Archodidou, Kim, 2006)가 CR을 통한 구
두 논증 기술이 논증적 글쓰기 능력으로 전이된다고 보고하고 있다. 소설
주제에 대한 개별적인 에세이를 쓰면서 CR에 참여했던 학생들은 그렇지
않은 학생들에 비해 반박이나 논박을 더 많이 포함시켰다. 이 연구는 준실
험 연구라는 한계가 있었으나, 다수의 유사 연구가 혼재변인으로 인한 영
향이 아님을 밝혀 주었다. Anderson과 동료들은 CR에 참여한 학생들이 완
벽하고 타당한 논거의 서로 다른 부분에 대한 추상적 정신 표상인 논증 스

....
6) 스노우볼 현상은 아동 집단에서 말이나 사고방식이 퍼져 나가는 방법 중 하나다 [(R. C. Anderson, K. Nguyen-
Jahiel, B. McNurlen, A. Archodidou, S. Kim, A. Reznitskaya, M. Tillmans, & L. Gilgert, 2001, Cognition and
Instruction 33, pp. 17-18. Copyright 2001 by Lawrence Erlbaum and Associates(현, Routledge 사)].

키마를 획득하거나 더 향상시킬 수 있다고 했다(Reznitskaya & Anderson, 2002). 글로 표현하는 논증에 참여하면 스키마가 활성화되고, 그로 인해 전이 효과를 설명할 수 있게 된다.

CR을 논증기반 학습환경의 사례로 제시한 이유 중 하나는 다른 사례와는 달리 순수하게 면대면 담화만을 포함하기 때문이다. Kim, Anderson, Ngueyn-Jahiel, Archodidou(2007)는 CR을 컴퓨터 지원 협력학습(computer-supported collaborative learning: CSCL)의 일부로 활용했다. 4, 5학년 학생들로 구성된 10개 그룹(한 그룹에 5~6명의 학생)이 몇 개의 소설에 대해 온라인상으로 실시간 및 비실시간으로 토론을 하게 했다. 각 그룹의 학습자들은 서로 다른 학교에 다니고 있어서 서로 거의 모르는 상태였다. 각 그룹에는 성인 중재자가 있었다. Kim 등(2007)은 매우 높은 참여율과 여덟 개의 논증 전략에서 스노우볼 효과가 있었음을 발견했다. 학생들은 성인 중재자가 누군지 몰랐기 때문에 중재자로부터 전략을 얻어 갈 방법은 없었다. 또한 중재자들은 장기적으로 가르치는 것 같은 도움을 주려고 했는데 Kim 등은 더 효과적인 중재자일수록 짧으면서 적극적인 공헌을 한다는 것을 확인했다(Asterhan & Schwarz, 2010 참조). 학습자가 만든 논증은 질적으로 우수했으며, Kim 등은 학생들의 논증이 "명확하고 형식을 갖춘 논거를 포함하여 논증의 모든 요소를 잘 갖추고 있었으며, 증거나 다른 유형의 보완 자료, 반박, 논박, 가설적 추론 등에 잘 부합한다"(p. 367)고 보고했다.

이 연구 결과는 반대하기를 꺼려하거나 구체적인 스캐폴딩 없이 복잡한 논증을 구성하는 데 어려움을 겪는다고 하는 다수의 CSCL 연구 결과와는 정반대다. Nussbaum(2005)은 CSCL 환경에서 학습자들이 논증을 어떻게 하는지 몰라서 어려운 것이 아니라, CSCL 환경에 적합한 논거 제시 행동의 유형을 잘 모르기 때문이라고 했다(Wegerif, 2007 참조). 그러나 Kim 등의 연구에서 CR에 참여한 학생들은 면대면 CR 세션에 참여했고 스캐폴딩을 제공받았다는 사실을 주지할 필요가 있다. 다른 유용한 CSCL 전략은 해야 하는 토론의 유형이 담긴 비디오 자료를 제공하거나(Rummel & Spada, 2005) 어떻게 반박이나 논박을 하는지 이야기해 주는 것이다 (Nussbaum, 2005).

그러나 성공적인 CSCL 토론을 위해서는 규준이나 기대 사항을 아는 것 말고도 다른 장애물들이 또 있다. 예를 들어 Nussbaum과 Jacobson(2004) 은 내용 지식의 부족은 학습자들이 서로에게 반대하는 것을 주저하게 만 든다고 했다. Kim 등의 연구는 아동문학을 다루었기 때문에 이것이 별로 이슈가 되지 않았다. 또한 앞 절에서 본 것처럼, 학습자들이 특정한 스크립 트에 숙달하게 하거나, 관계망에서 의견을 범주화하거나, 논증지도를 만 들려면, 이를 위한 기술을 갖고 있거나 배워야 하기 때문에 CSCL 토론이 더 어려워지는 것이다. 그러나 Kim 등의 연구는 온라인 환경에서 테크놀 로지 관련 스캐폴딩이 언제나 필수는 아니라는 것을 보여 준다.

CR 연구 결과는 과학교육의 결과와도 완전히 대조적이다. 예를 들어 Drduran과 Jimènez-Aleixandre(2008)의 편저에 보면, 많은 저자가 과학 수업에서 ① 추론과 증거를 연계하는 과학적 논증을 만들 때와 ② 생산적 인 토론을 할 때 학생들이 상당한 스캐폴딩을 필요로 한다고 한다. 아동문 학을 다룰 때보다 과학 영역에서 논증을 구성하는 것이 어려운 이유는 학 습자들이 내용 지식에 대해 잘 모르거나 자신감이 부족하기 때문일 수 있 다. 과학 영역은 학습환경이 잘 설계되지 않으면 학습자들에게 의미 부여 가 쉽지 않고 참여를 유도하기도 어렵다. 과학에서 증거는 본질적으로 보 다 양적이고 증거를 표상하는 일반 개념(증거의 특정부분에 대한 내용)이 CR에 활용된 증거의 유형보다 학습자들이 이해하기가 더 어렵다. 마지막 으로 과학 수업에서는 학생들에게 증거를 보다 명확하게 제시할 것을 기 대한다.

정당한 이유(warrant)는 왜 증거가 특정 주장을 지지하거나 반대하는지 설명해 주는 이론적 원리다(McNeill, Lizotte, Krajcik, & Marx, 2006). 학생들은 자신들의 주장에 대한 이론과 증거를 통합하는 데 많은 스캐폴딩을 필요로 한다(Kuhn, 1991; Mcneill, et al., 2006). 과학적 이론을 숙달하고 설명하는 것은 학습자들이 사전에 정의된 원리의 메뉴에서 하나를 고르게 하는 방식으로 제공한 Explanation Constructor(Clark & Sampson, 2007)나, 어떤 이론이 어떻게, 왜 더 잘 맞는지 학생들이 살펴볼 수 있게 한 컴퓨터 시뮬레이션(Jonnassen, 2006)과 같은 스캐폴딩이 없으면 어려운 일이다. 이와는 대조적으로 Anderson, Chinn, Chang(1997)은 CR 학습자들은 놀랍거나 반박의 여지가 있는 경우가 아니면 일반적인 이론 원리를 거의 표현하지 않는다고 했다(Anderson, Chinn, Waggoner, & Ngueyn, 1998). 이는 일반적인 담화에서 정당한 이유는 표현할 필요가 없으면 암묵적으로 남아 있게 된다는 Toulmin(1958)의 주장과 일치한다. 일반적으로 과학적 개념의 복잡성, 과학의 본질에 대한 이해 부족(Kuhn, 1991) 때문에 학생들은 생산적인 과학적 논증을 만드는 것을 어려워한다.

그렇지만 과학 영역에서도 자유토론이 가능하다. CR처럼 과학 교실에서 토론 규칙이나 규준을 만드는 것이 매우 중요하다(Jimènez-Aleixandre, 2008). Engle과 Conant(2002)는 충분히 규준을 수립하고, 상호교수를 통해 내용 이해를 스캐폴딩하고(이는 토론 기술도 향상시켜 주었다), 직소 조사 그룹, 그룹 간 토론, 임시 강의, 개념 이해와 변화를 촉진하기 위해 설계된 시범 수업(Hunt & Minstrell, 1994)을 포함한 확장된 형태의 자유토론을 수업에 적용하고 연구했다. Adey와 Shayer(1993)는 과학 문제에 대해 학생들이 토론할 수 있는 Thinking Science라는 프로그램을 개발했다. 이 프로그램은 사용 후 1~2년 후에 치러진 표준검사에서 학생들의 읽기와 수학 점수를 향상시킨 것으로 밝혀졌다(Mercer, Dawes, Wegerif, & Sams, 2004; Wegerif, Mercer, & Dawes, 1999 참조). 이 프로그램을 통해 대안적 가설을 검증할 때 필요한 메타인지 성향과 연계되는 논증 스키마를 개발하게 해 준 것이다. 일반적으로 자유로운 방식의 성찰적 대화에 참여하게 하는 것은 학습자를 몰입시킬 뿐 아니라 잠재적으로 인지 발달에 지대한 영향을 가져올 수 있다.

논증과 게임

논증이 언어게임의 유형이라면, 논증을 게임 플레이 상황에 접목시켜볼 만하다. Ravenscroft와 McAlister(2006)는 언어게임의 부분으로 생산적 논거를 만드는 데 초점을 맞춘 대화게임의 개념을 제안했다. 다양한 규칙을 써서 튜토링, 논쟁, 창의적 브레인스토밍 등, 여러 가지 대화게임을 만들 수 있다. 각각의 게임 유형은 합법적인 것을 정의하는 각기 다른 일련의 규칙들과 다른 상황에서의 선호하는 활동들로 기능하게 된다. Revanscroft와 McAlister는 Academic Talk와 InterLoc이라는 두 가지 시스템을 개발했다. 이 시스템들은 사용자가 '나는 반대한다, 왜냐하면' '왜 그렇게 생각해?' '내 생각엔 증거가 더 필요한데' 같은 대화 시작 어구 메뉴를 두어 노트를 시작할 수 있게 해 준다. 질문, 도전, 이유, 동의, 유지와 같은 다양한 시작 어구 메뉴가 있다. InterLoc은 또한 담화의 여러 단계에서 생산적으로 쓰일 수 있는 대화 선택을 제공한다. 실시간 채팅과 지도 같은 인터페이스를 통합해서 분기식으로 개발할 수 있게 해 준다. [그림 5-6]은 InterLoc의 대화 사례다(Ravenscroft & McAlister, 2006).

연구 결과에 따르면, 이 시스템은 매우 높은 수준의 논증을 만들 수 있게 했지만(Ravenscroft, McAlister, & Sagar, 2010), 수준 높은 대화가 언제나 보증되는 것은 아니었다. 흥미롭고 의미 있는 내용, 잘 설계된 중심 질문, 비판적 사고력을 연습해 볼 수 있는 수단, 다른 학습활동과 토론을 신중하게 통합하는 잘 설계된 학습환경(Ravenscroft, 2007)에 내재되어야 한다. 위키, 블로그, 페이스북, 유튜브와 같은 소셜미디어와 대화게임을 어떻게 통

| 그림 5-6 | InterLoc 인터페이스와 대화 사례
출처: Ravenscroft (2010).

합할 것인지도 고려해야 한다. 학습자들의 몰입을 높일 목적으로 InterLoc
은 다른 웹 자료를 링크시키거나 대화게임에서 이를 증거로 활용할 수 있
도록 개발되었다(Ravenscroft & McAlister, 2008).

　대화게임을 보다 광범위하고 복잡한 게임 환경에 내재시킬 수도 있다.
Squire와 Jan(2007)은 죽음의 이유를 조사하기 위해 세 명이 팀으로 참여하
는 증강현실 게임에 대해 연구했다. 학습자들은 '정부 공무원' 혹은 '의
사' 같은 역할을 맡아 현장에서 허구적인 인물들과 인터뷰를 하기 위해 포
켓용 컴퓨터를 사용했다. 예를 들면 진행 중 죽은 사람의 절친한 친구를
만나면 전기 신호가 나와서 증거나 추가적으로 고려해야 할 가설을 포함
한 인터뷰와 문서가 각 학생의 컴퓨터로 전달된다. 게임에는 도화선 이벤

트가 있어서 누구와 다음에 만나야 하는지 그룹으로 결정하는 것 같은 선택과 토론을 고무하며, 이러한 선택들은 학생들이 논증에 참여하고 다양한 가설(예를 들면 보험금을 노린 자살, 수은이 다량 함유된 생선 섭취, 다양한 변인들의 상호작용)의 탐색을 시작하게 한다. 게임은 몰입을 높였으나 초·중·고등학생들에게는 다수의 가설을 동시에 고려하고 증거와 가설을 연계시키는 데 도움이 필요했다. 또한 게임은 3~4시간 정도로 짧게 이루어졌으므로 논증이나 개념학습을 위한 다양한 기회를 포함하여 장기적으로 이루어지는 수업의 한 단계로 포함시킬 수도 있다(Jan, 2010). 증강현실 게임은 실제성을 제공하며 몰입을 높여 주는 환경 전문가나 정부 공무원 같은 다양한 공동체에 학습자들을 참여하게 하는 추론 형식으로 인식론적 게임을 하게 해 주는데, 이는 반드시 다른 형태의 개념·논증 관련 스캐폴딩과 함께 활용되어야 한다. Wegerif(2007)는 게임과 논증 스캐폴딩의 주요 가치가 학습자들이 특정한 형태의 대화에 참여하도록 유도하고 학습과 성찰이 일어나는 '대화 공간'을 열어 준다는 데 있다고 했다.

결론

논증은 다양한 학습자 중심 학습환경에서 중요한 요소 중 하나다. 논증은 학습자들이 배워야 할 중요한 사회적 실천 중의 하나이며, 적절하게 활용된다면 학습자들의 오개념을 찾아내고 반박함으로써 개념적 이해를 향상시킬 수 있다. 학습자들에게는 논증기술을 위한 다양한 스캐폴딩이 상당히 필요하다. 스캐폴드는 CAAM, 대화게임 시스템, 루브릭, 선행 사례, 교사와 동료 모델링, 토론 리더의 중재, 특히 추론과 증거(Bell & Linn, 2000)나 비용과 이익(Nussbaum & Edwards, 2011)의 균형과 통합 지원 등 다양한 형태로 주어질 수 있다. 촉진자는 학습자들이 만들어야 할 담화의 유형을 명확하게 전달하고 예시를 제시하는 한편, 아이디어와 불일치하는 점들에 대한 공유, 집합적 논증지도 관리, 토론에 집중하고 활발하게 참여하는 데 있어 학습자들이 편한 마음 편하고 신뢰하며 참여할 수 있는 환경을 유지하기 위해(Asterhan & Schwarz, 2010) 토론을 위한 규준과 기본 규칙을 수립하는 것을 도와주는 역할을 수행해야 한다(Mercer, 1996).

첫 번째 핵심 이슈는 어느 정도의 구조화, 각본, 스캐폴딩이 학습자들에게 필요한지를 결정하는 것이다. 불필요한 스캐폴딩은 인지 부하를 높이며(Kester & Pass, 2005), 개념 이해를 발달시키고(Jan, 2010) 자유 토론을 시작하게 되는 시간의 흐름을 방해한다. 스캐폴딩이 부족하면 초점이 없는 토론, 피상적 논증을 가져오고, 학습이 거의 일어나지 않거나 아예 일어나지 않게 된다. 교육 과정 내 적절한 지점과 균형이 맞도록 학습자의 논증과 조사 결과를 평가하는 것은 수업과 관련된 중요한 이슈다.

두 번째 핵심 이슈는 논증에 참여하기 위해 학습자들에게 어떤 유형의 개념적 자원이 필요한가다. 논증은 개념적 아이디어를 더 잘 이해하도록 돕기 위한 것이기도 하지만, 한편 학습자들은 효과적인 논증을 만들기 위해 개념적 아이디어에 대해 어느 정도는 파악하고 있어야만 한다. 자신들의 아이디어가 도전을 받고 더 심화된 이해를 할 수 있도록 해 주면서도, 논거와 반박을 충분히 이해할 수 있는 지점까지 학생들을 유도할 수 있는 개념적 스캐폴딩이 필요할 것이다. 논증을 효과가 있을 것 같은 학습의 궤도 중 어떤 시점에 사용하기 위해서는 논증의 활용을 '학습 진행'(Berland & McNeill, 2010)의 한 부분으로 보는 것이 유리할 것이다.

세 번째 이슈는 학습환경의 다른 요소들이 어떻게 논증을 지원해 줄 수 있는지에 관한 것이다. 주제와 맥락은 반드시 유의미하고 흥미로운 것이어야 한다. 게임이나 역할극을 활용하는 것은 동기를 높여 줄 수 있다(Gee, 2003). 설계자들은 토론 후에 학습자들이 하는 사고활동으로 학습이 향상된다는 가정하에 일반적인 또한 특정 주제에 관련된 논증에 쏟는 시간이 얼마나 될지 고려해야 한다. 학습자들은 추가적인 토론을 통해 학습을 더 강화해야 할 수도 있다. 설계자들은 시간이 지날수록 활동구조를 얼마나 다양화할지도 고려해야 한다. 소그룹과 대그룹 간, 문자 중심과 구두 논증, 구조화된 활동과 비구조화된 활동이 번갈아 제시되어야 하는가? 다양한 맥락에서 기술을 연습할 수 있다면 어느 정도의 변화를 주는 것은 매우 바람직하고 다양성은 흥미를 유지하고, 다양한 활동은 학습자에게 저마다의 이점을 찾게 해 줄 것이다. 그러나 너무 많은 변화는 학습자들이 새로운 과제를 계속해서 배워야 하기 때문에 해로울 수도 있다. 논증이 실행되는 위치(교실, 컴퓨터, 포켓용 컴퓨터를 쓰는 '현장')에 관해서도 고려할 요인들이 있다. 어느 정도로 소셜미디어와 가상 공동체가 활용되어야 하는가? 학습공동체는 전문가, 도시, 혹은 온라인 실천공동체로 정의되어야 하는가? 학습자들은 논증을 스스로 생성해야 하는가 아니면 관련 있는 분야에서 이미 존재하는 논란이나 주장에 대해 탐험해 보아야 하는가?

마지막으로 설계자들은 학습자들의 논증을 어느 정도 수준까지 평가할지 고려해야 한다. 학습자들이 논증 중에 서로에 대해 비평해 보게 하는 것이 이상적이지만, 논증의 성격과 질을 깊이 있게 만들 수 있는 다른 피드백 기제도 필요하다. 학습자들은 적절한 시간에 성찰을 위해 논거와 반박에 대한 피드백을 제공받을 수 있어야 한다(Nussbaum & Kardasy, 2005).

학습자의 논증을 성공적으로 지원해 줄 수 있는 학습환경을 창출하는 것은 쉽지 않지만, 제대로만 실행된다면 학습자 중심 학습, 몰입, 높은 수준의 학습을 촉진한다는 점에서는 여전히 시도해 볼 만하다. 참여자들은 '게임' 규칙을 배우지만, 한편 이 규칙들에 대해 성찰하고 토론해 보게 된다. 예를 들어 InterLoc에는 사용자들이 시스템에 포함되면 유용할 만한 관계망들이 무엇인지 토론해 보는 공동체가 있었다. 이런 식으로 학습자들은 끊임없이 진화하는 21세기형 토론 포럼을 만들고 의미 있는 참여를 할 수 있게 된다.

【 참고문헌 】

Adey, P., & Shayer, M. (1993). An exploration of long-term far-transfer effects following an extended intervention program in the high school science curriculum. *Cognition and Instruction, 11*, 1-29.

Anderson, R. C., Chinn, C., & Chang, J. (1997). On the logical integrity of children's argument. *Cognition and Instruction, 15*, 135-167.

Anderson, R. C., Chinn, C., Waggoner, M., & Nguyen, K. (1998). Intellectually stimulating story discussions. In J. Osborn & F. Lehr (Eds.), *Literacy for all: Issues in teaching and learning* (pp. 170-186). New York: Guilford.

Anderson, R. C., Nguyen-Jahiel, K., McNurlen, B., Archodidou, A., Kim, S., Reznitskaya, A., Tillmans, M., & Gilbert, L. (2001). The snowball phenomenon: Spread of ways of talking and ways of thinking across groups of children. *Cognition and Instruction, 19*, 1-46.

Andriessen, J. (2006). Arguing to learn. In K. Sawyer (Ed.), *The Cambridge handbook of the learning sciences* (pp. 443-460). New York: Cambridge University Press.

Andriessen, J., Baker, M., & Suthers, D. (Eds.). (2003). *Arguing to learn: Confronting cognitions in computer-supported collaborative learning.* Boston: Kluwer.

Asterhan, C. S. C., & Schwarz, B. B. (2007). The effects of monological and dialogical argumentation on concept learning in evolutionary theory. *Journal of Educational Psychology, 99*, 626-639.

Asterhan, C. S. C., & Schwarz, B. B. (2010). Online moderation of synchronous e-argumentation. *International Journal of Computer-Supported Collaborative Learning, 5*, 259-282.

Baker, M. (2003). Computer-mediated argumentative interactions for the co-elaboration of scientific notions. In J. Andriessen, M. Baker, & D. Suthers (Eds.), *Arguing to learn: Confronting cognitions in computer-supported collaborative learning environments* (pp. 47-78). Dordrecht, The Netherlands: Kluwer.

Barron, B. (2003). When smart groups fail. *Journal of the Learning Sciences, 12*, 307-399.

Bell, P., & Linn, M. C. (2000). Scientific arguments as learning artifacts: Designing for learning from the web with KIE. *International Journal of Science Education, 22*, 797-817.

Berland, L. K., & McNeill, K. L. (2010). A learning progression for scientific argumentation: Understanding student work and designing supportive instructional contexts. *Science Education, 94*, 765-793.

Bransford, J. D., Brown, A. L., & Cocking, R. R. (Eds.) (2000). *How people learn: Brain, mind, experience, and school.* Washington DC: National Academy Press.

Brown, A. L., & Campione, J. C. (1990). Communities of learning and thinking, or a context by any other name. *Contributions to Human Development, 21*, 108-126.

Cañas, A. J., & Novak, J. D. (2008). Concept mapping using CmapTools to enhance meaningful learning. In A. Okada, S. B. Shum, & T. Sherborne (Eds.), *Knowledge cartography: Software tools and mapping techniques* (pp. 25-46). London: Springer.

Chinn, C. A. (2006). Learning to argue. In A. M. O' Donnell, C. E. Hmelo-Silver, & G. Erkens (Eds.), *Collaborative learning, reasoning, and technology* (pp. 355-383). Mahwah, NJ: Erlbaum.

Clark, A.-M., Anderson, R. C., Kuo, L.-J., Kim, I.-H., Archodidou, A., & Nguyen-Jaheil, K. (2003). Collaborative reasoning: Expanding ways for children to talk and think in school. *Educational Psychology Review, 115*, 181-198.

Clark, D. B., & Sampson, V. D. (2007). Personally-seeded discussions to scaffold online argumentation. *International Journal of Science Education, 29*, 253-277.

Conklin, J. (2006). *Dialogue mapping: Building shared understanding of wicked problems.* West Sussex, England: John Wiley & Sons.

Craik, F. I. M., & Lockhart, R. S. (1972). Levels of processing: A framework for memory research. *Journal of Verbal Learning and Verbal Behavior, 11*, 671-684.

Davies, W. M. (2009). Computer-assisted argument mapping: A rationale approach. *Higher Education.* Retrieved from: doi 10.1007/s10734-009-9226-9.

é

Dong, T., Anderson, R. C., Kim, I.-H., & Li, Y. (2008). Collaborative reasoning in China and Korea. *Reading Research Quarterly, 43*, 400-424.

Engle, R. A., & Conant, F. R. (2002). Guiding principles for fostering productive disciplinary engagement: Explaining an emergent argument in a community of learners classroom. *Cognition & Instruction, 20*, 399-483.

Enyedy, N., & Hoadley, C. M. (2006). From dialogue to monologue and back: Middle spaces in computer-mediated learning. *International Journal of Computer-Supported Collaborative Learning, 1*, 413-439.

Erduran, S., & Jiménez-Aleixandre, M. P. (Eds.). (2008). *Argumentation in science education: Perspectives from classroom-based research.* Dordrecht, The Netherlands: Springer.

Garvey, C., & Shantz, C. (1992). Conflict talk: Approaches toward adversative discourse. In C. U. Shantz & W. W. Hartup (Eds.), *Conflict in child development* (pp. 93-121). New York: Cambridge University Press.

Gee, J. P. (2003). *What video games have to teach us about learning and literacy.* New York: Palgrave//Macmillan.

Goffman, E. (1963). *Interaction ritual.* New York: Anchor Books.

Goodwin, M. H. (1990). *He-said-she-said: Talk as social organization among Black children.* Bloomington: Indiana University Press.

Greeno, J. G., & the Middle-school Mathematics through Applications Project Group (1998). The situativity of knowing, learning, and research. *American Psychologist, 53*, 5-26.

Gurkan, A., Iandoli, L., Klein, M., & Zollo, G. (2010). Mediating debate through on-line large-scale argumentation: Evidence from the field. *Information Science, 180*, 3686-3702.

Harris, K., Graham, S., & Mason, L. (2002). POW plus TREE equals powerful opinion essays. *Teaching Exceptional Children, 34*(5), 74-77.

Holmes, E. T. (1977). *Amy's goose.* New York: Crowell.

Howe, C. (2010). Peer dialogue and cognitive development: A two-way relationship. In K. Littleton & C. Howe (Eds.), *Educational dialogues: Understanding and promoting productive interaction* (pp. 32-47). London: Routledge.

Hunt, E., & Minstrell, J. (1994). A cognitive approach to the teaching of physics. In K. McGilly (Ed.), *Classroom lessons: Integrating cognitive theory and classroom practice* (pp. 51-74). Cambridge, MA: Cambridge University Press.

Jan, M. (2010). Designing an augmented reality-game based curriculum for argumentation. (Doctoral dissertation, University of Wisconsin, Madison). *Dissertation Abstracts International, 70*(11-A), p. 4166.

Jiménez-Aleixandre, M. P. (2008). Designing argumentation learning environments. In S. Erduran & M. P. Jiménez-Aleixandre (Eds.), *Argumentation in science education: Perspectives from classroom-based research* (pp. 94-118). Dordrecht, The Netherlands: Springer.

Jonassen, D. H. (2006). *Modeling with technology: Mindtools for conceptual change.* Upper Saddle River, NJ: Pearson Merrill Prentice Hall.

Kester, L., & Pass, F. (2005). Instructional interventions to enhance collaboration in powerful learning environments. *Computers in Human Behavior, 21,* 689-696.

Kim, I.-H., Anderson, R. C., Nguyen-Jahiel, K., & Archodidou, A. (2007). Discourse patterns during children's collaborative online discussions. *Journal of the Learning Sciences, 16,* 333-370.

Krummheuer, G. (1995). The ethnography of argumentation. In P. Cobb & H. Baiersfeld (Eds.), *The emergence of mathematical meaning: Interaction in classroom cultures* (pp. 229-270). Hillsdale, NJ: Erlbaum.

Kuhn, D. (1991). *The skills of argument.* New York: Cambridge University Press.

Lampert, M. L., Rittenhouse, P., & Crumbaugh, C. (1996). Agreeing to disagree: Developing sociable mathematical discourse. In D. R. Olson & N. Torrance (Eds.), *Handbook of human development in education* (pp. 731-764). Cambridge, MA: Blackwell.

Loll, F., & Pinkwart, N. (2009). Collaboration support in argumentation systems of education via flexible architectures. In I. Aedo, N.-S. C. Kinshuk, D. Sampson, & L. Zaitseva (Eds.), *The ninth IEEE international conference on advanced learning technologies* (pp. 707-708). Los Alamitos, CA: Conference Publishing Service.

McNeill, K. L., Lizotte, D. J., Krajcik, J., & Marx, R. W. (2006). Supporting students' construction of scientific explanation by fading scaffolds in instructional materials. *Journal of the Learning Sciences, 15*, 153-191.

Mehan, H. (1972). 'What time is it, Denise?' : Asking known information questions in classroom discourse. *Theory into Practice, 18*, 285-294.

Mercer, N. (1994). The quality of talk in children's joint activity at the computer. *Journal of Computer Assisted Learning, 10*, 24-32.

Mercer, N. (1996). The quality of talk in children's collaborative activity in the classroom. *Learning and Instruction, 6*, 359-377.

Mercer, N., Dawes, L., Wegerif, R., & Sams, C. (2004). Reasoning as a scientist: Ways of helping children to use language to learn science. *British Educational Research Journal, 30*, 359-377.

Minstrell, J. (1982). Explaining the 'at-rest' condition of an object. *The Physics Teacher, 20*, 10-14.

Nussbaum, E. M. (1997). *The evolution of argumentation in an alternative learning environment.* Unpublished dissertation, Stanford University, Stanford, CA.

Nussbaum, E. M. (2003). Appropriate appropriation: Functionality of student arguments and support requests during small-group classroom discussions. *Journal of Literacy Research, 34*, 501-544.

Nussbaum, E. M. (2005). The effect of goal instructions and need for cognition on interactive argumentation. *Contemporary Educational Psychology, 30*, 286-313.

Nussbaum, E. M. (2008). Collaborative discourse, argumentation, and learning: Preface and literature review. *Contemporary Educational Psychology, 33*, 345-359.

Nussbaum, E. M. (2011). Argumentation, dialogue theory, and probability modeling: Alternative frameworks for argumentation research in education. *Educational Psychologist, 46*, 84-106.

Nussbaum, E. M., & Edwards, O. V. (2011). Argumentation, critical questions, and integrative stratagem: Enhancing young adolescents' reasoning about current events. *Journal of the Learning Sciences, 20*, 443-488.

Nussbaum, E. M., & Jacobson, T. E. (2004). *Reasons that students avoid intellectual arguments.* Poster session presented at the annual meeting of the American

Psychological Association, Honolulu, HI.

Nussbaum, E. M., & Kardash, C. M. (2005). The effect of goal instructions and text on the generation of counterarguments during writing. *Journal of Educational Psychology, 97*, 157-169.

Nussbaum, E. M., Sinatra, G. M., & Poliquin, A. M. (2008). The role of epistemic beliefs and scientific argumentation in science learning. *International Journal of Science Education, 30*, 1977-1999.

Nussbaum, E. M., Winsor, D. L., Aqui, Y. M., & Poliquin, A. M. (2007). Putting the pieces together: Online argumentation vee diagrams enhance thinking during discussions. *International Journal of Computer-Supported Collaborative Learning, 2*, 479-500.

Nystrand, M., & Gamoran, A. (1991). Instructional discourse, student engagement, and literature achievement. *Research in the Teaching of English, 25*, 261-290.

Okada, A. (2008). Scaffolding school pupils' scientific argumentation with evidence-based dialogue maps. In A. Okada, S. B. Shum, & T. Sherborne (Eds.), *Knowledge cartography: Software tools and mapping techniques* (pp. 131-162). London: Springer.

Okada, A., & Buckingham Shum, S. (2008). Evidence-based dialogue maps as a research tool to investigate the quality of school pupils' scientific argumentation. *International Journal of Research & Method in Education, 31*, 291-315.

Pontecorvo, C. (Ed.). (1993). Discourse and shared reasoning [Special issue]. *Cognition & Instruction, 11*(3-4).

Ravenscroft, A. (2007). Promoting thinking and conceptual change with digital dialogue games. *Journal of Computer Assisted Learning, 23*, 453-465.

Ravenscroft, A. (2010). Dialogue and Connectivism: A new approach to understanding and promoting dialogue-rich networked learning, Invited Article for *International Review of Open and Distance Learning* (IRODL), Special Edition: Connectivism: Design and delivery of social networked learning. (Eds.) George Siemens and Gráinne Conole.

Ravenscroft, A., & McAlister, S. (2006). Digital games and learning in cyberspace: A dialogical approach. *E-Learning, 3*(1), 37-50.

Ravenscroft, A., & McAlister, S. (2008). Investigating and promoting educational argumentation: Towards new digital practices. *International Journal of Research & Methods in Education, 31*, 317-335.

Ravenscroft, A., McAlister, S., & Sagar, M. (2010). Digital dialogue games and InterLoc: A deep learning design for collaborative argumentation on the Web. In N. Pinkwart & B. M. McLaren (Eds.), *Educational technologies for teaching argumentation skills*, Bentham Science E-Books.

Reznitskaya, A., & Anderson, R. C. (2002). The argumentation schema and learning to reason. In C. C. Block & M. Pressley (Eds.), *Comprehension instruction: Research-based best practices* (pp. 319-334). New York: Guilford.

Reznitskaya, A., Anderson, R. C., & Kuo, L.-J. (2007). Teaching and learning argumentation. *The Elementary School Journal, 107*, 449-472.

Reznitskaya, A., Anderson, R. C., McNurlen, B., Ngyuen-Jahiel, K., Archodidou, A., & Kim, S. (2006). Influence of oral discussion on written argument. *Discourse Processes, 32*(2/3), 155-175.

Rider, Y., & Thomason, N. (2008). Cognitive and pedagogical benefits of argument mapping: LAMP guides the way to better thinking. In A. Okada, S. B. Shum, & T. Sherborne (Eds.), *Knowledge cartography: Software tools and mapping techniques* (pp. 113-130). London: Springer.

Rittel, H., & Noble, D. (1989). Issue-based information systems for deign. Working Paper 492, Berkeley, CA: Institute of Urban and Regional Development, University of California.

Rosenblatt, L. M. (1985). Viewpoints: Transaction versus interaction: A terminological rescue operation. *Research in the Teaching of English, 19*, 96-107.

Rummel, N., & Spada, H. (2005). Learning to collaborate: An instructional approach to promoting collaborative problem solving in computer-mediated settings. *Journal of the Learning Sciences, 14*, 201-241.

Scheuer, O., Loll, F., Pinkwart, N., & McLaren, B. M. (2010). Computer-supported argumentation: A review of the state of the art. *International Journal of Computer-Supported Collaborative Learning, 5*, 43-102 .

Schwarz, B., & Glassner, A. (2007). The role of floor control and of ontology in argumentative activities with discussion-based tools. *International Journal of Computer-Supported Collaborative Reasoning, 2*, 449-478.

Schwarz, B., Neuman, Y., Gil, J., & Ilya, M. (2003). Construction of collective and individual knowledge in argumentative activity. *Journal of the Learning Sciences, 12*, 219-256.

Schwarz, B. B., & Asterhan, C. S. (2011). E-moderation of synchronous discussions in educational settings: A nascent practice. *Journal of the Learning Sciences, 20*, 365-442.

Schwarz, B. B., Schur, Y., Pensso, H., & Tayer, N. (2011). Perspective taking and synchronous argumentation for learning the day/night cycle. *International Journal of Computer-Supported Collaborative Learning, 6*, 113-138.

Slotta, J. D., & Linn, M. C. (2009). *WISE science: Web-based inquiry in the classroom.* New York: Teachers College.

Squire, K. D., & Jan, M. (2007). Mad city mystery: Developing scientific argumenta tion skills with a place-based augmented reality game on handheld computers. *Journal of Science Education and Technology, 16*, 5-29.

Stegmann, K., Weinberger, A., & Fischer, F. (2007). Facilitating argumentative knowledge construction with computer-supported collaboration scripts. *International Journal of Computer-Supported Collaborative Learning, 2*, 421-447.

Stein, N. L, & Miller, C. A. (1993). The development of memory and reasoning skill in argumentative contexts: Evaluating, explaining, and generating evidence. In R. Glaser (Ed.), *Advances in instructional psychology* (Vol. 4, pp. 285-335). Hillsdale, NJ: Erlbaum.

Suthers, D. D. (2008). Empirical studies of the value of conceptually explicit notations in collaborative learning. In A. Okada, S. B. Shum, & T. Sherborne (Eds.), *Knowledge cartography: Software tools and mapping techniques* (pp. 1-23). London: Springer.

Suthers, D. D., Hundhausen, C. D., & Girardeau, L. E. (2003). Comparing the roles of representations in face-to-face and online computer supported collaborative learning. *Computers and Education, 41*, 335-351.

Toth, E. E., Suthers, D. D., & Lesgold, A. M. (2002). 'Mapping to Know' : The effects of representational guidance and reflective assessment on scientific inquiry. *Science Education, 86*, 264-286.

Toulmin, S. (1958). *The uses of argument*. New York: Cambridge University Press.

Van Amelsvoort, M., Andriessen, J., & Kanselaar, G. (2007). Representational tools in computer-supported collaborative argumentation-based learning: How dyads work with constructed and inspected argumentative diagrams. *Journal of the Learning Sciences, 16*, 485-521.

Van Bruggen, J. M., Boshuizen, H. P., & Kirschner, P. A. (2003). A cognitive framework for cooperative problem solving with argument visualization. In P. A. Kirschner, S. J. Buckingham Shum, & C. S. Carr (Eds.), *Visualizing argumentation.: Software tools for collaborative and educational sense-making* (pp. 25-48). New York: Springer.

van Gelder, T. (2007). The rationale for rationale. *Law, Probability and Risk, 6*, 23-42.

van Gelder, T., Bissett, M., & Gumming, G. (2004). Cultivating expertise in informal reasoning. *Canadian Journal of Experimental Psychology, 58*, 142-152.

Vye, N. J., Schwartz, D. L., Bransford, J. D., Barron, B. J., Zech, L., & the Cognition and Technology Group at Vanderbilt (1998). SMART Environments that support monitoring, reflection, and revision. In D. J. Hacker, J. Dunlosky, & A. C. Graesser (Eds.), Metacognition in educational theory and practice (pp. 305-346). Mahwah, NJ: Erlbaum.

Waggoner, M., Chinn, C., Yi, H., & Anderson, R. C. (1995). Collaborative reasoning about stories. *Language Arts, 72*, 582-589.

Walton, D. N. (1996). *Argumentation schemes for presumptive reasoning*. Mahwah, NJ: Erlbaum.

Wegerif, R. (2007). *Dialogic education and technology: Expanding the space of learning*. New York: Springer.

Wegerif, R., Mercer, N., & Dawes, L. (1999). From social interaction to individual reasoning: An empirical investigation of a possible socio-cultural model of cognitive development. *Learning and Instruction, 9*, 493-516.

Wiley, J., & Voss, J. F. (1999). Constructing arguments from multiple sources: Tasks that promote understanding and not just memory for text. *Journal of Educational Psychology, 91*, 301-311.

Wittgenstein, L. (2009). *Philosophical investigations* (4th edn, G. E. M. Anscombe, P. M. S. Hacker, & J. Schulte, Trans.). West Sussex, UK: Blackwell.

Yeh, K.-H., & She, H.-C. (2010). On-line synchronous scientific argumentation learning: Nurturing students' argumentation ability and conceptual change in science context. *Computers & Education, 55*, 586-602.

6장

사례기반 학습자료의
이론과 실제

Janet L. Kolodner, Brian Dorn,

Jakita O. Thomas, & Mark Guzdial

서론

사례기반 학습자료(cased-based learning aid)는 가치 있는 학습이 일어날 수 있도록 학습자 자신이나 다른 사람의 경험을 해석, 성찰, 적용할 수 있게 해 준다. 사례기반 학습자료는 사례가 그 핵심이다. 사례기반 학습자료의 생성과 중요성은 사례기반 추론을 하는 컴퓨터 공학 및 구성주의적 접근의 연구와 실제로부터 발전했다.

사례기반 추론(case-based reasoning: CBR)은 사람들의 추론 방법에서 영감을 얻어, 기존의 경험을 참조하여 추론할 수 있는 지능적 컴퓨터 시스템을 위한 모델로 개발되었다. 이러한 시스템은 전통적 전문가 시스템보다 더 진짜 전문가처럼 행동할 수 있는 잠재력을 가진 것으로 여겨졌다. 경험에 기반한 추론은 지능적 시스템을 더 유연하게 하고 규칙기반 시스템에 비해 덜 불안정하며, 경험으로부터의 학습이 구조 안에 내재되어 있어 시간이 지날수록 더 유능해진다(Hammond, 1989; Kolodner & Simpson, 1989; Schank, 1982). 다수의 실험적 자동화 사례기반 추론자가 개발되었고 (Kolodner, 1993 참조) 실제로 CBR은 꽤 유용한 테크놀로지로 증명되었다. 그러나 교육적으로 더욱 흥미로운 점은 사례기반 추론이 인지적 모델로서 시사점을 가지고 있다는 점이며, 그러한 시사점은 사례기반 추론이 학습자에게 어떠한 의미인지에 대한 것과 학습과 교육에 대한 것이다.

인지적 모델로서 사례기반 추론은 추상적인 것보다 구체적인 것의 가치를 더 높게 본다(Kolodner, 1993). 인지에 관한 전통적인 이론 대부분이 일반-목표 추상이 어떻게 형성되어 적용되느냐를 강조한 반면, 사례기반 추론은 일차적으로 경험을 표상하는 구체적인 사례를 만든다. CBR은 우리가 새로운 상황에 적용할 수 있는 경험의 해석이라는 점에서 사례를 보아야 한다고 제안한다.

예를 들어 건축가가 오피스 빌딩을 설계한다고 가정하자. 건축가는 현대 오피스 빌딩 대부분이 아트리움[1]을 갖고 있다는 것을 알고 있다. 이 빌딩도 아트리움이 필요한가? 이 질문에 답하기 위해 건축가는 다른 빌딩이 왜 아트리움을 갖고 있는지 살펴보아야 할 것이다. 사무실 채광을 더 좋게 할 수도 있고, 아니면 사람들이 만날 수 있는 비형식적이고 친근한 공간을 제공하기 위해서일 수도 있다. 이 설계에 이런 목적이 있는가? 아마 있을 수도 있지만, 중앙에 만남의 공간을 둠으로써 소음이 문제가 될 수도 있지 않을까 고민하게 된다. 그래서 다른 빌딩들을 다시 살펴보고, 사무실을 위해 아트리움이 갖는 역할이나 효과가 무엇인지 조사해 본다. 실제로 어떤 곳은 소음이 꽤 많이 발생했지만, 다른 곳들은 괜찮다는 것을 발견하게 되었다. 왜 어떤 경우는 실패하고, 어떤 경우는 성공적일 수 있었을까? 건축가는 실

....
1) 역주: 현대식 건물 중앙 높은 곳에 보통 유리로 지붕을 한 넓은 공간이다.

패의 원인들을 살펴본다. 새 건물에 아트리움을 포함시킬 것인가? 만약 그렇다면 아트리움의 성공 사례에서 실패를 피할 수 있는 방법을 찾아야 할까, 아니면 아트리움을 활용하지 말아야 할까?

이 예시에서는 잠재적 문제점을 확인하고, 해결책에 대한 아이디어를 제안하며 설명을 제시하기 위해 사례를 활용하고 있다. 활용된 모든 사례는 다른 사람들의 사례들로, 그렇게 설계하게 된 이유와 의사 결정에 따른 결과 등 건물 설계와 관련된 기록들이다. 이는 사람들이 자신과 남들의 경험을 통해 일상에서 사례를 활용하는 전형적인 예라고 할 수 있다. 예를 들어 공중에 공을 던지는 아이는 이전에 언제나 그렇게 보아온 것처럼, 그 공이 땅으로 떨어질 것이라고 예측한다. 출장 뷔페 담당자는 새로운 이벤트를 계획할 때 이전에 했던 메뉴들을 기억해서 다음에도 또 내거나, 아니면 다시는 내지 않아야 할 것들을 제안할 수 있을 것이다. 추론을 위해 사례를 활용하는 효과적인 방법에 대해 아는 것들을 토대로, 사례기반 추론은 교육적 적용을 위한 다음의 세 가지를 제안한다.

- 학습환경의 순서화   경험으로부터 배우는 것은 한 번에 되는 것은 아니다. 다른 사람의 경험으로부터 아이디어를 얻는 것은 오류를 찾아가면서 반복적으로 시도해야 하는 것이다. 학습환경에서 활동의 순서를 정하고 토론을 촉진하는 것은 학습자의 기억에 있는 사례에 접근하는 빈도수를 높이고 궁극적으로는 학습자의 경험에 교육적 영향을 준다.
- 성찰을 위한 지원 필요   쉽게 기억했다가 추후 효과적으로 활용할 수 있도록 경험을 해석하는 것은 사례기반 추론을 위한 필수사항이다. 사람들은 흥미가 있을 때 그러한 성찰을 하게 되며, 이는 얼마나 많이 알고 있고 얼마나 관심이 있는지에 달려 있으며 성찰 후에는 이전만큼 혹은 그 이상으로 과제를 더 잘 수행하게 된다.

• **자원으로서 사례 라이브러리 활용** 경험과 사례 모음을 개발하고 활용하는 것은 학습자의 외적 기억으로 작용할 수 있으며, 개인 경험을 사례로 써 보는 것은 학습자가 자신의 경험을 적절하게 성찰하여 이를 자신의 기억 속에 유용한 사례로 전환시킬 수 있게 한다.

이 장에서는 인지모델로서 CBR과 이의 핵심 구성요소를 설명한다. 다음으로 테크놀로지 활용 혹은 테크놀로지가 없는 상황에서 학습 촉진을 위한 CBR의 시사점을 논하고, CBR이 대규모 학습환경 설계를 조성할 수 있는 방안을 살펴본다. 마지막으로 학습 촉진을 위한 CBR 수업 설계에 적용된 소프트웨어의 다양한 측면을 보여 주는 연구 결과들로부터 다양한 사례를 제시한다.

인지모델로서의 사례기반 추론

사례기반 추론은 기억, 학습, 추론을 외적으로 통합시켜 주는 인지모델이다. 추론자는 목적이 있는 세계 속의 존재이며, 목적을 성공적으로 성취할 수 있는 방법으로 세계를 탐색한다. 추론자는 성공·실패, 유쾌·불쾌한 경험이 있어 이를 통해 환경과 목적을 성취하기 위해 환경을 이용하는 방법을 배운다. 또한 미래에 더 생산적으로 목적을 성취할 수 있는 기술과 개념을 배우고자 한다. 그러므로 언제 이 교훈이 유용할지 기대하면서 다음 상황에서 경험이 적용 가능한지 잘 인식할 수 있도록 경험에 적절하게 표시를 해 두며, 미래에 유용할 교훈을 도출하기 위해 경험을 기록하고 해석한다. 사례기반 추론자도 마찬가지로 세계에 대한 결론을 도출하고 학습한 각 교훈이 가장 적절하게 활용될 때가 언제일지를 알려 주는 미묘한 차이를 알아차리기 위해, 상황과 경험 사이의 유사성과 차이점을 알아내려고 한다. 이때 학습에 있어 필수적인 것은 바로 실패다. 생각했던 바를 적용해 보고 이전에는 인식하지 못했던 것에 관심을 집중하기 위해 실패해 봐야 한다.

사례기반 추론자에게 있어 사례는 경험의 해석이다. 사례는 마치 이야기처럼 무대, 주인공, 주인공의 목표, 사건의 순서, 결과, 결과와 목표의 연계 및 목표를 성취하는 방법에 대한 설명 같은 하위요소를 갖고 있다. 각 부분에 대한 해석이 더 잘 될수록, 요소들을 연계시키는 설명을 더 잘 알 수 있고, 다음에 기억해 낼 때 더 유용한 사례가 될 것이다. 예를 들어 우리는 예전에 실패했던 사례를 수행하고자 할 때 비슷한 새로운 상황에서 또 실패할지 궁금해 한다. 하지만 실패 여부를 예측할 수는 없다. 그러나 만약 실패했던 원인이 무엇인지 알 수 있다면 새로운 상황에서 실패하게 하는 조건이 존재하는지 확인해 볼 수는 있다. 만약 그러한 조건이 존재한다면 실패를 예측할 수 있으며, 존재하지 않는다면 기존의 계획을 재사용할 수도 있다.

각 부분을 연계하는 설명은 사례로부터 교훈을 도출할 수 있게 해 준다. 예를 들면 저녁 식사에 생선요리를 내놓았을 때, 채식주의자들이 먹지 않았다면, 손님 중에 채식주의자가 있는지 미리 알아보고 준비하지 않았기 때문에 실패했다고 설명하게 될 것이다. 여기서의 교훈은 저녁 초대를 할 때는 손님들에게 꼭 사전에 물어봐야 한다는 것이다. 사례를 회상하면서 개인이 사례로부터 도출한 교훈은 그에 대한 설명이 됨으로써 새로운 상황에 적용할 때 쓸 수 있다. 사례에서의 교훈은 왜 일이 잘되거나 잘못되는지 확인할 수 있게 해 주고 주어진 조건이나 제한사항하에서 경험의 결과를 예측해 볼 수 있게 해 준다. 최대한 유용성을 높이기 위해서 사례는 미래에 유용하게 쓰일 수 있는 교훈을 이끌어 내는 목표를 가지고 해석되어야 한다.

사례는 개인의 기억에 저장되며 개인의 기억 속에 있는 사례 모음은 사례 라이브러리(library)²⁾라고 한다. 개인의 사례 라이브러리에 있는 사례는 자기 자신이나 다른 사람의 경험으로부터 온 것이다. 예를 들면 다른 사람의 경험에 관한 이야기를 읽고 미래를 위해 그 이야기의 교훈을 기억할 수 있다. 일반적으로 자기 자신의 사례는 좀 더 미화하게 되고 자기 자신의 경험에서 부족한 부분을 채운다는 점에서 다른 사람의 사례는 학습과 추론에서 매우 중요한 역할을 한다.

라이브러리는 색인과 사물의 위치를 찾게 해 주는 색인구조가 있을 때만 유용하다. 개인의 사례 라이브러리도 마찬가지다. 라이브러리에 사례를 넣을 때 제대로 '색인화'했고, 무엇인가를 찾으려고 할 때 적절한 사례를 위한 색인을 다시 만들 수 있도록 색인구조가 충분히 잘 정의되어 있을 때, 사람들은 자신의 기억 속에서 맞는 사례를 찾을 수 있다. 가장 효과적인 사례기반 추론자는 상황으로부터 자신이 배운 것을 확인하고 언제 그 교훈이 유용할지 예측할 수 있도록 경험을 해석한다.

사례기반 추론자에게 유용한 색인구조라면 추론자가 현재의 상황과 관련 있는 과거 상황을 볼 수 있게 해 주어야 한다. 그러므로 사례의 색인은 적시에 찾을 수 있게 해 주어야 한다. 좋은 색인은 한 상황에서 배운 지식과 기술을 조금 다른 상황에서도 적용할 수 있는 능력인 전이를 위해 매우 중요하다.

좋은 색인이라면 사례로부터 얻은 교훈이 언제 유용할지 상황을 예측하고 사례에 표시를 해 둠으로써 그러한 상황을 회상할 수 있게 해 주어야 한다. 예를 들면 채식주의자 손님들이 생선을 먹지 않았던 사례에 '저녁 식사에서 생선요리를 메인코스로 대접'이라고 색인하면 저녁 식사 초대에서 생선을 내놓으려고 할 때마다 이 사례를 기억하게 될 것이다. 사례를

---

2) 역주: 컴퓨터 프로그램에서 자주 사용되는 부분 프로그램들을 모아 놓은 것으로, 언제든지 자유롭게 이용할 수 있도록 구성되어 있는데, 이를 비유로 사용했다.

기억하는 것은 이 사례가 주는 교훈을 적용하도록 일깨워 줄 것이다. 손님을 초대할 때는 식단에서 꼭 고려할 것이 있는지 사전에 물어보라. 또는 사례를 더 일반적으로 '저녁 초대하기' 아래 색인해서, 저녁을 계획하기 전에 식단 제한 사항을 손님들에게 물어볼 것을 상기시켜 줄 수도 있다.

그러나 경험이 가르쳐 줄 수 있는 교훈을 다 확인하고 이를 적용할 수 있는 모든 상황을 구별하기란 불가능하다는 사실을 염두에 둘 필요가 있다. 한참 지난 후에야 그 경험을 완전히 이해하게 되거나 가치를 알게 되는 것이 보통이며, 때로는 상황을 해석할 지식이 부족하거나 아니면 그 결과가 긍정적일지 부정적일지 모르기 때문일 수도 있다. 경험 당시에 제대로 이해하지 못했다는 것을 알 수도 있고 혹은 시간이 지난 후 상황에 그 사례를 적용했다가 잘못된 결과를 얻은 후에야 그때 제대로 이해하지 못했다는 것을 깨달을 수도 있다. 어느 쪽이든 색인이 불완전했던 것이다.

그러나 불완전한 색인이 새로운 상황을 분석할 때 그 사례에 접근을 못하게 한다는 것은 아니다. 상황 분석은 새로운 상황을 더 잘 이해하기 위해서 분석하는 과정이다. 사람은 새로운 상황의 알려지지 않은 세부 사항을 추론하거나 다른 시각에서 상황을 살펴보려고 한다. 이 해석과정은 추론자가 다음에 유용할 사례를 기억하게 해 주면서 새로운 상황에 대해 가설적이지만 더 나은 설명을 할 수 있게 해 준다. 상황 분석은 상상의 과정으로 간주할 수 있다. 과거에 이러한 상황을 겪었다면 어떻게 보였었고, 어떻게 이를 묘사할 수 있을까?

처음 직면했거나 경험했을 때 잘못된 색인을 한다고 해서 상황이 사례로서 설명될 수 없다거나 색인될 수 없다는 것은 아니다. 상황 분석은 추론자가 제대로 색인되지 않은 사례도 기억하게 해 준다. 만약 사례를 회상하고 활용한 후 추론자가 더 잘 해석할 수 있다면 추론자는 사례로부터 새로운 교훈을 추출하거나 사례에 관한 매우 중요한 사실을 확인하고 그 당시 사례와 관련된 색인을 업데이트하면서 사례를 재해석할 수도 있다.

다양한 실험적 사례기반 추론자는 CBR 인지모델의 기초가 될 수 있다. CBR에 관한 세부 사항과 초기 사례기반 추론자에 관한 내용은 Kolodner (1993), 인지모델로서의 CBR에 관한 세부 내용은 Kolodner(1993, 1997), 학습과 교육에 주는 CBR의 시사점에 관한 내용은 Kolodner(1997), Kolodner et al.(1998, 2003a, 2003b), Schank(1999)를 참고하면 된다.

학습 지원을 위한 CBR의 시사점

학습 지원을 위한 CBR의 시사점은 학습과 교육에 대한 구성주의적 관점과 같다. 학습자가 구체적인 경험으로부터 생산적인 정신모델을 구성할 수 있도록 사고를 촉진하는 것을 강조한다. 구성주의 관점 중 특히 constructionism[3](Papert, 1991)이라고 불리는 접근 방법은 인조물을 적극적으로 만드는 경험이 특히 그러한 지식 개발을 촉진하는 데 도움이 된다고 제안한다.

유사하게, CBR은 심층 학습을 위한 최상의 환경은 학습자들이 적극적으로 인조물을 구성하면서 동시에 정신모델을 구축할 수 있는 실제적인 경험을 제공할 수 있는 곳이어야 함을 강조한다. 또한 사례기반 추론은 경험을 통해 효과적으로 학습을 촉진하기 위한 다음과 같은 다섯 가지 요소를 제안한다.

- 학습해야 할 것을 배우도록 해 주는 경험을 포함할 것
- 그로부터 배울 수 있는 것이 무엇인지 알 수 있도록 경험을 해석하기

---

3) 역주: constructivism과 constructionism은 둘 다 '구성주의'로 번역되는데, constructivism이나 constructivist learning theory가 좀 더 광범위한 의미에서의 구성주의라면, constructionism은 특히 학습의 결과로서 구체적인 객체(artifact)를 만들어 내는 것을 강조한다는 점에서 구분이 필요하다.

(유용한 사례로 변형할 수 있도록 경험의 각 부분의 연계성을 찾고 다른 곳
에도 적용할 수 있도록 교훈을 도출하기)
- 다음에 그 적용 가능성을 인식하기 위해 사례의 색인을 개발할 수 있
도록 유용성을 예측하기
- 반복적 주기로 내 기대와 어긋나는 실패를 경험하고, 그 실패를 설명
하고, 다시 시도해 보기
- 추론을 위해 사례를 효과적으로 활용하는 것을 학습하기

CBR은 구체적, 실제적, 적시적 피드백을 제공하는 경험 그리고 사례를
비교하고 대조할 수 있게 해 주는 경험을 강조한다. 이를 통해 학습자들은
자신이 갖고 있는 개념에 정면으로 맞서 보고 아직 더 배워야 할 필요가
있는 것이 무엇인지 확인할 수 있고, 다양한 상황과 조건에서 사용하기 위
해 배우고 있는 기술과 개념을 지속적으로 더 잘 발달시킬 수 있다.
CBR 인지모형을 통해 효과적인 학습환경을 구축하기 위해 다음과 같은
사항을 제안할 수 있다.

- CBR은 학습 촉진에 있어 실패의 역할을 강조하며 자신이 갖고 있는
지식에서 부족한 부분을 확인하고 추가적인 학습을 위한 목표를 생성
하는 것에 대해 피드백을 얻는 것이 중요하다.
- CBR은 설명을 강조하며 학습자가 예측하는 것과 설명하는 것 둘 다
하도록 독려하고 도와주어야 한다.
- CBR은 재사용을 가능하게 해 주는 색인을 강조하며 경험을 하는 것
외에 학습자들은 경험으로부터 무엇을 배울 수 있는지와 그러한 교훈
이 어떤 상황에서 적절하게 적용될 수 있는지 도출하기 위해 경험에
대해 성찰하고 평가할 수 있어야 한다.
- CBR은 반복적인 개선을 강조하며 학습자들은 반드시 자신들의 아이

디어를 다양한 상황에 적용해 보고 자신들이 배우고 있는 것의 적용, 피드백의 해석, 개념의 설명과 수정의 주기를 여러번 반복해 보아야 한다.

• CBR은 추론에서 기존 경험의 역할을 강조하는데, 학습자에게 '학교' 문제를 풀었던 자신들의 기존 경험을 재사용하도록 독려할 필요가 있고 나아가 다른 사람들의 사례와 경험에 쉽게 접근하게 해 줌으로써 더 복잡한 문제를 해결할 수 있도록 학습자를 도와주어야 한다.

위의 사항들은 학습활동을 계열화하는 목표기반 시나리오(goal-based scenarios, Schank, Fano, Bell, & Jona, 1993/1994)와 설계에 의한 학습(learning by design, Kolodner et al., 1998, 2003a, 2003b) 방법에 영향을 주었다. 나아가 이 접근법들은 컴퓨터가 학습환경에서 할 수 있는 역할을 시사해 준다.

• 소프트웨어는 경험에 대한 설명, 접근할 수 있고 쉽게 적용할 수 있게 해 주는 해석, 배운 교훈의 적용에 대한 예측에 관련된 성찰을 지원해 준다.
• 소프트웨어 인터페이스는 학습자가 문제 해결, 설명, 기타 추론에 참여할 때 자원의 역할을 하는 사례 라이브러리를 제공해 준다. 학습자들은 자신의 사례 라이브러리를 만들어 다른 사람들이 쓸 수 있게 함으로써 자신들의 경험이 보다 완벽하게 해석되게 할 수 있다.

CBR 아이디어를 학습환경 계열화에 활용하기

경험기반 학습은 한 번에 되는 것이 아니다. 경험에서 도출한 아이디어는 오류를 개선하고 계속 반복 적용되어야 한다. 기억 속에 있는 사례에 접근하는 빈도를 증가시키고 궁극적으로는 학습자의 경험에 교육적 영향을 높이기 위해 학습환경에서 활동을 계열화하고 토론을 촉진할 수 있다. 이 절에서는 목표기반 시나리오와 설계에 의한 학습을 소개하겠다.

목표기반 시나리오

Roger Schank는 목표기반 시나리오(goal-based scenario: GBS)라는 컴퓨터 기반 학습환경을 개발하는 데 CBR의 교훈을 적용하였다(Schank, Fano, Bell, & Jona, 1994). 목표기반 시나리오는 학습자가 교육과정 목표를 충족하면서도 뭔가 재미있는 목표를 달성해야만 하는 상황에 놓이게 한다. 예를 들면 고등학생들에게 외국에 억류된 인질극 상황에서 대통령의 자문단 역할을 맡긴 목표기반 시나리오 사례가 있다(Bareiss & Beckwith, 1993). 학생들은 역사 속에서 인질 구출의 상황과 외국 정책에 관한 내용을 볼 수 있다. 이를 통해 자신들에게 주어진 도전 과제를 성공적으로 수행하기 위해 필요한 역사들을 찾아보기 때문에 자연스럽게 역사 공부가 된다. 박물관 방문객들이 유전학 고문 역할을 수행하며 가상의 부부에게 가족계획에 대한 조언을 하는 상황에서 유전학 개념을 학습하도록 한 사례도 있다(Bell & Bareiss, 1993). 광고를 파는 전략을 배우는 시뮬레이션에서 성인 학습자들이 영업 담당자 역할을 하게 한 사례도 있다(Kass, Burke, Blevis, & Williamson1993). 물론 비결은 대상 학습자들이 몰입할 수 있으면서 동시에 의도된 내용과 기술에 초점을 맞춘 도전 과제를 설계하는 것이다.

이러한 시나리오는 컴퓨터 게임에서는 전형적인 것이다. 그러나 목표기반 시나리오는 학습을 보조하기 위해 설계된 것이며, 학습을 보조하기 위해 필요한 것이라면 어떤 자원이든 포함한다. GBS에 포함된 전형적인 자원 중의 하나는 전문가가 자신의 이야기, 전략, 관점을 설명하는 학습자에게 도움이 될 만한 비디오 목록이다. 학습자가 교착 상태에 처하면 비디오 목록을 요청하고, 해당되는 비디오를 검색해서 보여 준다. 때로는 비디오의 이야기가 더 많이 배워야 할 내용이나 기술이 무엇인지를 제안하기도 한다. 아니면 학습자가 현재 처한 것 같은 어려운 이슈를 전문가가 어떻게 해결했는지 보여 주기도 한다. 사례 라이브러리가 제안한 것에 기초하여, 학습자들은 과제를 계속해 나간다. 새로운 개념을 알고 싶게 하고 새로운 기술을 배우게 하는 목표를 기반으로 잘 설계된 GBS의 사례 라이브러리는 학습자들에게 조언을 제공하고, 적절한 비디오를 쉽게 찾도록 해 주고, 타인의 스토리라인을 통해 간접적으로 경험해 볼 수 있는 기회를 무제한 제공한다. 이 시스템에서는 학습자들이 과제에 실패하면, 이 실패를 설명하고 이를 극복할 수 있도록 하는 사례(비디오)를 요청한다.

목표기반 시나리오에서 활용되는 사례 라이브러리는 검색된 비디오가 활용될 내용과 맥락에 기반하여 자료에 색인이 되어 있어야 한다. 학습자가 하고 있는 과제가 무엇인가? 현재 어느 정도 해결했는가? 학습자가 겪는 어려움은 무엇인가? 목표기반 시나리오의 부분으로 활용될 사례 라이브러리를 구축할 때, 사례 색인은 학습자가 이야기를 듣기 원하는 상황을 예측하여 선택되어야만 한다. 학습자의 목표에 맞추어 색인함으로써 이러한 사례 라이브러리는 학습을 강력하게 지원해 줄 수 있다.

목표기반 시나리오의 설계 세부사항은 여러 논문과 책에서 찾아볼 수 있다(Bareiss & Osgood, 1993; Ferguson, Bareiss, Birnbaum, & Osgood, 1992; Shank, Berman, & Macpherson, 1999). 가장 중요한 것은 GBS 설계는 학습자가 도전 상황에 처했을 때의 목표와 하위목표에 대한 예측을 요구한다는 것이다. 이는 또한 학습자가 수행하게 될 과제, 학습자가 추구할 생각과 전략, 학습자가 하게 될 선택도 예측할 것을 요구한다. 그 다음으로 GBS의 설계자는 학습자가 처할 위기 상황, 사례 라이브러리가 포함해야 할 이야기 유형, 그 이야기들을 색인할 방법을 예상해야 한다.

설계에 의한 학습

GBS 접근법이 학습자들이 흥미로운 도전에 성공하도록 도와주는 컴퓨터 프로그램 설계에 초점을 맞춘 것이라면, 설계에 의한 학습(learning by design: LBD)(Kolodner, 1997; Kolodner et al., 1998, 2003a, 2003b)은 교실환경에 CBR을 적용하기 위한 것이다. 컴퓨터를 교실에 도입하는 것 외에 LBD는 교사의 역할과 개별, 소그룹, 전체 학급활동의 계열화를 분명하게 제시하고 있다.

LBD 교육과정은 중학생(12~14세)들이 과학 개념과 기능을 학습하는 동안 설계 과제를 수행하게 한다. 설계 과제는 복잡한 인지ㆍ사회ㆍ실용ㆍ소통 기술을 배울 수 있는 기회를 제공한다. 예를 들면 학생들은 공기 저항과 중력을 배우기 위해 낙하산을, 뉴튼역학을 배우기 위해 소형 자동차와 추진체를, 침식, 물의 흐름, 사람과 환경의 관계를 배우기 위해 방파제를 설계ㆍ개발하게 된다. 실제 기기를 만들고 시험해 보는 것은 학생들의 학습 동기를 높여 주며, 무엇을 배워야 하는지 발견할 기회와 과학을 활용하는 경험의 기회, 자신들의 개념을 검증하고 지식에서 부족한 점을 발견할 기회를 제공한다. 교사는 학생들이 학습하고 있는 내용과 기술을 발췌하고, 명료화하고, 진도를 맞춰 가는 것을 성찰할 수 있도록 도와준다.

사례기반 추론은 우리가 모르는 것이 무엇인지 보여 주고, 배워야 할 필요가 있는 것이 무엇인지 강조해 주고, 배우고자 하는 동기를 높여 주기 위해서 학습이 곤란한 상황과 기대 실패를 요구해야 한다는 것을 암시한다. 이는 경험을 통한 학습에 대한 주기적 접근을 제안한다. 즉, 문제를 해결하거나 과제를 성취하려고 노력하기, 무엇을 배울 필요가 있는지 보여 주는 곤란한 상황이나 기대에 대한 실패 활용하기, 더 학습하기 위해 조사하기, 다시 시도하기의 주기적 접근이다. CBR의 이러한 원리에 기반하여 설계에 의한 학습 교육과정 단원은 물리적 환경을 묘사하거나 그 환경을 측정하는 실제 기기나 모델을 설계하고 구성하는 데 초점을 맞춘다. 직접 만져 볼 수 있는 기기를 쓰면 학습자들의 오개념(자동차가 예상대로 움직이지 않는 경우)을 밝혀 주고, 재설계를 독려할 수 있다.

CBR은 또한 경험으로부터의 학습이 잘 정리된 사례를 도출하고 기억속에 배치하기 위해 자신의 경험을 성찰할 것을 요구한다는 것을 시사한다. LBD는 환경 안에 경험의 성찰을 끌어내도록 촉진하는 교실 활동 시스템을 포함한다. 'Messing about'은 설계 과제와 학습자가 이미 알고 있는 것을 연계하도록 촉진하는 소그룹 중심 활동이다. 이는 'whiteboarding'이라는 전체 학습활동으로 이어지며, 이때 학습자들은 자신들이 발견한 것을 집단 수준에서 정교화하고 다음에 어떻게 할 것인지 아이디어를 생성해 나간다. 다양한 발표 방법(뒤에 소개될 포스터, Pin-Up, Gallery Walk)은 학습자들이 조사 절차, 자료 해석, 해결 과정 등을 전시하고 서로 비평할 수 있게 해 준다. 이 세 가지 유형의 발표는 다른 사람들이 충분히 이해할 수 있을 정도로 학습자들이 자신들의 과제 내용을 명료하게 표시하게 하며, 발전적으로 아이디어를 키워 가게 하는 한편, 소통의 효과성에 대한 피드백을 받고, 충고와 제안 사항을 듣고, 간접경험으로부터 지식을 얻을 수 있는 장소를 제공한다.

사례기반 추론의 원리를 활용하여, LBD는 ① 학습자들이 자원으로 활용할 수 있는 사례 라이브러리, ② 설계 경험을 계속 기록할 수 있게 하는 필기도구와 소프트웨어, ③ 학습자들이 자신의 기존 경험에 접근할 수 있도록 도와주고, 더 배워야 할 것이 무엇인지 예측하는 것을 도와주고, 다른 사람들과 아이디어를 나눌 수 있게 도와주는 교실 활동 시스템, ④ 학습자들이 설계에 관한 결정을 설명하고 서로에게 설계 경험을 이야기하고 피드백을 받을 수 있게 하는 소프트웨어 도구, ⑤ 경험으로부터 학습하는 내용과 기술을 추출하고 명료하게 하며 다른 학습자들과 공유할 수 있는 이야기로 써 내려 가게 하는 소프트웨어 도구, ⑥ 전문가들이 쓴 사례를 읽고 학습자들이 자신의 설계 과제를 위해 과학적 지식과 충고를 도출할 수 있도록 도와주는 소프트웨어 도구, ⑦ 이후 상황(예를 들면 학습자들이 무엇을, 어떻게 배웠고, 어떤 조건에서 이를 적용할 수 있으며, 미래 어떤 상황에서 이런 조건이 형성될 수 있는지를 확인하기)에 적용할 수 있도록 기억하는 것을 촉진하는 성찰적 토론과 자신의 경험을 사례로 전환시킬 수 있는 활동을 촉진하는 교사 지침을 제공한다. LBD 도구는 학습자들이 다른 사람이 활용할 수 있는 사례를 창출하고 자신들이 해 온 것을 기록하고, 자신의 기억 속에 사례를 저장하기 위해 경험을 성찰하는 것을 지원해 준다.

설계에 의한 학습 틀과 단원들은 Project−Base Inquiry Science라는 3년짜리 중학교 과학 교육과정에 통합 · 적용되었다(Kolodner et al., 2008, 2010).

CBR기반 학습 지원 소프트웨어

GBS와 LBD에 관한 절에서 언급한 것처럼, 소프트웨어는 학습자들이 자신의 경험을 마음속에 사례로 구축하도록 도와주며, 학습자들이 추론할 수 있는 외부 사례를 제공해 준다. 다양한 사례기반 학습 보조도구가 마음속의 이러한 기능을 고려하여 설계되어 왔다. 사례기반 학습 보조도구는 이러한 도구와 상호작용을 하면 할수록 책임에 대해서도 더 잘 알게 되리라는 가정하에 다양한 책임(해석, 색인 등)을 맡음으로써 사례 처리를 하도록 지원해 준다. 이 절에서는 사례기반 학습 보조자료 중 사례 저작 도구를 포함한 성찰 지원과 자원으로서의 사례 라이브러리 두 가지를 소개한다.

학습 지원을 위한 소프트웨어 활용에 있어 CBR은 학습자들이 자신의 경험을 이해하고 이후에 생산적으로 활용할 수 있도록 접근하게 만드는 방식으로 이를 설명하는 것을 돕는 성찰을 강조한다(Kolodner, Hmelo, & Narayanan, 1996). CBR에 따르면 경험으로부터의 학습은 ① 경험을 해석하고 각 부분을 연계하며 이로부터 무엇을 배울 수 있는지를 도출하고, ② 색인을 개발하며, ③ 해법을 개발하고 평가하는 것을 요구한다.

CBR에 기반한 성찰 지원은 학습자들이 ① 문제를 해결하고, 기술을 개발하고, 설계 과제를 성취하는 데 있어 자신들이 고려해야 하는 이슈, ② 자신들이 구성해야 하는 해결책, ③ 새로운 방법으로 활용될 수 있는 경험으로부터의 교훈에 초점을 맞추어 이 해결책이 다시 활용될 수 있는 미래 상황에 대해 생각해 보게 한다. CBR기반 성찰 지원 도구를 개발하는 데 있어서는 몇 가지 도전 사항이 있다.

- 동기 유발 성찰은 어렵고 외적인 보상도 별로 없다. 성찰에 대한 동기 유발은 매우 어려운 도전 사항이다.
- 수준 높은 성찰 유도 성찰은 어렵지만 '꾸미기'는 쉬워서 실제는 아니지만 성찰처럼 보이는 텍스트를 쓰는 것은 쉽다(Ng & Bereiter, 1995). 학습자들이 사물에 대해 성찰하고 더 나은 학습으로 나아가게 만드는 것은 구조화하기 어려운 일 중 하나다.
- 피드백 생성 컴퓨터기반 성찰 지원은 학습자의 성찰에 지능적으로 반응하기가 거의 불가능하다. 앞서 언급한 여러 도구 중 협력적 토론 영역은 학습자들의 성찰 진술에 피드백을 제공할 수 있도록 활용되었는데, 이러한 유형의 피드백은 토론자들의 질적 수준에 의존하게 되어 추가적인 성찰을 가져올 수도 있지만 그렇지 못할 수도 있다.
- 과잉 성찰 문제를 해결하거나 상황을 이해하는 동안은 주기적인 성찰이 좋으며, 과제가 모두 끝났을 때는 총괄적인 성찰이 좋다. 성찰이 언제 효과적인지 판단하기는 쉬우나 지나치게 많이 하게 될 우려도 있다. 다른 추론에 방해가 될 정도로 성찰을 강요하면 이는 점점 하기 싫은 활동이 되어 간다. 생각의 흐름을 끊지 않으면서 성찰이 생산적이 될 수 있는 지점을 찾는 것이 중요하다.

경험에 대한 성찰을 촉진할 수 있는 접근법은 사례 라이브러리의 사례를 저작해 보는 활동이다. 사례를 직접 써 봄으로써 학습자들은 사례를 색인하는 적절한 방법을 확인하고, 전략을 규명하고 요소를 처리하고, 다른 사람들이 활용할 수 있도록 사례를 더 분해할 수 있어야 한다. 이러한 것들을 형식적 학습활동에 포함시킴으로써 수업을 통해 학습자들이 전이 가능한 지식을 생성하도록 도와 줄 수 있다(Ram & Leake, 1995). 사례 저작 활동은 미래 학습자나 실천가들을 도와주기 위한 목표를 갖고 공공의 인조물들을 생성할 때, 학습자들의 동기를 높여 준다. 이는 학습을 촉진하기 위해 다른 구성주의자들이 제안한 것과 같은 것들이다(Harel & Papert, 1990; Papert, 1991). 인지적으로 다른 사람에게 무엇인가 설명해야 하면 학습자들은 상황의 복잡성을 분류해 내고, 부분 간의 연결을 만들고, 일관되고 기억하기 좋은 단위로 조직화해야 한다는 것을 알게 되며, 다음 상황에서 접근을 허용하고 생산적으로 활용할 수 있는 방식으로 자신의 경험을 해석하기 위해 성찰이 필요하다는 것을 알게 된다.

CBR은 또한 학습을 지원하기 위해 사례 라이브러리를 제공한다. 사례 라이브러리는 다른 사람의 경험으로부터 배울 기회와 자신의 경험을 공유함으로써 배울 수 있는 기회를 제공한다. 사례 라이브러리는 가치 있는 다양한 정보를 제공해 줄 수 있다.

- 이야기식 조언 성공에 대한 이야기는 어떻게 진행해야 하는지와 어떤 전략이 활용되어야 하는지에 대한 가치 있는 정보다. 실패에 대한 이야기는 무엇을 피해야 하고 어떤 이슈에 집중해야 하는지 알려 준다. 이야기는 자기 자신의 해결책을 개별적으로 시도할 때 어떤 일들이 일어날지 예측하는 기초 자료가 될 수 있다. 다양한 매체를 통해 이야기를 제시할 때 중요한 것은 교훈이 명확해야 한다는 것이다. 앞서 언급한 것처럼, 이야기는 활용에 대한 예측이 가능하도록 색인되

어야 한다. 라이브러리의 이야기는 사용자가 자신이 갖고 있는 질문과 관련된 이야기를 쉽게 찾을 수 있게 조직되어 있어야 한다 (Kolodner, 1993).

- 개념이나 기술을 활용하는 간접 경험   개념이나 기술을 배우는 것은 몇 가지 뜻밖의 상황을 요구하는데(Redmond, 1992), 이는 다양한 활용, 관련된 다른 개념이나 기술을 관찰하고 적용하는 데 있어 오류를 제거하고 정의를 개선해 나가는 것에 필수적이다. 그러나 학교에서는 개념을 충분히 적용해 볼 수 있는 시간이 부족하다. 다른 학습자들과 경험을 공유하고 전문가들이 하는 방식을 살펴보는 것은 이런 점을 극복하게 해 준다. 사례 라이브러리와 다른 CBR기반 환경은 모든 것을 직접 경험해 보지 않아도 배울 수 있는 관련 해결책들의 사례를 무한히 제공한다.

- 영역의 상태와 집중할 것에 대한 지침   온라인 사례 라이브러리 색인시스템은 학습자들에게 선행조직자로 쓰일 수 있으며, 자신의 사례에 대해 어떻게 생각할지 스캐폴딩까지도 해 줄 수 있다(Spiro, Feltovich, Jacobson, & Coulson, 1991). 예를 들면 ARCHIE−2(건축학 학생들을 위한 사례 라이브러리)의 색인 시스템은 학습자들이 도서관을 설계하는 데 있어 어떤 유형의 공간이 필요하고 도서관이 제대로 기능하기 위해 사용자들이 갖고 있는 다양한 시각과 같은 이슈를 이해하는 것을 돕는다. 이 역할에 있어 사례 라이브러리의 색인 시스템은 영역의 주요 개념에 대한 관점, 관계, 설계나 문제해결을 할 때 무엇에 집중해야 하는지에 대한 지침을 제공한다.

- 전략과 절차   이야기의 가장 중요한 가치는 해결책 그 자체라기보다 활용된 전략, 심지어는 시작 지점일 수도 있다. 해당 주제의 초심자에게 가장 큰 문제는 어떻게 시작하느냐(Guzdial, 1991)다. 가장 처음으로 해야 하는, 시도해야 하는, 혹은 탐색해야 하는 것은 무엇인가? 많

은 설계모델은 문제를 가장 어려운 점으로 정의하기도 한다(Schon, 1982). 어떤 사람의 문제 해결이나 설계 과정을 묘사하는 사례는 정의된 문제와 해결책을 마련하는 절차를 보여 줄 수 있다.

- 사례 활용방법   학습자가 새로운 상황에서 교훈을 재사용할 수 있는 방법으로 다른 사람들의 경험을 배우는 것은 복잡한 메타인지 활동이다(Silver, Branca, & Adams, 1980). 다른 사람의 사례 적용을 통해 학생들은 전문가가 사례를 어떻게 재사용하는지를 배운다. 사례 라이브러리는 이러한 사례가 관련이 있는지, 어떻게 이를 수정하고 재사용할지 결정하는 데 필요한 분석활동을 촉진시켜 학습자가 사례기반 추론 기술을 개발하는 것을 도와준다.

사례 라이브러리가 활용되는 상황은 그 효과를 좌우한다. 사례 라이브러리는 학습자가 구성적 학습활동에 참여할 때 필요한 정보를 제공하는 자원으로서 가장 유용한 것으로 입증되었다. 프로젝트 기반 학습상황에서 사례 라이브러리는 프로젝트를 시작하고 진행하는 데 있어 지침을 제공하며 학습자가 프로젝트를 진행할 때 생길 수 있는 프로젝트 관련 이슈에 대한 대답을 제시해 준다. 사례가 학습자에게 유용한 자원이 되기 위해서는 학습자들이 반드시 사례 라이브러리에 있는 사례를 통해 답을 찾을 수 있는 곤란한 상황에 처하는 활동에 참여해야 한다. 학습자들은 문제를 해결할 때 자연스럽게, '이런 상황을 어떻게 모델화할 것인가?', 혹은 '이런 유형의 문제는 어디에서 시작해야 하는가?'와 같은 의문을 갖게 되고, 관련된 상황의 사례 라이브러리와 문제는 이런 교착 상태를 해결하는 것을 도와준다.

경험의 성찰과 해석 지원

REFLECTIVE LEARNER

프로젝트 기반 디자인 수업을 수강하는 학부생들은 학습의 일환으로 엄청난 양의 과제에 직면했다. 그들은 용어를 막 배운 상황에서 디자인에 대해 배우고 동시에 이론과 공학 원리를 활용해 디자인을 해야만 했다(Turns, Guzdial, Mistree, Allen, & Rosen, 1995a). 자주 그룹으로 함께하면서 학습자들은 협력 이슈에도 부딪쳐야 했다(Turns, Mistree, Rosen, Allen, Guzdial, & Carlson, 1995b).

Turns는 공학디자인 수강생들을 대상으로 한 질적연구에서 학습자들이 자신들이 무엇을 배워야 하는지, 왜 지금 이 활동을 하고 있는지, 학습을 위해 이 활동으로부터 어떻게 성찰해야 하는지를 잘 모른다는 것을 발견했다(Turns, Newstetter, Allen, & Mistress, 1997). 따라서 Turns는 성찰에 직접적으로 관련된 학습 지원을 구축했다.

그렇게 개발된 REFLECTIVE LEARNER라는 도구는 학습자들이 경험에 관련된 '학습 에세이'를 쓰는 것을 지원해 준다. 학습자들이 학습 에세이를 쓰는 것은 연구 대상인 공학디자인 수업에 원래 있는 필수조건 중의 하나였다. 그러나 지원 없이 작성한 학습 에세이는 교수자나 학생 모두를 만족시키지 못했다. 학습자들은 자신들에게 주어진 과제를 왜 해야 하는지 혼동스러워했다.

REFLECTIVE LEARNER는 학습자들이 보다 효과적인 방식으로 학습 에세이를 쓸 때 작성 힌트 형태로 스캐폴딩을 제공한다. 질문이나 힌트는 경험을 재사용함으로써 배우는 데 필요한 성찰에 대한 CBR의 제안사항에 기반하고 있다. 다음과 같은 질문이 학생들에게 주어진다.

- 설계 프로젝트의 현 단계를 수행할 때 직면한 문제가 무엇인지 규명

하고 설명하기

- 문제에 대한 해결책을 서술하기
- 경험으로부터 배운 것이 무엇인지 설명하기
- 유사한 해결책이 적용될 수 있는 상황이 어떤 것인지 예측해 보기

도구 자체는 [그림 6-1]처럼 매우 단순하다. 질적 평가에 따르면 학습자들은 이 활동을 매우 유용하다고 생각했고, 자신들이 하고 있는 것을 왜 해야 하는지 이해하는 데 도움이 되었다고 했다.

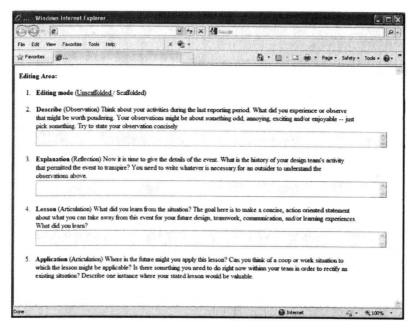

| 그림 6-1 | REFLECTIVE LEARNER 작성 힌트

SMILE에서 학습자 간 공유 지원

설계를 통한 학습의 전형적인 특징 중의 하나는 성찰을 촉진하고 경험을

공유하기 위한 발표 세션을 활용하는 것이다. 포스터, 핀-업, 갤러리 워크 등이 이를 위해 설계된 것이다. 발표 준비를 위해 학습자들은 교수자의 도움 없이 소그룹으로 작업한다. SMILE이라는 사례 저작도구는 학습자들이 자신들의 경험을 다른 사람이 쉽게 이해할 수 있게 명료하게 표현하는 것을 도와주는 스캐폴딩을 제공한다. SMILE은 성찰하고 있는 경험과 발표의 유형에 따라 세부적인 작성 힌트를 제공한다. [그림 6-2]와 [그림 6-3]이 두 가지 도구의 예시를 보여 주는데, 스크린의 왼쪽은 학습자들이 하고 있는 과제의 구조를 보여 주고 오른쪽은 힌트와 예시를 보여 준다. 혹은 [그림 6-2]와 [그림 6-3]에서처럼, 과제를 완성하기 위해 필요한 성찰을 돕기 위해 과제에 맞는 세부 템플릿이 함께 제공될 수도 있다.

Pin-Up ([그림 6-2] 참조)도구는 학생들이 프로젝트 과제에서 최상의 해결책을 도출하도록 하기 위해 조사 결과를 활용하도록 지원한다. 학습자

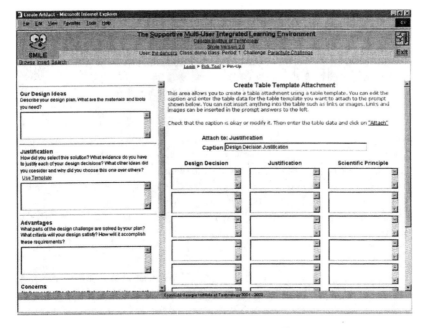

| 그림 6-2 | SMILE Pin-UP 도구

들은 그림에서 보이는 것처럼 설계 요소를 결정하고 지금 막 수행한 실험, 도출된 원리, 과학 원리로부터 얻은 증거를 통해 그것을 정당화한다. 이 템플릿은 근거와 함께 설계 요소를 결정하도록 지원한다.

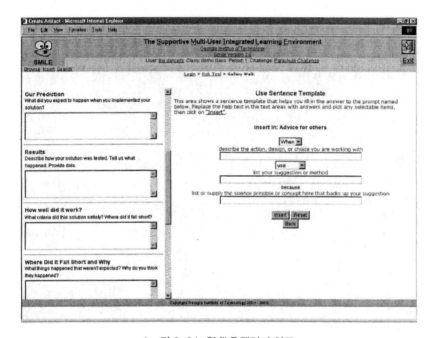

| 그림 6-3 | SMILE 갤러리 워크

Gallery Walk 도구([그림 6-3] 참조)는 학습자들이 자신의 설계 경험을 성찰하고 개발 중인 해결책에 관한 발표 계획을 세우는 것을 지원해 준다. 학습자들은 Pin-Up 프레젠테이션에서 보고한 설계 결정에 기반하여 먼저 해결책을 구축해야 한다. 그러나 그러한 해결책은 예상했던 대로 되는 일이 거의 없다. 그러한 아이디어들을 시도한 후에, 이 도구는 학습자들이 기존 결정 사항을 성찰해 보고, 상상했던 것과 무엇이 다르게 나타났는지 분명히 알게 해 준다. 그 다음 학생들이 설명할 수 있도록 작성 힌트를 주고, 왜 예상과 달랐는지 설명해 보도록 한다. 각 설계/검증 주기가 끝난 후

에 Gallery Walk 도구를 다시 살펴봄으로써 학습자들은 기존에 했던 모든 결정과 왜 그러한 결정을 했는지에 대한 기록을 문서화하게 된다. 이 일련의 결정들은 학습자들이 경험을 총체적으로 성찰할 수 있게 해 주고 똑같은 과제가 주어졌을 때 다른 학습자들이 살펴볼 수 있는 사례가 된다.

SMILE의 사례 저작도구는 조사를 수행하는 경험을 보고하고 사례연구를 해석하고 프로젝트 기록을 요약하여 발표하게 하는 특화된 도구를 포함하고 있다. 각각은 앞서 설명한 두 개 도구와 유사한 구성을 갖고 있다.

어떤 도구를 활용하든지, 사례를 쓰고 난 후에 학습자들은 SMILE 라이브러리에 창작물을 출판하게 된다. 다른 팀이나 다른 사람들이 입력한 것은 발표가 왼쪽에 나오고 주석이 오른쪽에 나오는 두 개의 창으로 열린다. 정착 협력(anchored collaboration)(Guzdial et al., 1997)은 개별 학생들의 발표를 댓글 토론 공간에 통합해서 보여 준다. 다른 학습자들은 새로운 주석이나 질문을 사례 저작자에게 새로운 댓글의 형태로 쓸 수 있고 아니면 현재 토론에 주석을 삽입할 수도 있다.

SMILE은 초기에 만들어진 특정 목표를 위한 사례 저작도구인 DESIGN DISCUSSION AREA(Kolodner & Nagel, 1999)와 JAVACAP(Shabo, Nagel, Guzidal, & Kolodner, 1997)로부터 온 것이다. 파일럿 스터디를 통해 얻은 사례 저작도구의 이점은 다음과 같다(Kolodner, Owensby, & Guzdial, 2004). ① 사례로서 자신들의 경험을 쓰게 하는 것은 중학생들이 자신의 경험으로부터 배우는 세부적인 방법을 성찰하는 데 도움이 되었다. ② SMILE 같은 스캐폴딩이 주어졌을 때 경험으로부터 배운 것을 도출하거나 자신들이 경험하고 학습한 것에 대한 상세한 보고서를 쓰는 데 있어 교사의 도움이 덜 필요했다. ③ 수업에서 토론하기 전에 과학 경험을 사례로 써 보는 것은 교실에서의 토론 수준을 높여 주었다.

이러한 목표를 성취하기 위해 스캐폴딩을 설계하는 것에 관한 원리는 다음과 같았다(Kolodner, Owensby, & Guzdial, 2004).

- 경험의 회상과 명료화를 위한 스캐폴딩　사례 저작도구에서 어떤 기능이 필요한지 확인하기 위해 학습자들이 참여하게 될 추론과제를 랩이나 프로젝트 형태로 규정해야 하며, 각 과제의 요구에 세부적으로 부합하는 스캐폴딩이 개발되어야 한다. 도구의 이러한 체계적 기능을 개발하는 것은 각 과제에 맞는 스캐폴딩을 제공하며 또한 학습자들이 프로젝트를 완수하기 위해 수행해야 하는 과제의 전체 조합을 미리 알고 관리할 수 있게 해 준다.
- 경험에 대한 그룹 간 협력적 토론 지원　사례 저작의 중요한 역할은 수업 내 그룹 간의 협력을 지원하기 위한 것이다. 그룹 간의 성공적인 협력은 각 그룹이 다른 그룹에게 자신들의 아이디어를 잘 설명할 수 있을 때 가능하다. 이러한 협력을 지원하기 위해 스캐폴딩은 그룹 간에 공유되어야만 하는 아이디어를 명료화하도록 설계되어야 한다.
- 스캐폴딩 시스템 설계의 실용성　학습자들이 자신의 경험을 보고하고 무엇을 배웠는지 도출하는 것을 돕기 위해 네 가지 유형의 스캐폴딩이 각 도구에서 서로 긴밀하게 연계되어야 한다. 이는 다룰 수 있는 크기로 과제를 구조화하도록 하는 질문, 각 질문의 예상답변에 대한 힌트, 각 질문에 대한 모범 답안 예시, 규칙적 구조를 가진 반응 템플릿이다.

자원으로서의 사례 라이브러리

　사례기반 추론을 지원하는 두 번째 유형의 소프트웨어는 자원으로서의 사례 라이브러리다. 사례 라이브러리는 매우 중요한 자원으로 문제 해결의 성공·실패 예시와 사례 적용의 모델을 제공한다. 그러나 사례를 새로운 상황에 적용하는 것은 쉬운 일이 아니다. 때로는 학습자들이 사례가 새로운 상황에 적용될 수 있는지 인식하는 데 어려움을 겪기도 하며, 때로는 자신들의 요구에 맞도록 사례를 수정하는 것에 어려움을 겪기도 한다. ARCHE-2, STABLE, SCRIPTABLE 같은 사례 라이브러리는 학습자들이 쉽게 이해할 수 있는 구조로 사례를 제공한다.

ARCHE-2

ARCHE-2(Zimring, Do, Domeshek, & Kolodner, 1995)는 전문 건축가들은 위한 사례기반 설계 보조물로 개발되었다. 사례는 도서관이나 법원에 초점을 맞춘 공공 건물에 관해 설명한다([그림 6-4] 참조). 의도는 공공건물 설계에 종사하는 설계자가 정기적으로 ARCHE-2를 통해 조언을 얻게 하

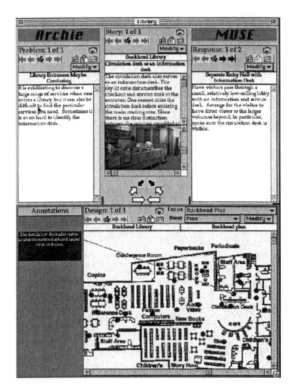

| 그림 6-4 | ARCHE-2

는 것이었다. 건축가는 처음 프로젝트를 시작할 때 의도하는 프로젝트와 유사한 것을 찾고 다른 사람들이 이러한 이슈를 어떻게 다루었는지 알아보기 위해 ARCHE-2의 문서함, 건축가들의 저널, 라이브러리 등을 활용할 수 있다. 법원을 설계하는 건축가는 한 설계 라이브러리에서 다음 것으로 넘어가면서 법원들을 검색해 볼 수 있다. 후에 특별한 이슈에 직면했을 때(예를 들면 도서관 어린이 열람실의 위치, 독서 공간의 조명, 관리 권한 등) 건축가는 ARCHE-2에 다시 돌아가서 이번에는 관련 이슈에만 초점을 두어 살펴본다. 이는 Georgia Tech의 건축 스튜디오에서 매우 광범위하게 활용되었다(Zimring et al., 1995).

STABLE

STABLE(smalltalk apprenticeship-based learning environment)은 ARCHE-2의 후속으로 학습자들이 객체지향 설계나 프로그래밍 기술을 학습하는 것을 도와주기 위한 것이다. STABLE은 이전 학생들이 만든 사례 모음을 웹 기반으로 제공한다. STABLE의 의도는 기술을 배우는 것을 지원하는 데 있기 때문에 도제학습의 이론에 근거하고 있다(Collins, Brown, & Newman, 1989). 도제학습에서 학습자는 그 영역 전문가의 감독이나 코치를 받으며 문제를 해결하게 된다. 전문가는 스캐폴딩이라 불리는 다양한 방법을 활용하여 학습자를 지원한다.

STABLE은 방대한 정보를 제공하지만 학습자들이 스스로 생각해 보도록 하고 꼭 필요할 때만 정보를 찾아보는 방식으로 지원하도록 설계되었다([그림 6-5] 참조).

- 설계과정의 각 단계는 세 개 이상의 수준으로 제공되며 처음 방문했을 때는 가장 적은 세부사항만을 제시한다.
- 전략 정보('왜 지금 이 단계가 이렇게 시행되었을까?')가 제공되지만 처

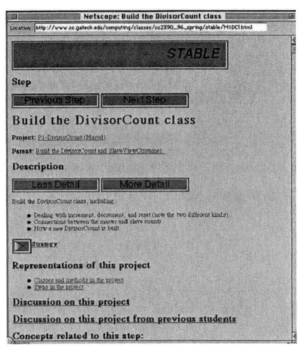

| 그림 6-5 | STABLE의 Step 화면:
Step의 세부 사항을 증가시키거나
감소시키는 기능과 전략 정보에 연결된 링크를 주목할 것

음부터 제시되지는 않는다.

- 잠재적인 문제와 해결책이 제시되며 대부분 이전 단계와 연계된다. 예를 들면 어떤 단계에서 '이런 문제가 발생하면'은 '그러면, 이 단계에서 일어난 원인은 아마도'라는 이전 단계의 내용이 하이퍼링크로 제시된다.

- 각 단계는 전문가의 사례 관찰과 연계되며(예를 들면 '이것은 부분-전체 객체 관계의 예시다') 또한 다른 단계와도 연계되어 추상적 관찰에 대한 보다 구체적인 예시들을 제공해 준다.

STABLE의 평가 결과 학습자들의 수행과 학습이 향상되었다(Guzdial & Kehoe, 1998). 학습자들은 보다 복잡한 문제를 학기 초반에 해결할 수 있었고 전년도 학생들보다 기말고사에서 설계 문제를 더 잘 풀었다.

그러나 놀랍게도 학습자들은 STABLE에 대한 몇 가지 불만을 표했다. STABLE은 사례에 대하여 다양한 수준에서의 세부 사항을 제공하도록 설계되었다. 그러나 전문가의 관찰 외에 사례 비교를 할 수 있는 지원은 충분히 고려되지 않았다. STABLE로부터의 교훈은 학습자들이 설계 활동에 몰입할 수 있도록 지원해 주는 사례 라이브러리가 학습을 촉진해 줄 수 있고, 설계를 지원하는 데 성공적이며, Schank(1982)가 사례로부터의 성공적 학습을 위해 중요하다고 규명했던 관련 맥락을 만들어 내는 교육과정 내에 위치할 수 있다는 점이다. 그러나 STABLE은 또한 학습자들이 '관련이 있다'고 생각하는 것이 결정하는 데 매우 중요하며, 이는 학습자들의 실천(설계도구를 쓸 때와 쓰지 않을 때)을 면밀히 살펴보아야만 알 수 있다.

SCRIPTABLE

STABLE 시스템과 유사한 점이 매우 많은 SCRIPTABLE은 업무환경에서 그래픽 전문가와 웹 전문가들이 자바스크립트 컴퓨터 프로그래밍 학습을 지원해 주는 웹 기반 사례 라이브러리다. 이 환경은 이 장에서 소개한 다른 학습환경과는 좀 다르다. 여기서 학습자들은 비형식적인 교육 상황에 처해 있다. 예를 들면 학습자들은 현재 하고 있는 업무와 관련된 예시 코드를 인터넷에서 검색하면서 프로그래밍 개념 지식을 조금씩 알아가게 된다(Dorn & Guzdial, 2010). SCRIPTABLE은 반복, 선정, 순환 같은 기본적인 컴퓨팅 개념을 추가적으로 배우면서 현재 학습자가 배우고 있는 것에서 예시가 하는 역할의 중요성을 강조하기 위해 설계되었다. 그러한 개념들은 교수자가 학습을 안내하지 않을 때 쉽게 간과하게 되는 것들이다.

SCRIPTABLE은 웹 전문가와 그래픽 전문가가 하고 있는 프로그래밍 활

| 그림 6-6 | SCRIPTABLE 프로젝트 페이지

동과 일치하는 예시 프로젝트를 제공하는 사례 라이브러리다. [그림 6-6]
은 시스템에 있는 프로젝트 페이지의 일부분이다. 사례 연구를 통해 컴퓨
팅을 가르친 기존 연구(Clancy & Linn, 1995)에 기반하여 각 프로젝트는 학
습자들에게 해결해야 할 문제를 위한 목표 지향 환경, 프로젝트를 시스템
내 다른 프로젝트로 연결시켜 주는 관련된 색인 태그, 작성하고 있는 프로
그램의 가능한 테스트 사례, 초보적 해결에서 완벽하게 기능적인 해결책
으로 유도하는 반복적 개발 절차에 대한 토론을 제공하도록 구조화되어
제시된다.

개발 절차는 각 프로젝트 페이지의 대부분을 구성하는 이야기 형식으로
제시된다. 이야기는 먼저 문제에 대한 해결책을 직접 제시해 주고, 부분별
로 맞는 행동들을 시범을 보인 후, 특정한 테스트 사례에서 해결책이 어떻

게 실패하는지 보여 준다. 실패는 이야기 속에서 새로운 컴퓨팅 개념을 제시하기 위한 유인책 역할을 하게 되어 해결해야 할 프로젝트의 맥락 속에서 묘사된다. 개념적 지식은 항상 특정한 프로젝트의 요구에 의해 동기 부여가 된다. 이 반복적 구조는 학습자의 문제 해결을 안내하기 위한 템플릿으로 설계된다.

SCRIPTABLE 사례 라이브러리는 프로그램 구문, 컴퓨팅 개념, 과제 혹은 목표 지향 관심 등 여러 차원에서 각 프로젝트의 참조 간에 하이퍼링크로 연결된 색인 시스템을 포함한다. 이를 통해 학습자들은 관련된 프로젝트를 빠르게 옮겨 다니며 상황과 해결책을 비교하고 대조할 수 있다. 인터페이스는 또한 검색 기능도 제공한다.

SCRIPTABLE을 적용한 초기 결과는 사례기반 학습보조물이 사례 라이브러리의 내용과 관련된 문제해결 과제에 참여하는 자립적인 학생들의 개념적 지식 개발을 효과적으로 촉진한다는 것을 보여준다(Dorn, 2010). 연구 결과, 주어진 프로그램으로 특정한 문제를 어떻게 해결할지 설명하라고 했을 때 학습자들이 수준 높은 개념적 지식을 보여 주는 답변을 하는 것으로 나타났다. 문제 시리즈를 완성하는 동안 SCRIPTABLE을 쓴 학생들은 통제집단에 비해 기술적 완성도가 매우 높게 증가했으며 답변에서 표준 언어를 더 많이 활용했다.

관찰과 사용자 피드백에 기반하여, 참조 자료로 활용되는 사례 라이브러리를 설계하기 위해 다음과 같은 사항을 제안할 수 있다.

- 프로젝트 관련 관심사와 사례 자체의 개념적 정보 간의 명시적 연결을 제공하는 것은 학습자들이 왜 이것을 학습해야 하는지 인식할 수 있게 해 준다. 교육과정의 지원 없이 학습자가 사례 라이브러리를 활용해야 하는 상황이라면 이는 특히 중요하다.
- 사례의 맥락과 학습자가 해결하고 있는 문제의 맥락 사이의 차이가

작더라도 학습자에게는 특정한 사례가 관련이 있는지 인식하는 것이 어려울 수 있다.

• 작성된 사례의 일관성과 조직은 학습자들에게 신뢰성과 편안함을 높여 주는 데 중요한 요소다. 사용자들은 그들이 일반적으로 웹에서 찾을 수 있는 자원에서 보이는 일관된 구성 방식이 얼마나 긍정적인 변화인지를 자주 언급했다. 보다 중요하게 일관적 구조는 학습자들이 사례가 어떻게 작성되었는지 빨리 이해할 수 있게 하고 더 효율적으로 상호작용하게 함으로써 어떤 내용이 제시되었고 어디서 찾을 수 있는지를 예측할 수 있게 해 준다.

• 사례 라이브러리는 그냥 보기에도 실제적인 적용에 유용하다고 인식될 만큼 충분히 방대한 양의 사례들을 포함하고 있어야 한다. 넓은 범위의 사용자가 활용할 자료를 개발하는 것이 목적이라면 내용의 양, 질, 일관성 모두 중요하다.

관련 연구 결과는 ARCHE-2나 STABLE에서의 결과와 동일하다. 사례 라이브러리와 관련하여 학습자들이 관련성과 비관련성을 인식하는 것에 대한 탐색은 여전히 연구되어야 할 과제다. 사례 라이브러리의 크기와 그 유용성 및 사용 편의성 간의 관계는 매우 중요하지만 사례 라이브러리의 내용 생성과 전시에 있어 모든 경우에 다 맞는 정답은 없다.

CASE APPLICATION SUITE

앞서 언급한 것처럼 사례 적용은 초보자에게는 어려운 일이다. 사례가 과제와 관련이 있다고 발견하는 것 자체도 어려운 일이지만 발견한 후 이전 사례를 생산적으로 적용하기 위해서도 몇 가지 능력이 필요하다.

• 적용 가능한 사례와 학습자들이 사례를 적용하고 싶다고 한 상황의

유사성을 충분히 인식할 수 있을 정도의 새로운 상황과 이전 상황 모두에 대한 이해

• 적용 가능한 이미 알려져 있는 것을 인식하는 능력
• 맞는 사례를 적시에 쉽게 기억할 수 있게 하는 적용 가능한 사례 라이브러리

SMILE에서 실행되는 CASE APPLICATION SUITE(CAS)는 프로젝트를 하는 동안 초보자들이 사례를 적용할 수 있도록 설계한 도구들의 모음이다. 스캐폴딩은 소그룹으로 사례를 해석하고 적용할 때 특히 해석과 추론을 명료화하고 기록하는 것을 지원하기 위한 것이다. 학습자가 적절하게 명료화할 수 있도록 돕기 위한 힌트, 예시, 템플릿이 설계되어 있다.

이슈는 학습자들이 기존의 상황을 새로운 것에 적용할 때 어떻게 도와주느냐였다. 교훈을 표상하기 위한 '경험에 근거한 설계 원리'(Ryan, Camp, & Crismond, 2001)는 사례 적용의 수단이 되었다. 경험에 근거한 원리는 설계에 의한 학습 물리학 단원에서 학습자들이 자신의 설계 경험을 학습하고 있는 것(예를 들면 멀리 가는 차를 만들 때 마찰력이 생기지 않도록 바퀴가 차대에 닿지 않는지 확인하기 등)에 연계하도록 도와주는 데 이미 활용해 본 것이다. 이와 유사하게 CASE APPLICATION SUITE는 학습자들이 풀어야 할 과제를 읽을 때 전문가들의 사례와 이를 연결지어 생각할 수 있도록 도와주는 경험의 법칙을 활용했다. 적용 과정은 경험의 법칙으로서 사례가 주는 교훈을 끌어내고, 과제에 적용 가능한지 분석하고, 과제에 적용해 보고, 해결책의 효과를 예측해 보고, 과제에 얼마나 부합했는지 평가하는 순환적인 방식으로 이루어졌다. 템플릿은 학습자들이 자신의 경험의 법칙을 명료하게 하는 것을 지원했다. 학습자들에게 스캐폴딩을 제공하여 구체적인 경험의 법칙을 만들고 교훈을 정당화하기 위해 과학적 원리를 활용하도록 하기 위한 의도였다.

CAS의 한 요소([그림 6-7]) 참조는 순서에 초점을 맞춘 전문가의 사례에 대한 이해와 조사, 대안적 해결책을 강조한 개괄적 이해, 활용된 과학, 도출될 수 있는 경험의 법칙 등을 위한 스캐폴딩을 제공한다. 해석되고 있는 사례는 왼쪽, 학습자가 읽고 있는 것을 조직할 수 있도록 도와주는 질문은 가운데, 질문에 어떻게 응답할지에 대한 힌트는 오른쪽에 제시된다.

CAS 시스템 도구는 학습자들이 그러한 법칙이 적용될 수 있는지 결정하기 위해 과제의 관점에서 자신의 경험의 법칙을 분석하는 것을 돕는다. 학습자들에게 설계 목표, 이슈와 하위 이슈, 준거/제한점의 견지에서 경험의 법칙의 적용 가능성을 분석하도록 질문 힌트를 제공한다. 이 도구를 활용할 때, 학습자들은 이 법칙을 활용해서 해결책이 개선될 수 있는지에 대해 생각해 보고 적용 여부를 결정하게 된다. 학습자들이 해결책에 도달하면 사례나 경험에 의한 법칙을 적용한 결과는 반드시 평가받아야 한다.

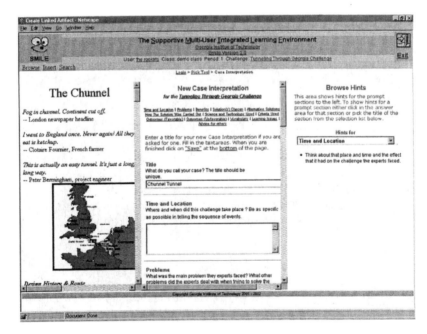

| 그림 6-7 | CASE APPLICATION SUITE

적용해 본 결과 일반적으로 CAS 도구는 쉽게 사용할 수 있었으며, 도구를 활용한 학습자들은 통제집단에 비해 경험의 법칙을 더 잘 도출해 냈다. 도구를 활용하기 전에 교사가 사례 분석의 시범을 보이지 않았을 때에도 학습자들은 사례를 잘 해석했으며, 교사가 사례 해석의 시범을 보여 주었을 때, 도구를 쓴 학생들은 통제집단에 비해 자신들의 사례 요약을 더 잘 했다.

결론

사례기반 추론은 학습을 지원하기 위한 다양한 시사점을 제시한다.

- CBR은 실제적인 활동으로부터의 학습을 더 효과적으로 이끄는 방법으로 ① 학습자들이 지금까지 한 것에 대한 제대로 된 피드백을 제공받고, 기대한 결과가 나오지 않았을 때 설명하는 것을 지원해 주고, 계속 시도해서 학습하고 있는 것을 완전히 이해하고 성공할 수 있을 때까지 반복적으로 자신들이 학습한 것을 적용할 기회를 제공할 것, ② 학습자들이 자신의 경험에 대해 성찰하고 무엇을 학습하고 있는지 도출하고 자기 자신이나 다른 사람들로부터의 교훈이 무엇인지 분명하게 설명하게 하는 토론이나 성찰을 교실 활동에 포함시킬 것, ③ 학습자들이 자신이 학습한 것을 적용할 수 있는 미래 상황을 예측해 보게 할 것을 제시한다.
- CBR은 학습하는 동안 유용한 자원으로 구조화된 전문가 사례 라이브러리 색인, 아이디어와 동료로부터 배운 내용에 대한 색인을 제안한다.
- CBR은 어떤 환경에서든 학습을 증진시킬 수 있는 활동으로서 다른 사람과 공유하기 위한 사례 저작, 전문가의 사례 읽기, 다른 학생들이

배울 수 있도록 준비해 주기 등을 제안한다.

• CBR은 학습자들이 서로 같은 속도로 진행할 수 있도록 학습자 중심 문제기반, 프로젝트 기반, 설계기반 교실을 관리할 수 있는 방법으로서, 모든 학습자가 같은 속도로 아이디어를 나눌 수 있는 Gallery Walk와 자기 속도로 다른 사람들의 경험으로부터 배울 수 있게 하는 온라인 사례 아카이브 등을 제안한다.

• CBR은 교사가 먼저 나서서 하는 활동들 없이도 활용할 수 있는 사례 라이브러리를 만드는 방법으로서 기대하는 바를 보여 주는 다수의 사례와 학습자들이 해마다 사례를 추가하게 함으로써 다음에 오는 학생들이 그것으로부터 배울 수 있게 할 것을 제안한다.

간단히 요약하기는 했지만, 저자들은 다양한 시스템에 대한 논의와 효과적인 활용에 대한 아이디어가 앞으로 이러한 유형의 활동을 교실에 통합하고자 하는 이들에게 도움이 될 수 있고, 시작하는 데 있어 지침이 될 수 있기를 바란다.

【 참고문헌 】

Bareiss, R., & Beckwith, R. (1993). Advise the President: A hypermedia system for teaching contemporary American history. Paper presented at the annual meeting of the American Educational Research Association.

Bareiss, R., & Osgood, R. (1993). Applying AI models to the design of exploratory hypermedia systems. *Proceedings of the ACM Conference on Hypertext* (pp. 94-105).

Bell, B. L., & Bareiss, R. (1993). Sickle cell counselor: Using goal-based scenarios to motivate the exploration of knowledge in a museum context. *Proceedings of the World Conference on AI in Education* (pp 153-160).

Clancy, M. J., & Linn, M. (1995). *Designing Pascal solutions: A case study approach.* New York: W. H. Freeman.

Collins, A., Brown, J. S., & Newman, S. E. (1989). Cognitive apprenticeship: Teaching the craft of reading, writing, and mathematics. In L. B. Resnick (Ed.), *Knowing, learning, and instruction: Essays in honor of Robert Glaser* (pp. 453-494). Hillsdale, NJ: Lawrence Erlbaum and Associates.

Dorn, B. (2010). *A case-based approach for supporting the informal computing education of end-user programmers.* Unpublished Ph.D. Thesis, School of Interactive Computing, Georgia Institute of Technology.

Dorn, B., & Guzdial, M. (2010). Learning on the job: Characterizing the programming knowledge and learning strategies of web designers. In *CHI' 2010: Proceedings of the 28th International Conference on Human Factors in Computing Systems* (pp. 703-712).

Ferguson, W., Bareiss, R., Birnbaum, L., & Osgood, R. (1992). ASK systems: An approach to the realization of story-based teachers. *Journal of the Learning Sciences, 2*(1), 95-134.

Guzdial, M. J. (1991). The need for education and technology: Examples from the GPCeditor, *Proceedings of the National Educational Computing Conference* (pp. 16-23). Phoenix, AZ.

Guzdial, M., & Kehoe, C. (1998). Apprenticeship-based learning environments: A principled approach to providing software-realized scaffolding through hypermedia. *Journal of Interactive Learning Research, 9*(3/4).

Guzdial, M., Hmelo, C., Hubscher, R., Nagel, K., Newstetter, W., Puntembakar, S., Shabo, A., Turns, J., & Kolodner, J. L. (1997). Integrating and guiding collaboration: Lessons learned in computer-supported collaboration learning research at Georgia Tech. *Proceedings of the International Conference on Computer Support for Collaborative Learning* (CSCL' 97) (pp. 91-100).

Hammond, K. J. (1989). *Case-based planning: Viewing planning as a memory task.* Boston: Academic Press.

Harel, I., & Papert, S. (1990). Software design as a learning environment. *Interactive Learning Environments, 1*(1), 1-32.

Kass, A., Burke, R., Blevis, E., & Williamson, M. (1993). Constructing learning environments for complex social skills. *Journal of the Learning Sciences, 3,* 387-427.

Kolodner, J. (1993). *Case based reasoning.* San Mateo, CA: Morgan Kaufmann.

Kolodner, J. L. (1997). Educational implications of analogy: A view from case-based reasoning. *American Psychologist.*

Kolodner, J. L., & Nagel, K. (1999). The design discussion area: A collaborative learning tool in support of learning from problem-solving and design activities, *Proceedings of CSCL '99.* Palo Alto, CA, pp. 300-307.

Kolodner, J. L., & Simpson, R. L. (1989). The MEDIATOR: Analysis of an early case-based problem solver. *Cognitive Science 13*(4), 507-549.

Kolodner, J. L., Crismond, D., Fasse, B., Gray, J., Holbrook, J., & Puntembakar, S. (2003a). Problem-based learning meets case-based reasoning in the middle-school science classroom: Putting learning-by-design™ into practice. *Journal of the Learning Sciences, 12*(4), 495-547.

Kolodner, J. L., Crismond, D., Gray, J., Holbrook, J., & Puntambekar, S. (1998). Learning by design from theory to practice. In A. Bruckman, M. Guzdial, J. Kolodner, & A. Ram (Eds.), *Proceedings of International Conference of the Learning Sciences 1998* (ICLS-98) (pp. 16-22). Atlanta, GA.

Kolodner, J., Gray, J., & Fasse, B. (2003b). Promoting transfer through case-based reasoning: Rituals and practices in learning by design classrooms. *Cognitive Science Quarterly, 3*.

Kolodner, J. L., Hmelo, C. E., & Narayanan, N. H. (1996). Problem-based learning meets case-based reasoning. In Edelson, D. & Domeshek, E., *Proceedings of the International Conference of the Learning Sciences 1996* (ICLS-96). Charlottesville, VA: AACE, pp. 188-195.

Kolodner, J. L., Krajcik, J., Edelson, D., Reiser, B., & Starr, M. (2010). *Project-based inquiry science* (13 volumes). Armonk, NY: It's About Time.

Kolodner, J. L., Owensby, J. N., & Guzdial, M. (2004). Case-based learning aids. In D. H. Jonassen (Ed.), *Handbook of research for education communications and technology*(2nd edn.). Mahwah, NJ: Lawrence Erlbaum Associates.

Kolodner, J. L., Starr, M. L., Edelson, D., Hug, B., Kanter, D., Krajcik, J., Lancaster, J. A., Laster, T. A., Leimberer, J., Reiser, B. J., Ryan, M. T., Schneider, R., Sutherland, L. M., & Zahm, B. (2008). Implementing what we know about learning in a middle-school curriculum for widespread dissemination: The project-based inquiry science (PBIS) story. In *Proceedings of the 8th International Conference on the Learning Sciences-Volume 3 (ICLS' 08)*, International Society of the Learning Sciences, pp. 274-281.

Ng, E., & Bereiter, C. (1995). Three levels of goal orientation in learning. In A. Ram & D. B. Leake (Eds.), *Goal-driven learning* (pp. 354-370). Cambridge, MA: MIT Press.

Owensby, J., & Kolodner, J. L. (2002). Case application suite: Promoting collaborative case application in learning by design™ classrooms. *Proceedings of the International Conference on Computer Support for Collaborative Learning, CSCL-2002*, pp. 505-506.

Papert, S. (1991). Situating constructionism. In I. Harel & S. Papert (Eds.), *Constructionism* (pp. 1-11). Norwood, NJ: Ablex.

Ram, A., & Leake, D. B. (1995). Learning, goals, and learning goals. In A. Ram & D. B. Leake (Eds.), *Goal-driven learning* (pp. 1-37). Cambridge, MA: MIT Press.

Redmond, M. (1992). *Learning by observing and understanding expert problem solving*. Unpublished Ph.D. Thesis, College of Computing, Georgia Institute of

Technology.

Ryan, M., Camp, P., & Crismond, D. (2001). Design rules of thumb-Connecting science and design. Presented at AERA 2001, Seattle, WA. http://www.cc.gatech.edu/projects/lbd/pubropic.html#designrules.

Schank, R. C. (1982). *Dynamic memory.* Cambridge: Cambridge University Press.

Schank, R. C. (1999). *Dynamic memory revisited.* Cambridge: Cambridge University Press.

Schank, R. C., Berman, T. R., & Macpherson, K. A. (1999). Learning by doing. In C. Reigeluth (Ed.), *Instructional design theories and models* (pp. 161-181). Mahwah, NJ: Lawrence Erlbaum Associates.

Schank, R. C., Fano, A., Bell, B., & Jona, M. (1993/1994). The design of goal-based scenarios. *Journal of the Learning Sciences, 3*(4), 305-346.

Schon, D. A. (1982). *The reflective practitioner: How professionals think in action.* New York: Basic Books.

Shabo, A., Nagel, K., Guzdial, M., & Kolodner, J. (1997). JavaCAP: A collaborative case authoring program on the WWW. In R. Hall, N. Miyake, & N. Enyedy (Eds.), *Proceedings of Computer-Supported Collaborative Learning '97 (CSCL-97)* (pp. 241-249). Toronto, Ontario.

Silver, E. A., Branca, N. A., & Adams, V. M. (1980). Metacognition: The missing link in problem solving? In R. Karplus (Ed.), *Proceedings of the Fourth International Conference for the Psychology of Mathematics Education* (pp. 213-222). Berkeley, CA: University of California.

Spiro, R. J., Feltovich, P. J., Jacobson, M. J., & Coulson, R. L. (1991). Cognitive flexibility, constructivism, and hypertext: Random access instruction for advanced knowledge acquisition in ill-structured domains. *Educational Technology, 31*(5), 24-33.

Turns, J., Guzdial, M., Mistree, F., Allen, J. K., & Rosen, D. (1995a). I wish I had understood this at the beginning: Dilemmas in research, teaching, and the introduction of technology in engineering design courses, *Proceedings of the Frontiers in Education Conference.* Atlanta, GA.

Turns, J., Mistree, F., Rosen, D., Allen, J., Guzdial, M., & Carlson, D. (1995b). A collaborative multimedia design learning simulator. Paper presented at the ED-Media 95: World Conference on Educational Multimedia and HyperMedia, Graz, Austria, June 17-21.

Turns, J. A., Newstetter, W., Allen, J. K., & Mistree F (1997). Th reflective learner: Supporting the writing of learning essays that support the learning of engineering design through experience, *Proceedings of the 1997 American Society of Engineering Educators Conference.* Milwaukee, WI.

Zimring, C. M., Do, E., Domeshek, E., & Kolodner, J. (1995). Supporting case-study use in design education: A computational case-based design aid for architecture. In J. P. Mohsen (Ed.), *Computing in engineering: Proceedings of the second congress.* New York: American Society of Civil Engineers.

7장

학습자 중심 학습환경에서 메타인지와 자기조절 학습

Roger Azevedo, Reza F. Behnagh, Melissa Duffy,
Jason M. Harley, & Gregory Trevors

널리 산재해 있는 학습자 중심 학습환경(student centered learning environments: SCLE)은 학습자들에게 수많은 도전을 제기한다. 비선형적이고 다중양식적이며 열려 있는 학습환경에서 학습하는 것은 계획, 성찰 그리고 메타인지적 점검과 조절 같은 수많은 자기조절 과정을 포함한다(Azevedo, 2005, 2007, 2008, 2009; Greeno & Azevedo, 2009, 2010; Moos & Azevedo, 2008; Veenman, 2007; White & Frederiksen, 2005; Zimmerman, 2008). 그러나 SCLE에서 학습을 진행하는 동안 학습자들이 항상 이러한 과정을 점검하고 조절하는 것은 아니기 때문에, 복잡하고 도전적인 주제와 영역의 학습을 향상시킬 수 있는 교육적 도구로서 잠재성과 효과성은 제한적이다.

메타인지와 자기조절은 열린 하이퍼미디어 환경, 복수 에이전트 튜터링 시스템, 기능성 게임 그리고 다른 하이브리드 시스템 등과 같은 SCLE에서 개념을 학습하는 데 중요한 주요 과정들로 이루어져 있다. SCLE에서의 학습은 인지적 · 메타인지적 · 동기적 · 감정적 과정들 간의 복잡한 상호작용을 포함한다(Aleven, Roll, McLaren, & Koedinger, 2010; Azevedo, Moos, Johnson, & Chauncey, 2010; Biswas, Jeong, Kinnebrew, Sulcer, & Roscoe, 2010; Graesser & McNamara, 2010; White, Frederiksen, & Collins, 2009; Winne & Nesbit, 2009). 최근 간학문적인 연구는 SCLE에서 개념을 학습하는 데 있어 모든 연령대의 학습자들이 어려움을 겪는다는 증거들을 보여 주고 있다. 간단하게 요약하자면, 이러한 연구들은 SCLE에서의 학습이 학습자들로 하여금 학습의 다양한 측면을 점검하고 조절할 것을 요구하기 때문에 특히 어렵다고 밝히고 있다. 자신의 학습과정을 조절한다는 것은 예를 들자면, 학습 맥락을 분석하는 것, 의미 있는 학습목표를 정하고 관리하는 것, 어떠한 학습 전략과 문제해결 전략을 사용할지를 결정하는 것, 그러한 전략이 학습목표를 달성하기 위해 효과적인지를 평가하는 것, 주제와 문맥적 요소들에 대한 본인의 이해 과정에 대해 명확한 판단을 내리는 것 그리고 학습 맥락 중 학습을 촉진시키기 위해 사용될 수 있는 측면이 있는지를 결정하는 것들이 있을 수 있다. 자기조절 학습이 이루어지는 동안 학습자들은 자신이 배우고 있는 것을 이해하고 있는지 판단하고 때로는 역동적으로 변화하는 맥락적 조건을 고려하여 계획과 목표, 전략, 노력들을 수정하는 과정에서 다양한 메타인지적 과정을 효과적으로 사용할 필요가 있다. 또한 학습자들은 본인의 동기적, 감정적 상태의 변동을 관찰 · 수정하고, 그러한 변화에 적응하여야만 하며, 과제를 완수하는 데 사회적인 도움이 얼마나 필요할지 결정하여야 한다. 뿐만 아니라, 학습 맥락과 교수 목표, 지각된 과제 성과 그리고 학습목표를 달성하기 위한 진행 상황들에 따라, 학습자의 인지, 메타인지, 동기 그리고 감정들의 특정 부분을 수정할 필요도 있다. 이처럼 메타인지와 자기조절은 SCLE에서의 학습에 중요한 역할을 담당하고 있다.

학습자 중심 학습환경에서 자기조절 학습

메타인지와 자기조절 과정의 복잡한 속성을 보여주는 예로, MetaTutor 와 같은 복수 에이전트의 적응적인 하이퍼미디어 학습환경을 들 수 있다. 보통, 학습자는 이 시스템을 통해 인간의 순환기에 대해 두 시간 동안 배우게 된다. 이 환경은 수십 개의 삽화를 포함하고 있고, 정적인 다이어그램에 상응하는 수천 단어를 포함한 수백 개의 문단으로 이루어져 있다. 정보를 담고 있는 이러한 각각의 표상들은 책의 챕터들의 한 부분 및 하위 부분들과 유사하게 구조화되어 있어서, 학습자로 하여금 그 환경을 자유롭게 살펴볼 수 있도록 하였다. 학습 상황에 대해 분석하고, 의미 있는 학습목표를 세우고, 과제의 조건에 따라 어떠한 전략을 활용할지 결정하는 자기조절적인 학습자를 상상해 보라. 그 학습자는 아마도 주제와 학습환경에 맞는 이전의 경험들, 유사한 과제에서의 성공 경험, 맥락적 제약들 (스캐폴딩의 제공과 인공지능 교육용 에이전트로부터의 피드백 등) 그리고 맥락적 요구들(과제의 완수를 위한 시간적 제약)을 바탕으로 동기를 불러일으키기도 할 것이다. 학습이 진행되는 동안, 학습자는 특정 전략들이 학습의 하위 목표를 달성하는 데 효과적인지를 점검하고, 주제에 대한 이해 과정을 평가하며, 본인의 지식, 행동, 노력과 학습 맥락의 다른 측면들에 대해 필요한 조정을 해 나갈 수도 있다. 이상적으로, 자기조절적인 학습자는 특정 학습 과제의 기준에 따라 계속적인 메타인지적 점검과 통제를 통한 적응적 조절을 해 나갈 것이며 이러한 조절 과정은 언제, 어떻게 무엇을 조절할 것인가에 대한 결정을 촉진시켜 줄 것이다(Pintrich, 2000; Schunk, 2001; Winne & Hadwin, 1998, 2008; Winne & Nesbit, 2009; Zimmerman, 2008; Zimmerman & Schunk, 2011). 학습환경에서 이루어지는 과제와 때로는 학습 이후의 과제에 따라서 학습자들은 다음에 일어날 학습에 영향을 줄 인지적 · 동기적 · 행동적 습성을 가지게 된다(Pintrich, 2000; Schunk, 2001).

이러한 시나리오는 SCLE에서 자기조절 학습을 하는 이상적인 접근을 보여준다. 안타깝게도, 일반적인 학습자는 SCLE에서 학습하는 동안 이렇게 복잡하고 적응적이며 인지적·메타인지적 과정에 몰입하지 못한다. 이러한 학습환경의 교육적 잠재력은 상당히 제한적이다.

SRL 모델의 개요

자기조절 학습(self-regulated learning: SRL) 이론은 어떻게 인지적·메타인지적·동기적·감정적 과정과 맥락적 요소들이 학습과정에 영향을 미치는지 모형화하고자 한다(Pintrich, 2000; Winne, 2001; Winne & Hadwin, 1998, 2008; Zimmerman, 2000, 2008). 다양한 이론적 정의 간에 중요한 차이점들이 존재하기는 하지만, 자기조절적인 학습자들은 일반적으로 점검과 전략 사용을 통해 자기 자신의 학습을 관리하는 데 적극적이고 효율적이라는 특징을 가지고 있다(Boekaerts, Pintrich, & Zeidner, 2000; Butler & Winne, 1995; Efklides, 2011; Greene & Azevedo, 2007; Pintrich, 2000; Winne, 2001; Winne & Hadwin, 1998, 2008; Zimmerman, 1986).

SRL은 학습자들이 자신의 과거 경험과 현재 학습환경을 바탕으로 목표를 설정하는 구성주의적인 과정으로 기술되기도 한다(Pintrich, 2000). 이러한 목표는 조절 과정이 목표로 하는 것의 준거가 된다. 본질적으로, SRL은 학습자 특성, 맥락 그리고 수행 간의 관계를 중재한다(Pintrich, 2004). Pintrich(2000)는 자기조절의 영역과 단계에 초점을 맞춘 분류체계를 사용하여 SRL연구들을 정리하였다. 이러한 단계는 과제의 정의와 계획, 점검과 학습전략의 조절 그리고 반응과 성찰로 이루어져 있다. 자기조절이 일어나는 영역은 크게 인지, 동기, 행동, 맥락의 네 분류로 나뉜다. 단계와 영역을 아우르면서, Pintrich는 다양한 연구 결과와 이론적 구인들이 분류

될 수 있는 4*4 격자(grid)¹⁾를 제시하였다. 예를 들면, 앎의 느낌(feeling of knowing: FOK)은 인지영역 안의 점검 과정인 반면, 과제를 변경하거나 교수 에이전트, 교사, 혹은 동료와 과제에 대해 협상하는 것은 맥락조절 전략의 사용에 해당된다.

Pintrich(2000)의 분류는 연구자들로 하여금 현재 이루어지고 있는 SRL 연구 동향을 정리하는 데 도움을 주었고, 그러한 연구들이 어떻게 서로 관계가 있는지에 대한 일반적인 정보를 제공해 준다. 이는 SCLE에서 학습이 이루어지는 동안 SRL의 특징을 이해하는 데 특히 관련이 있다. SRL에 대한 여러 모형들은 Pintrich(2000)의 분류체계 안의 특정 셀 또는 셀들의 집합에 초점을 맞추고 있다. 예를 들면, Winne과 Hadwin(1998, 2008)의 SRL 모형은 정보처리 이론(IPT)에 기반을 두고 학습하는 동안 일어나는 인지적 과정에 대해 좀 더 구체적으로 정리하고 단계들의 일부를 재개념화함으로써 Pintrich와 다른 학자들의 연구를 보완하였다(Winne, 2001). 이는 SRL에 대한 다른 관점을 가능하게 한다. 그러나 현재 존재하는 SRL 모형의 수를 고려했을 때, 문제는 이러한 연구 성과들이 SCLE에서의 학습을 이해하는 데 어떻게 도움을 줄 수 있느냐다. 좀 더 구체적으로 본 장에서는 이러한 과정이 SCLE에서의 학습에 어떠한 영향을 주고 어떻게 학습자의 SRL 과정을 지지하고 촉진할 수 있도록 설계될 수 있는지를 다루고자 한다.

---

1) 역주: Pintrich는 자기조절 학습 분야의 선도적인 연구자로서 자기조절 학습에 대한 연구의 개념적 틀을 자기조절 학습의 단계와 영역 각각의 네 가지 분류로 구분하여 제시하고 있다. 자기조절 학습의 단계에 해당되는 네 가지는 ① 사전숙고, 계획, 활성화, ② 점검, ③ 조절, ④ 반응, 성찰이며, 자기조절 학습 영역에 해당되는 네 가지는 ① 인지, ② 동기, ③ 행동, ④ 맥락이다.

이론적 틀: SRL의 정보처리 이론

자기조절 학습은 특정 주제와 영역에 대한 이해를 능동적으로 구성하는 과정을 포함한다. 이러한 능동적 구성은 전략과 목표의 사용, 인지, 행동, 동기의 특정 영역에 대한 점검과 조절 그리고 바람직한 목표를 달성하기 위해 행동을 수정하는 것들을 통해 이루어진다(Boekaerts et al, 2000; Pintrich, 2000; Zimmerman & Schunk, 2001 참고). SRL에 대한 이러한 정의가 통용되는 것이기는 해도, SRL의 연구 영역은 서로 다른 가정을 만들어 내고 서로 다른 구인, 과정, 단계들에 초점을 맞추는 다양한 이론적 관점으로 구성되어 있다(Azevedo et al, 2010; Dunlosky & Lipko, 2007; Metcalfe & Dunlosky, 2009; Pintrich, Wolters, & Baxter, 2000; Schunk, 2005; Winne & Hadwin, 2008; Zimmerman, 2008 참고). 저자들은 한발 더 나아가 SRL을 메타인지적 점검(예를 들면, 인지적 지식 또는 메타인지적 지식)과 메타인지적 통제(메타인지적 조절과 관련된 기술들을 포함하는)뿐만 아니라, 학습과정 내의 맥락적 조건들을 조종하고 앞으로의 활동을 계획하는 것까지 포함하는 메타인지의 상위 개념으로 정의한다. SRL은 학습자들이 의식적으로 자신의 학습을 점검하고 중재함으로써 역량을 발휘한다고 가정한다.

SCLE에서의 SRL에 대한 최근 연구들의 대부분(Azevedo, 2005; Clarebout, Horz, & Elen, 2009; Greene & Azevedo, 2010; Zumbach & Bannert, 2006)은 Winne과 동료들의(Butler & Winne, 1995; Winne, 2001; Winne & Hadwin, 1998, 2008) SRL의 정보처리 이론(information processing theory: IPT)에 기반을 두고 있다. 이 IPL 이론은 SRL의 네 단계 모델을 제안한다. 이 장의 목적은 이 모델의 기본에 대해 설명함으로써 SRL의 선형적, 반복적 그리고 적응적인 속성에 대해 강조하는 것이다(Greene & Azevedo, 2007 참고).

Winne과 Hadwin(1998, 2000)은 ① 과제 정의, ② 목표 설정과 계획 수립, ③ 전략학습 그리고 ④ 메타인지의 적용이라는 네 가지 기본적인 단계를 거쳐 학습이 일어난다고 제안한다. Winne과 Hadwin의 SRL 모델은 인지처리가 각 단계 내에서 일어난다고 가정하는 점에서 다수의 다른 SRL 모델과 다르다. 이들은 COPES라는 약어를 사용하여, 각 네 단계를 학습자의 조건(conditions), 정보처리(operations), 결과물(products), 평가(evaluations), 기준(standards) 간의 상호작용으로 설명한다. 정보처리를 제외한 모든 용어는 학습에 활용된 혹은 학습이 일어나는 동안 발생한 정보를 말한다. COPES로 구성된 이 인지구조 내에서 각 단계의 과업이 완성된다. 따라서 이 모델은 각 단계의 근본적인 정보처리 과정들에 대한 복잡한 설명을 소개함으로써 다른 SRL 모델들을 보완해 준다. Winne과 Hadwin의 모델은 근본적인 인지적 · 메타인지적 과정들과 메타인지적 판단의 정확성 그리고 특정 학습목표를 달성하기 위해 사용되는 통제 과정들에 초점을 맞춘다는 점에서 다른 모델들과 유사하다는 점도 주목해야 한다 (Hacker, Dunlosky, & Graesser, 2009 참고).

인지적 · 과제 조건은 개인에게 허용된 자원들이며 과제 혹은 환경에 내재되어 있는 제약들을 말한다. 인지적 조건들은 신념, 기질과 방식, 동기, 특정 분야의 지식, 현 과제와 관련된 지식 그리고 학습전략과 전술에 대한 지식들을 포함한다. 과제 조건들은 개인의 외부에 존재하는 것들로, 자원, 교수적 단서, 시간 그리고 지역적 맥락을 말한다. 즉, Winne과 Hadwin의 모델에서는 동기와 맥락이 조건에 포함된다. 조건은 기준뿐만 아니라 개인이 행하는 실제 정보처리에도 영향을 미친다. 조건은 학습자의 특성과 맥락을 의미하는데, 여기서 맥락은 먼저 과제를 어떻게 진행할 것인지(예를 들면 계획을 수립하고 특정 영역과 관련된 사전지식을 활성화시키는 등)와 과제 조건(문제 해결을 위해 필요한 시간이나 과제 완수에 필요한 관련 교수 자원에의 접근 수준 등)이 학습을 통제하고 조절하는 학습자의 능력에 어떻게 영향을 미칠지 결정하는 단계를 수립하는 것이다.

기준은 학습자가 현재 실행 중인 단계의 이상적인 최종 상태라고 믿는다면적 규준이며, 척도와 신념 둘 다를 포함한다. 예를 들면, 과제 정의 단계에서 학습자는 학습과제를 위해 인공지능 교육용 에이전트가 정해 준 학습목표 목록을 검토하고 무엇을 배워야 하는지(측정 기준)를 포함하는 과제 기준을 마련하게 된다. 학습자는 또한 학습과제의 난이도와 학습과제에서 요구되는 이해의 깊이 등과 같은 학습하는 것 자체에 대한 신념을 갖게 된다. 모델에서는 학습과제의 각 단계마다 성공의 기준이 무엇인지를 학습자가 어떻게 능동적으로 결정하는지 보여 주기 위해 막대그래프를 사용하는데, 각각의 막대는 특성 혹은 정도에 변화를 주면서 다른 기준을 나타낸다. 1단계에서의 이러한 기준들의 전반적인 프로파일이 학습자의 목표를 구성하게 되는 것이다. 기준 혹은 목표는 학습자가 행하게 되는 각 단계에서 정보처리의 성공을 결정짓는 데 사용된다. 기준의 역할을 이해하는 데 있어 가장 어려운 것 중 하나는 기준들이 학습자의 인지적인 시스템 안에 내부적으로 표상되어 있어 학습이 일어나는 동안 학습환경에 접근이 거의 불가능하다는 점이다.

정보처리는 학생들이 학습을 하는 동안 사용하는 정보조작 과정을 말하며, 검색(searching), 점검(monitoring), 조합(assembling), 시연(rehearsing), 이해(translating)를 포함하므로 SMART 과정이라고도 한다(Winne, 2001). 이러한 SMART 과정들은 메타인지적이라기보다는 인지적이며 그렇기 때문에 각 단계의 인지적 결과물이나 정보만을 만들어 낸다. 예를 들면, 1단계의 결과물은 과제의 정의다. 반면, 3단계의 결과물은 시험을 위해 특정 정보를 인출해 내는 능력이 될 수 있다. 이러한 결과물들은 점검의 방법을 통해 기준들과 비교된다. 점검의 과정을 통해 학습자는 결과물과 기준을 비교하여 주어진 단계에서의 목적이 달성되었는지 또는 더 할 일이 남아 있는지를 결정하게 된다. 이러한 비교과정을 인지적 평가라고 하며, 인지적 평가는 학습자가 결과물과 기준 간 불일치를 발견하고 그에 따라 결과물을 수정하기 위해 학습처리 과정을 통제하고 조건과 기준 혹은 둘 다 수정할 때 중요하게 작용한다. 이는 객체 수준의 점검이다. 그러나 점검은 메타 수준의 정보 혹은 메타인지적 초점도 포함한다. 예를 들면, 학습자들은 어떤 학습과제가 쉽다고 믿고 2단계에서 그 신념대로 기준을 바꿀 수 있다. 그러나 3단계까지 반복되는 과정에서 학습 결과물이 계속 객체 수준의 기준에 부합하지 않는 것으로 평가될 수도 있다. 이러한 평가 결과는 (이 경우 학습과제의 실제 난이도와 관련된) 메타 수준의 정보에 따라 과제가 쉽다는 기준과 맞지 않다는 것을 확인하는 메타인지적 점검과정을 개시하게 된다. 즉, 이 목표 설정 두 번째 단계에서의 기준 설정에 영향을 주는 기준(예를 들어 '이 과제는 어렵다')을 수정 혹은 갱신하기 위한 메타인지적 통제 전략이 실행된다. 이렇게 2단계에서 설정된 목표를 변화시키는 것에는 지나간 자료를 재검토하거나 새로운 전략을 학습하는 것이 포함된다. 따라서 이 모델은 "반복적이되 순서는 엄격하지 않은 시스템"(Winne & Hadwin 1998)이어서 한 단계 내에서의 결과물과 기준에 대한 점검이 이전 단계의 결과물을 갱신하도록 할 수 있다. 인지구조에 점검과 통제를 포함함으로써 이러한 과정이 SRL의 각 단계에 영향을 줄 수 있게 한다.

전형적인 순환주기는 없지만, 대부분의 학습은 과제에 대한 명확한 정의가 내려지고(1단계), 학습목표와 목표 달성을 위한 최상의 계획들이 수립되고(2단계), 그것이 학습을 시작하기 위한 전략을 활성화(3단계)할 때까지 인지구조를 재순환하는 과정을 포함한다. 예를 들면 폐 순환계에 대한 학습 결과물은 전반적인 정확성, 무엇을 학습하는지에 대한 학습자의 신념 그리고 효능과 시간 제약 등의 기준과 비교된다. 만약 결과물이 기준에 적합하지 않다면, 학습 시간을 더 할애하는 것과 같이 조건에 변화를 주는 심화학습 처리가 이루어진다. 마지막으로, 학습의 주요 과정이 이루어지고 난 후에, 학습자는 SRL(예를 들면 모델의 4단계)을 구성하는 신념과 동기 그리고 전략들을 더 수정할 것인지를 결정하게 된다. 수정은 조건과 처리를 더하거나 감하는 것뿐만 아니라 가벼운 조율이나 전체적 재구조화까지도 포함할 수 있다(Winne, 2001). 결과물 혹은 수행은 조건, 기준, 처리, 결과물을 필요한 만큼 변화시켜 가며 각 단계의 앞뒤를 넘나드는 반복적인 과정의 결과라고 할 수 있다.

마지막으로 Winne과 Nesbit(2009)은 SRL 모델을 적용할 때 가설을 세울 수 있다고 하였다. 첫째, 목표를 세우기 전에 학습자는 성공 가능성에 영향을 미치는 학습환경의 특징들에 대해 인지해야만 한다. 둘째, 특성들이 파악된 뒤에 그에 대한 해석도 이루어졌다면, 학습자들은 (목표 설정과 같은) 선택을 하고 성공적인 학습이 이루어질 수 있게 하는 학습 전략들을 선별할 필요가 있다. 셋째, 이러한 조건들이 만족되고 나면 학습자는 선별한 학습전략들을 적용할 수 있는 역량을 갖추어야 한다. 이러한 세 가지 조건들이 만족되었다면, 학습자들은 선택한 학습전략들을 적용하는 데 필요한 노력을 기울이도록 동기가 높아져야 한다. 요컨대, 이 모델은 거시적 수준의 모델을 제공해 주고 SCLE에서의 SRL의 선형적이고 반복적이며 적응적인 속성에 대해 설명해 주고 있다.

사태로서 SRL 모델: 미시적 수준

Azevedo, Greene, Moos는 Winne의 모델을 따라 모든 연령의 학습자들이 하이퍼미디어, 시뮬레이션, 인공지능 튜토링 시스템 그리고 복수 에이전트 학습환경을 포함하는 여러가지 SCLE들을 사용할 때 활용하는 인지적 · 메타인지적 과정들에 대한 자세한 분석을 제공해 주고 있다(Azevedo, Greene, & Moos, 2007; Azevedo, Moos, Greene, Winters, & Cromley, 2008; Azevedo, Cromley, Moos, Greene, & Winters, 2011; Azevedo & Witherspoon, 2009; Grene & Azevedo, 2007, 2009, 2010 참조). SCLE에서 학습이 일어나는 동안 SRL 과정을 하나의 사태(event)로 다루고 있기 때문에 더 타당하다고

할 수 있다. 수백 개의 동시적인 소리 내어 생각하기(think aloud) 프로토콜과 (로그 파일과 같은) 다른 프로세스 데이터에 대한 분석은 Winne과 Hadwin(1998, 2008)의 모델에 접목시킬 수 있는 미시적 수준의 과정들에 대한 자세한 증거를 제공해 주고 있다. 일반적으로 이러한 과정들은 계획, 점검, 전략 사용, 과제 난이도와 수요에 대한 대처 그리고 흥미 활동을 포함한다. 이 절에서 우리는 SCLE에서 사용되는 메타인지적 과정의 예와 정의에 대해 기술하고 점검과정과 그에 상응하는 판단이 조절과정을 통해 어떻게 다루어지는지 보여 주고자 한다.

SCLE 학습 중 점검과정들

본 절에서 우리는 하이퍼미디어를 통한 SRL에 대한 저자들의 연구에 기반하여 여러 가지 점검과정들에 대해 살펴보고자 한다. 이러한 과정들 중 대다수가 대체적으로 맥락과 상관없이 다양한 SCLE에서의 학습에 적용 가능하지만, 일부는 하이퍼미디어를 통한 학습에 특별히 더 적절하게 적용될 수 있으며, 이러한 하이퍼미디어를 통한 학습환경에서 학습자들은 주어진 상황에서 어떠한 내용과 어떠한 양식에 접근할 것인지에 대한 통제권을 가지게 된다. 앞에서 언급한 것처럼, Winne과 동료들의 모델은 SRL의 순환적이고 반복적인 단계를 위한 거시적 수준의 틀을 제공해 준다. 본 절은 Winne의 모델에 접목될 수 있는 미시적 수준의 세부사항을 제공해 준다. 특히, 하이퍼미디어를 통해 학생들의 SRL을 향상시켜 주기 위해 필요한 여덟 가지 메타인지적 점검과정들에 대해 보여 주려고 한다. 이러한 점검과정들 중 몇몇은 양 혹은 음의 값을 가지며, 이는 학습내용, 이해 정도, 진행과정 혹은 학습자료의 친숙함 등에 대한 학습자의 평가를 나타내 준다. 예를 들어, 학습자는 주어진 학습목표에 따라 그리고 값이 평가(그리고 메타인지적 판단의 정확성)와 연관되어 있는지에 따라 현재의 학습내용이 적절(내용 평가: +)하거나 부적절(내용 평가: -)하다고 할 수 있을 것이다. 학습자들은 또한 메타인지적 판단의 결과(새로운 목표 설정, 학습내용의 요약 등)를 이끌어 내기 위해 어떻게 그리고 어떠한 메타인지적 조절 과정을 선별할 것인지에 대한 선택을 할 수도 있다.

앎의 느낌(feeling of knowing: FOK)은 학습자가 과거에 어떠한 것을 읽거나, 듣거나 점검해 본(+) 혹은 하지 않았던(-) 것 그리고 학습자료에 대해 친숙하거나(+) 친숙하지 않다(-)는 것을 인식하고 있는 것을 말한다. 예를 들면, 학습자는 동맥과 정맥을 보여 주는 순환기관의 특정한 정적인 외부적 표상에 익숙할 수 있다. 학습에 대한 판단(judgment of learning: JOL)은 학습자 자신이 읽었던, 점검했던 혹은 들었던 어떤 것에 대해 알거나(+) 알지 못하거나(-), 혹은 이해하거나(+), 이해하지 못하는(-) 것에 대해 인식하게 되는 것을 말한다. 예를 들면, 학습자는 교육용 에이전트가 말로 설명한 항상성이라는 개념을 이해하지 못했다고 말할 수 있다. 또 다른 중요한 점검 과정은 **전략 사용에 대한 점검**(monitoring use of strategies: MUS)이다. MUS에서 학습자는 본인이 사용한 특정 학습전략이 유용하거나(+) 혹은 그렇지 않았다(-)는 것을 깨닫게 된다. 전략 사용에 대한 점검의 한 가지 예는 "그래, 그것을 그려 보는 것은 혈액이 심장을 통과하여 어떻게 흐르는지 이해하는 데 정말 도움이 되었어"다. 자가진단(self-test: ST)은 학습자가 학습내용에 대한 본인의 이해도를 점검하고 내용을 보충할지 전략 사용을 재조정할지를 결정하기 위해 스스로에게 질문을 제기하는 것을 말한다. 학습자의 자가진단의 예로는 "먹이사슬의 낮은 단계 생물이 연못 생태계에서 어떤 역할을 하지?"가 될 수 있다. 목표를 향한 진전에 대한 점검 (monitoring progress toward goals: MPTG)에서 학습자는 주어진 시간 제약 속에서 이전에 수립된 목표가 달성되었는지(+) 혹은 달성되지 못했는지 (-)에 대해 판단하게 된다. 이러한 점검 과정에는 학습자가 학습과제를 위해 설정한 목표와 본인이 이미 달성한 것 그리고 나머지 수업 시간 동안 더 다룰 필요가 있는 그러나 거의 달성되기는 힘든 것들을 비교하는 것이 포함된다. 관련된 메타인지적 과정에는 학습과제를 위해 할당된 시간 중 남아 있는 시간에 대해 인지하게 되는 시간 점검(time monitoring: TM)이 있다. 학습자가 시간을 점검하는 예로는 "아직 30분이 남았군, 충분한 시간이야"라고 하는 것이다. 내용 평가(content evaluation: CE)는 전체적인 학습 목표와 하위 목표들이 주어졌을 때, 학습자가 현재의 학습내용(텍스트, 다이어그램, 애니메이션 또는 정적·동적 정보의 외부적 표상의 모든 형태)에 대해 적합성(+)과 부적합성(−)을 점검하는 것을 말한다. 학습자가 내용에 대해 평가하는 예는 "심장과 폐를 통과하는 혈액의 순환에 대한 설명과 심장의 명칭을 보여 주는 다이어그램이 포함된 본 절은 중요하며 내가 심장의 구성요소에 대해 이해하는 데 도움을 준다"가 될 수 있다. 마지막으로 내용의 적절성 평가(evaluation of adequacy of content: EAC)는 학습목적이 주어졌을 때, 학습자들이 학습내용을 점검한다는 점에서 내용 평가(CE)와 유사하지만, 이 과정에서 학습자들은 그들이 아직 경험하지 않은 학습내용에 대해 평가하게 된다. 학습자의 내용 적절성 평가의 예는 "심장을 통과하는 혈액의 흐름을 보여 주는 그림이 있는가"다. 요컨대, 이러한 것들은 SCLE에서 학습이 이루어지는 동안 학생들이 사용하는 관련된 메타인지적 점검 과정들의 몇 가지일 뿐이다. SRL모델에 대한 이전의 논의들을 바탕으로 주목해야 할 점은 이러한 과정뿐만 아니라 다른 메타인지적 과정들 또한 SCLE에서의 학습자의 SRL을 촉진시켜 주고 지지해 주는 데 중요한 역할을 한다는 사실이다.

메타인지적 점검 과정에 따른 자기조절

본 절에서는 하이퍼미디어를 활용한 자기조절의 맥락 속에서 학습자가 적용하는 여덟 가지 점검 과정들을 실증적인 결과들(예컨대, Azevedo et al.,

2010)을 근거로 설명하고자 한다. 각 점검 단계마다 학습자들이 평가하는 학습환경의 측면을 보여 주고, 과제 예시와 인지적 조건들과 함께 설명하고자 하며, 다양한 점검 과정들뿐만 아니라 평가를 수반하는 적절한 통제 메커니즘의 예들도 함께 보여 줄 것이다. 앎의 느낌(FOK)은 학습자가 자신이 이미 가지고 있는 특정 분야의 지식과 현재의 학습내용 간의 관련성을 점검하는 중에 사용된다. 학습자가 가지고 있는 특정 분야에 대한 지식과 학습 자원은 학습자가 FOK에 관여하고 있을 때 점검되는 학습 상황의 측면들이다. 만약 학습자가 자신의 사전지식과 학습자원들 간에 불일치를 발견한다면, 특정 분야의 지식과 학습자원들을 맞추기 위해 좀 더 많은 노력을 경주해야만 한다. 좀 더 노력하여 학습자료를 사용함으로써, 학습자는 좀 더 긍정적인 FOK를 만들어 내고 경험할 수 있게 된다. 그러나 만약 학습자가 자료 일부분에 대해 친숙하다고 느끼게 되면, 유능한 자기조절자는 지식 정교화(knowledge elaboration: KE)를 통해 그 새로운 정보를 이미 가지고 있는 사전 지식에 통합하려고 할 것이다. 때로 학습자는 학습자료에 대해 긍정적인 FOK를 잘못 감지하고, 오개념을 그대로 둔 채 빨리 다른 학습 자료로 넘어가기도 한다. FOK와는 반대로 학습에 대한 판단(JOL)은 학습자가 자신이 특정 영역에 대해 새롭게 이해하고 있는 바가 학습자원들과 일치하는지를 점검할 때 사용된다. FOK와 마찬가지로 JOL을 사용할 때에도 학습자는 본인의 특정 분야에 대한 지식과 학습자원들을 점검하게 된다. 만약 학습자가 학습자료에 대해 본인이 이해하고 있는 바가 학습자료와 일치하지 않는다(학습자료가 혼동된다)고 판단되면, 자료를 학습하기 위해 좀 더 많은 노력을 기울여야 한다. 부정적인 JOL을 경험하고 난 후 사용되는 일반적인 전략은 이전에 봤던 자료를 다시 한 번 읽어보는 것이다. 유능한 자기조절자라면 문단, 애니메이션 혹은 그림에서 혼동되었던 요소들에 특별한 주의를 기울여야 할 것이다. 학습자가 긍정적인 JOL을 나타낼 때, 학습자는 본인의 지식이 정확한 것인지를 확인하기 위해 자가

진단을 해 볼 것이다. FOK와 마찬가지로 학습자들은 종종 본인의 이해를 과대평가하여 다른 학습자료로 너무 빨리 넘어가기도 한다. 전략의 사용에 대해 점검(MUS)할 때, 학습자는 학습 결과에 대한 본인의 기대를 고려하여 최근 사용된 학습전략들의 효과성을 점검한다. 학습 과제 수행 중에 사용된 학습전략들과 그로 인한 특정 분야 지식의 변화에 주목하면서, 학습자는 그들의 새로운 지식을 학습 기대와 비교할 수 있고, 그에 따라 사용되는 전략을 수정하는 SRL에 몰두할 수 있다. 예를 들면, 많은 학습자는 방대한 양의 노트필기를 하면서 학습을 시작할 것이고 곧 이러한 전략을 통한 학습 결과가 기대했던 것만큼 높지 않다는 것을 깨닫게 될 것이다. 유능한 자기조절자들은 이때 본인의 노트필기 전략을 변형시켜 요목화, 개요, 또는 그림 등을 활용하는 등 좀 더 효과적인 전략을 사용하거나, 노트필기 전략을 포기하고 아예 요약하기와 같은 더 성공적인 전략으로 바꿀 것이다. 그러나 반대로 학습자가 어떤 전략이 자신의 학습에 특히 도움이 되었다고 생각한다면, 학습자는 그 전략을 학습하는 동안 계속 사용할 것이다. 학습내용에 대한 새로운 이해와 학습상황의 측면을 점검하기 위한 자가진단(ST)은 주제 영역에 대한 지식과 학습내용에 대한 기대가 된다. 어려운 학습내용과 씨름하는 동안 학습자들은 때때로 자가진단을 통해 학습자료에 대한 자신들의 이해 수준을 점검해야만 한다. 이 자가진단의 결과가 긍정적인 경우 학습자는 새로운 학습자료로 넘어갈 수 있지만 만약 학습자가 이 자가진단을 통해 현재의 자료에 대한 자신의 이해가 자료와 일치하지 않다는 것을 발견한다면 학습내용을 재점검해야만 한다. 목표를 향한 진전에 대해 점검(MPTG)할 때, 학습자는 본인의 학습결과와 수업에서 이미 정해진 학습목표 사이의 일치 정도를 점검하게 된다. MPTG 동안 점검되는 학습 상황의 측면들은 학습자의 특정 분야에 대한 지식, 결과에 대한 기대 그리고 학습목표다. 시간 점검(TM)과 밀접하게 연관하여 MPTG는 학습자가 학습과제를 제대로 완수하기 위해 사용해야 하는 필수적인 점검

활동이다. 학습자는 학습과제를 위해 몇 가지 주요한 하위 목표들을 설정할 수는 있지만 만약 그러한 하위 목표들의 완수 여부를 점검하지 않는다면, 하위목표 설정이라는 SRL 전략은 부적절한 것이 될 것이다. 학습자가 목표를 향한 진전을 점검했을 때 학습과제를 위해 투자된 80%의 시간 동안 세 개의 하위 목표 중 한 가지만 달성하였다는 것을 알았다면, 유능한 자기조절자는 남아 있는 하위 목표들을 다시 점검하고 다음에 달성해야 할 것의 우선순위를 결정할 것이다. 시간 점검에 있어, 학습자들은 학습목표별로 주어진 시간에 따른 과제의 상태에 대하여 점검하게 된다. 이러한 학습목표들은 학습과제에 착수하기 이전에 세워진 전반적인 학습목표이거나 학습이 일어나는 동안 학습자들이 설정한 하위목표들일 수도 있다. 학습자가 시간이 거의 남아 있지 않은데 학습목표를 전혀 달성하지 못했음을 인지하였다면, 학습자료를 다루는 방법에 변화를 주어야만 한다. 예를 들어, 학습자가 어떤 긴 문단을 오래 여러 번 읽었는데도 학습목표에 도달하지 못했다고 판단하였을 경우, 유능한 자기조절자라면 목표 도달에 필요한 나머지 자료들부터 우선 훑어보기 시작할 것이다.

내용 평가의 경우, 학습자는 현재 추구하고 있는 전반적인 목표 또는 하위목표들과 관련하여 읽고, 듣고 또 보고 있는 학습자료가 적절한지 혹은 부적절한지 점검한다. 내용 평가와는 반대로, 내용의 적절성에 대한 평가는 현재 보고 있는 학습내용보다는 활용할 수 있는 학습내용의 적절성에 대한 학습자의 평가와 관련이 있다. 이 두 가지 과정에서 점검되는 학습환경의 측면들은 학습자원들과 학습목표들이다. 학습자는 학습목표와 학습자원이 상호보완적인지에 대해 항상 인지하고 있어야 한다. 만약 학습자가 어떤 학습자료가 학습목표를 달성하는 데 특별히 적절하다고 판단하였다면, 학습자는 그 자료에 좀 더 많은 인지적 자원을 할애(혹은 그 자료를 탐색)해야 하고 목적을 달성하기 위해 학습내용을 지속적으로 탐독하고 점검하여야 한다. 반대로, 특정 학습내용이 부적절하다고 판단되었을 경우, 유능한 자기조절자는 더 적절한 자료를 검색하기 위해 현 학습내용으로부터 벗어날 것이다. 요약하자면, 이러한 점검 과정들과 그에 상응하는 조절 과정들은 개방형 하이퍼미디어 학습환경에서 학습자들이 사용하는 자기조절 과정들의 역할을 탐색하는 연구들을 기반으로 하고 있다. 이러한 과정들은 다음 절에 소개될 다른 SCLE에서의 학습에서도 역시 중요한 역할을 담당한다.

SCLE에서 SRL 사례

본 절에서는 학습과정에서 학생들의 메타인지적 점검과 통제 과정을 감지 · 추적 · 지지 · 촉진시켜 주기 위해 설계된 SCLE들 안에서 SRL이 어떻게 구현되고 있는지 그 예를 보여 주려 한다. 연구자들이 어떻게 SCLE 구조 속에서 가정들과 모델들을 개념화하고 있는지 보여 주는 것이 목적이다. 복수 에이전트의 적응적 하이퍼미디어 학습환경인 MetaTutor와 중학생 대상 생태계학습을 위한 에이전트 기반 환경인 Betty's Brain 탐구학습을 위한 복수 에이전트의 ThinkerTools 환경 그리고 과학을 위한 서사기반 탐구 중심 기능성 게임 학습환경인 Crystal Island가 있다.

MetaTutor

MetaTutor는 어려운 생물학 내용을 제시해 주는 복수 에이전트 적응적 하이퍼미디어 학습환경이다. 근본적인 목표는 복잡한 생물학 내용에 대해 학습하는 동안 어떻게 SRL과 메타인지를 학습자의 수준과 요구에 부합하게 지원해 줄 수 있을지를 연구하는 것이다. MetaTutor는 학습을 목표를 추구하는 데 있어 "학습자가 자신의 학습목표를 설정하고 학습자의 인지적·메타인지적 과정을 점검, 조절, 통제하는 능동적이고 구성적인 과정"으로 보는 SRL 이론에 근거한다(Pintrich, 2000, p. 453). 좀 더 구체적으로, MetaTutor는 Winne과 Hadwin의 IPT 모델을 적용하고 인지적·메타인지적(SRL에 포함되는 것으로 개념화된, Veenman, 2007 참조), 동기적, 정의적 과정들의 역할을 강조하는 SRL 이론을 근거로 한다. 더욱이, 학습자들은 시스템에서 제공되는 다양한 정보적 표상들을 통합하기 위해 인지적·메타인지적 과정을 조절해야만 한다(Azevedo, 2008, 2009; Azevedo et al., 2011; Mayer, 2005). 모든 학생들이 잠재적인 조절 능력을 갖고 있기는 하지만, 인지적·메타인지적 전략과 지식, 통제력의 부족 등으로 인해 실제로 효율적인 조절을 할 수 있는 학생들은 별로 없다(Dunlosky & Bjork, 2008; Pressley & Hilden, 2006; Veenman, 2007).

SRL을 구현하고 촉진하는 많은 특징이 MetaTutor에 포함되어 있다. 네 명의 교육용 에이전트가 두 시간의 학습세션 동안 학생들을 안내하고 학생들이 계획, 점검 그리고 전략적 학습활동에 몰두할 수 있도록 유도한다. 이러한 시스템은 학습자들이 메타인지적 점검과 통제 과정들을 표현할 수 있도록 하기 위해 자연어 처리를 사용한다. 예를 들면, 학습자들은 특정 문단을 이해하지 못하고 있다고 입력할 수 있고 순환계와 관련된 삽화를 요약하기 위해 인터페이스를 사용할 수도 있다. 에이전트들은 학생들의 적절한 하위 목표 선택, 메타인지적 판단의 정확성 그리고 특정 학습 전략의 사용을 도와주기 위해 피드백을 제공하고 튜토리얼 대화에 참여할 수 있다. 또한 시스템은 학생들의 SRL 행동에 대한 적응적 피드백을 제공하기 위해 사용자와 시스템의 상호작용에서 정보를 수집한다. 예를 들면, 학생들에게 (시스템이 제시하는 JOL과 같이) 본인들의 이해 정도를 자가 측정하도록 유도하고 간단한 퀴즈를 제공할 수 있다. 자가 측정과 퀴즈의 결과는 교육용 에이전트로 하여금 이해 정도에 대한 학생들의 자신감과 실제 퀴즈 수행 간의 보정에 따른 적응적 피드백을 제공할 수 있도록 해 준다.

디자인 레이아웃도 SRL 과정을 도와준다. [그림 7–1]의 오른쪽에 보이는 (노트필기와 같은) 내장된 메뉴는 선택된 SRL 전략들에 따라 학습자가 시스템과 상호작용을 시작할 수 있도록 해 준다. 전반적으로 이론적인 근거에 따라 MetaTutor는 사전지식 활성화, 목표 설정, 학습전략 평가, 표상 간 정보 통합, 내용 평가, 요약, 노트필기, 그리기 등을 포함하는 다양한 SRL 과정들을 도와주고 촉진한다. 더 중요한 것은 그것이 학습에 대한 판단, 앎의 느낌, 목표를 향한 진전에 대한 점검 등과 같은 특정한 메타인지적 과정들도 도와준다는 것이다.

SRL의 이론적 모델의 몇몇 측면은 아직 실행되지 않고 있다. 애초에 이론적이고 실증적인 초점은 인지적·메타인지적·행동적 학습과정에 있었기 때문에 SCLE의 설계에 SRL의 동기적·정의적 측면은 많이 포함되지

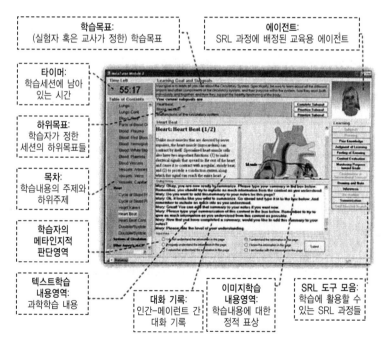

| 그림 7–1 | MetaTutor 학습환경의 예시 화면

않은 것이다. 앞으로는 학습자들의 정의적 과정의 다양성과 조절, 인간과 에이전트의 상호작용의 질적 특성 그리고 시스템과 학습자의 자기조절이 어떻게 동기의 활성화, 인식, 보장에 영향을 주는지가 SRL 이론과 교수설계에 중요한 함의를 갖는 관심 영역이 될 것이다.

Betty's Brain

Betty's Brain(Biswas, Leelawong, Schwartz, & Vye, 2005; Biswas Jeong, Kinnebrew, Sulcer, & Roscooe, 2010; Leelawong & Biswas, 2008)은 중학교 과학 수업에서 복잡한 주제 학습을 도와주기 위해 개발된 에이전트 기반 학습환경이다. 학습자들이 인과관계지도라고 하는 시각적 표상을 사용하여 Betty라고 불리는 가상의 에이전트를 가르치는 지식구성 과제를 수행함으로써 학습이 이루어진다. 인과관계지도는 생태학이나 체온 조절과 같은 과학 영역과 관련된 개념 사이의 인과관계 연결을 포함한다. 학생들은 학습과제를 수행하는 동안 개념들 간의 관계를 파악하기 위해 하이퍼텍스트로 제공되는 과학 내용을 평가할 수 있다. 학생들은 또한 Betty가 배운 것을 잘 이해했는지 확인하기 위해 Betty에게 자신들이 만든 지도상의 인과관계에 대해 질문할 수 있으며, Betty는 질문에 대한 일련의 추론과정을 텍스트와 애니메이션을 활용하여 대답하게 된다. Betty의 이해 정도는 학습환경 내의 멘토 에이전트인 미스터 Davis가 출제하는 퀴즈를 풀게 함으로써 확인해 볼 수도 있다. 미스터 Davis는 학생이나 Betty에게는 보이지 않는 시스템 안에 실행되는 숨겨진 '전문가' 개념도를 바탕으로 Betty의 응답에 점수를 매긴다(Biswas et al., 2010). Betty가 실수를 할 경우, Betty에게 올바른 인과관계를 가르치기 위해 학생들은 하이퍼텍스트 내용을 훑어 보거나 미스터 Davis로부터 힌트를 얻을 수 있다([그림 7-2] 참조).

Betty's Brain 프로젝트의 목적 중 하나는 에이전트의 메타인지적 도움

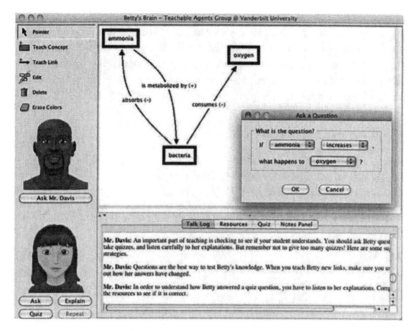

| 그림 7-2 | Betty's Brain 시스템의 질문 창

말(prompt)이 학생들의 학습을 향상시키는 데 얼마나 도움을 줄 것인지를 밝히는 것이었다(Kinnebrew, Biswas, & Sulcer, 2010). 또한 학생들과 시스템의 상호작용 기록을 바탕으로 학생들의 학습전략을 밝히고 해석하기 위한 방법들을 고안하였다. 더 나아가, 연구팀은 에이전트가 추천한 전략을 학생들이 얼마나 받아들이는지 그리고 에이전트가 제공한 피드백이 학습활동에 어떻게 영향을 미치는지를 알아보고자 하였다.

Betty's Brain은 가르침을 통한 학습(learning by teaching)과 사회적 구성주의 학습 틀을 활용하여(Schunk, 2005; Zimmerman & Schunk, 2001), 학생들이 자기주도적이고 개방적인 환경에서 과학과 수학을 배울 수 있도록 도와준다(Kinnebrew et al., 2010). 가르침을 통한 학습에서 학생들은 가상학생인 Betty를 가르치는 역할을 맡게 되며, 이것은 학생들 내부에 정교한 메타인지적 전략이 개발되도록 해 준다. Kinnebrew 등(2010)은 이러한 접근이 학생들이 자기 자신의 이해 정도를 평가하는 덜 부담스러운 방법이라고 이야기 한다. Betty's Brain 설계의 기초가 되는 이론은 Pintrich(2002)가 제안한 자기조절 모델이며, 이 모델에서 Pintrich는 학습자의 메타인지의 주요한 측면을 메타인지적 지식과 메타인지적 통제 두 가지로 구분하였다. Kinnebrew 등(2010)은 더 나아가 지식구성 전략을 정보 탐색과 정보 구조화로 그리고 점검 전략을 확인(학습자의 인과관계지도를 테스트하기 위한 질문하기 혹은 퀴즈)과 유도하기(설명을 요구하거나 오류 찾아내기)로 분류하여 Pintrich(2002) 모델의 적용을 설명하였다. 그들은 또한 Betty's Brain이 읽기(하이퍼미디어 학습내용), 수정하기(Betty에게 개념 가르치기), 질문하기(Betty에게 질문하기), 설명하기(Betty가 본인의 추론과정을 설명하도록 유도하기) 그리고 퀴즈풀기(Betty에게 퀴즈풀기 시키기)의 다섯 가지의 활동을 지원한다고 하였다. Betty's Brain 환경에서의 두 가지 상호작용 요소가 학습에 대한 학생들의 자기조절을 지원해 준다고 여겨지는데, 이 두 가지는 Betty를 가르치기 위해 시각적으로 공유된 표상과 공유된 책무성이며, 이는 학생과 Betty 간의 교수와 학습에 대한 공통의 책무성을 말한다(Biswas, Roscoe, Jeong, & Sulcer, 2009).

그러나 Betty's Brain 학습환경에서 수집된 퀴즈, 방문한 자료, 질문, 질문에 대한 설명들이 포함된 자세한 로그파일 자료는 에이전트가 학생들에게 어떤 유형의 피드백을 주어야 하는지 결정하는 데 꼭 필요하지 않은 정보까지 포함하고 있다(Biswas & Sulcer, 2010). 또한 스크린 녹화 비디오 역시 많은 양의 불필요하고 산만한 세부사항을 포함하고 있다고 지적한다. 이는 Betty's Brain이 개방된 학습환경이어서 학생들이 학습과제를 해결하기 위한 다양한 방법들을 사용하기 있기 때문이라고 설명할 수도 있다. 그러나 자세한 로그파일 자료는 학습과정 중 학생들의 메타인지 측정에 관련된 자료로서 잠재력을 갖고 있으며, 학생들이 어떻게 목표를 설정하고 자신의 학습을 점검하며, 다른 전략들을 사용하고, 이해가 부족한 부분을 개선하는지 탐구하기 위해 사용될 수 있다. 이러한 자료들은 더 나아가 연구자, 설계자 그리고 교수자들이 언제 어떻게 학습을 도와주고 시의 적절한 피드백을 제공해 줄 것인지에 대해 더 잘 이해할 수 있게 해 준다.

ThinkerTools

ThinkerTools 연구 그룹은 학생-에이전트 간 상호작용을 통해 협동적 탐구와 SRL 과정을 도와주고 촉진시키기 위해 SCLE를 개발하였다. 이 그룹이 개발한 복수 에이전트 시스템들은 SCI-WISE(Shimoda, White, & Frederiksen, 2002; White, Shimoda, & Frederiksen, 1999), Web of Inquiry, Inquiry Island(White & Frederiksen, 2005; White, Frederiksen, Frederiksen, Eslinger, Loper, & Collins, 2002; Frederiksen & Collins, 2009)가 있다. 이러한 시스템들은 상호작용적 시뮬레이션과 성찰 학습을 통해 어린 학생들이 뉴턴 물리학 원리들을 더 잘 이해할 수 있도록 돕는 것을 목표로 하였던 기존의 ThinkerTools 힘과 운동 소프트웨어(White, 1993)를 발전시킨 것이다.

ThinkerTools는 메타인지 개발과 SRL을 위한 플랫폼으로 협동적 탐구를 활용하고 있다. 탐구 주기에 따라서 학생 집단은 질문과 가설 도출, 실험, 모델링, 적용, 평가의 과정으로 안내되며, 이는 다시 순환적인 방식으로 새로운 질문을 생성하는 단계로 돌아가게 한다(White & Frederiksen, 1998; 2005). 이러한 학습 형태를 효과적으로 지원하기 위해서 White 등(2009)은 메타인지 기술들이 중요하다고 주장한다. 협동적 환경에서 SRL의 사전 숙고, 수행 그리고 자기성찰 단계를 촉진해야 한다(White & Frederiksen, 2005)는 것을 고려할 때, ThinkerTools의 설계는 SRL의 사회인지적 모델에 근거하고 있다고 할 수 있다(Schunk & Zimmerman, 1998; Zimmerman & Schunk, 2001 참조). 이러한 시스템들에 내장되어 있는 여러 가지 기능은 SRL을 지원해 준다.

먼저 이러한 시스템 내의 지능형 에이전트들은 인지적·메타인지적·사회적 과정들의 명시적인 모델을 제공하도록 설계되었다. 소프트웨어 조언자라고 불리는 에이전트 팀은 탐구의 각 단계에서 학생들이 계획, 점검, 성찰, 수정과 같은 SRL 과정에 몰두할 수 있도록 전략들과 조언을 제공해 줄 수 있다(White et al., 2009). 이러한 프로그램의 부가적인 기능들로는 목표 슬라이더, 프로젝트 일기, 진도 보고서 그리고 연구 노트북 등이 있으며, 이러한 기능들은 학생들이 진행 상황과 그들이 만들어 낸 모델 혹은 질문들과 같은 과제 결과물들을 평가하고 추적할 수 있도록 해 준다(Shimoda et al., 2002; White & Frederiksen, 2005).

Inquiry Island와 SCI-WISE와 같은 좀 더 최근의 개발물에서는(그림 7-3] 참조) 학생들이 자문의 내용과 시기와 같은 자문 설정을 변경함으로써 에이전트와의 상호작용을 향상시킬 수 있다(Shimoda et al., 2002; White & Frederiksen, 2005). Inquiry Island 교육과정은 에이전트를 모델로 하여 자기조절 기술들을 내면화할 수 있도록 역할극을 통해 학생들이 조언자의 책무를 해 볼 수 있는 기회를 제공하고 있다. 이러한 기능들은 학생들이 그들 고유의 SRL 모델을 만들고 수정하며 이를 새로운 맥락에 적용할 수 있도록 해 준다(White & Frederiksen, 2005).

실증적인 결과들은 이러한 탐구기반 시스템들이 효과적인 메타인지 도구임을 보여 준다. 예를 들면, Inquiry Island를 사용한 5학년 학생들은 사용하지 않은 학생들보다 유의미하게 높은 점수를 보여 주었다(White & Frederiksen, 2005). Inquiry Island를 사용하고 그 이후 역할놀이에 참여한 학생들은 참여하지 않은 학생들과 비교하였을 때, 메타인지적 지식에서 유의미한 향상을 보여 주었다. 학생들의 담화, 인터뷰 응답 그리고 테스트 결과에 따르면 ThinkerTools가 역할놀이 활동과 결합되었을 때, 학생들의 메타인지와 SRL의 목적과 적용에 대한 이해가 향상되었다(White & Frederiksen, 2005; White et al., 2009).

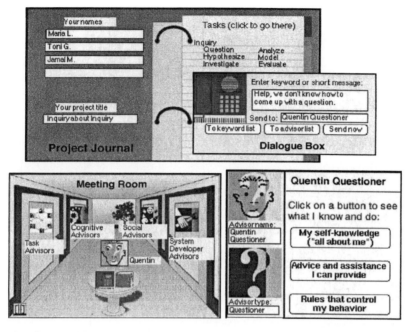

| 그림 7-3 | SCI-WISE 인터페이스: 프로젝트 일기, 회의장, 소프트웨어 조언자 화면

    ThinkerTools의 학습 결과는 보통 인터뷰, 관찰, 메타인지적 지식 테스트 그리고 연구 프로젝트와 같은 결과물에 대한 분석으로부터 평가된다. 이와 같은 방법도 유용한 정보를 제공해 주기는 하지만 이러한 유형의 SCLE는 시간에 따라 펼쳐지는 SRL 과정들을 포착할 수 있는 추적 연구방법을 포함하는 좀 더 정교한 분석이 도움이 된다(협동적 환경에는 쉽지 않다). 이러한 방법에는 학습의 판단과 앎의 느낌과 같은 미시적 수준의 메타인지적, SRL 과정들을 평가하는 것이 포함된다. SRL의 정의적·동기적 영역들은 에이전트의 메타인지적 전문성에 직접적으로 통합되어 있지는 않다. 그럼에도 ThinkTools 교육과정은 학생들로 하여금 시스템 변경과 역할놀이를 통해 SRL 과정을 내면화할 수 있는 기회를 제공함으로써, 실제적 학습환경으로 변화해 가는 것을 보여 준다. ThinkerTools는 학생들

에게 개별적인 SRL 모델을 설계하고 적용할 수 있도록 더 많은 자율성을 제공한다는 점에서 다른 SCLE과 차별화된다고 할 수 있다.

Crystal Island

Crystal Island는 중학교 2학년 학생들에게 미생물학을 가르치기 위해 풍부한 서사 중심의 탐구기반 접근법을 사용하는 혁신적인 SCLE이다 (McQuiggan, Rowe, Lee, & Lester, 2008; Nietfeld, Hoffman, McQuiggan, & Lester, 2008). Crystal Island에서 눈에 띄는 부가적인 기능은 게임과 유사한 환경으로, 이는 수준 높은 스토리 라인과 Half Life 2게임에 사용되었던 것과 동일한 Valve Software's Source™엔진의 사용으로 가능하다. 서사 중심의 학습환경(Narrative-centred learning environments: NLEs)은 서사와 교육적 내용이 학생들의 활동과 메타인지적 · 정의적 상태 그리고 능력에 맞는 흥미로운 교육 경험을 제공하도록 하기 위해 이야기 맥락과 인공지능 기술을 활용하는 교육지원 전략을 결합한다(McQuiggan et al., 2008)([그림 7-4] 참조).

Crystal Island는 탐구기반 학습, 인간-컴퓨터 상호작용, 정서, 몰입, 실재감, 통제감, 메타인지적, SRL 요소와 전략 등 서사 중심 학습환경의 다양한 과정과 현상의 역할 및 상호작용에 관한 연구에 활용되고 있다 (McQuiggan et al., 2008; McQuiggan, Goth, Ha, Rowe & Lester, 2007a; McQuiggan, Hoffman, Nietfeld, Robinson, & Lester, 2008a; McQuiggan, Lee, & Lester, 2007; Mott & Lester, 2006; Nietfeld et al., 2008; Robinson, McQuiggan, & Lester, 2010 참조).

SRL을 촉진하는 Crystal Island의 기능(Butler & Winne, 1995; Greene & Azevedo, 2007; Pintrich, 2000; Winne & Hadwin, 1998; Zimmerman, 2000)은 목표 지향성(Elliot & Dweck, 1988; Elliot & McGregor, 2001), 상황적 관심(Schraw & Lehman, 2001) 그리고 노트필기와 메타인지적 점검과 같은 메타

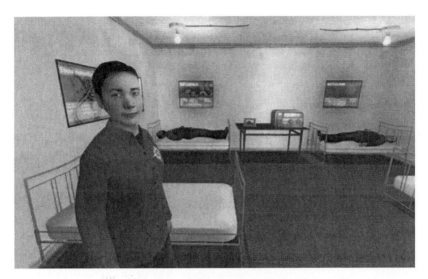

| 그림 7-4 | Crystal Island의 예시화면
출처: Rowe, Shores, Mott, & lester (2010).

인지적 SRL 전략들(Butler & Winne 1995; Winne, 2001)의 측면에서 연구되고
있다. 이러한 연구들의 대부분은 노트필기의 여러 유형과 결과물 그리고
사후 검사와의 관계에 관한 McQuiggan, Hoffman, Nietfeld, Robinson, &
Lester(2008b)의 최근 연구로부터 나온 것들이다. 연구 결과, 게임을 진행하
는 동안 (Crystal Island의 줄거리 내의 문제에 대한 해결책을 포함한) 가설을 적
는 노트필기를 한 학생들이 그렇지 않은 학생들보다 사후 검사에서 더 나
은 수행을 보였다고 밝혔다. 더 나아가 가설을 적는 노트필기는 Bandura
가 개발한 SRL 자기효능감 척도(2006)로 측정한 학생들의 자기효능감 점수
와 유의미하고 정적인 상관관계가 있었다. Crystal Island가 사용한 또 다른
SRL 전략은 메타인지적 점검전략이었는데, 참가자가 90초의 간격을 두고
목표 달성을 향한 본인의 진도를 평가하게 하는 것이다. Nietfeld 등(2008)
은 학생들의 평가가 점수, 활동, 달성된 목표들과 같은 학생들의 수행과는
높은 상관을 보였고, 추적을 한 횟수와는 부적인 상관관계가 있다는 것을

찾아냈다. 목표는 게임에서 정해지며, 가장 상위의 목표는 섬(Crystal Island)에서 발생된 전염병의 근원을 밝히는 것이다. Nietfeld 등(2008)은 게임의 목표를 성과 중심보다 학습 중심으로 제시하는 것이 게임에 대한 학습자들의 흥미를 더 높여준다고 밝혔다.

이러한 초기 결과들은 서사적이고 게임과 유사한 구조로 SRL과 메타인지적 기술들과 과정들을 촉진시켜 주는 환경으로서의 Crystal Island의 역량을 강조해 준다. Crystal Island는 측정·평가할 SRL과 메타인지적 과정들과 전략들의 범위를 확장시키는 것뿐만 아니라 학생들의 SRL과 메타인지적 기술 개발을 촉진해 가는 쪽으로 향후 발전해 나갈 수 있을 것이다. 이를 위해 Crystal Island의 서사기반 접근과 연장선상에서 게임 내 고정 캐릭터(non-playable characters, NPCs[2])들을 게임 내의 SRL 메타인지 튜터로 활동하게 할 수 있다. 이러한 에이전트들은 인지적·메타인지적 문제해결 기술을 갖춘 아바타가 학습자에게 주어진 문제를 해결하는 것을 도와줄 수 있을 것이다. 예를 들면, 게임의 시작 단계에 효과적인 노트필기를 위한 간단한 튜토리얼을 제공할 수 있고 노트필기를 유도하고 노트의 질을 평가(그대로 받아쓴 것, 요약, 관련없는 것 등)하는 NPC들과 함께 기능성 게임이 진행되는 동안 지원을 계속할 수 있을 것이다. NPC들은 또한 점검 과제에서 학생들이 부여한 자신감 점수에 대해 평가할 수 있을 뿐만 아니라 학생들 본인의 앎의 느낌, (노트필기, 요약, 도움 찾기 등) 전략 사용 그리고 하위목표들을 향한 진전 등을 점검하도록 유도할 수 있다. 계획, 하위목표 설정 그리고 사전 지식 활성화 등과 같은 다른 SRL과 메타인지 요소들도 역시 줄거리와 관련된 NPC 대화의 형태로 통합될 수 있다. 실로, Crystal Island는 SRL과 메타인지적 이론과 연구를 위한 독특한 환경임이 연구로 입증되고 있다.

---

2) 역주: 게임 내 캐릭터 중 사용자가 통제할 수 없는 고유 활동을 하는 캐릭터다.

결론 및 시사점

　본 장에서는 복잡하고 어려운 주제와 영역을 학습하기 위해 SCLE를 사용할 때 메타인지와 SRL의 중요성에 대해 다루었다. 메타인지와 SRL 과정들은 학습에 있어 핵심이며 SCLE가 학습 상황에서 이러한 과정들을 발견·추적·지원·촉진하고 시범을 보일 수 있어야 한다. 그러나 모든 SCLE들이 이러한 역량을 가지고 있을 것이라고 기대할 수는 없다. 그러나 여전히 SCLE가 건전한 가정, 틀, 모델 그리고 메타인지와 SRL 이론들을 바탕으로 설계되어야 할 필요가 있다는 점을 강조할 필요가 있다. 이론에 기반한 원칙은 학생들의 SRL을 지원하고 촉진하기 위해 시스템들을 설계하는 데 핵심이 된다. 본 장에서는 다양한 관점을 가진 연구자들이 공유하는 SRL의 가정들을 소개하고, Winne와 Hadwin의 모델에 대한 깊이 있는 설명을 제공하였으며, 여러 가지 SCLE에서의 학습과 관련된 메타인지적 점검과 자기조절적 과정들에 대해 설명하고 그리고 네 가지 SCLE 사례를 제공하였다.

　SRL과 SCLE 영역에서의 향후 연구는 몇 가지 이슈들을 제기할 필요가 있다. 첫 번째로 학습맥락과 관련된 이슈들이 명확하게 학습자와 학습환경에 의해서 설명되어야 한다. 이 범주에서는 몇 가지 흥미로운 변수들이 제기될 필요가 있다.

- 학습목표들(도전적인 학습목표의 제공, 자기 설정 혹은 타인 설정 목표 등)
- 교수 자원에 대한 접근성(자료 참고 시 적극적으로 도움을 찾게 하고 스캐폴딩을 제공하면서 목표 달성을 촉진하기 위한 자원에의 접근성)
- 학습자와 에이전트를 조절하는 시스템 내외 간 역동적 상호작용(교육용 에이전트의 역할, 상호작용 수준, 도움, 피드백, 모델링과 도움의 구현, 은유적 행동 점차 줄이기 등)

- 수행, 학습, 이해, 문제 해결 향상을 위한 평가의 역할(평가의 유형, 평가의 시기, 메타인지적 지식과 조절적 기술인지 혹은 SRL 기술을 사용하기 위한 조건적 지식인지 등)

두 번째 이슈는 학습자의 인지적·메타인지적 SRL 지식과 기술에 관련된 것들이다. 다음과 같은 것들을 포함한 몇 가지 이슈들이 제기될 필요가 있다.

- 학생들은 어떠한 자기조절 전략들을 알고 있나?
  전략들을 성공적으로 사용하기 위해서는 얼마나 많은 연습이 필요한가?
- 학생들은 완수해야 하는 과제들에 얼마나 익숙한가? 그들이 사용해야 하는 학습 시스템과 맥락의 다양한 측면들에 얼마나 익숙한가?
- 학생들의 사전 지식 수준은 어떠한가? 학습자의 사전 지식 수준은 자기조절 능력에 어떠한 영향을 줄 것인가?
- 학생들은 학습을 조절하는 데 필수적으로 필요한 선언적·절차적·조건적 지식을 가지고 있는가? 학습 시스템은 학습을 조절하는 복잡한 과정을 배울 수 있는 기회를 제공하는가? 환경은 학생들이 이러한 기회에 대해 피드백을 받고 연습할 수 있는 기회를 제공하는가?
- 학생들의 자기조절 능력에 영향을 줄 수 있는 자기효능, 관심, 과제 가치, 목표 지향성은 무엇인가?
- 학생들은 학습하는 동안 본인들의 정서적 상태를 조절하고 점검할 수 있는가?

세 번째 이슈는 SCLE의 특징 및 기능과 관련이 있다. 다음과 같은 것들을 포함하는 몇 가지 이슈들이 제기될 필요가 있다.

- 교수 목표와 시스템의 구조(과학 주제에 대한 정신모델을 획득하기 위한 개방적 하이퍼미디어의 사용, 오개념을 수정하기 위한 튜토리얼 대화에의 참여, 특정한 과학적 현상을 이해하기 위한 탐구 전략의 사용 등)

- 다중 표상의 역할은 무엇인가? (환경이 제공하는 외부적 표상은 어떤 종류인가?) 몇 가지 유형의 표상이 존재하는가? 그들은 서로 (통합을 촉진하기 위해) 연관되어 있는가 혹은 (외재적 인지 부하를 초래할 수도 있게) 무작위적으로 내포되어 있는가? 표상들은 정적(다이어그램 등), 동적(애니메이션 등)인가 혹은 둘 다인가? 학생들은 본인 고유의 표상을 구성할 수 있는가? 만약 그렇다면, 그 표상들은(시스템에 의해서나 혹은 다른 외부의 조절 에이전트에 의해) 새로운 이해 정도를 평가하기 위해 사용되는가? 혹은 그 표상들은 학생들의 이해, 문제 해결, 학습 등의 발전을 보여 줄 수 있는 인공물일 뿐인가? 혹은 학생들이 작동 기억을 증가시키기 위해 그들의 표상을 줄이려는 목적인가?

- 학습자와 SCLE 간의 상호작용성 유형(그리고 다른 맥락 속에 내포된 외부 에이전트들)은 무엇인가? 다른 수준의 학습자 통제가 있는가? 시스템은 온전히 학습자가 통제하며 따라서 학습자의 자기조절 능력에 의존하는가 혹은 시스템이 SRL 도움과 피드백을 제공하는 복잡한 인공지능 알고리즘을 사용하여 학생들의 SRL을 외부적으로 조절하고 지원하는 데 적응적인가?

- 어떠한 종류의 도움이 존재하는가?[외부적으로 조절하는 에이전트의 역할이 무엇인가? 에이전트들은 인지적 · 메타인지적 전략들을 제공하는가? 그들은 (도움주기, 모델링 등) 서로 다른 역할을 수행하는가?] 그들의 역할은 학생들의 새로운 이해를 점검하고 본받는 것이며, 그것이 지식 습득을 촉진하고 의미 있는 피드백을 제공하며 학습을 성공적으로 도와주는가? 이러한 도움 전략들이 우리가 교육용 에이전트로부터 기대하는 바인가? 학습이 일어나는 동안 도움의 수준이 일정하게 유지

결론 및 시사점 -289

되는가, 시간에 따라 서서히 사라지는가, 혹은 변동을 거듭하는가? 이러한 에이전트들은 언제 개입하는가? 그들은 (언어, 대화, 제스처, 안면 움직임, 담화 시스템 등) 어떻게 개입하는가?

메타인지와 SRL을 구현하는 미래의 SCLE 설계에는 끊임없는 가능성이 있다.

【 참고문헌 】

Aleven, V., Roll, I., McLaren, B., & Koedinger, K. (2010). Automated, unobtrusive, action-by-action assessment of self-regulation during learning with an intelligent tutoring system. *Educational Psychologist, 45*(4), 224-233.

Azevedo, R. (2005). Computers as metacognitive tools for enhancing learning. *Educational Psychologist, 40*(4), 193-197.

Azevedo, R. (2007). Understanding the complex nature of self-regulated learning processes in learning with computer-based learning environments: An introduction. *Metacognition & Learning, 2*(2/3), 57-65.

Azevedo, R. (2008). The role of self-regulation in learning about science with hypermedia. In D. Robinson & G. Schraw (Eds.), *Recent innovations in educational technology that facilitate student learning* (pp. 127-156). Charlotte, NC: Information Age Publishing.

Azevedo, R. (2009). Theoretical, methodological, and analytical challenges in the research on metacognition and self-regulation: A commentary. *Metacognition & Learning, 4*, 87-95.

Azevedo, R., & Witherspoon, A. M. (2009). Self-regulated learning with hypermedia. In D. J. Hacker, J. Dunlosky, & A. C. Graesser (Eds.), *Handbook of metacognition in education* (pp. 319-339). Mahwah, NJ: Routledge.

Azevedo, R., Greene, J. A., & Moos, D. C. (2007). The effect of a human agent's external regulation upon college students' hypermedia learning. *Metacognition and Learning, 2*(2-3), 67-87.

Azevedo, R., Johnson, A., Chauncey, A., & Burkett, C. (2010). Self-regulated learning with meta tutor: Advancing the science of learning with meta cognitive tools. In M. Khine & I. Saleh (Eds.), *New science of learning: Computers, cognition, and collaboration in education* (pp. 225-247). Amsterdam: Springer.

Azevedo, R., Johnson, A. M., Chauncey, A., & Graesser, A. (2011). Use of hypermedia to assess and convey self-regulated learning. In B. Zimmerman & D. Schunk (Eds.), *Handbook of self-regulation of learning and performance* (pp. 102-121). New York: Routledge.

Azevedo, R., Moos, D. C., Johnson, A. M., & Chauncey, A. D. (2010). Measuring cognitive and metacognitive regulatory processes during hypermedia learning: Issues and challenges. *Educational Psychologist, 45*, 210-223.

Azevedo, R., Cromley, J. G., Moos, D. C., Greene, J. A., & Winters, F. J. (2011). Adaptive content and process scaffolding: A key to facilitating students' learning with hypermedia. *Psychological Test and Assessment Modeling, 53*(1), 106-140.

Azevedo, R., Moos, D. C., Greene, J. A., Winters, F. I., & Cromley, J. G. (2008). Why is externally-facilitated regulated learning more effective than self-regulated learning with hypermedia? *Educational Technology Research and Development, 56*(1), 45-72.

Bandura, A. (2006). Guide for constructing self-efficacy scales. In F. Pajares & T. Urdan (Eds.), *Self-efficacy beliefs of adolescents* (pp. 307-337). Greenwich: Information Age Publishing.

Biswas, G., & Sulcer, B. (2010). Visual exploratory data analysis methods to characterize student progress in intelligent learning environments. In *2010 International Conference on Technology for Education* (T4E), pp. 114-121, Mumbai, India.

Biswas, G., Leelawong, K., Schwartz, D., & Vye, N. (2005). Learning by teaching: A new agent paradigm for educational software. *Applied Artificial Intelligence, 19*(3), 363-392.

Biswas, G., Roscoe, R., Jeong, H., & Sulcer, B. (2009). Promoting self-regulated learning skills in agent-based learning environments. *Proceedings of the 17th International Conference on Computers in Education.* Hong Kong: Asia-Pacific Society for Computers in Education.

Biswas, G., Jeong, H., Kinnebrew, J., Sulcer, B., & Roscoe, R. (2010). Measuring self-regulated learning skills through social interactions in a teachable agent environment. *Research and Practice in Technology-Enhanced Learning, 5*(2), 123-152.

Boekaerts, M., Pintrich, P., & Zeidner, M. (2000). *Handbook of self-regulation.* San Diego, CA: Academic Press.

Butler, D., & Winne, P. (1995). Feedback and self-regulated learning: A theoretical synthesis. *Review of Educational Research, 65*(3), 245-281.

Clarebout, G., Horz, H., & Elen, J. (2009). The use of support devices in electronic learning environments. *Computers in Human Behavior, 25*(4), 793-794.

Dunlosky, J., & Bjork, R. (Eds.). (2008). *Handbook of metamemory and memory.* New York: Taylor & Francis.

Dunlosky, J., & Lipko, A. R. (2007). Metacomprehension: A brief history and how to improve its accuracy. *Current Directions in Psychological Science, 16*(4), 228-232.

Efklides, A. (2011). Interactions of metacognition with motivation and affect in self-regulated learning: The MASRL model. *Educational Psychologist, 46,* 6-25.

Elliot, A., & McGregor, H. A. (2001). A 2 x 2 achievement goal framework. *Journal of Personality and Social Psychology, 80,* 501-519.

Elliot, E. S., & Dweck, C. S. (1988). Goals: An approach to motivation and achievement. *Journal of Personality and Social Psychology, 54*(1), 5-12.

Graesser, A. C., & McNamara, D. S. (2010). Self-regulated learning in learning environments with pedagogical agents that interact in natural language. *Educational Psychologist, 45,* 234-244.

Greene, J. A., & Azevedo, R. (2007). A theoretical review of Winne and Hadwin's model of self-regulated learning: New perspectives and directions. *Review of Educational Research, 77,* 334-372.

Greene, J. A., & Azevedo, R. (2009). A macro-level analysis of SRL processes and their relations to the acquisition of sophisticated mental models. *Contemporary Educational Psychology, 34,* 18-29.

Greene, J. A., & Azevedo, R. (2010). The measurement of learners' self-regulated cognitive and metacognitive processes while using computer-based learning environments. *Educational Psychologist, 45*(4), 203-209.

Hacker, D., Dunlosky, J., & Graesser, A. (Eds.). (2009). *Handbook of meta cognition in education.* Mahwah, NJ: Erlbaum.

Kinnebrew, J., Biswas, G., & Sulcer, B. (2010). Measuring self-regulated learning skills through social interactions in a teachable agent environment. *AAAI Fall*

Symposium on Cognitive and Metacognitive Educational Systems (MCES). Arlington, VA.

Kinnebrew, J., Biswas, G., Sulcer, B., & Taylor, R.(in press). Investigating selfregula ted learning in teachable agent environments. In R. Azevedo & V. Aleven (Eds.), *International handbook of metacognition and learning technologies.* Amsterdam, The Netherlands: Springer.

Leelawong, K., & Biswas, G. (2008). Designing learning by teaching agents: The Betty's Brain system. *International Journal of Artificial Intelligence in Education, 18*(3), 181-208.

Mayer, R. E. (2005). Cognitive theory of multimedia learning. In R. E. Maery (Ed.), *The Cambridge handbook of multimedia learning* (pp. 31-48). New York: Cambridge University Press.

McQuiggan, S., Lee., S., & Lester, J. (2007). Early prediction of student frustration. In Paiva, A., Prada, R., & Picard, R. (Eds.), *Affective computing and intelligent interaction* (pp. 698-709). Berlin, Germany: Springer.

McQuiggan, S., Rowe, J., Lee, S., & Lester, J. (2008). Story-based learning: The impact of narrative on learning and outcomes. In Woolfe, B., Aïmeur, E., Nkambou, R., & Lajoie, S. (Eds.), *Intelligent tutoring systems* (pp. 530-539). Berlin, Germany: Springer.

McQuiggan, S., Goth, J., Ha, E., Rowe, J., & Lester, J. (2008a). Student note-taking in narrative-centered learning environments: Individual differences and learning. In Woolf, B., Aïmeur, E., Nkambou, R., & Lajoie, S. (Eds.), *Intelligent tutoring systems* (pp. 510-519). Berlin, Germany: Springer.

McQuiggan, S., Hoffman, K. L., Nietfeld, J. I., Robinson, J. L., & Lester, J. (2008b). Examining self-regulated learning in a narrative-centered learning environment: An inductive approach to modeling metacognitive monitoring. In *Proceedings of the ITS' 08 Workshop on Metacognition and Self-Regulated Learning in Educational Technologies,* Montreal, Canada.

Metcalfe, J., & Dunlosky, J. (2009). *Metacognition: A textbook for cognitive, educational, life span & applied psychology.* Thousand Oaks, CA: Sage.

Moos, D. C., & Azevedo, R. (2008). Exploring the fluctuation of motivation and use of self regulatory processes during learning with hypermedia. *Instructional Science, 36*(3), 203-231.

Mott, B., & Lester, J. (2006). Narrative-centered tutorial planning for inquiry-based learning environments. *Proceedings of the Intelligent Tutoring Systems Conference* (pp. 675-684). In M. Ikeda, K. Ashley, & T. W. Chan (Eds.), Berlin, Germany: Springer.

Nietfeld, J., Hoffman, K., McQuiggan, S., & Lester, J. (2008). Self-regulated learning in a narrative-centered learning environment. *Proceedings of the World Conference on Educational Multimedia, Hypermedia, and Telecommunications.* Vienna, Austria.

Paris, S. G., & Paris, A. H. (2001). Classroom applications of research on self-regulated learning. *Educational Psychologist, 36*(2), 89-101.

Pintrich, P. R. (2000). The role of goal orientation in self-regulated learning. In M. Boekaerts, P. Pintrich, & M. Zeidner (Eds.), *Handbook of self-regulation* (pp. 451- 502). San Diego, CA: Academic Press.

Pintrich, P. R. (2002). The role of metacognitive knowledge in learning, teaching, and assessing. *Theory in Practice, 41*(4), 219-225.

Pintrich, P. R. (2004). A conceptual framework for assessing motivation and self-regulated learning in college students. *Educational Psychology Review, 16*(4), 385-407.

Pintrich, P. R., Wolters, C., & Baxter, G. (2000). Assessing metacognition and self-regulated learning. In G. Schraw & J. Impara (Eds.), *Issues in the measurement of metacognition* (pp. 43-97).

Pressley, M., & Hilden, K. (2006). Cognitive strategies. In D. Kuhn & R. S. Siegler (Eds.), *Handbook of child psychology: Volume 2: Cognition, perception, and language* (6th edn., pp. 511-556). Hoboken, NJ: Wiley.

Robinson, J., McQuiggan, S., & Lester, J. (2010). Developing empirically based student personality profiles for affective feedback models. In V. Aleven, J. Kay, & J. Moscow (Eds.), *Intelligent tutoring systems* (pp. 285-295). Berlin, Germany: Springer.

Rowe, J., Shores, L., Mott, B., & Lester, J. (2010). Integrating learning and engagement in narrative-centered learning environments. *Intelligent Tutoring Systems, Lecture Notes in Computer Science, 6095*, 166-177.

Schraw, G., & Lehman, S. (2001). Situational interest. A review of the literature and directions for future research. *Educational Psychology Review, 13*(1), 23-52.

Schunk, D. (2001). Social cognitive theory of self-regulated learning. In B. Zimmerman & D. Schunk (Eds.), *Self-regulated learning and academic achievement: Theoretical perspectives* (pp. 125-152). Mahwah, NJ: Erlbaum.

Schunk, D. (2005). Self-regulated learning: The educational legacy of Paul R. Pintrich. *Educational Psychologist, 40*, 85-94.

Schunk, D., & Zimmerman, B. (Eds.). (1998). *Self-regulated learning: From teaching to self-reflective practice*. New York: Guilford.

Shimoda, T., White, B., & Frederiksen, J. (2002). Student goal orientation in learning inquiry skills with modifiable software advisors. *Science Education, 86*, 244-263.

Veenman, M. (2007). The assessment and instruction of self-regulation in computer-based environments: A discussion. *Metacognition and Learning, 2*, 177-183.

White, B. Y. (1993). Causal models, conceptual change and science education. *Cognition and Instruction, 10*, 1-100.

White, B. Y., & Frederiksen, J. R. (1998). Inquiry, modeling, and metacognition: Making science accessible to all students. *Cognition and Instruction, 16*, 3-118.

White, B. Y., & Frederiksen, J. R. (2005). A theoretical framework and approach for fostering metacognitive development. *Educational Psychologist, 40*, 211-233.

White, B. Y., Frederiksen, J. R., & Collins, J. (2009). The interplay of scientific inquiry and metacognition. In D. J. Hacker, J. Dunlosky, & A. C. Graesser (Eds.), *Handbook of metacognition* (pp. 175-205). New York: Routledge.

White, B., Frederiksen, J., Frederiksen, T., Eslinger, E., Loper, S., & Collins, A. (2002). Inquiry Island: Affordances of a multi-agent environment for scientific inquiry and reflective learning. In P. Bell, R. Stevens, & T. Satwicz (Eds.), *Proceedings of the Fifth International Conference of the Learning Sciences* (ICLS). Mahwah, NJ: Erlbaum.

White, B. Y., Shimoda, T. A., & Frederiksen, J. R. (1999). Enabling students to construct theories of collaborative inquiry and reflective learning: Computer support for metacognitive development. *International Journal of Artificial Intelligence in Education, 10*, 151-182.

Winne, P. H. (2001). Self-regulated learning viewed from models of information processing. In B. Zimmerman & D. Schunk (Eds.), *Self-regulated learning and academic achievement: Theoretical perspectives* (pp. 153-189). Mahwah, NJ: Erlbaum.

Winne, P., & Hadwin, A. (1998). Studying as self-regulated learning. In D. Hacker, J. Dunlosky, & A. Graesser (Eds.), *Metacognition in educational theory and practice* (pp. 227-304). Mahwah, NJ: Erlbaum.

Winne, P., & Hadwin, A. (2008). The weave of motivation and self-regulated learning. In D. Schunk & B. Zimmerman (Eds.), *Motivation and self-regulated learning: Theory, research, and applications* (pp. 297-314). Mahwah, NJ: Erlbaum.

Winne, P. H., & Nesbit, J. C. (2009). Supporting self-regulated learning with cognitive tools. In D. J. Hacker, J. Dunlosky, & A. C. Graesser (Eds.), *Handbook of metacognition in education*. Mahwah, NJ: Erlbaum.

Zimmerman, B. (1986). Becoming a self-regulated learner: Which are the key sub-processes? *Contemporary Educational Psychology, 11*, 307- 313.

Zimmerman, B. (2000). Attaining self-regulation: A social cognitive perspective. In M. Boekaert, P. R. Pintrich, & M. Zeidner (Eds.), *Handbook of self-regulated learning* (pp. 13-39). San Diego, CA: Academic Press.

Zimmerman, B. (2001). Theories of self-regulated learning and academic achievement: An overview & analysis. In B. Zimmerman & D. Schunk (Eds.), *Self-regulated learning and academic achievement: Theoretical perspectives* (pp. 1-37). Mahwah, NJ: Erlbaum.

Zimmerman, B. (2008). Investigating self-regulation and motivation: Historical background, methodological developments, and future prospects. *American Educational Research Journal, 45*(1), 166-183.

Zimmerman, B. J., & Schunk, D. H. (Eds.). (2001). *Self-regulated learning and academic achievement: Theoretical perspectives*. New York: Erlbaum .

Zimmerman, B. J., & Schunk, D. H. (Eds.). (2011). *Handbook of self-regulation of learning and performance*. New York: Routledge.

Zumbach, J., & Bannert, M. (2006). Analyzing (self-)monitoring in computer assisted learning. *Journal of Educational Computing Research, 35*(4), 315-317.

8장

체화된 인지와
학습환경 설계

John B. Black, Ayelet Segal, Jonathan Vitale, & Cameron L. Fadjo

　형식적 학습환경에서 일어나는 대부분의 학습은 학습자들이 학습 사태가 끝나고 난 후 (그리고 시험이 끝나고 난 후) 곧 잊어버리거나 학습이 일어났던 시간, 공간, 개념적 맥락을 벗어나서 유사한 상황에 처했을 때 잘 적용되지 않는 허술하고 피상적인 것이다. 이러한 학습은 학습자들이 일상세계에 대해 생각하고 상호작용하는 방법의 일부로 보기는 어렵다. 체화된(embodied) 혹은 지각에 근거한 인지(perceptually-grounded cognition)에 대한 연구는 학습이 학습자가 세상을 이해하고 상호작용하는 방법의 일부가 된다는 것이 무엇을 의미하는지에 대한 새로운 관점을 제공한다. 더 나아가 학습을 좀 더 의미 있고 유용한 것으로 만들어 주는 경험(Dewey, 1938)들과 학습을 통합시키는 학습환경 설계에 방향을 제시한다.

체화된 인지

    체화된 인지에 대한 관점은(예컨대, Damasio, 1994; Semin & Smith, 2008; Varela, Thompson, & Rosch, 1991) 언어적 의미를 신체적 은유에 근거한 것이라고 강조하는 언어학적 접근(예컨대, Gibbs, 2005; Johnson, 1987; Lakoff & Johnson, 1999)과 양식적(감각적) 표상과 정신적 시뮬레이션의 증거를 강조하는 인지심리학적 관점(예컨대, Barsalou, 1999; Glenberg, 1997; Pecher & Zwaan, 2005)이 있다. 체화된 혹은 지각에 근거한 인지는 어떠한 것을 완벽하게 이해했다면 그것에 대해 추론하거나 관련 정보를 인출할 때 정신적 개념 시뮬레이션을 만들어 낼 수 있어야 함을 강조한다(Barsalou, 2008, 2010; Black, 2010). 행동 관찰 및 신경 촬영 결과들은 순수하게 상징적이라고 생각했었던 많은 심리학적 현상이 지각적인 효과를 갖고 있다는 사실을 보여 주고 있다. 예를 들면, (말이 갈기를 갖고 있다는 사실을 인출하는 것과 같은) 속성을 확인하는 것은 상징적인 명제 네트워크에 있는 개념 노드(말)와 속성 노드(갈기)를 검색하는 작업을 포함하며, 따라서 대답에 걸리는 시간과 오류는 얼마나 많은 네트워크 내 연결고리들을 검색해야 하는지, 이때 집중을 방해하는 연결고리가 얼마나 많은지에 따라 결정된다. 그러나 체화된 인지 연구는 (더 큰 속성들이 더 빨리 인출되는 것과 같이) 크기와 같은 지각적 변인들이 확인 시간과 오류에 영향을 미친다는 것을 보여 준다(Solomon & Barsalou, 2004). 또한 신경 촬영의 결과들(예컨대, fMRI)도 이러한 과제를 수행하는 동안 상징적 영역뿐만 아니라 (형태, 색깔, 크기, 소리, 감각과 관련된) 뇌의 지각 영역 역시 활성화된다는 것을 보여 준다(예컨대, Martin, 2007). 따라서 말과 갈기에 친숙할 경우, 이러한 간단한 속성 확인 과제를 수행하는 것에도 지각적 시뮬레이션이 포함된다.

    텍스트 이해조차도 공간적(지각적) 효과를 보여 준다. 예를 들면, 서사에서 관점의 전환은 더 긴 읽기 시간과 더 많은 기억 오류를 만들어 내는데,

이는 독자가 자신들의 상상 속에서 서사적 장면을 바라보는 공간적 관점을 바꾸어야만 하기 때문이다. 예를 들면,

   존은 앞마당에서 일을 하고 있다가 안으로 들어갔다.

   이 문장은 관점을 바꾸는 한 단어가 변화된 아래의 문장보다 더 빨리 읽힌다.

   존은 앞마당에서 일을 하고 있다가 안으로 들어왔다.

(Black, Turner, & Bower, 1979)

   이러한 간단한 문장을 읽을 때조차 독자는 묘사되고 있는 장면에 대한 대강의 공간 배치를 만들어 내고 주인공이 공간을 돌아다니는 모습을 그려 낸다. 이는 간단한 지각 시뮬레이션의 예다.

   Glenberg, Gutierrez, Levin, Japuntich, Kaschak(2004)은 근거 인지 접근 (grounded cognition approach)을 사용하여 독해를 어떻게 가르칠 수 있는지를 보여 주고 있다. 이 연구 결과는 2학년 학생들에게 장난감 농부, 일꾼, 동물, 물건들을 사용하여 농장에 대한 이야기를 실연해 보도록 한 것이 그들이 읽은 이야기에 대한 이해와 기억을 증가시켰다는 것을 보여 준다. 더 나아가, 장난감을 가지고 실연을 한 후, 다른 이야기를 읽을 때 이야기에 나오는 행동들을 상상해 보도록 하였을 때, 학생들은 그 이야기에 대한 상상의 세계(Black, 2007)를 형성하는 기술을 습득한 것처럼 보였으며, 다른 이야기를 읽을 때 학생들의 이해와 기억이 증가된 것으로 나타났다. 이러한 근거 인지 접근이 학생들의 독해력을 향상시킨 것이다. 학습에 대한 근거 인지 접근에는 다음의 세 가지 단계가 포함되어 있다.

1. 체화된 경험을 한다.
2. 그 체화된 경험을 상상하는 법을 배운다.
3. 상징적 학습자료를 가지고 학습할 때 그 경험에 대해 상상한다.

물리학습에서의 체화된 학습환경의 사례

체화된 인지적 관점을 학습환경 설계에 사용하는 것과 그것이 학습에 주는 이점에 대한 예는 Han과 Black(2011)이 지각적으로 향상된 학습경험을 제공하기 위해 사용하였던 동작과 애니메이션을 통합한 그래픽 컴퓨터 시뮬레이션에서 찾아볼 수 있다. 시스템에 대한 정신모델을 학습하기 위해서 학생들은 시스템 객체가 변화함에 따라 다른 시스템의 객체가 어떻게 변화하는지를 보여 주는 구성요소의 함수적 관계에 대해 학습하고 이해해야 한다. Chan과 Black(2006)은 동작과 애니메이션을 포함한 그래픽 컴퓨터 시뮬레이션이 시스템의 객체들 간의 이러한 함수적 관계를 학습하는 좋은 방법이라는 것을 밝혀 냈다. Han과 Black(2011)은 [그림 8-1]에 제시된 것과 같은 시뮬레이션을 사용하여 동작에 역학 피드백을 추가함으로써 이러한 상호작용적인 그래픽 시뮬레이션의 동작 부분을 향상시켰다. 여기서 학생들은 왼쪽 아랫부분에 보이는 조이스틱을 움직임으로써 화면 가운데에 보이는 톱니바퀴를 움직이게 되고, 막대 그래프들은 이 두 톱니바퀴의 입력 힘과 출력 힘을 보여 준다. 학생들로 하여금 톱니바퀴를 직접 조작해 보도록 하는 것은 학생들의 학습을 향상시켰으며, 역학 피드백을 추가하여 동작 경험을 풍부하게 한 것은 학생들의 수행을 더욱 증가시켰다. 즉, 지각적 경험이 더 풍부해짐에 따라 정신적 지각 시뮬레이션을 획득할 수 있었고 학생들의 학습과 이해는 더 향상되었다.

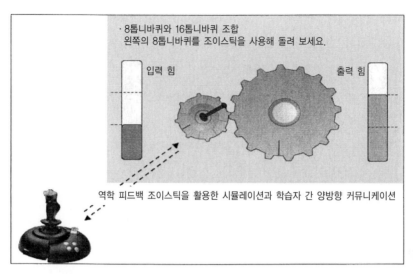

·8톱니바퀴와 16톱니바퀴 조합
왼쪽의 8톱니바퀴를 조이스틱을 사용해 돌려 보세요.

입력 힘

출력 힘

역학 피드백 조이스틱을 활용한 시뮬레이션과 학습자 간 양방향 커뮤니케이션

| 그림 8-1 | 동작(조이스틱과 톱니바퀴)을 포함한 그래픽 시뮬레이션과
역학 피드백(조이스틱)을 포함한 애니메이션

다음 절에서는 이해를 증진시키는 학습환경을 설계하는 데 체화된 인지가 사용된 예들을 살펴보고자 한다. 첫 번째 예는 어린 학생들의 수 개념과 덧셈 수행을 향상시키는 데 필요한 체화 경험(embodiment)을 제공해 주기 위해 iPad를 활용한 제스처–터치 인터페이스를 사용한 것이다. 두 번째는 게임에서 장애물 코스를 공간적으로 항해하는 에이전트에 체화되어 도형을 학습하는 학생들을 묘사한다. 세 번째는 로봇 프로그래밍과 비디오 게임을 만드는 동안 자신들이 이해하는 바를 에이전트 기반의 동작, 결정, 행동들에 체화시키며 학습하는 예시를 설명한다.

제스처 인터페이스와 학습환경

제스처 인터페이스는 가공하지 않은 사용자 인터페이스로 알려져 있으

며, 터치 인터페이스와 자유 형식 인터페이스의 두 가지 유형이 있다. 터치 인터페이스(touch use interfaces: TUIs)는 사용자로 하여금 장치를 직접적으로 만지도록 하며 (스마트 보드와 같이) 싱글 터치나 (스마트 태블릿, iPhone, iPad, Surface[1] 등과 같은) 멀티 터치를 기반으로 할 수 있다. 자유 형식 인터페이스(free-form gestural interface)는 (마이크로소프트 키넥트와 같이) 사용자들이 직접적으로 장치를 만지거나 조작할 필요가 없다. 터치 스크린과 제스처 컨트롤러를 작동하는 방법은 적어도 다음 세 가지의 일반적인 요소들, 즉, 센서, 비교측정기, 작동기를 포함한다. Saffer(2009)는 제스처 인터페이스에서의 제스처를 마우스나 스타일러스(stylus)와 같은 전통적인 지시 도구의 도움 없이 디지털 시스템이 감지하고 반응할 수 있는 모든 물리적 동작이라고 정의하고 있다. 손 흔들기, 머리 끄덕임, 터치, 발가락 두드림, 눈썹 올리기까지도 제스처가 될 수 있다. 이러한 테크놀로지들은 마우스와 키보드로 가능한 덜 직접적이고 다소 수동적인 상호작용 방법과는 반대로 학습에 도움을 주는 터치와 물리적 움직임을 포함시킬 수 있는 새로운 기회를 제공해 준다. 디지털 장치들을 포함하는 체화된 상호작용은 근거 인지 및 체화에 관한 연구와 이론을 기반으로 한다. 다음의 내용은 제스처 인터페이스가 어떻게 사고와 학습을 촉진시킬 수 있는지 체화, 물리적 조작, 체화된 상호작용, 자발적 제스처에 관한 연구들을 중심으로 근거를 살펴보고자 한다. 다음으로 주제와 관련된 Segal, Black, Tversky(2010)의 연구를 소개한다.

행동 호환성 효과

신체에 기반을 둔 지식은 근본적으로 개념적 사고에 영향을 미치는 지

---

1) 역주: 마이크로소프트사에서 만든 태블릿이다.

각적 과정을 포함한다(Barsalou, 2008). 근거 인지와 체화에 대한 많은 연구를 수행한 Barsalou, Niedenthal, Barbey, Ruppert(2003)는 인간의 신체적 상태와 정신적 상태 간에 양립성 효과가 있다는 것을 발견했다. 이는 체화된 은유의 이점을 활용하여 설계된 인터페이스가 더 효과적인 수행을 만들어 낸다는 것을 의미한다. 예를 들면, 참가자들에게 레버를 본인 쪽으로 잡아당겨서 어떠한 것에 대한 선호를 표시하도록 하였을 때가 레버를 반대쪽으로 밀어내어 선호를 표시하도록 했을 때보다 반응 시간이 더 빨랐다는 것을 밝혀냈다. 이러한 결과들은 학습환경 설계에 시사점을 제공한다.

물리적 조작과 학습

Montessori(1949, 1972)의 교육철학과 같은 관점은 동작과 터치가 학습을 향상시킨다고 제안한다. 아동들이 손을 가지고 학습할 때, 이 동작을 통해 뇌의 연결과 지식을 만들어 낸다. Schwartz와 Martin(2006)은 아이들이 학습 과제 안에 자신의 아이디어를 보여 줄 수 있는 행동을 활용하면 새로운 영역으로 학습을 더 잘 전이시킨다는 것을 발견했다. 예를 들면, 나눗셈에 대한 기초 지식만을 가진 아이들에게 사탕이 든 가방을 주고 네 명의 친구들과 나누어 가지라고 하였다. 한 집단은 사탕 무더기를 다양한 묶음(네 개의 동일함 묶음 등)으로 정리하도록 하였다. 다른 집단은 (나누어 가질 사탕의 그림을 그려 보는 것과 같은) 그래픽 표상을 사용하여 문제를 풀도록 하였다. 사탕 묶음을 정리하는 보완적 행동을 통해 학습한 아이들은 나눗셈 문제를 더 잘 푸는 것으로 나타났다. 선형적 숫자 보드게임을 활용한 연구에서는 15분 동안 간단한 숫자 보드게임을 한 아이들의 수 어림 능력과 수적인 크기에 대한 지식이 향상된 것으로 밝혀졌다. 실제 물체를 가지고 물리적 조작을 하는 것은 유아들에게 효과적인 것으로 증명되었다(Siegler & Ramani, 2009).

체화된 상호작용과 학습

체화된 상호작용은 감각, 특히 터치와 물리적 동작을 포함하며, 습득된 지식을 유지하는 데 도움을 준다. 운동감각 디스플레이를 활용한 학습과 정에 촉감경로(haptic channel)를 포함한 연구에서, Chan과 Black(2006)은 손을 통해 전달되는 즉각적인 감각운동적 피드백은 이후 처리를 통해 작동기억으로 옮겨진다고 하였다. 이는 직접적 애니메이션 조작 조건에 있었던 학생들을 더 적극적으로 의미형성 과정에 몰입하고 참가할 수 있도록 함으로써 학습을 더 잘 할 수 있게 해 주었다. 톱니바퀴가 어떻게 작동하는지를 배우기 위해 역학 피드백을 주는 촉감 경로를 통합시킨 연구에서, Han과 Black(2011)은 세 가지 감각 양식을 사용하고 촉감 피드백을 사용한 것이 단순 기계의 작동을 가장 효과적으로 배울 수 있게 해 주었다고 보고했다. 더 나아가, 촉감 시뮬레이션 집단은 바로 이루어진 사후 검사에서뿐만 아니라 근전이 검사에서도 다른 집단보다 더 높은 수행을 보였는데, 이는 촉감 시뮬레이션을 통한 체화된 경험들의 효과가 학습내용 텍스트를 읽는 동안에도 유지된다는 것을 의미한다.

자발적 제스처는 사고를 반영하는가

체화된 인지이론에 의하면(Barsalou, 1999; Glenberg, 1997), 개념은 근본적으로 감각운동적이다. 따라서 수신자가 언어적 입력으로부터 의미를 활성화시키는 것처럼, 화자도 의미를 표현하기 위해 개념을 활성화시킬 때, 아마도 지각적이고 운동적 정보를 활성화할 것이다. 그렇다면 이론적으로 언어를 이해하는 것처럼, 언어를 만들어 내는 활동도 의미에 대한 감각운동적 표상에서부터 시작해야만 한다. Hostetter와 Alibali(2008)는 말하기의 기저에 있는 이러한 감각운동적 표상이 발화에 수반되는 제스처의 기초가 된다고 주장한다.

　자발적 제스처와 그것이 의사소통, 작동기억, 정보처리, 학습, 정신모델 형성, 사고의 성찰에 미치는 영향에 대한 연구들이 점점 많아지고 있다. Goldin-Meadow(2009)는 제스처가 간접적으로는 아동의 의사소통 환경에 영향을 미치고, 직접적으로는 아동의 인지적 상태에 영향을 미침으로써, 아동의 지식을 변화시키는 역할을 수행한다고 하였다. 제스처는 사고를 반영하며 변화의 초기 표시이기 때문에, 진단적으로 사용될 수 있고, 이는 학습과 발달에 유용하다고 입증되었다. 제스처가 어떻게 수학학습을 촉진할 수 있을지에 대한 연구에서 학습자들이 분류 전략에 대한 새로운 개념을 학습하는 동안 특정 제스처를 사용하도록 한 것이 수학 수업 동안 배운 지식을 더 잘 기억하도록 도와주었으며, 더 많은 문제를 풀 수 있게 해 주었다.

　Schwartz와 Black(1996)은 자발적 손동작을 "신체적으로 접하게 되는 정신모델"이라고 주장한다. 맞물린 톱니바퀴 문제를 푸는 과정에 관한 연구에서는 참가자들이 톱니바퀴의 방향을 올바로 상상하는 것을 돕기 위해 손으로 톱니바퀴의 움직임을 제스처로 표현했을 때, 점차 톱니바퀴의 방향과 관련된 상징적인 규칙을 추상화하는 것을 배우게 되었음을 발견했다. 정신적 표상과 제스처에 관한 연구에서 Alibali, Bassok, Olseth Solomon, Syc, Goldin-Meadow(1999)는 자발적 제스처가 수학 문제와 관련된 정신적 표상에 대한 중요한 정보를 드러낸다고 하였다. 이를 통해 제스처가 말로는 쉽게 표현되지 않는 지식으로의 창을 제공해 준다는 가설을 세웠다. 예를 들면, 불규칙적인 도형을 말로는 설명하기 어렵지만 제스처로는 그 모형을 묘사하기 쉬울 것이다. 그러한 정신모델들이 자연스럽게 제스처를 만들어 내며, 그것이 상징적으로 모형의 지각적 속성을 나타낸다.

제스처 인터페이스와 자발적 제스처

자발적 제스처가 사고를 반영한다면, (제스처 인터페이스를 위한) 잘 설계된 제스처를 선택하는 것은 사물에 대한 공간적 정신모델에 영향을 줄 수 있을까? Hostetter와 Alibali(2008)의 가상 행동으로서의 제스처(gestures as simulated action: GSA) 이론은 제스처가 체화된 언어와 정신적 이미지의 기저를 이루고 있는 지각·운동 시뮬레이션으로부터 발생된다고 주장한다. 그들은 제스처가 공간적 표상과 정신적 이미지로부터 생겨난다는 증거를 제공하고 제스처가 체화된 인지 시스템으로부터 어떻게 발생되는지를 설명해 주는 가상 행동으로서의 제스처를 제안한다. 제스처가 공간적 표상과 정신적 이미지로부터 나오는 가상의 행동이라면, 사용자들에게 어떤 제스처 혹은 그와 다른 제스처를 사용하도록 요구하는 것은 문제를 해결하는 그들의 정신적 작용에도 서로 다른 방식으로 영향을 끼칠 가능성이 높다.

제스처 인터페이스 설계자들은 좀 더 자연스럽고 직관적인 상호작용을 포함시키기 위해서 자발적 제스처를 적용하고 있다. 자발적 제스처는 네 가지로, 지시적, 상징적(관계를 보여줌), 은유적(좀 더 추상적) 그리고 담화적 제스처가 있다. 가리키기와 같은 지시적 제스처는 제스처 인터페이스에 전형적으로 사용된다. 상징적, 은유적 제스처 유형도 역시 제스처 인터페이스에 매우 일반적으로 사용되는 것이며, 대게는 좀 더 복잡한 상호작용을 보여 준다. 인터페이스와 상호작용하기 위해 친숙한 제스처(일상용어로부터 나오는)를 사용하는 것은 사용자의 인지적 부담을 덜어줄 수 있다. 그것은 좀 더 쉬운 인터페이스와 컴퓨터와의 자연스러운 상호작용을 만들어 낸다.

적절한 제스처와 수행 향상

Segal 등(2010)은 제스처 인터페이스를 위해 설계된 제스처와 셈하기, 덧셈 그리고 수직선 수 어림의 수학적 개념들에 대한 디지털 표상과의 양립성(compatibility)에 대해 연구하였다. 문제 풀이에 필요한 정신적 작동을 올바른 제스처를 사용하여 시뮬레이션 함으로써, 학습자들은 수학적 과정에 대한 더 나은 공간적 정신모델을 구성하였다. 제스처를 학습개념에 연결시킬 때, 문제풀이에 필요한 정신적 작동을 위한 시뮬레이션이 향상된다. 체화된 은유인 제스처는 정신적 작동과 연계되어야 하는 작동을 표상한다.

행위가 인지를 받쳐 줄 수 있을까? 근거 인지 관점에 의하면, (iPad와 같은 멀티터치 등) 제스처 인터페이스를 사용하는 것은 (모니터-마우스와 같은) 컴퓨터를 사용하는 학습에서 전통적인 인터페이스를 사용하는 것보다 더 나은 학습 결과를 가져와야 한다. 아이들의 연산과 수 어림 수행을 관찰해 보면 알 수 있다. 연산은 분절적인 과제이며, 그렇기 때문에 연속적인 행위보다는 분절적으로 다루어져야 한다. 수 어림은 연속적 과제이며, 따라서 분절적 행위보다는 연속적으로 다루어져야만 한다. 아이들은 제스처 인터페이스 또는 전통적인 인터페이스를 사용하였다. 행위는 인지작용과 동일하게 연결되거나 그렇지 않았다. 행위가 인지를 지지해 준다고 가정한다면, 행위가 바람직한 인지적 과정과 개념적으로 연결되었을 때(gestural conceptual mapping, 제스처-개념 연계), 제스처 인터페이스를 사용하는 것이 수행을 더 향상시킬 것이다.

직접적 조작: 제스처의 개념적 연결

Marshall(2007)은 만질 수 있는 인터페이스와 학습에 관한 기존의 연구들은 사용자들이 어떻게 주제 영역의 기저를 이루는 규칙과 법칙들을 추상화하는지 그리고 서로 다른 표상의 수준들이 어떻게 설계 내에서 통합되는지에 관해서는 다루지 않았다고 주장한다. 이론적으로 이야기하였을 때, 이는 학습 영역의 구조가 어떻게 인터페이스를 통해 표상될 수 있는지에 관한 것이다. 앞으로 소개될 사례 연구는 그에 대해 탐구하고 그것을 제스처-개념 연계라고 정의하고 있다. 제스처-개념 연계라는 용어는 신체적으로 체화된 은유의 표상(제스처)과 학습 영역에 대한 디지털 표상 간의 연결을 말한다. 이 용어는 직접적 조작의 세 가지 속성 중 하나다. 이는 사고를 촉진하고 더 나은 학습을 제공하기 위해 인터페이스 내에 제스처를 사용하고 설계하면서 Segal, Black, Tversky(2010)가 정의하고 탐구한 새로운 용어다.

Segal 등(2010)은 학습개념에 대한 '시각화'(디지털 표상)와 제스처의 신체적 표상, 학습개념의 내적 표상과의 양립성에 대해 연구하였다. 학습개념을 보여 주기 위해 특정 제스처를 사용하는 것은 학습자들이 학습개념에 대한 더 나은 정신모델을 구성하도록 도와준다. 예를 들면, 셈하기나 더하기를 하기 위해 가상의 블록을 손가락으로 두드리는 것이나 가상의 블록에 마우스를 클릭하는 것은 수 세기의 분절적 표상에 적절한 제스처들이다. 반면에 블록을 세기 위해 블록 위로 손가락을 슬라이딩하거나 드래그하는 것은 셈하기의 분절적 과정에 적절하지 않은 제스처들이다. 다시 말해서, 학습내용의 디지털 표상과 제스처 둘 다 학습개념과 호환적일 필요가 있다는 것이다. 따라서 내용에 대한 외적 표상과 사용자가 구성하는 내적 표상 간에 호환성이 존재해야만 한다. 이러한 호환성은 사용자의 정신적 이미지 형성을 도와 좀 더 나은 정신모델을 구성하도록 해 준다.

이러한 호환성을 얻기 위해서, 설계자들은 학습개념을 가장 잘 나타내 줄 수 있는 호환적인 체화된 은유를 찾아야만 한다. 체화된 은유는 스크린에 보이는 학습내용을 조작하기 위해 설계자가 선택한 제스처의 유형을 말한다.

직접적 조작: 촉감 경로, 감각운동적 입력

직접적 조작은 ('del'을 입력하는 대신 파일을 쓰레기통으로 끌어당기는 것과 같이) 명령어를 사용하지 않고 스크린 위의 디지털 물체를 조작할 수 있는 능력이다(Shneiderman, 1983). 인간−컴퓨터 상호작용 분야에서의 직접적 조작은 지난 몇 년간 지속적으로 변화해 왔다. 이는 새로운 테크놀로지와 혁신적인 인터페이스들의 급격한 발전이 직접적 조작을 다른 차원으로 나아가게 했기 때문이다. 이는 특히 스크린 위의 물체를 조작하기 위해 (마우스와 같은) 외부적 컨트롤 도구를 필요로 하지 않는 터치스크린과 자유 형식 제스처 인터페이스의 경우에 더욱 그러하다. 그러한 것들은 대신 직접적 조작의 수준에 변화를 주면서 스크린 위의 물체를 사용자의 신체를 활용하여 조작한다.

연구 결과는 물리적 조작이 학습개념의 이해와 추상적 내용에 대한 정보 처리를 향상시켜 준다는 것을 보여 준다. 이에 근거하여, Segal 등(2010)은 인터페이스를 만지고 감각운동적 입력을 사용하여 물체를 조작하는 촉감적 측면을 포함한 제스처 인터페이스가 학습자들로 하여금 학습개념을 이해하는 데 도움을 주었음을 확인하였다. 연구진은 스크린 위의 물체를 손가락으로 직접 만지게 하는 것은 참가자들이 추상적인 내용을 처리하고 좀 더 정확한 내적 표상을 만드는 것을 도와줄 것이라는 가설을 세웠다. 마우스나 스타일러스와 같은 컨트롤 도구를 사용하기보다 신체를 사용하여 스크린 위의 물체를 직접적으로 만지는 것이 촉감 경로 경험을 향상시켜 주고 학습경험을 좀 더 직접적이며 학습내용과 통합되도록 해 주었다. 이는 학습개념에 대한 어린 아이들의 내적 표상을 지원해 줄 수 있는 더욱 구체적인 경험이며, 이는 다음에서 설명하고 있다.

적절한 제스처 인터페이스 실험

참가자
사회 · 경제적 지위가 낮은 뉴욕 시의 한 지역에 위치한 공립학교의 두 가지 방과 후 프로그램에서 107명(남학생 60명과 여학생 47명)의 1학년과 2학년 학생들이 실험에 참가하였다.

실험자료
제스처 인터페이스가 제공하는 높은 수준의 직접적 조작과 전통적 인터페이스의 효과를 비교하기 위해 참가자들에게 가상적 조작이 가능한 두 가지의 학습과제를 부여하였다. 두 가지의 수학개념 학습과 상호작용이 가능하도록 두 가지의 교육용 어플리케이션을 개발하였다. 연구에 사용된 학습개념들은 ① 블록 세기와 같은 일련의 단계에 걸친 변화에 초점을 맞춘 분절적 변화 문제들과 ② 수직선 수 어림과 같은 단일하고 분할되지 않은 사건에서의 변화에 초점을 맞춘 연속적 변화 문제들이었다. 분절적 변화 문제에 해당하는 과제들은 셈하기와 덧셈이었으며, 연속적 변화 문제에 해당하는 과제는 수직선에서 수 어림이었다. 제스처 인터페이스는 Apple사에서 만든 10인치 멀티터치 iPad였으며, 전통적 인터페이스는 마우스를 사용해야 하는 Apple사에서 만든 Macintosh Macbook Pro 노트북이었다. 연구자가 개발한 소프트웨어로 아이들의 대답을 기록하였다. 모든 아이들의 전략을 정확히 기록하기 위하여, 실험자는 아이들이 선택한 전략들을 전략 목록 체크박스에 표시하였다.

변인과 설계

이 연구는 2×2 피험자 간 설계다. 아이들은 ① 촉감, 제스처의 개념적 연결 조건, ② 촉감, 비제스처의 개념적 연결 조건, ③ 비촉감 제스처의 개념적 연결 조건 그리고 ④ 비촉감, 비제스처의 개념적 연결 조건의 네 가지 조건 중 하나에 무선 배치되었다. 직접적 조작은 두 가지 과제 모두에서 검토되었으며, 다음과 같은 두 가지 직접적 조작 속성을 포함하였다.

1. 제스처-개념적 연계: 제스처를 학습개념과 연결시킨다. 이는 시스템의 물리적·디지털적 측면에 수반되는 정보 간의 연결 및 인지를 지지해 주기 위한 적절한 제스처 대 부적절한 제스처의 사용을 의미한다.
2. 촉감 경로: 인터페이스에서의 물리적 조작과 같은 과제를 수행하기 위한 촉감 경로를 추가한다. 이는 감각운동적 입력의 수준(마우스 대 터치)을 포함한다.

셈하기와 덧셈 과제: 분절적 과정

아이들에게 10개의 블록이 양쪽에 두 줄로 세워져 있는 가상의 조작적 인터페이스에서 10개의 덧셈 문제를 풀도록 하였다. 문제에 대한 답은 '6+7=?, 2+9=?'와 같이 1에서 20까지의 범위였다(그림 8-2] 참조). 컴퓨터가 문제를 읽어 줌으로써, 아이들이 기호를 보지 않고도 풀 수 있게 하였다.

촉감 경로 변인: 셈하기와 덧셈 과제

첫 번째 변인은 [덧셈을 수행하는 과정에서 차트의 디지털 블록들을 채우기 위해 멀티터치 스크린(iPad)을 손가락으로 두드리는 것과 같은] 촉감 경로의 사용과 (전통적인 인터페이스를 통해 마우스를 가지고 디지털 블록들을 클릭하면서 채워 가는 것과 같은) 비촉감적 경로를 사용하는 것을 비교하였다(그림 8-2] 참조).

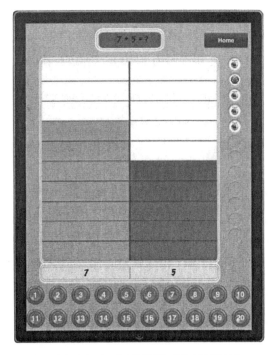

| 그림 8-2 | 수 세기와 덧셈 과제 인터페이스

제스처의 개념적 연결 변인: 셈하기와 덧셈 과제

　두 번째 변인은 멀티터치 스크린(iPad)에서 제스처의 개념적 연결과 비제스처의 개념적 사용을 비교하였다. 이는 분절적인 셈하기의 정신모델을 지지해 주는 제스처의 표상에 대한 연구다. 한 조건에서는 아이들이 블록의 색깔을 표시하기 위해 막대 차트의 각 디지털 블록을 손가락으로 두드려서 양쪽 칼럼 더하기를 수행하였다. 이는 셈하기의 분절적 개념과 개념적으로 연결되는 제스처다. 다른 조건에서는 아이들이 (각각의 블록이 아니라) 각 블록의 칼럼 아래 있는 숫자를 두드렸고 이는 자동적으로 블록의 색깔을 표시했는데, 이는 셈하기의 분절적 개념과 개념적으로 연결되지 않는 것이었다([그림 8-2] 참조).

수직선 수 어림 과제: 연속적 과정

수직선 수 어림 과제는 수직선에서의 크기와 같은 연속적 개념 습득 과정에 도움이 되도록 하기 위한 것이다. 수직선 수 어림은 숫자를 수직선상의 공간적 위치로 환원하거나, 수직선의 공간적 위치를 숫자로 환원하는 것을 요구한다. Siegler와 Booth(2005)의 문헌 연구에 나타나 있듯이, 수 어림은 적어도 한 가지는 부정확하거나, 적어도 한 가지는 숫자로 나타낸 대안적인 양적 표상들 간의 환원 과정이다. 수직선에서의 어림은 크기 비교와 수의 범위 등과 같은 수의 크기에 대한 지식을 측정하는 다른 도구들과 깊이 관련되어 있다(Laski & Siegler, 2007).

본 연구에서는 아이들에게 가상의 수직선에서 (1부터 100 중) 23을 어림해 보게 하였다([그림 8–3] 참조). 컴퓨터가 문제를 읽어 주기 때문에 학습자들이 기호를 인지할 필요는 없었다. 과제에 앞서, 아동이 숫자를 인지하고 있는지를 확인하기 위해, 수직선상에 0이 있는지 그리고 100이 있는지 물어보았다. "수직선은 수들이 놓여있는 선이다. 선 위의 숫자들은 가장 작은 수에서부터 가장 큰 수로 변하며, 숫자들은 순서대로 변해 가기 때문에 각각의 숫자는 수직선상의 고유의 위치를 가진다"고 과제를 설명하였다. 각각의 대답 후에, 아동은 왼쪽에서 오른쪽 정답까지 수직선 위의 숫자가 나타나는 애니메이션 피드백을 받았다.

촉감 경로 변인: 수직선 추정 과제

첫 번째 변인은 연속적인 수직선 과제에서 촉감 경로의 사용과 비촉감 경로의 사용을 비교하였다. 촉감 경로 조건에서는 멀티터치 스크린(iPad)을 사용하여, 아동이 수를 어림하기 위해 수직선 위를 손가락으로 수평적으로 따라 움직였으며, 비촉감 경로 조건에서는 전통적인(마우스) 인터페이스를 사용하여, 수직선 위에서 마우스를 수평으로 끌어당겼다.

제스처의 개념적 연결 변인: 수직선 수 어림 과제

두 번째 변인은 멀티터치 스크린(iPad)에서 제스처-개념 연계의 사용과 비제스처-개념 연계의 사용을 비교하였다. 수직선 수 어림 과제에서 연속적인 개념에 대한 정신모델과 제스처 간의 호환성을 분석하였다. 먼저 아동이 수직선에서 수를 추정하기 위해 스크린을 두드렸으며(분절적 제스처), 다른 조건에서는 아동이 해당 숫자에 도달하기 위해 수평으로 손가락을 수직선을 따라 움직였다(연속적 제스처)([그림 8-3] 참조). 이러한 슬라이딩 제스처는 수직선의 연속적 크기에 대한 개념과 개념적으로 연결되었다. 이는 무언가를 연속적으로 증가시키는 (수직선 막대와 같은) 정신적 작동을 시뮬레이션한다.

촉감, 제스처-개념 연계 조건 집단의 아동들은 두 과제에 걸쳐 수행이 가장 우수했다. 즉, 수의 크기를 보여 주기 위해 iPad 스크린 위에서 손가락을 움직인 아이들과 덧셈을 보여 주기 위해 쌓여 있는 블록을 두드렸던 아이들의 수행이 가장 우수했다. 이들은 수 어림과 덧셈 문제 둘 다에서

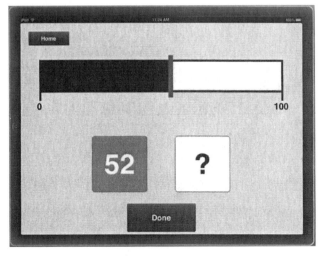

| 그림 8-3 | 수직선 수 어림 과제 인터페이스

가장 적은 오류를 보였다. 촉감 경로(iPad 터치) 조건의 아동들은 덧셈 과제를 풀기 위해 고급 전략을 더 많이 사용하였다. 이는 터치 스크린이 고급 전략들을 위한 더 나은 가상 환경을 제공해 주었다는 것을 의미한다. 이러한 고급 전략은 바로 '수 세기' 전략이다. 촉감 경로(터치) 조건의 아동들은 비촉감 경로(마우스 클릭) 집단보다 이 전략을 더 많이 사용하였다. 촉감 경로 조건의 아동들은 '터치, 개념적 조건'과 '터치, 비개념적 조건' 둘 다에서 비촉감 경로(마우스) 조건의 아동들보다 '수 세기'의 고급 전략을 더 많이 사용하였다.

　이러한 결과는 학습개념에 적절한 제스처를 설계하는 것의 중요성에 대한 증거를 제공해 준다. 이는 행동이 수행에 영향을 미치고 특히 촉감 경로(터치)가 결합되었을 때, 적절한 제스처가 인지와 학습에 중요하다는 것을 의미한다. 적절한 제스처들은 또한 비촉감 조건(마우스 조건)에서 더 나은 수행을 촉진시킴으로써 학습에 효과적이다. 최고의 수행은 터치 스크린과 적절한 제스처가 결합되었을 때 나타났다. 이러한 결과는 또한 터치 기반 인터페이스가 사고와 학습을 도와줄 수 있다는 증거를 제공함으로써 촉감 경로가 더 나은 전략 사용(학습자가 더 나은 정신모델을 구성하는 것 등)을 가능하게 한다고 제안한다.

체화된 인지, 게임, 로봇

에이전트의 공간 항해 게임을 통한 기하학 학습

　앞 절에서 설명한 수직선 수 어림 예는 체화된 상호작용이 기초적인 수학 원리에 대한 개념적 표상에 어떻게 영향을 미치는지를 보여 준다. 초기 인지 발달의 지각-운동의 기저는 Piaget 이론의 중요한 특징이다(예컨대,

Piaget, 1954). 그러나 체화된 관점은 고차원적인 발달과 관련된 '추상적' 사고도 역시 지각-운동의 토대를 공유하고 있다는 것을 더욱 강조한다. 기하학의 경우 연구자들이 증가되는 추상성을 설명하기 위해 일련의 단계 혹은 수준을 상정하여 왔는데(Piaget & Inhelder, 1967; Piaget, Inhelder, & Szeminska, 1960; van Hiele, 1986), 체화된 관점은 단순하고 복잡한 과제모두 그 수행은 환경과의 물리적 상호작용에 기반하고 있으며, 그러한 상호작용을 통해 과제에 상응하는 정신적 표상이 형성된다고 한다. 그렇다면 체화된 인지는 추상적이고 상징적인 사고를 반영하는 것처럼 보이는 행동들을 어떻게 설명할까?

먼저, 기하학적 지식의 근원에 대해 이해할 필요가 있다. 분명히 수직선수 어림에 포함된 과정들은 기하학과 관련이 있다. 더 나아가, Spelke, Lee, Izard(2010)는 인간 고유의 항해 능력과 물체 지각 능력은 유클리드 기하학이 발생하게 된 핵심적 시스템을 나타낸다고 주장한다. 어린아이들이 (물체와 그것의 이름처럼) 다른 물체에 대해 배우는 방법으로 기하학적 도형에 대해서 배우기 때문에 물체 지각과 기하학은 특히 관련이 있다. 이는 어린아이들이 식별에서의 추론과 분류 과제의 근원을 도형의 '전체적인' 외형에 두고 있는 것에서 찾아볼 수 있다(Clements, Swaminathan, Hannibal, & Sarama, 1999). 이러한 접근의 문제는 아동들이 대표적인 도형에 제한적으로 노출이 되기 때문에 도형들과 이름 간에 불완전한 연결을 만들어 낸다는 점이다. 예를 들면, Clements 등(1999)은 삼각형 식별에 대한 연구 결과 거꾸로 된 U자형 패턴[2]을 찾아냈는데, 아주 어리거나 나이가 많은 아동만 부등변 삼각형을 삼각형으로 올바르게 식별했다는 것이다. 이 경우, 등변 삼각형에만 반복적으로 노출되는 것이 '삼각형'이라는

---

2) 역주: 실험 결과 나이가 가장 어리거나 가장 많은 아동들의 정답 횟수가 높았고, 이를 그래프로 표현할 때 U자형 결과로 나타났다는 의미다.

단어의 의미에 대한 오개념을 형성하였기 때문이다.

이러한 형태의 오개념에 대한 처방은 아동들에게 좀 더 폭넓은 학습 자료를 제공하는 것이다. 그러나 기하학적 사고는 도형에 대한 시각적 단어를 많이 보여 주는 것 이상을 필요로 한다. 예를 들면, 아동이 부등변 사각형을 평행사변형과 성공적으로 구별해 냈다는 것은 그 도형의 정의적인 특성들이나 그것들이 어떻게 연관되어 있는지를 이해하고 있다는 것을 의미하는 것은 아니다. 오히려, 아동은-그리고 성인도-지각적으로 더 두드러지는 그러나 공식적으로는 관련없는 도형의 특성들에 더 주의를 기울이는 경향이 있다.

예를 들면, Mach(1886/1959)의 고전적 시범 사례에서 성인들은 도형이 놓인 방향에 따라 도형을 사각형 혹은 다이아몬드라고 지각하였다. 유사하게, 네 변이 있는 도형의 지각적 유사성에 대한 연구에서 참가자들의 판단은 '분산(dispersion)'(규칙성) '예각' '삐죽삐죽함'의 요소들에 근거하는 것으로 나타났다(Behrman & Brown, 1968). 또한, Shepard와 Chipman(1970)도 미국 주의 모양에 대한 참가자들의 분류에서 유사한 점을 찾아냈다. 이러한 특성들은 분명하게 (삐죽삐죽한 물체는 자를 수 있다) 일반적인 물체들에 대한 지각과 관련이 있으면서, (예각과 같은) 물체의 공식적인 기하학적 속성들과는 부분적으로만 관련이 있다. '비스듬한' '끝이 뾰족한' '얇은'과 같은 용어들을 사용함으로써, 어린아이들의 도형에 대한 언어적 추론은 이러한 비공식적인 특성들을 반영한다(예컨대, Clements, 1999).

그렇다면, 아동의 도형에 대한 개념화는 어떻게 좀 더 공식적인 기하학 요소로 전환될 수 있을까? 도형의 정의에 대한 직접적인 언어 교수는 만족스럽지는 않지만 일반적인 방법이다(Clements & Battista, 1992). 예를 들면, 아동은 평생사변형이 평행한 변을 가지고 있는 것이라고 기억할 수 있을 것이다. 그러나 이 아동이 '다이아몬드' 모양으로 놓인 사각형에서도 평행한 선을 찾아낼 수 있을까? 그보다, 아동은 특정한 도형에서 독립된 (평행한 선과 같은) 기하학적 속성에 대한 공간적 이해를 발전시켜야만 한다. 이러한 관점에서 본다면, 성숙한 정신 표상은 도형이 어떻게 생겼는지에 대한 일반적인 감각과 그것의 속성에 대한 독립적인 공간적 표상 둘 다를 통합 또는 혼합한 것이다(Lakoff & Nuñez, 2000). 이러한 복잡한 표상을 개발시키기 위해서는 개별적인 수학 개념들을 공간적으로 유의미한 표상에 연결시킬 수 있도록 해 주는 도구와 그러한 통합을 촉진시켜 주는 환경이 필요하다.

이 이론적 틀을 시행해 보기 위해서 저자들은 에이전트가 장애물 코스를 항해하는 길로서의 다각형을 학습자들이 직접 구성해 보도록 하는 게임 형태의 디지털 학습환경을 개발하였다. 장애물 코스는 지나가지 못하도록 하는 '위험물'과 반드시 통과해야만 하는 '목표물' 둘 다를 포함하고 있다. 장애물 코스의 배치는 사각형과 같은 특정 기하 도형의 구성을 유도한다. 이러한 배치는 위험 물체들을 의도된 길 둘레에 혹은 안쪽에 놓아두거나 (좀 더 직접적으로) 의도된 길을 따라 목표물을 배치해 놓음으로써 만들 수 있다.

아동은 먼저 장애물 코스를 보고, 가능한 길을 상상해 본 후 비어 있는 격자에 기억 속의 길을 만들어 나간다. 아동은 마우스를 가지고 직접적 조작을 통해 반복해서 변과 각을 놓아 봄으로써 다각형을 만드는 길을 구성한다. 도형을 완성하면서, 더욱 정확하게 하기 위해 꼭짓점을 끌어다 놓을 수도 있다(그림 8-4] 참조).

다양한 장애물 코스를 제공함으로써, 아동은 자신이 구성한 다양한 범위의 기하학적 도형을 경험해 볼 수 있다. 그러나 위에서 설명한 것처럼 이 정도의 경험이 고차원적인 사고를 촉진하기에는 충분하지 않다. 오히려 아동은 합동, 병행, 직각 등과 같은 다각형을 결정하는 속성들을 이해해야만 한다. 직각 같은 기하학적 속성을 보여 주기 위해 자발적으로 손을 사용할 수 있다는 기존 연구(Clements & Burns, 2000)에서 영감을 얻어, 개

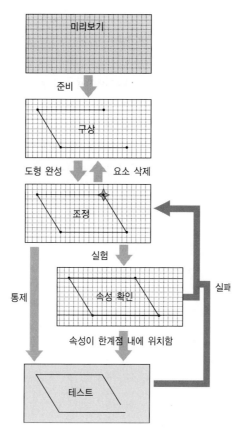

| 그림 8-4 | 평행사변형 과제 화면을 보여 주는 다각형 구성 게임 흐름도
(연회색 화살표는 진행의 의도된 방향을
진회색 화살표는 실수로 인한 방향 전환을 보여준다)

넘들에 대한 공간적 근거를 제공해 주기 위해 각각을 '손 은유'로 묘사하였다.

'속성 확인' 단계에서는 ([그림 8-5] 참조) 아동이 주어진 변 혹은 각의 개수가 특정한 속성 기준에 부합하는지를 확인하도록 하였으며, 그동안 가상의 손 한 쌍은 그 과정을 보여 주었다. 평행을 보여 주기 위해 두 손은 선택된 변과 같은 기울기로 평행이 되도록 움직였고 두 번째 선택된 변의

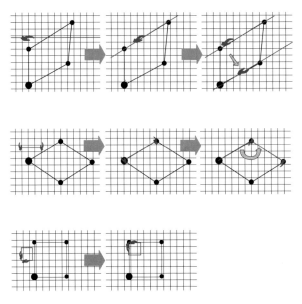

| 그림 8-5 | 속성 확인 단계의 시각적 묘사
[(위에서부터 아래로) 평행변, 합동변, 직각의 확인과정을 보여 준다]

기울기에 맞춰졌다. 합동을 보여 주기 위해 두 손은 선택된 변의 길이를 표시하고 두 번째 선택된 변의 길이와 맞는지 비교되었다. 직각을 표시하기 위해 두 개의 직각을 이룬 손이 선택된 꼭짓점의 내각에 맞는지 비교되었다. 다각형이 속성 기준에 맞지 않을 경우에는 다시 조정 단계로 돌아가야 하고, 다각형이 속성 기준에 성공적으로 부합할 경우에는 장애물 코스를 테스트하는 단계로 나아간다.

이 설계를 저소득층 4학년 학생 20명으로 구성된 방과 후 수업에 적용해 보았다. 10명의 학생이 무작위로 실험 조건에 배치되었으며, 그 조건에서 아이들은 위에 설명된 소프트웨어를 가지고 일련의 도형 구성 과제를 수행하였다. 통제집단 10명에게는 속성 확인 단계가 제시되지 않았고, 과제의 다른 부분은 동일하게 유지되었다. 즉, 통제집단의 아동은 '손 은유'를 활용하지 않았고 정의적인 속성들에 기반하여 도형을 확인하는 데 아무런 피드백도 받지 않았다. 두 조건에서 모든 아동은 평행선(부등변 사각형과 평행사변형), 합동의 인접변(연과 마름모) 그리고 직각(직사각형과 정사각형)에 초점을 맞춘 세 단원에서 22개의 구성 과제를 진행하였다.

각 단원 이후에 부등변 사각형, 평행사변형, 마름모, 등변사다리꼴과 삼각형(혼합), 직사각형 그리고 직각 사다리꼴과 직각 삼각형(혼합)에 대한 도형 식별 과제로 평가를 진행하였다. 각 수업시간 동안 하나의 전형적인 도형을 구성하였다(예를 들면, 긴 변이 바닥과 평행이 되도록 놓인 2X1의 직사각형). 이후 이 원형에 (거의 직각인 마름모와 같이) 도형의 정체성을 변화시키는 범위에서 변화를 주고 (늘리기 혹은 직사각형 돌리기 등) 도형의 정체성을 변화시키지 않는 범위에서 변화를 주었다. 각 문제에서 아동에게 네 가지 도형을 보여 주고 두 가지 유효한 도형을 식별해 내도록 하였다.

결과는 실험집단 아동에게서 올바른 도형 둘 다를 골라 낸 횟수의 중앙값이 더 컸다. 반면, 통제조건의 아동은 하나의 올바른 도형만을 선택하는 경향이 있었다. 즉, 통제조건의 아동은 (거의 직각인 평행사변형과 같은) 시각적으로 원형과 유사하지만 분류상으로는 맞지 않은 도형들을 선택한 경향이 있었고, 반면 실험조건의 아동들은 (직각을 가진 두 개의 도형과 같이) 분류를 정의하는 속성들만 지지하며 관련 없는 지각적 속성들은 무시하는 경향이 있었다.

다른 관점에서 보면 두 조건의 차이는 실험조건의 아동들이 추상적인 추론에 더 많이 의지하고, 통제조건의 아동들이 지각에 더 많이 의존한다는 것을 시사한다. 이러한 차이가 일반적인 발달단계 이론에서 주장하는 구체성에서 추상성으로의 변화에 대한 증거라고 해석될 수 있다. 그러나 구체적인 실험 처치에서 보여 주듯이, 실험조건에서 수행이 더 높았던 것은 체화된 상호작용을 통한 촉진 때문이다. 구체적인 표상을 버리는 것이라기보다는 아동들이 좀 더 규범적으로 의미 있는, 그러면서도 지각적으로 접근 가능한 요소들을 통합(혹은 혼합)하기 위해 자신이 갖고 있는 표상들을 재구조화하였다는 것이다. 고차원적인 수학 기능은 일반적으로 이러한 체화된 표상의 재구조화를 반영한다. 수학적 활동의 일정 부분은 단순히 기계적인 상징의 조작인 반면, 그러한 과정을 어떻게, 언제, 왜 적용하는지를 이해하기 위해서는 수학적 개념이 좀 더 심화된 이해에 기반을 두고 있어야만 한다.

비디오 게임과 로봇 프로그래밍에 체화한 학습

저자들의 최근 연구에 따르면 체화된 수업이 익숙한 행동과 시나리오에 기반을 두었을 때 추상적 계산 개념의 학습이 더 증진된다는 것을 보여 준다(Fadjo & Black, 2011). 이 연구에서는 물리적 · 상상에 기반한 체화를 통해 추상적 계산 구인들을 학습했던 중학생 피험자들이 물리적 체화 도움 없이 학습했던 피험자들보다 개별 비디오 게임에서 좀 더 많은 수학 · 계산 관련 구인들을 시행하는지에 대해 실험했다. 인지적 관점에서 연구진의 기본적인 관심은 추상적 개념을 (둘 다 고차원 인지 구인인) 행위와 지각을 통해 가르치는 형식적 수업의 제공이 객체를 정의하는 데 활용되는 구조에 정적인 영향을 미칠 것이냐에 있었다. 계산적이고 수학적인 사고를 가르치는 것에 대한 근거 기법(grounded approach)을 탐구하기 위해, 연구진은 피험자들에게 (프로그래밍 코드를 읽고 쓰는 것을 배울 수 있도록) Code Literacy 교육과정을 제공하였으며(Fadjo, Black, Chang, & Lee, 2011; Fadjo, Black, Chang, Hong, 2010), 그 교육과정은 Imaginary World(상상의 세계)(Black, 2007)를 구성하는 동안 Direct Embodiment(직접적 체화)(Fadjo, Lu, & Black, 2009; Fadjo et al., 2010)에 대해 탐구하기 위한 충분한 기초를 제공하였다.

최근에는 비디오 게임 설계에서 수학적 계산 사고에 대한 Instructional Embodiment(교수적 체화)의 효과에 대해 연구하였다. 교수적 체화는 공식적 교수 상황에서 직접적, 대리의, 증강된 혹은 상상된 체화를 통해 (추상적 혹은 구체적) 개념의 이해를 발전시키기 위해 행동과 지각을 사용하는 것을 말한다. 가르치려고 하는 개념과 원리들을 교사가 보여 주려 하는 것이 아니라 교수적 체화는 교사가 보여 줄 수 있는, 그러나 근본적으로 학생들이 움직임, 상상, 탐구의 시스템에 참여하도록 설계된 흥미로운 활동으로서의 체화를 사용하는 것이다. 1960년대 후반에서부터 1980년대 중반까지 Seymour Papert와 그의 동료들이 수행했던 중요한 연구는 이와 유사한 원칙을 제시하고 있는데, 그 연구에서 학생들은 Logo[3]라는 컴퓨터 언어로 의인화된 로봇과 같은 증강된 지원과 움직임을 통해 '느끼고' 심미적으로도 흥미롭게 기하학을 배울(행할) 수 있었다(Papert, 1976, 1980; Minsky, 1970). 실제로 Papert는 기하학을 이해하기 위해서는 기하학을 '행하여야(do)' 하고, 수학도 마찬가지며, 그렇게 해야 수학자들이 사고하는 방식으로 사고를 하게 된다고 주장하였다. 이와 유사하게 저자들은 교실 상황에서 사용될 수 있는 교수적 체화를 정의하였다.

　교수적 체화 틀(instructional embodiment framework: IEF) ([그림 8-6] 참조)은 물리적, 상상적 체화라는 두 가지 주요 분류로 구성된다. 물리적 · 교수

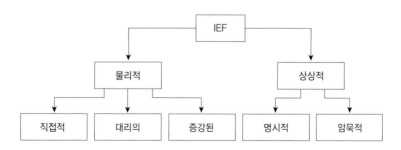

| 그림 8-6 |　교수적 체화 틀

3) 역주: Logo Writer라는 컴퓨터 언어로, 프로그래밍을 하면 컴퓨터 화면의 거북이의 움직임으로 나타난다.

적 체화는 직접적(direct), 대리의(surrogate) 그리고 증강된(augmented) 것을 포함한다. 직접적 체화(direct embodiment: DE)는 문장 혹은 순서를 재연하기 위해 학습자가 자신의 신체를 사용하여 시나리오를 물리적으로 연기하는 것을 말한다. 대리적 체화(surrogate embodiment: SE)는 학습자가 통제하는 물리적 체화로 에이전트의 조작이 개인을 나타내게 된다. 증강된 체화(augmented embodiment: AE)는 아바타와 같은 표상적 시스템을 (마이크로소프트사의 Kinect와 디스플레이 시스템 등과 같은) 증강된 피드백 시스템과 함께 사용하여 증강된 표상 시스템 내에 체화된 학습자를 내재시킨 것을 말한다. 최근 테크놀로지의 발달은 (가상 현실 시스템에서 자주 보이는 것처럼) 학습자가 현실에서 없어지지 않고 오히려 교수단계 동안 학습자의 증강체인 표상적 아바타를 통해 보이도록 가상 공간 안에 인간 모습 전체를 캡처하여 넣는 것도 가능하게 해 주고 있다.

개인은 상상을 통해서도 행동과 지각을 구현할 수 있다. 상상적 체화(imagined embodiment)는 물리적으로 체화된 행동에 대한 명시적(EI) 혹은 암묵적(II)인 정신적 시뮬레이션이다. 물리적·상상적 시뮬레이션에 대한 Glenberg, Gutierrez, Levin, Japuntich, Kaschak의 연구는 물리적 조작이 자유연상 촉진을 증가시키는 반면, 새로운 용어에 대한 주요 학습전략을 유지시켜 주는 것은 상상적 조작과 연합된 물리적 조작이라는 것을 보여 주었다(Glenberg et al., 2004). 저자들은 학습환경에서의 체화된 인지는 먼저 완전한 지각적 경험으로서 물리적으로 (직접적, 대리적 혹은 증강적 체화) 시연되어야 하며, 그 후에는 학습내용의 전이가 일어나는 과제가 완수되기 이전에 상상적 체화(대체적으로 명시적인 상상적 체화, EI)를 통해 학습활동이 유지된다고 생각한다. 또한 인지가 체화된 학습환경 설계 내에서 효과적이려면 다양한 맥락 속에 놓여질(situated) 필요는 없지만 근거하고(grounded) 있어야만 한다고 생각한다.

인지의 근거가 되는 것은 '내적 표상을 보완하는 외적인 정보구조'로서의 신체와 환경 둘 다 포함한다(Barsalou, 2010, p.716). 학습환경에 대한 체화된 접근에서 볼 때, 이는 대략적으로 설계된 목표구조 속에 행동을 맥락화하고 그 상황에 처하게 하는 것을 포함한다. 비디오 게임 설계에서 계산적·수학적 사고를 위한 근거된·체화된 학습환경에 대한 연구에서 보듯이, 상황과 환경을 정의하는 시나리오는 매우 중요하며 특히 체화된 교수에서 인지를 나타내는 데 필수적이다.

연구 대상이었던 동북 지역 교외의 중학생들에게 친숙한 교수 맥락을 제공하기 위해 연구진은 학습내용으로 지역 스포츠 팀, 유명한 음악가, 비디오 게임하기, 숙제 완료하기 등을 활용하였다. 체화된 행동들의 근거가 되었던 사전 정의된 스크립트의 기본적인 구조는 [그림 8-7]과 같다. 특히 모든 시나리오는 동작과 질문의 형태로 친근한 안내의 말로 시작되었다. 그 다음 학습자들은 대화를 구현하는 것과 같이 스크립트를 읽으면서 단

| 그림 8-7 | 체화 스크립트

순한 혹은 복잡한 조건문을 평가해야만 했다(Fadjo, Shin, Lu, Chan, & Black 2008). 결과에 따라서 프로그램 시퀀스는 더 많은 대화를 계속할 수도 있고 대화의 종료를 의미하는 움직임으로 끝날 수도 있다. 이러한 근거된·체화된 학습환경은 수학적이고 계산적인 사고개념들을 가르치고, 강화하는 데 필요한 토대를 보여 준다.

뉴햄프셔 주 교외에 위치한 공립 중학교에서 실시한 3주 동안의 교육과정에서 저자들은 상상의 세계 구성(imaginary world construction: IWC)이 계산적·수학적인 사고에 어떠한 영향을 미쳤는지 평가하기 위해 학생들이 만들어 낸 프로그래밍과 설문지로부터 나온 결과를 비교하였다. 실험집단은 명시적인 상상적 체화를 동반한 직접적 체화(direct embodiment with explicit imagined embodiment: DE-EI) 조건, 명시적인 상상적 체화를 동반한 비물리적 체화(non-physical embodiment with explicit imagined embodiment: X-EI) 조건, 지속적인 상상의 세계 구성(continued imaginary world construction: IWC-C)과 다른 상상의 세계 구성(different imaginary world construction: IWC-D) 조건이었다. 상상의 세계 구성 조건에서 학생들은 프로그래밍 코드를 읽고 쓰는 것에 대한 교수가 진행되는 동안 이미 정의된 시나리오를 지속하거나(IWC-C) 지속적 집단에 제공한 것과 동일한 구인들 내에서 완전히 새로운 시나리오를 개발하였다(IWC-D).

근거된·체화된 조건에서 교수가 진행되는 동안 직접적 체화와 명시적인 상상적 체화(DE-EI)에 참여했던 학생들이 프로그래밍에 더 많은 수학적 구조를 사용했고, DE-EI에 참여했던 학생들은 또한 비디오게임 프로그래밍에 더 많은 코드 구조를 작성한 것으로 나타났다. 즉, 학생들이 수업의 초반부에 5분 동안 미리 정의된 코드 구조를 몸으로 표현해 보았다는 단순한 사실이 수학적으로 더 복잡하고 유의미하게 더 많은 코드구조를 가진 (그리고 종종 더 복잡한 코드구조를 사용하는) 프로그래밍을 만들어 냈고, 계산적 사고(특히, 미리 정의된 예시를 개별적인 코드로 분해하는 것)에 대한 더 많은 증거를 보여 주었다. 이러한 근거된·체화된 학습환경 설계가 그동안 계산적 사고를 가르치기 위해 사용되었던 언어(말하자면, 이 실험에서 사용된 블록 기반 프로그래밍 언어인 Scratch와 같은 컴퓨터 프로그래밍 언어, Resnick, 2009)를 넘어, 문장으로 이루어진 수학 문제, 기하학적 패턴 만들기, 혹은 확률적 사고와 같이 형식적 교실 상황에서 기본적으로 교수자가 가르치기 어려워하고 학습자는 배우기 어려워하는 추상적 개념들이 포함된 다른 영역과 주제로까지 확장될 수 있을 것이라고 기대한다.

상상적 세계 구성(imaginary worlds construction) 조건에서, 모든 학생들에게 최초의 비디오 게임과는 완전히 다르게 제시된 상상의 세계를 구성할 수 있도록 선택권을 준 것과 과제 수행에 대한 자기 보고식 만족도 간에 강한 상관관계가 발견되었다. 제한적이기는 하지만 개인적으로 의미 있는 구성주의적 학습환경이 수학적·계산적 사고에 유의미한 결과를 가져왔다는 증거라고 할 수 있다(Barsalou, 2008, 2010, Fadjo & Black, 2011, Glenberg et al., 2004, 2009, Harel & Papert, 1991; Harel, 1991; Harel & Caperton, 2010, Papert, 1980, 1991).

이와 유사하게 Lu, Black, Kang, Huang(2011)은 (학생들에게 프로그래밍 시작 전에 본인의 신체를 활용하여 시연해 보도록 하는) 직접적인 물리적 체화를 로봇 프로그래밍하는 대리적 체화와 함께 사용하였을 때, 물리 개념에 대한 학습이 가장 잘 일어난다는 것을 발견했다. 학생들로 하여금 (LEGO Mindstorm NXT 로봇을 사용하여) 로봇 대리인을 만들고 프로그래밍하여 물리 과학 개념(힘과 운동)에 대한 자신들의 이해를 구현하도록 한 것이 그들의 이해와 학습을 증가시켰다. 더 나아가, 학습자들에게 자신의 신체를 활용하여 상황에 대해 시연하고 난 후 로봇이 동일한 행동을 하도록 프로그래밍하게 하여 학생들이 물리 개념을 직접적이고 물리적으로 구현하도록 한 것이 훨씬 더 많은 학습과 이해를 이끌어 냈다. 즉, 학습자들이 어떠한 것을 직접 경험하게 한 뒤 그 경험들을 상상하도록 하고 그들이 이해한 것을 로봇 대리인에게 구현시키는 것이 가장 뛰어난 학습과 이해를 가져왔다. 이 조합(경험, 상상, 대리적 체화)은 또한 물리에 대한 학생들의 관심과 개념을 이해했다는 자신감을 증가시켰다.

결론

저자들은 체화된 혹은 지각적으로 근거된 인지적 접근을 사용하여 학습환경을 어떻게 설계할 수 있을지 그리고 이러한 설계가 어떻게 학습에 대한 학습자의 흥미와 자신감을 증가시켜 줄 것인지, 어떻게 학습, 이해, 수행을 향상시킬 것인지에 대한 다양한 예를 제공하였다. 지금까지 체화된 학습환경을 설계할 때 더 효과적인 학습, 이해 그리고 동기를 유발하는 연구 결과들을 살펴보았다.

- 학습 초기에 (시각, 음성 그리고 동작 등) 다중감각 양식들을 사용한 지각적 환경이 더 풍부할수록 학습자의 학습, 이해, 동기는 더 향상된다.
- 학습하는 지식과 개념적으로 동일한 (제스처와 같은) 동작을 사용하는 것은 학습자의 수행, 학습, 이해 그리고 동기를 증가시킨다.
- 학습자들이 신체를 움직임으로써 시연을 하는 것과 같은 활동을 통해 현상에 대해 직접적으로 경험하도록 하고 난 뒤 그것에 대해 좀 더 일반적인 방법으로 학습하도록 하는 것은 학습자의 학습, 이해 그리고 동기를 증가시킨다.
- 학습자가 자신들의 이해를 대리인을 통해 구현하고 아바타 대리인을 가진 비디오 게임 같은 가상환경에서 프로그래밍을 하고 LEGO NXT를 가지고 로봇 대리인을 프로그래밍하는 것과 같은 활동을 통해 대리인의 행동을 관찰하도록 하는 것은 학습자의 학습, 이해 그리고 동

기를 증가시킨다.

　iPhone과 iPad 같은 터치 제스처 인터페이스, Scratch 프로그래밍 환경과 같은 단순한 프로그래밍 도구들과 NXT LEGO 로봇과 같은 단순한 로봇 프로그래밍 등, 최근의 저렴한 테크놀로지의 발달은 이러한 체화된 학습환경을 좀 더 쉽게 구현할 수 있게 해 준다. 저자들은 이러한 접근법이 학습자들이 세상에 대해 사고하고 세상과 상호작용하는 방법의 일부가 될 수 있는 학습경험을 만들어 내고, 그럼으로써 교실 상황을 넘어 학습이 더 잘 전이될 수 있도록 해 주는 학습환경을 설계하는 방법을 제공해 준다고 생각한다. 다행히도, 현재의 테크놀로지 발전은 실제 세계와 통합된 Microsoft Kinect의 제스처와 말하기 인터페이스를 사용한 차세대 체화된 컴퓨터 시뮬레이션과 같이 체화된 학습환경을 만들어 내는 더 많은, 더 좋은 방법들을 제공해 주고 있다.

【 참고문헌 】

Alibali, M. W., Bassok, M., Olseth Solomon, K., Syc, S. E., & Goldin-Meadow, S. (1999). Illuminating mental representations through speech and gesture. *Psychological Science, 10*(4), 327-333.

Barsalou, L. W. (1999). Perceptual symbol systems. *Behavioral and Brain Sciences, 22*, 577-660.

Barsalou, L. W. (2008). Grounded cognition. *Annual Review of Psychology, 59*, 617-645.

Barsalou, L. W. (2010). Grounded cognition: Past, present, and future. *Topics in Cognitive Science, 2*, 716-724.

Barsalou, L. W., Niedenthal, P. M., Barbey, A. K., & Ruppert, J. A. (2003). Social embodiment. In B. H. Ross (Ed.), *The psychology of learning and motivation.* San Diego, CA: Academic Press.

Behrman, B. W., & Brown, D. R. (1968). Multidimensional scaling of forms: A psychological analysis. *Perception & Psychophysics, 4*, 19-25.

Black, J. B. (2007). Imaginary worlds. In M. A. Gluck, J. R. Anderson, & S. M. Kosslyn (Eds.), *Memory and mind.* Mahwah, NJ: Lawrence Erlbaum Associates.

Black, J. B. (2010). An embodied/grounded cognition perspective on educational technology. In M. S. Khine & I. Saleh (Eds.), *New science of learning: Cognition, computers and collaboration in education.* New York: Spnnger.

Black, J. B., Turner, T. J., & Bower, G. H. (1979). Point of view in narrative comprehension, memory and production. *Journal of Verbal Learning and Verbal Behavior, 18*, 187-198.

Chan, M. S., & Black, J. B. (2006). Direct-manipulation animation: Incorporating the haptic channel in the learning process to support middle school students in science learning and mental model acquisition. *Proceedings of the International Conference of the Learning Sciences.* Mahwah, NJ: LEA.

Clements, O. H., & Battista, M. T. (1992). Geometry and spatial reasoning. *Handbook of research on mathematics teaching and learning.* New York: Macmillan.

Clements, D. H., & Burns, B. A. (2000). Students' development of strategies for turn and angle measure. *Educational Studies in Mathematics, 41*, 31-45.

Clements, D. H., Swaminathan, S., Hannibal, M. A., & Sarama, J. (1999). Young children's concept of shape. *Journal for Research in Mathematics Education, 30*, 192-212.

Damasio, A. (1994). *Decartes' error: Emotion, reason, and the human brain*. New York: Penguin Books.

Dewey, J. (1938). *Experience and education*. New York: Touchstone.

Fadjo, C. L., & Black, J. B. (2011). A grounded embodied approach to the instruction of computational thinking. *Proceedings of the Association of Computing Machinery Special Interest Group on Computer Science Education (ACM SIGCSE)*, Dallas, TX.

Fadjo, C. L., Black, J. B., Chang, C., & Hong, J. (2010). Using embodied cognition in the instruction of abstract programming concepts. *Proceedings of the Annual Meeting of the Cognitive Science Society*, Portland, OR.

Fadjo, C. L., Black, J. B., Chang, C., & Lee, J. (2011). *Instructional embodiment: Incorporating embodied cognition in the learning of abstract computer programming concepts*. Paper presented at the annual conference of the American Educational Research Association, New Orleans, LA.

Fadjo, C. L., Lu, M. T., & Black, J. B. (2009). Instructional embodiment and video game programming in an after school program. *Proceedings of Educational Multimedia, Hypermedia, and Telecommunications*, Association for the Advancement of Computing in Education, Charlottesville, VA.

Fadjo, C. L., Shin, J., Lu, E, Chan, M., & Black, J. B. (2008). Embodied cognition and video game programming. *Proceedings of Educational Multimedia, Hypermedia, and Telecommunications*, Association for the Advancement of Computing in Education, Charlottesville, VA.

Gibbs, R. W. J. (2005). *Embodiment and cognitive science*. New York: Cambridge University Press.

Glenberg, A. M. (1997). What memory is for. *Behavioral and Brain Sciences, 20*, 1-55.

Glenberg, A. M., Gutierrez, T., Levin, J. R., Japuntich, S., & Kaschak, M. P. (2004). Activity and imagined activity can enhance young children's reading comprehension. *Journal of Educational Psychology, 96,* 424-436.

Glenberg, A. M., Goldberg, A., & Zhu, X. (2009). Improving early reading comprehension using embodied CAI. *Instructional Science, 39,* 27-39.

Goldin-Meadow, S. (2009). How gesture promotes learning throughout childhood. *Child Development Perspectives, 3,* 106-111.

Han, I., & Black, J. (2011). Incorporating haptic feedback in simulations for learning physics. *Computers and Education, 57,* 2281-2290.

Harel, I. (1991). *Children designers: Interdisciplinary constructions for learning and knowing.* Westport, CT: Greenwood Publishing Group.

Harel, I., & Papert, S. (1991). *Constructionism.* Norwood, NJ: Ablex.

Harel Caperton, I. (2010). *Constructionism 2.0.* New York: World Wide Workshop Foundation.

Hostetter, A. B., & Alibali, M. W. (2008). Visible embodiment: Gestures as simulated action. *Psychonomic Bulletin and Review, 15,* 495-514.

Johnson, M. (1987). *The body on the mind: The bodily basis of meaning, imagination, and reason.* Chicago, IL: University of Chicago Press.

Lakoff, G., & Johnson, M. (1999). *Philosophy in the flesh: The embodied mind and its challenges to Western thought.* New York: Basic Books.

Lakoff, G., & Nuñez, R. E. (2000). *Where mathematics comes from: How the embodied mind brings mathematics into being.* New York: Basic Books.

Laski, E. V., & Siegler, R. S. (2007). Is 27 a big number? Correlational and causal connections among numerical categorization, number line estimation, and numerical magnitude comparison. *Child Development, 76,* 1723-1743.

Lu, C., Black, J., Kang, S., & Huang, S. (2011). The Effects of LEGO robotics and embodiment in elementary science learning. *Proceedings of 33rd Annual Conference of the Cognitive Science.* Austin, TX: Cognitive Science Society.

Mach, E. (1886/1959). *The analysis of sensations and the relation of the physical to the psychical.* New York: Dover.

Marshall, P. (2007). Do tangible interfaces enhance learning? Learning through physical interaction. Paper presented at *TEI' 07(Tangible, Embedded and Embodied Interaction)* conference. Baton Rouge, LA.

Martin, A. (2007). The representation of object concepts in the brain. *Annual Review of Psychology, 58*, 25-45.

Minsky, M. (1970). Form and content in computer science. *Journal of the Association for Computing Machinery, 17*, 265-274.

Montessori, M. (1972). *Discovery of the child.* Location: Ballantine Books (Original work published 1949).

Papert, S. (1976). *An Evaluative Study of Modern Technology in Education.* Artificial Intelligence Memoranda 371, Massachusetts Institute of Technology. Artificial Intelligence Laboratory.

Papert, S. (1980). Mindstorms. *Children, computers and powerful ideas.* New York: Basic Books.

Papert, S. (1991). Situating constructionism. In I. Harel & S. Papert (Eds.), *Constructionism: Research reports and essays, 1985-1990.* Norwood, NJ: Ablex.

Pecher, D., & Zwaan, R. A. (2005). *Grounding cognition: The role of perception and action in memory.* New York: Cambridge University Press.

Piaget, J. (1954). *The construction of reality in the child.* New York: Basic.

Piaget, J., & Inhelder, B. (1967). *The child's conception of space*(F. J. Langdon, & J. L. Lunzer, Trans.). New York: W. W. Norton.

Piaget, J., Inhelder, B., & Szeminska, A. (1960). *The child's conception of geometry.* New York: Basic Books.

Resnick, M. (2009). Scratch: Programming for all. *Communications of the Association for Computing Machinery, 11*, 60-67.

Saffer, D. (2009). *Designing gestural interfaces.* New York: O'Reilly Publishing.

Schwartz, D. L., & Black, J. B. (1996). Shuttling between depictive models and abstract rules: Induction and fallback. *Cognitive Science, 20*, 457-497.

Schwartz, D. L., & Martin, T. (2006). Distributed learning and mutual adaptation. *Pragmatics and Cognition, 14*, 313-332.

Segal, A., Black, J., & Tversky, B. (2010). Do gestural interfaces promote thinking? Congruent gestures promote performance in math. Paper presented at 51st Annual meeting of Psychonomic Society Conference. St. Louis, Missouri.

Semin, G. R., & Smith, E. R. (2008). *Embodied grounding: Social, cognitive, affect, and neuroscientific approaches.* New York: Cambridge University Press.

Shepard, R. N., & Chipman, S. (1970). Second-order isomorphism of internal representation: Shapes of states. *Cognitive Psychology, 1,* 1-17.

Shneiderman, B. (1983). Direct manipulation: A step beyond programming languages. *IEEE Computer, 16,* 57-69.

Siegler, R. S., & Booth, J. L. (2005). Development of numerical estimation: A review. In J. I. D. Campbell (Ed.), *Handbook of mathematical cognition.* Boca Raton, FL: CRC Press.

Siegler, R. S., & Ramani, G. B. (2009). Playing linear number board games - but not circular ones - improves low-income preschoolers' numerical understanding. *Journal of Educational Psychology, 101,* 545-560.

Solomon, K., & Barsalou, L. (2004). Perceptual simulation in property verification. *Memory and Cognition, 32,* 244-259.

Spelke, E., Lee, S. A., & Izard, V. (2010). Beyond core knowledge: Natural geometry. *Cognitive Science, 34,* 863-884.

van Hiele, P. M. (1986). *Structure and insight: A theory of mathematics education.* Orlando, FL: Academic Press.

Varela, F. J., Thompson, E., & Rosch, E. (1991). *The embodied mind: Cognitive science and human experience.* Cambridge, MA: MIT Press.

9장

일상적 전문성:
형식과 비형식에 걸친 학습

Heather Toomey Zimmerman & Philip Bell

일상적 전문성은 사람들이 일상생활에서 타인이나 사물과 어떻게 어울려 살아가는지에 대한 관점이다. 일상적 전문성은 사람들이 학습환경 안에서 혹은 여러 환경에 걸쳐서 어떻게 학습하는가에 관한 광범위한 고찰을 할 수 있도록 개인적·사회적·문화적 차원의 이론적 틀을 제공한다. 일상적 전문성 관점은 가치, 감정, 지식, 사회적 연습, 능력들을 포함하고 있기 때문에, 학습의 전체적인 측면이 새로운 학습환경을 설계할 때 영향을 미치게 된다.

저자들은 동료들과 함께 다양한 문화적 상황에서 학습을 이해하기 위해 다양한 학습과정에 영향을 미치는 총체적이고 다차원적인 영향력을 분석하기 위한 일상적 전문성 틀을 개발하고(Bell, Bricker, Lee, Reeve, & Zimmerman, 2006; Bell, Bricker, Reeve, Zimmerman, & Tzou, 2013) 다양한 맥락에서 연구와 설계를 지원하기 위해 이를 적용하여 왔다. 예를 들면, 논증(Bricker,

2008), 건강(Reeve, 2010; Reeve & Bell, 2009), 공학(Bricker & Bell, 2009), 가정에서의 과학적 실천(Zimmerman, 2008; Zimmerman, 2012)에 이 틀을 적용하였다. 또한 가정과 학교에서의 학습을 연계하거나(Tzou & Bell, 2010; Tzou, Zimmerman, & Bell, 2007) 박물관에서의 학습을 이해하기 위해서도 이 틀을 활용해 왔다(Zimmerman, Reeve, & Bell, 2010).

이 장에서는 저자들이 개념화한 일상적 전문성에 대해서 논의하고, 일상적 전문성에 대한 관점이 학습환경 설계에 사용되는 방안에 대해서 다룬다. 저자들은 형식적 · 비형식적 상황에서 일상적 전문성 틀을 사용해 왔지만, 여기에서는 비형식적 교육환경에서 학습의 발달과 연구를 위해 일상적 전문성 체제를 활용하고자 하며, 비형식적 학습과 또 다른 형태의 비형식 혹은 형식적 학습환경을 이어 줄 일상적 전문성 틀에 대해 다루고자 한다.

새로운 틀의 필요성

국가의 지원으로 사람들이 (집, 직장, 학교, 박물관과 같은) 하나의 환경과 여러 환경에 걸쳐 학습하는 상황을 고려하여 비형식 학습환경 연구를 위한 새로운 방향을 모색하게 되었다(Bell, Lewenstein, Shouse, & Feder, 2009). 이런 방법으로 축적된 학습경험의 효과성은 설계된 환경에서 좀 더 총체적으로 성찰되며 기록된다. 학습경험에서의 상호작용, 교류, 불일치에 대해 연구하기 위해서는 사람들이 사용하는 도구와 학습과정을 보다 잘 이해할 수 있도록 서로 다른 다양한 학습환경 내에서 상호작용하는 동일한 사람들을 대상으로 해야 한다. 예를 들면, 십 대들의 삶과 관련해서 학교에서, 비디오 게임을 하는 동안, 축구 연습을 하는 동안, 취미생활을 하는 동안, 여름 과학캠프 동안 그리고 아르바이트를 하는 동안 그 학생이 가지는 경험의 누적적이고 경쟁적인 효과에 대해 연구해 볼 수 있을 것이다. 그리고 연구자들이 다양한 환경에서 학습에 대해 이해하고 난 뒤에, 학습경험들을 연결해 주는 교육적인 처치들을 구성해 나갈 수 있다.

학습내용 자체가 동일할지라도 참여하는 모든 학습환경에서 학습자들은 동일한 능력을 보여 주지 않는다는 연구 결과들이 이러한 요구를 불러 왔다. 대부분의 경우, 수행의 차이는 (취미활동, 박물관이나 다른 비형식적 기관들, 혹은 과외활동 등과 같은) 비형식적 상황에서 유능한 학습자들이 학교와 같은 좀 더 형식적인 학습상황에서는 그렇지 않을 수도 있다는 것을 보여 준다. 예를 들면, 브라질의 노점상에 관한 연구(Saxe, 1998)에서 아동들은 가족과 본인들의 이익을 추구하기 위해서(예를 들면 노점에서 과일 팔기) 복잡한 수학문제를 풀 수 있었다. 하지만 학교에서 유사한 문제에 접했을 때 문제 해결에 대한 자신감도 없었을 뿐 아니라 산술적 계산 자체에도 어려움을 느끼는 것으로 나타났다. 미국 고등학교의 남자 농구선수들에 관한 연구(Nasir & Hand, 2008)에서도 유사한 결과가 나타났다. 남학생들은 농구에서 수준 높은 수학적 능력을 개발하였으나 수학 수업에서는 어려움을 겪었다. 이러한 연구들은 사람이 인지적으로 성취할 수 있는 것은 학습 성과를 이해하는 데 필요한 하나의 요인에 지나지 않음을 보여 준다(예컨대, Bell, Bricker, Lee, Reeve, & Zimmerman, 2006; Goldman, 2006). 학습상황의 사회적 혹은 물리적 측면과 학습활동에 사용되는 문화적 자원들은 개인의 인지와 함께 반드시 고려해야 한다. 결과적으로, 하나의 학습환경 내에서뿐만 아니라 다양한 학습환경에 속해 있는 사람들에 대한 인지적 · 사회적 · (물리적인 요소를 포함하는)문화적 영향력을 고려하는 학습에 대한 다차원적인 관점의 요구에 부응하기 위해 일상적 전문성 틀을 개발하게 된 것이다.

일상적 전문성 틀은 사회문화적 관점(Vygotsky, 1978; Rogoff, 2003), 생태심리학(Bronfenbrenner, 1979), 사고와 행위의 분산(Pea, 1993, Hutchins, 1995) 등을 포함하는 사회발달 이론으로부터 만들어졌다. 사회문화적 이론에 기반하여 문화적 도구들은 학습자의 경험에 영향을 주고, 초보 학습자는 학습환경 내에서 종종 더 숙련된 안내를 받게 된다는 것을 알게 되었다. 기술사회문화 이론가들은 이러한 사회적 안내가 사람뿐만 아니라 컴퓨터로 생성된 캐릭터 혹은 텍스트일 수도 있다고 한다. 생태심리 이론에 기반하여 학습자들이 다양한 수준의 공동체에 속해 있으며, 각 공동체 내에서 다른 학습경험들이 가능하다는 관점을 추가하였다. 분산된 사고와 행위 관점으로부터는, 환경 속에서 이루어지는 학습과 행동을 이해하기 위해서, 개인의 두뇌 안에서 일어나는 인지활동 이상의 것을 살펴볼 필요가 있다는 논점을 통합하였다. 즉, 학습에 있어서 환경의 역할과 개인이 사고과정에서 환경을 어떻게 사용하는지에 대해 제대로 인식하여야만 한다. 이러한 이론들을 종합해 볼 때, 학습을 설명하고 좀 더 효과적으로 학습상황을 연구하고 설계하기 위해서는 학습자의 학습과정을 형성하는 개인·사회·문화적 측면들의 관련성을 이해할 필요가 있다.

학습환경을 이해하기 위한 일상적 전문성 틀

일상적 전문성 틀에서는 한 개인이 어떠한 활동에 몰두하고 있을 때, 사회적 상호작용(가족, 학습, 동료)으로부터의 영향과 보다 큰 규모의 사회적인 영향(문화적, 물리적 자원)과 함께 그들의 정의적·인식론적 근원을 고려한다. 이 절에서는 일상적 전문성 틀의 세 가지 측면을 분석해 보려고 하는데, 이러한 측면들은 위계적인 것이 아니라는 점을 유념해야 한다. 대신에 일상적 전문성 틀의 개인·사회·문화적 측면들을 학습환경 내에서 서로 연관되어 있고 상호작용하는 요소들로 보아야 한다. 일상적 전문성 틀 내의 각 측면을 살펴보고 이러한 측면들이 어떻게 상호 간에 영향을 주고 학습자에게 영향을 주는지 살펴보고자 한다.

일상적 전문성 틀의 세 가지 상호연관된 수준

개인적 측면

일상적 전문성 틀의 개인적 측면은 개인이 자신의 세상을 이해하기 위해 사용하는 다양한 자원들에 대한 것들이다. 이는 사람들이 오랜 시간에 걸쳐서 개발해 온 지식과 개념적 요소(과학 관련 지식에 대한 논의는 diSessa, 2002 참조), 사람들이 지식의 속성을 이해하는 방법(Hammer, Elby, Scherr, & Redish, 2005) 그리고 개인의 흥미와 감정상태(Hidi & Renninger, 2006; Renninger, 2009)를 포함한다.

문화적 측면

일상적 전문성 틀의 문화적 측면은 개인의 일상적 실천이 그들이 속한 물리적 환경 내의 문화적 도구(Wertsch, 1998)에 의존한다는 것이다. 문화적 도구는 언어, 기술, 성향, 어투, 물질적 인공물을 포함하며, 사회적 집단에 널리 퍼져 있는 세계관, 고정관념, 다른 개념적 요소들도 역시 문화적 도구가 될 수 있다. 문화적 도구는 개념적이든 물질적이든 간에 어떤 순간에 독특한 형태로 이용 가능하다. 개인들은 이용 가능한 문화적 자원으로부터 독특한 문화적 도구들을 창조해 내기 위해 이러한 도구들을 다르게 받아들인다(문화적 도구들과 지식의 기저 개념에 대한 설명은 Swidler, 1986 참조; Gonzâlez, Moll, & Amanti, 2005). 일상적 전문성 틀은 인종적 혹은 사회적 계층 집단으로부터의 실천들에서부터 과학과 같은 특정 분야의 문화들(Aikenhead, 1996), 가족 혹은 소집단의 하위문화 혹은 관념문화(ideocultures)[1](Fine, 1983

---

1) 역주: 집단 내 구성원들이 참고하는 그 집단만의 독특한 지식, 신념, 행동, 관습체계

참조)에서의 실천들까지 포함하기 위해 문화 혹은 문화적 도구를 폭넓게 고려하고 있다.

사회적 측면

비형식적 학습환경은 사회적 학습환경으로 여겨졌다(예컨대, Ash, 2003; Crowley & Jacobs, 2002; Falk & Dierking, 2000). 일상적 전문성 틀에서 학습의 사회적 측면은 사람과의 상호작용을 포함한다. 그러나 사회적이라는 것은 '한 사람 이상이 상호작용하는 것'보다는 광범위한 개념이다. 사회적이라는 의미는 개인과 개인의 사회적 상황이 상호 연결된 단위라는 것이다. 이러한 학습자와 특정한 문화적 학습환경과의 연결을 상황적 행동(situated activity)이라고 한다. 사회 · 문화 · 역사 활동 시스템(Cole & Engeström, 1993; Vygotsky, 1978)에서 발전된 상황적 행동은 문화적 집단과 개인 사이의 중간 수준의 구인이다(Goodwin, 1990). 상황적 행동에서 학습자는 문화적 공동체 내외에서 개념적 · 사회적 · 물질문화적 도구를 가지고 사회적 실천에 몰두하는 것으로 여겨진다. 상황적 행동은 다른 사람들이 비동시적으로 참여하는 것을 가정하고 있기 때문에, 직접적으로는 한 사람만 존재한다고 하더라도 상황적 행동이 사회적 행동이 될 수 있는 것이다. 예를 들면, 도서관의 개인 열람실에서 책을 읽는 것은 독자뿐만 아니라 저자와 출판업자도 포함하는 것이다. 대학생이 도서관에서 이 책을 읽는 것은 도서관에서는 조용하게 책을 읽어야 하고 책에 낙서를 하지 않아야 한다는 사회적 규범을 포함하고 있는 것이다. 이 학생은 조부모님이 어두운 데서 책을 읽으면 눈이 나빠진다고 말해 왔기 때문에 도서관 내의 개인열람실에서 불을 켜고 책을 읽을지도 모른다. 상황적 행동으로서의 혼자 하는 독서는 광범위한 다양한 사회적 영향을 포함한다. 이러한 광범위한 개념화의 결과로서, 상황적 활동 내에서 우리는 개인이 여러 환경 내외의 다른 사람들과 물리적 인공물을 통한 사회적 실천 속에서 어떻게 문화적 작업에 참여하고 있는지 살펴볼 수 있다.

세 측면의 통합

앞서 언급한 것처럼, 일상적 전문성 틀은 세 가지의 분석적 측면들이 서로 연결되어 있기 때문에 기본적으로 학습에 대한 사회적 이론이라고 할 수 있다. 예를 들면, 개인적인 지식의 원천에 대해서 고려할 때 동시에 맥락적이고 상황적 활동들에서 얻어진 개별적 지식의 문화적 근원을 함께 고려하기도 한다. 각 측면은 서로 영향을 미칠 뿐만 아니라 유기적으로 서로를 보완한다. 왜냐하면, 개인들은 상황적 활동에 문화적 도구들을 사용하여 사회적 실천에 참여하면서 변화하게 되고, 이러한 도구와 실천에 적응하고, 저항하고, 변화시키며, 그러한 행동을 통해 상황적 활동과 문화적 도구에 변화를 가져올 수 있기 때문이다. 문화가 개인들의 운명을 정하는 것이 아니라 대신 개인들이 사용할 수 있는 자원들(예를 들면, 문화적 도구들)을 제공해 주고 또한 문화에 저항하고 문화를 변화시키는 데 필요한 주체성을 제공해 준다(Wertsch, 1998). 세 가지 측면 간의 상호관계를 고려해 볼 때, 일상적 전문성 틀을 활용함에 있어서 개인들은 하나의 단계에 보다 집중할 수 있지만, 연구자나 설계자는 문화적인 도구, 상황적 활동 체제에서의 사회적 실천 그리고 개인의 속성들이 학습환경과 결부되어 있다는 점을 유념해야 한다.

세 가지 분석적 측면이 있는 일상적 전문성 틀을 활용하는 이점은 연구자들로 하여금 개인이 특정 인종적 혹은 문화적 집단에 속하기 때문에 정형화된 속성을 가질 것이라고 가정함으로써 학습자를 획일화시키는 것을 피할 수 있다는 것이다(Nasir, Rosebery, Warren, & Lee, 2006). 획일화는 집단 내의 사람들 간의 차이를 인정하지 않은 채 특성, 성향, 실천들을 한 문화적 집단 내의 모든 개인들에게 동일하게 적용하는 것을 의미한다. 예를 들면, 과학 문화 집단 내의 모든 구성원을 '공부밖에 모르는 사람'이라고 가정하거나, 특정 인종의 모든 구성원은 특정한 스포츠에 유능하다고 가정하는 것들이다. 일상적 전문성을 적용한다면, 대신 개인의 어떤 능력이 상황적 활동 내에서 적용되는지를 이해하기 위해 개인들을 바라보게 된다. 또한 개인이 가진 다양한 목적이나 동기, 원하는 결과들이 다르기 때문에 상황적 활동 체제의 구체적인 내용들은 같은 문화적 집단의 구성원들 간에도 다를 수 있다. 상황적 활동 내의 개인의 실천과 도구의 활용을 관찰함으로써, 연구자들은 보다 정확한 과학적 연구 결과와 잘 설계된 학습환경을 통해 획일화에 대한 가정을 피할 수 있게 된다.

실천에서 일상적 전문성 틀: 두 가지 사례

비형식 학습환경 연구에 있어 일상적 전문성 틀의 유용성에 대해 좀 더 잘 설명하기 위해서, 두 가지 예를 제시하려고 한다. 첫 번째 예시는 과학센터 내에서 학습경험에 관련된 연구다. 두 번째 연구 프로젝트는 여학교와 지역 학습센터의 청소년 환경 프로그램에서 진행한 현장학습에 참여한 청소년들을 살펴본 것이다. 이 예시들에서 일상적 전문성 틀은 학습환경에 대한 다른 유형의 분석을 수행하는 데 활용된다. 과학센터 연구에서 연구자들은 가족들이 어떻게 개인적·사회적·문화적 지식 자원들을 사용하는지를 이해하기 위해 일상적 전문성 틀을 사용하였다. 환경교육 프로그램 연구에서는 유색 인종 청소년들에 대한 형평성과 접근성의 문제에 대해 이해하기 위해 일상적 전문성 틀을 사용하였다.

일상적 전문성과 과학 센터 내의 가족

대규모 과학박물관에 가는 가족들에 대한 연구에서, Zimmerman, Reeve, Bell(2010)은 가족들이 박물관에 전시된 생물학적 학습내용을 어떻게 이해하는지 알아보기 위해 일상적 전문성 틀을 사용하였다. 이 연구에서 연구자들은 가족의 관점에서 박물관 방문을 이해하고자 했고, 따라서 사전 사후 인터뷰와 비디오 촬영 및 대화 분석을 활용한 문화기술지적 방법과 담화 분석 방법을 활용하였다. 학습환경의 복잡성과 방문객들이 과학센터에서 서로 다른 경험들을 한다는 점을 고려하는 것이, 과학센터를 이해하기 위해 일상적 전문성 틀을 활용한 것의 핵심이었다. 예를 들면, 방문객들은 다양한 출입구로부터 학습경험을 시작하게 되며, 다양한 전시관을 방문하고 각 전시관에서 다른 요소들과 상호작용할 수 있다. 더불어, 연간 1백만 명이 드는 박물관 학습환경에서 사람들은 다양한 사회적 상호작용과 무수히 많은 문화적 경험들로부터 얻은 폭넓은 사전 지식과 경험들을 가지고 있었다.

사람들이 자신들의 의미구성을 위해 학습환경을 어떻게 활용하고 있는지 알아보기 위해 Zimmerman과 동료들은 가족들이 박물관을 방문하는 동안 말했던 것과 행동했던 것을 연결하였다. 각 연결 지도 속에, 일상적 전문성 틀의 세 측면인 개인적 기여, 사회적 상호작용, 문화적 도구의 사용이 나타났다. [그림 9-1]은 과학센터에 방문한 한 가족의 활동으로부터 나온 학습환경 활용 지도들 중 하나의 예다. [그림 9-1]은 곤충채집과 곤충에 대해 배우는 것을 좋아하는 3인의 가족에 대한 것이다. 둥근 모서리의 굵은 선으로 표시된 사각형은 가족들이 방문한 전시장이고, 각진 모서리의 얇은 선으로 표시된 직사각형은 전시장에서 가족들이 말한 것과 행동한 것을 나타내는 데이터다.

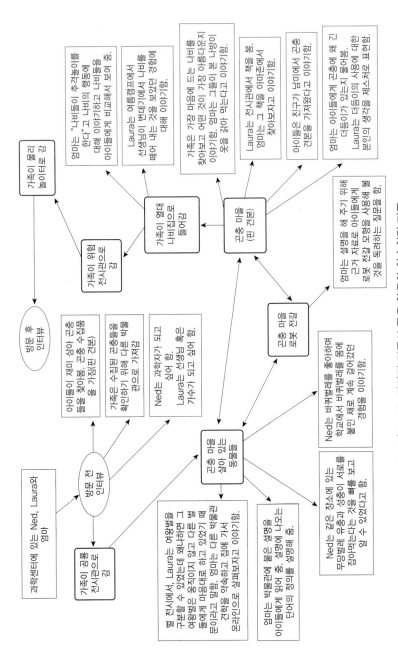

| 그림 9-1 | 일상적 전문성 틀을 활용한 학습환경 지도

출처: Zimmerman, Reeve, & Bell (2010), p. 490, 그림 1.
저작권: Wiley-Blackwell

[그림 9-1]에서, 개인적·사회적·문화적 영향이 박물관에서의 학습경험을 매개하는 곤충에 대한 놀라운 지식을 어떻게 이끌어 내는지 볼 수 있다. Ned가 과학 분야의 직업을 가질 것이라는 미래의 목표와 가치는 곤충에 대한 관심을 갖게 했다. Laura의 여름캠프 경험은 다른 가족 구성원들보다 나비에 대해 더 많은 지식을 갖게 하였다. 박물관 내에서 가족들이 공유한 사회적 대화는 더 많은 생물학습을 할 수 있게 했다. 박물관에서의 대화 속에서 가족들은 곤충 채집을 하며 함께 보낸 저녁 시간 등, 일상적인 활동들로부터 얻은 경험들에 대해 이야기하였다. 부모는 박물관을 방문하거나 책과 온라인 자료를 보여 주는 등, 아이들이 과학에 대한 사회적 도구와 상호작용할 수 있게 해 주었다.

일상적 전문성 틀은 또한 가족이 박물관 내의 표지들과 상호작용적 전시물들을 사용하는 것을 관찰하고 기록함으로써 학습에서 과학센터가 담당하는 역할에 대해 알 수 있도록 해 준다. 예를 들어 Zimmerman, Reeve, Bell은 대화 기록에서 과학적 진술에 해당하는 것 중 5% 정도가 박물관에서 표지판을 크게 소리 내어 읽은 가족 구성원으로부터 나왔다는 것을 발견했다. 표지판 글을 크게 소리 내어 읽는다는 이 사실을 바탕으로 연구자들은 일상적 전문성 틀을 가지고 전시 표지판을 어떻게 설계할지에 대한 시사점을 찾을 수 있었다. 예를 들면, 가족 간의 대화와 박물관의 문화적 도구와의 상호작용 분석을 통해 연구에 참여한 청소년들이 부모들보다 박물관에 기반한 과학적 지식 전문성이 더 높다는 것을 알 수 있었다. Ned와 Laura의 예에서처럼, 아동들은 박물관 여름캠프, 학교, 취미생활, 다른 박물관 방문을 통해 과학적 지식을 학습해 왔다. 그럼에도 박물관의 표지판은 종종 성인들(더 키가 큰 방문객들)이 읽기 좋은 높이에 설치되어 있어서 아동들은 쉽게 읽을 수 없었다. 아동을 위해 전시물에 대한 복잡한 정보를 더 낮은 높이에 위치시키는 것의 가치에 대한 발견은 일상적 전문성 틀을 활용함으로써 가능했다.

일상적 전문성과 청소년 환경교육 프로그램

Tzou, Scalone, Bell(2010)은 다양한 문화적 상황에서 서사(narratives)가 어떻게 청소년들에게 환경학습에 대한 특정 입장을 취하게 하는지 이해하기 위해 일상적 전문성 틀을 사용하였다. Bruner(1987)의 서사인지 (narrative cognition) 정의를 활용하여, Tzou와 동료들은 서사를 학습환경의 위치적인 측면과 분리될 수 없는 사회적 설명이라고 정의하였다. 이러한 정의를 활용하여 학습환경 내에서의 서사는 특정한 사람에 대한 이야기나 문화적 집단에 대한 전형성을 포함할 수 있다. 학습환경 내에서 서사들은 일상적 전문성 틀의 다양한 수준에서 고려되었다. 일상적 전문성 틀은 개인, 사회, 문화적 측면이 환경교육 프로그램 내의 중요한 학습내용에 접근하는데 어떻게 영향을 미치는지를 이해함으로써 사회적 정의의 문제에 초점을 맞출 수 있도록 하였다.

이 연구는 환경교육 기관 내에 청소년들에게 특정 학습경로를 제한하거나 열어 주는 방식으로 장소에 대한 서사가 구성되어 있음을 보여 준다. 자원이 풍부한 공동체와 결핍된 공동체의 청소년들에 대한 분석 결과는 청소년들에게 전달되었던 메시지가 자원이 결핍된 청소년의 생생한 현실을 반영하지 않았다는 것을 보여 주었다. 예를 들어, Tzou와 동료들은 '운전은 줄이고 더 많이 걷기'라는 환경교육 메시지가 최근 달리는 차에서 총격 사건이 일어난 지역 청소년들에게는 안전에 대한 불안 때문에 맞지 않는 사실을 발견했다.

Tzou와 동료들은 또한 환경교육 기관이 청소년에게 고정관념을 갖게 할 수도 있는 멕시코인의 인종적 정체성과 스페인어에 관한 문화적 서사를 갖고 있다는 것을 발견했다. 환경교육 기관은 이러한 청소년들의 사회적 학습경험이 생태학보다는 농장에서 퇴비를 치우는 것과 같은 단순 노동이 되게 하였다. [그림 9-2]는 문화적 서사(와 고정관념) 그리고 활동 체

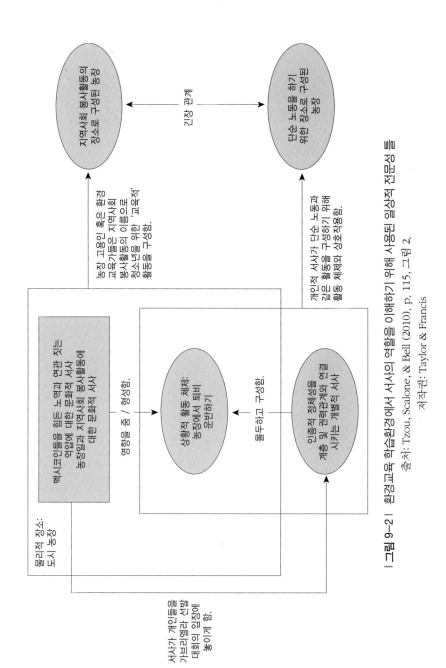

물리적 장소:
도시 농장

예시고인들을 힘든 노역과 연관 짓는
역압에 대한 문화적 서사
농장일과 지역사회 봉사활동에
대한 문화적 서사

영향을 줌 / 형성함.

상황적 활동 체제:
농장에서 운반하기

물두하고 구성함.

인종적 정체성을
계층 및 권력관계와 연결
시키는 개별적 서사

서사가 개인들을
가브리엘라 선발 대회의 입장에
놓이게 함.

농장 고용인 혹은 환경
교육가들은 지역사회
봉사활동의 이름으로 '교육적'
청소년을 위한 활동을 구성함.

지역사회 봉사활동의
장소로 구성된 농장

긴장 관계

단순 노동을 하기
위한 장소로 구성된
농장

개인적 서사가 단순 노동과
같은 활동을 구성하기 위해
활동 체제와 상호작용함.

|그림 9-2| 환경교육 학습환경에서 서사의 역할들을 이해하기 위해 사용된 일상적 전문성 틀

출처: Tzou, Scalone, & Bell (2010). p. 115, 그림 2.
저작권: Taylor & Francis

제(예를 들면 퇴비의 운반) 내에서의 사회적 상호작용 간의 관계를 보여 주고 있으며, 이것이 학습환경 내의 개인(청소년)에 영향을 미쳤다. 일상적 전문성 틀에서는 개인들을 사회ㆍ문화적인 영향들의 수동적 수용자들로 보지 않는다. 오히려 개인들은 주체성을 가지며, 이로 인해 개인적ㆍ사회적ㆍ문화적 측면들은 서로를 구성하고 있다. 이 연구에서 청소년들은 인종과 환경교육에 대한 그들만의 서사를 만들어 내는 것처럼 보였으며, 이러한 새로운 서사는 그들이 나중에 활동 체제에 참여하고 문화적 도구들을 사용하는 데 영향을 미치게 될 것이다.

설계에서 일상적 전문성 틀

일상적 전문성은 특정 공간 내에서 혹은 공간에 걸쳐 일어나는 학습을 이해하는 데 사용될 수 있을 뿐만 아니라, 설계자들이 청소년, 배경 그리고 가치를 형식적ㆍ비형식적 기관의 목표들과 연결해 주는 학습환경을 개발할 수 있도록 도와줄 수도 있다. 설계팀이 학습의 개인적ㆍ사회적ㆍ문화적 측면들을 통찰하고 학습을 새로운 환경에서의 학습과 연계시킴으로써 청소년들에게 유의미한 수업을 개발한 두 가지 예를 제공하고자 한다. 두 예시 모두 학습자를 지원하기 위해 디지털 테크놀로지를 사용한다.

Micros and Me - 디지털 사진으로 학교와 가정 연계하기

첫 번째 예시인 Micros and Me(Tzou, Bricker, & Bell, 2007)는 초등학교 5학년 생물 교육과정으로 과학이 청소년들의 삶에 유의미하도록 하기 위한 다양한 방법들을 포함하고 있지만, 여기서는 하나의 측면만 강조되고 있다. 이 예시(Tzou & Bell, 2010)는 가정과 공동체에서의 경험을 학교 생물

수업과 연계하기 위해 디지털 사진과 자기 기록(self-documentation)을 활용하는 것을 보여 준다. Tzou와 Bell은 교사들이 민족집단 속성에 청소년들을 획일화하지 않고 지식에 대한 개인적·사회적·문화적 측면들을 다룰 수 있는 방법을 개발하기 위해 일상적 전문성 틀을 적용하였다.

Micros and Me(Tzou, Bricker, & Bell, 2007)는 7주짜리 초등학교 교육과정으로 두 가지 목적을 가지고 있다. 첫째, 설계자들은 생물 과목이 학교 안팎에서 5학년 학생들의 삶에 좀 더 개인적으로 의미 있는 것이 될 수 있도록 만들고자 하였다. 둘째, 설계팀은 청소년들이 실제적인 과학 실천에 참여하도록 함으로써 과학에 대한 문화적 도구에 접근할 수 있게 되기를 바랐다. Micros and Me는 미생물학(실제적 과학 실천)과 건강(일상적인 과학적 실천)을 연관시켜서 건강에 대한 학습자들의 문화적 이해에 초점을 맞춘다.

Tzou와 Bell은 태평양 북서 연안의 도시 지역 초등학교에서 Micros and Me의 실행을 설계하고 연구하기 위해 일상적 전문성 틀을 사용하였다. 학생들에게 디지털 카메라를 빌려 주고 몸을 건강하게 유지하기 위해 집에서 사용하는 것들을 사진으로 찍어오라고 했다(Tzou & Bell, 2010). 이 프로젝트는 자기기록 과제(Clark-Ibañes, 2004)였으며, 건강을 유지하기 위해 사용하는 가족의 문화적 도구들과 청소년 개인의 요소들을 도출해 내는 것을 목표로 하였다. 이러한 방법으로 Tzou와 Bell은 학습자들의 개별적인 지식과 건강에 대한 지식을 얻기 위해 개별적으로 참여하는 상황적 활동 시스템에 대해 고려하면서 대부분 문화적 도구 수준에서의 분석으로부터 끌어냈다.

교사 E는 5학년 학생들에게 수업을 하면서 Micros and Me 교육과정을 적용하였다. 학생들에게 디지털 카메라를 나누어 주고 그들의 일상생활에서 건강을 유지하는 데 관련된 물건들의 사진을 찍어오게 하였다. 5학년 학생들은 또한 촬영한 사진이 어떤 것이고, 어디에서 찍었는지, 그 물건들이 어떻게 건강을 유지도록 해 주는지 대해 일기를 작성하였다. 연구자들은 이러한 사진들과 글들을 만화와 같은 형태의 활동지 안에 포함시켰다. 만화 활동지는 개별 학생들이 개인적 지식과 문화적 도구, 상황적 활동 지식을 다른 학급 구성원과 공유할 수 있도록 연결시키기 위한 것이었다. [그림 9-3]은 개인적·사회적·문화적 측면을 한데 묶은 일상적 전문성 만화 활동지의 예다.

| 그림 9-3 | 건강에 대한 청소년의 생각을 담은 일상적 전문성 만화
저작권: Carrie T. Tzou

Tzou, Bricker, Bell(2007)은 이러한 교육과정을 사용할 때 같은 민족 집단의 구성원들 간에라도 서로 다를 수 있는 상황적 활동들로부터 이러한 사진들이 나온 것임을 고려해야 한다고 했다. 교사들은 이러한 제안을 교실 수업에서 의미 있게 받아들였다. 예를 들면, 교사 E는 교실 토론에서 활동지를 사용할 때, 획일화를 피하기 위해서 건강을 유지하기 위한 동일한 물건을 제시한 학생들에게 "너도 역시 이것을 사용하니? 너도 이것을 같은 목적으로 사용하니?"(Tzou & Bell, 2010)와 같이 질문하였다.

Tree Investigators – 가정과 박물관 야외 활동 연계하기

두 번째 예인 Tree Investigators(나무 조사관)(Land et al., 2011)에서, 연구자들은 야외 학습환경을 위한 증강(augmented)학습 프로그램인, Arboretum at Penn State(펜실베이니아 주의 수목원)를 개발하였다. 이 프로젝트는 청소년들의 모바일 학습기기에 대한 관심과 활용 능력을 바탕으로 하였으며, 이러한 흥미와 경험들을 관찰과 분류 등 과학적·문화적 실천과 연계하였다. Zimmerman과 Land는 가정과 학교 활동에서 사용하는 문화적 도구들에 영향을 미치는 비형식 기관에서의 새로운 상황적 활동을 만들어 내기 위해 일상적 전문성 틀을 적용하였고, 청소년들이 생물학적 지식과 과학 실천에서 공유된 성공을 경험할 수 있도록 하였다.

증강학습 연구그룹(Augmented Learning Research Group)이 수행한 이 설계기반 연구 프로젝트는 청소년을 위한 프로그램을 설계하는 데 일상적 전문성 모델의 세 가지 측면을 활용한 또 다른 예다. Tree Investigators 프로젝트는 (스마트폰, iPod, iPad, 무선 태블릿 등과 같은) 소형 모바일 학습도구들을 사용하여 학습환경을 돌아다닐 수 있는 비형식 학습 프로그램이다. 연구그룹 구성원은 시골지역의 청소년들과 관련 있는 환경교육 문제들을 다루는 비형식적 교육 프로그램을 지원하기 위해 교육용 테크놀로지를 개발하였다. 이 연구그룹은 학교 교실 안팎에서 테크놀로지를 활용한 연구에 기초하여 다양한 상황에서의 학습을 지원해 주기 위한 모바일 컴퓨팅

기기를 채택하였다(Bell et al., 2009; Pea & Maldonado, 2006; Roschelle, 2002; Wagner, 2008; Zimmerman et al., 2010). 모바일 컴퓨팅을 위한 전략 중 하나 는 시나리오, 애니메이션, 게임, 텍스트 정보를 활용하여 학습내용을 하나 의 물리적 공간에 제공하는 증강현실을 활용하는 것이다(Rogers et al., 2004). 이러한 증강성은 학습자들에게 부가적인 학습자원을 제공해 줌으 로써 물리적 공간에 몰입할 수 있도록 해 준다. 증강현실 환경에서 테크놀 로지는 독립된 프로그램으로 구동되는 것이 아니라 정보를 추가하는 역 할만 한다. 이로 인해 증강학습은 본래의 학습환경으로부터의 장소 민감 성 측면에 대한 의존도가 높다. 테크놀로지를 활용한 증강현실과 야외 학 습 공간의 주요한 요소들의 결합은 (기술적이고 물리적인) 두 가지 상황에 서의 측면들을 하나로 통합함으로써 상황적 활동을 변화시켰다.

여기서 설명하고 있는 Tree Investigators 프로젝트는 모바일 앱을 통해 서 특정한 웹 콘텐츠를 iPod이나 iPad로 가져올 수 있는 Microsoft사의 Tag Reader를 사용하여 증강학습 프로그램을 개발하는 내용을 담고 있다. Tree Investigators 앱은 학교 체험학습, 주말 청소년 기관, 여름 캠프, 혹은 가족 활동 등 다양한 사회적 환경의 초등학생들을 위해 설계되었다. Tree Investigators 앱은 학생들이 수목원에서 나무를 관찰할 수 있도록 해 주었 으며, iPad나 iPod의 카메라로 Microsoft사의 Tag Reader로 만들어진 태그 의 사진을 찍으면 부가적인 사진들과 (초등학생 독해 수준으로 쓰인) 텍스트 정보가 맞춤형 웹사이트로서 학생들의 터치스크린에 나타난다. [그림 9-4]는 학생들이 Tree Investigators를 활용하고 있는 모습이다.

이 프로젝트는 수목원에서의 상황 학습활동이 학교와 공동체 내에서의 청소년들의 공유된(다양한) 경험과 흥미에 부응하여 과학 관련 문화적 도 구에 접근할 수 있도록 해 주기 위해 일상적 전문성 틀을 사용하였다. 예 를 들면, 위키피디아나 자연 관련 기관들이 Tree Investigators 앱에서 제 공하는 것과 유사한 과학적 내용들을 제공하고 있기는 하지만, 수목원 학

| 그림 9-4 | 펜실베이니아 수목원에서 4학년 여학생이 iPod를 이용하여
관련 내용에 접근하기 위해 태그를 스캔하는 모습
저작권: Susan M. Land

습경험 동안 개인적 · 사회적 · 문화적 측면에 대해 고려함으로써 학습자들에게 더 많은 혜택을 제공하고 있다. 예를 들면, 텍스트가 학생들의 수준과 학교의 요구에 맞게 구성되었다. 또한 태그들이 학습현장에 전략적으로 제공되었기 때문에, 학생들이 학교에서 갖고 있는 공통의 사회적 경험들을 활용하는 특정 장소 기반 정보를 제공하면서 과학적 문화 실천에 영향을 줄 수 있었다. 예를 들면, 학생들에게 분류 능력을 확장할 수 있도록 서로 옆에서 자라고 있는 두 가지 나무 종류의 특성들을 비교하고 대조하도록 하였다(예컨대, 참나무와 단풍나무의 가지 구조를 비교하기). 나무의 크기와 다른 특징들을 학생들이 수목원에서 볼 수 있는 건물들이나 공동체 내에서 유명한 건물들과 비교하기도 하였다. (iPod이나 iPad와 같이) 청소년들이 선호하는 문화적 도구들을 제공하여 학생들이 이러한 과학적

·문화적 도구들에 접근할 수 있도록 하였으며, 야외학습 상황에서 자연 현상을 관찰하고 분류하는 데 이 도구들을 사용할 수 있도록 하였다.

일상적 전문성 틀에서, 개발자들은 청소년들로 하여금 친한 동료나 가족들과 소집단을 이루어 활동하게 함으로써, 수목원에서의 새로운 상황적 활동을 만들어 내는 데 있어 기존의 학교 및 가정 기반의 상황적 활동 경험들을 끌어올 수 있도록 하였다. 새로운 상황적 활동의 목표를 입증해 주는 연구결과가 있는데, 바로 탐구활동을 지원하는 박물관 자료와 상호작용하기 위해 사회적 집단에 참여할 때에 과학센터에서 더 많이 배운다는 것이다(Allen & Gutwill, 2009; Gutwill & Allen, 2010). 새로운 상황적 야외 활동에는 질문하고 답하기, 자연 현상에 대해 주의 깊게 관찰하기, 집단의 다른 구성원들과 발견 공유하기의 요소들이 포함되었다. Tree Investigators 앱의 텍스트는 수목원에서 식물을 관찰한 것을 소리 내어 공유하고 함께 작업하도록 질문을 제공하고 독려하는 방식으로 설계되었다. 이를 통해, 청소년들이 지역 사회 내의 나무들에 대한 과학적 이해를 발전시킬 수 있도록 도와주는 사회적 학습경험이 가능하게 하였다.

결론

학습과 설계에 관한 일상적 전문성의 관점은 학습이 개인적·사회적·문화적인 다양한 측면을 가질 수 있도록 하며, 사람들이 학습환경 안팎에서 어떻게 학습을 하는지에 대해 충분히 고려할 수 있도록 해 준다. 일상적 전문성 틀을 설계된 공간에 대한 연구 혹은 새로운 학습환경을 만드는 데 사용함으로써, 개발자들은 문화적으로 적절하고 개인적으로 중요한 학습공간을 만들어 낼 수 있다.

【 참고문헌 】

Aikenhead, G. S. (1996). Science education: Border crossing into the subculture of science. *Studies in Science Education, 27,* 1-52.

Allen, S., & Gutwill, J. P. (2009). Creating a program to deepen family inquiry at interactive science exhibits. *Curator: The Museum Journal, 52*(3), 289-306.

Ash, D. (2003). Dialogic inquiry in life science conversations of family groups in a museum. *Journal of Research in Science Teaching, 40*(2), 138-162. doi:10.1002/tea.10069.

Bell, P., Bricker, L., Lee, T. R., Reeve, S., & Zimmerman, H. T. (2006). Understanding the cultural foundations of children's biological knowledge: Insights form everyday cognition. *Proceedings of the International Conference of the Learning Sciences 2006,* pp. 1029-1035.

Bell, P., Bricker, L. A., Reeve, S., Zimmerman, H. T., & Tzou, C. (2013). Discovering and supporting successful learning pathways of youth in and out of school: Accounting for the development of everyday expertise across settings. In B. Bevan, P. Bell, & R. Stevens (Eds.), *LOST(Learning about out of school time) opportunities,* 23, 119-140

Bell, P., Lewenstein, B., Shouse, A. W., & Feder, M. A. (Eds.). (2009). *Learning science in informal environments: People, places, and pursuits.* Washington, DC: National Academies Press.

Bricker, L. A. (2008). *A sociocultural historical examination of youth argumentation across the settings of their lives: Implications for science education.* Seattle, WA: University of Washington. (Doctoral dissertation).

Bricker, L. A., & Bell, P. (2009, April). Frame and positioning dynamics with youth learning and expertise development across settings and time scales. Paper presented at the annual meeting of the American Educational Research Association (AERA), San Diego, CA.

Bronfenbrenner, U. (1979). *The ecology of human development: Experiments by nature and design.* Cambridge, MA: Harvard University Press.

Bruner, J. (1987). *Actual minds, possible worlds.* Cambridge, MA: Harvard University

Press.

Clark-Ibañez, M. (2004). Framing the social world with photo-elicitation interviews. *American Behavioral Scientist, 47*(12), 1507-1527. doi:10.1177/0002764204266236.

Cole, M., & Engeström, Y. (1993). A cultural-historical approach to distributed cognition. In G. Salomon (Ed.), *Distributed cognitions: Psychological and educational considerations* (pp. 1-46). Cambridge: Cambridge University Press.

Crowley, K., & Jacobs, M. (2002). Building islands of expertise in everyday family activity. In G. Leinhardt, K. Crowley, & K. Knutson (Eds.), *Learning conversations in museums* (pp. 333-356). London: Lawrence Erlbaum Associates.

diSessa, A. (2002). Why 'conceptual ecology' is a good idea. In M. Limón & L. Mason (Eds.), *Reconsidering conceptual change: Issues in theory and practice* (pp. 29-60). Dordrecht: Kluwer.

Falk, J. H., & Dierking, L. D. (2000). *Learning from museums: Visitor experiences and the making of meaning.* Walnut Creek, CA: Alta Mira Press.

Fine, G. A. (1983). *Shared fantasy: Role playing games as social worlds.* Chicago: University of Chicago Press.

Goldman, S. (2006). A new angle on families: Connceting the mathematics of life with school mathematics. In Z. Bekerman, N. C. Burbules, & D. Silberman-Keller (Eds.), *Learning in Places: The Informal Education Reader* (pp. 55-76). New York: Peter Lang Publishing.

Gonzâlez, N., Moll, L. C., & Amanti, C. (2005). *Theorizing education practice: Funds of knowledge in households.* Mahwah, NJ: LEA.

Goodwin, M. H. (1990). *He-said-she-said: Talk as social organization among black children.* Bloomington: Indiana University Press.

Gutwill, J. P., & Allen, S. (2010). Facilitating family group inquiry at science museum exhibits. *Science Education, 94*(4), 710-742.

Hammer, D., Elby, A., Scherr, R. E., & Redish, E. F. (2005). Resources, framing, and transfer. In J. Mestre (Ed.), *Transfer of learning: Research and perspectives.* Greenwich, CT: Information Age Publishing.

Hidi, S., & Renninger, K. A. (2006). The four-phase model of interest development.

Educational Psychologist, 41(2), 111-127. doi:10.1207/s15326985ep4102_4.

Hutchins, E. (1995). Cognition in the wild. Cambridge: MIT Press.

Nasir, N., & Hand, V. (2008). From the court to the classroom: Opportunities for engagement, learning, and identity in basketball and classroom mathematics. Journal of the Learning Sciences, 17(2), 143-179. doi:10.1080/10508400801986108.

Nasir, N. S., Rosebery, A. S., Warren, B., & Lee, C. D. (2006). Learning as a cultural process: Achieving equity through diversity. In R. K. Sawyer (Ed.), The Cambridge handbook of the learning sciences (pp. 489-504). New York: Cambridge University Press

Pea, R. (1993). Practices of distributed intelligence and designs for education. In G. Salomon (Ed.), Distributed cognitions: Psychological and educational considerations (pp. 47-87). Cambridge: Cambridge University Press.

Pea, R., & Maldonado, C. (2006). WILD for learning: Interacting through new computing devices anytime, anywhere. In K. Sawyer (Ed.), The Cambridge Handbook of the Learning Sciences (pp. 427-441). Cambridge, MA: Cambridge University Press.

Reeve, S. (2010). Health beliefs and practices of young people in a multicultural community: Findings from a child-centered ethnography. Seattle, WA: University of Washington (Doctoral dissertation).

Reeve, S., & Bell, P. (2009). Children's self-documentation and understanding of the concepts 'healthy' and 'unhealthy.' International Journal of Science Education, 31(14), 1953-1974.

Renninger, K. A. (2009). Interest and identity development in instruction: An inductive model. Educational Psychologist, 44(2), 105-118. doi:10.1080/00461520902832392.

Rogers, Y., Price, S., Fitzpatrick, G., Fleck, R., Harris, E., Smith, H., Randell, C., Muller, H., O'Malley, C., Stanton, D., Thompson, M., & Weal, M. (2004). Ambient wood: designing new forms of digital augmentation for learning outdoors. Proceedings of the 2004 Conference on Interaction Design and Children: Building a Community (pp. 3-10). Maryland.

Rogoff, B. (2003). The cultural nature of human development. New York: Oxford

University Press.

Roschelle, J. (2002). Unlocking the learning value of wireless mobile devices. *Journal of Computer Assisted Learning, 19*(3), 260-272.

Saxe, G. B. (1998). The mathematics of child street vendors. *Child Development, 59*(5), 1415-1425.

Swidler, A. (1986). Culture in action: Symbols and strategies. *American Sociological Review, 51*(2), 273-286.

Tzou, C., & Bell, P. (2010). Micros and Me: Leveraging home and community practices in formal science instruction. In K. Gomez, L. Lyons, & J. Radinsky (Eds.), *Learning in the disciplines: Proceedings of the 9th International Conference of the Learning Sciences Volume 1* (pp. 1127-1134). Chicago, IL: International Society of the Learning Sciences.

Tzou, C., Bricker, L. A., & Bell, P. (2007). Micros and me: A fifth-grade science exploration into personally and culturally consequential microbiology. Seattle, WA: Everyday Science & Technology Group, University of Washington.

Tzou, C., Scalone, G., & Bell, P. (2010). The role of environmental narratives and social positioning in how place gets constructed for and by youth. *Equity & Excellence in Education, 43*(1), 105-119. doi:10.1080/10665680903489338.

Tzou, C. T., Zimmerman, H. T., & Bell, P. (2007). Bringing students' activity structures into the classroom: Curriculum design implications from an ethnographic study of fifth graders' images of science. In P. Bell (chair). *Understanding the nature of science is not enough: The cultural nature of elementary school children' s images of science.* Symposium conducted at the annual meeting of the National Association for Research in Science Teaching, New Orleans, LA.

Vygotsky, L. S. (1978). Tools and symbols in child development. In M. Cole, V. John-Steiner, S. Scribner, & E. Souberman (Eds.), *Mind in society* (pp. 19-30). Cambridge, MA: Harvard University Press.

Wagner, E. D. (2008). Realizing the promises of mobile learning. *Journal of Computing in Higher Education, 20,* 4-14.

Wertsch, J. (1998). *Mind as action.* New York: Oxford University Press.

Zimmerman, H. T. (2008). *Everyday science & science every day: Science-related talk*

& *activities across settings*. Seattle, WA: University of Washington (Doctoral dissertation).

Zimmerman, H. T. (2012). Participating in science at home: The roles of recognition work and agency in science learning. *Journal of Research in Science Teaching, 49*(5), 597-630.

Zimmerman, H. T., & Land, S. M. (2011). Tree Investigators: An augmented learning research and design project. White Paper prepared for the 2011 Association for Educational Communications and Technology conference Mobile Computing: Perspectives on Design, Learning, and Development. Available at www.personal.psu.edu/haz2/Heather_Zimmerman/Publications.html.

Zimmerman, H. T., Kanter, D. E., Ellenbogen, K., Lyons, L., Zuiker, S. J., Satwicz, T., Martell, S. T., Hsi, S., & Smith, B. K. (2010). Technologies and tools to support informal science learning. *Proceedings of the Ninth International Conference for the Learning Sciences - ICLS 2010*. Volume 2; pp. 260-266.

Zimmerman, H. T., Reeve, S., & Bell, P. (2010). Family sense-making practices in science center conversations. *Science Education, 94*, 478-505. doi:10.1002/sce.20374.

10장

학습공학과
활동이론

Benjamin Devane & Kurt D. Squire

 활동이론(activity theory)은 1920년대와 1930년대 소련 심리학의 두 양대
축이었던 Vygotsky의 문화 · 역사 심리학과 실제에 초점을 둔 Marx의 유
물론을 기반으로 발달한 사회심리학적 관점이다. 활동이론은 문화 · 역사
활동이론(cultural historical activity theory: CHAT)이라고도 불리며 사람들, 사
람들의 의도, 도구, 문화, 둘러싸고 있는 사회적 구조는 사고를 구성하는
인간의 활동 요소와는 분리할 수 없는 것으로서 인지를 설명하고자 한다.
교육공학과 학습과학 분야에서(이하 학습공학) CHAT는 다양하게 활용된
다. 테크놀로지가 복잡한 사회 환경에서 어떻게 채택, 수정, 설정되는지를
이해하기 위한 이론적 틀로서 스칸디나 학파의 3세대 CHAT가 가장 널리
활용되어 왔다.

 이 장에서는 CHAT의 기원과 학습공학에서 이를 어떻게 수용해 왔는지
를 설명하고 저자들의 연구를 중심으로 간단한 사례와 적용을 예로 제시

한다. 학습공학 분야에서 CHAT는 원래 사람들이 도구를 가지고 어떻게 사고하는지(모델, 시뮬레이션 혹은 게임 등)를 설명해 주는 (구성주의 관점과 마찬가지로) 인간의 주체성을 중요시하는 방법으로 인간의 활동을 이해하기 위한 분석적 도구로 활용되어 왔으며, (학파나 게임 길드와 같은) 사회 문화적 맥락 내에서 학습을 연구한다. CHAT의 핵심 속성은 최소한의 유의미한 분석단위로서 특정한 개별적 · 집단적인 목적을 가진 사회적 맥락에서 이러한 도구를 사용하는 사람들을 다룬다는 것이다. 다시 말하면, 인지와 학습은 이를 구성하는 인간 활동의 구성요소들에 대한 고려 없이 이해할 수 없다. 물론 이 장에서 CHAT의 모든 세부사항을 살펴볼 수는 없고 최근 동향을 살펴보고자 하는 것도 아니다. 이 장의 목적은 가능하면 CHAT를 보다 단순하게 설명하여 읽기 쉽게 하고(Cole, 1996; Engeström, 2001을 주로 참고하였다) CHAT에 관심을 갖고 있는 연구자들의 흥미와 관심을 더 높이기 위한 것이다. 일반 수준에서 독자들에게 CHAT가 갖고 있는 이슈, 이론적 배경, 제한점 등을 전달하고자 한다.

CHAT의 1세대와 2세대의 역사적 개요와 발전에 대해 먼저 소개한다. 지난 75년간의 역사적 기원부터 탐색하며, Engeström(2001), Cole(1996), Nardi(1996b)와 같은 이 분야의 대표적인 연구자들의 업적에 대한 내용을 바탕으로 개요를 구성하였다. 다음으로 CHAT의 틀로서 기본적인 특성, 핵심 요인, 모델의 특성 등을 설명한다. 마지막으로 학습공학에서 CHAT의 활용 예시와 학습공학의 설계와 분석을 위한 CHAT의 시사점으로 끝맺는다.

1세대 CHAT: Vygotsky의 사회심리학

Engeström(2001)은 CHAT가 인간의 활동은 사회적 · 문화적 · 역사적으

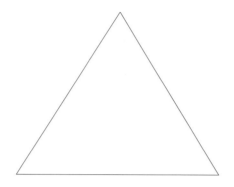

| 그림 10-1 | Vygotsky - 중재적 수단으로서 도구

로 맥락화된다고 설명하는 심리학적 전통인 Vygotsky의 사회심리학에 근거하고 있다고 보았다. 첫째, Vygotsky(1978)는 인간의 사고는 단순히 자극에 대한 반응의 문제가 아니며 사고는 언어, 도구, 숫자, 기호와 같은 추상적 상징과 물리적 객체에 의해 중재되는 것이라고 주장했다. 흔한 예로, 사람들이 나무를 자르고 다양한 목적으로 사용하게 된 것과 같이(나이테의 연구라든지) 도끼는 나무에 대한 인간의 이해를 매우 크게 바꾸어 놓았다. 유사하게 언어와 같은 문화적 도구는 우리의 경험을 다채롭게 해 준다. 일상적 예시인 시계를 생각해 보면 다음과 같다.

아동들은 인류 역사 초기에 정해진 표현을 써서 사물에 이름을 붙이고 특정 범주에 넣고 지식을 얻는다. 아동이 어떤 것을 '시계(chasy)'라고 부름과 동시에 시간(chas)과 관련된 사물의 체계에 통합시키고, 움직이는 객체를 '증기선(parovoz)'이라고 부르면 자동적으로 '증기(par)'에 의해 움직인다(vozit')는 정의의 구성 요소와는 분리시키게 된다. 언어는 사람의 인식을 중재하며 투입되는 정보에 사람의 대한 분석과 종합, 세계에 대한 개념적 순서화, 시스템 내에 표현의 부호화와 같은 극도로 복잡한 작용을 야기한다. 그러므로 가장 기초적인 언어 단위인 단어는 의미를 전달할 뿐 아니라 외부 세계에 대한 의식적 성찰의 궁극적 단위가 되는 것이다.

(Luria, 1976, p. 9)

이러한 방식으로, 물리적·문화적 도구가 우리의 경험과 현상에 대한 이해를 중재한다는 의미에서 Vygotsky의 중재라는 개념의 설명은 인간 사고와 인지에 대한 이해를 높이는 데 크게 기여했다([그림 10-1] 참조). Vygotsky는 '고차원'의 정신 처리에 내재되어 있는 중재된 추상은 사고와 표현에 자유를 가져 왔다고 주장한다. Vygotsky는 영장류와 가장 근본적인 심리적 차이에 대한 연구에서 이 점을 매우 강조했다.

> 이 대단한 융통성의 중요한 표시 중의 하나가 바로 아동들이 행위자와 목적 사이의 직접적인 연결을 무시할 수 있다는 것이다. 대신 아동은 소위 도구적 혹은 중재적(간접적) 방법을 활용해 몇 개의 예비 행위에 몰두하게 된다. 과제를 해결해 가는 과정에서 아동은 직접적으로 눈앞에 놓여 있지 않은 자극을 포함할 수 있게 된다. 세부적인 계획을 세우기 위해 단어(그러한 자극의 한 분류인)를 활용함으로써, 아동은 가까이 있는 객체들뿐만 아니라 과제 해결에 유용한 그러한 자극들을 준비하여 도구로 적용하고 미래의 활동을 준비하면서 더 광범위한 활동 범위를 획득하게 된다.

(Vygotsky, 1978, p. 26)

세상의 객체는 궁극적으로 사람이 사고하고 행위하는 것을 중재(변화시키고 형성)한다. 계량컵 같은 물리적 도구나 대수학에서의 상징 변수 같은 기호 표상을 포함하는 이러한 객체는 사고의 내적 경향으로 통합된다. 예를 들면 분수의 뺄셈을 배우는 아동은 처음에는 블록 더미 같은 외적 표상에 의존하지만 곧 표상을 내면화하게 되고 머릿속으로 계산을 할 수 있게 된다.

CHAT(특히 Leontiev, 1978)은 객체와 언어가 보다 집합적 행위와 어떻게 연계되는지 강조한다. 실제로 시간(과 시계)에 대한 개념은 '초'의 개념을 창조하고 시계와 증기선을 제조한 보다 광범위한 사회문화적 기관과 연계된다. 이와 관련하여 Vygotsky는 사람의 사고는 궁극적으로 사회적 규범과 문화의 실제를 내면화함으로써 아동이 구조를 획득하게 되는 사회적 현상이라고 주장했다. 인지에 대한 사회적 관점은 다음과 같은 유명한 Vygotsky의 표현에 잘 나타나 있다.

> 아동의 문화적 발달의 어떤 기능은 두 번 혹은 두 국면에서 나타난다. 첫 번째는 사회적 국면이고 두 번째는 심리학적 국면이다. 처음에는 간심리학적(interpsychological) 범주로 사람들 사이에서 나타나고 다음으로는 내적심리학(intrapsychological) 범주로서 아동 내에서 나타난다.
>
> (Vygotsky, 1981, p. 163)

그러므로 Vygotsky는 독립되고 고립된 개인이 아닌 학습의 장소로서 사람들 간의 사회적 **상호작용**을 강조했다. 이 관점에서 학습은 학교와 같이 '만들어진' 상황이 아닌 '자연스러운' 부모 자식 간의 상호작용과 같은 상황에서 찾아볼 수 있다. Vygotsky의 문화 · 역사 심리학의 개념과 관련하여 중요한 것 중 하나가 근접발달영역(zone of proximal development: ZPD)이다.

> 독립적인 문제 해결에 의해 결정되는 실제 발달 수준과 더 유능한 동료와의 상호작용이나 안내에 따라 문제 해결을 할 수 있는 잠재적인 발달 수준의 차이
> (Vygoksky, 1981, p. 86)

다시 말해, ZPD는 혼자서 성취할 수 있는 것과 비교하여 유능한 동료와

지원을 통해 수행할 수 있는 이론적 범위를 말한다. ZPD의 고전적인 예는 부모들이 보다 유능한 상태를 지향하고 있는 아동들과 함께 (대화를 포함하여) 협력활동에 어떻게 참여하는지 관찰하는 것이다. 부모들은 자연스럽게 과제, 지도, 피드백을 바꾸어서 아동들이 지속적으로 성공을 경험하고 점차 독립적으로 학습해 나갈 수 있게 해 준다(Conner, Knight, & Cross, 1997; Cauvain, 2001).

2세대 CHAT

CHAT의 '2세대'는 전통적인 문화 · 역사 심리학과 활동이론이 구분되기 시작한 때다. Vygotsky 사후에 A. L. Leontiev가 이끈 학생그룹인 러시아 심리학의 Kharkov 학파는 ① 실제(practice)에서 인간의 사고에 대한 이해와 ② 인간의 사고를 더 유물론자의 관점으로 설명하는 관점으로 Vygotsky 심리학을 수정하기 시작했다(Loentiev, 1978). Leontiev는 Vygotsky처럼 자신을 마르크시스트(Marxist)로 간주하고 인지에 대한 이해에 있어 세계와 인간의 사고가 궁극적으로 인간의 실천과 연계되는 방법(Marx & Engels, 1998 참조)의 객관적 · 물질적 특성을 강조한 Marx의 관점과 일치하는 틀을 수립하고자 했다. (가장 활동이론가다운) Engeström의 2세대 활동이론의 전개는 Vygotsky 업적의 연장이고 아마도 기존의 주제들에 대한 인정이었다. 이런 방식으로 Leontiev는 궁극적으로 인간 활동의 주관적 실천의 부분이 되는 '사회적 객체'로 인간의 사고를 이해하고자 하는 유물론적 · 심리학적 논리를 펴나가고자 했다.

Leontiev가 이해한 바에 따르면, 사고와 인지는 사회적 삶의 한 부분으로 이해될 수 있다. 즉, 한편으로는 사회적 관계 시스템과 생산 수단의 한 부분으로서 그리고 다른 한편으로는 특정한 사회적 조건 내에서 개인의 의도로서 이해되어야 한다(Leontiev, 1978). 행동주의나 파블로프 등 동시대 심리학들은 정신 과정을 즉각적인 자극에 대한 즉각적 반응으로만 이해하고자 하였고 사고를 구조화하는 데 있어 사회적 세계와 사회적 역사의 역할은 무시되었다. Leontiev가 이해한 활동이론은 자극-반응 모형에 대안을 제시해 주었다. Leontiev는 활동은 내적 정신과정과 실제 외부의 사회적 세계와의 대화를 촉진한다고 했으며 그의 이론은 「활동과 의식(Activity and consciousness)」이라는 그의 소논문에 매우 잘 드러난다.

> 그러므로 의식이 어떻게 결정되는가의 문제를 다루기 위해서는 '즉각성의 이치'('객체-주체' 혹은 '자극-반응'의 양상을 따르는)'를 선택할 것인가 아니면 세 번째 요소인 연계성, 즉 주체의 활동(그 수단과 표현 방식을 포함하여)의 상호 연계성을 중재하는 '주체-활동-객체'의 양상을 따를 것인가의 상황에 놓이게 된다.

> 이 선택 사항의 가장 일반적인 형태는 다음과 같을 것이다. 의식이 주변 환경과 현상에 의해 직접적으로 결정된다는 입장을 취하거나 Marx의 말을 빌려, 사람들의 실제 삶의 과정에 의해 의식이 결정된다는 입장을 취할 것이냐의 문제다.
> (Leontiev, 1977, pp. 2-3)

Leontiev는 사고와 인지가 기호와 객체에 의해서만 중재되는 것이 아니라 기호와 객체가 내재된 활동의 보다 큰 구조에 의해 중재된다고 했다. 이러한 틀에서의 활동은 인간의 사고와 인지를 연구하는 데 가장 주요한 초점이 되어야 할 것이다.

Yrjo Engeström(1987)은 인간의 행위를 중재하는 상징적 · 문화적 체제를 강조하는 고전적인 Vygotsky 심리학과 인간 활동의 체제적 조직의 중재적 효과에 초점을 맞춘 Leontiev의 2세대 CHAT의 차이를 명확하게 구분했다. CHAT는 행위를 함께 구성하는 사회적 제도를 포함한 집합적 활동이 경험, 나아가 사고와 학습을 어떻게 특징짓는가를 명시적으로 강조한다. Engeström은 다음과 같이 말했다.

> 활동이론의 2세대는 Leont'ev의 연구 결과에서 영감을 얻었다. 유명한 '원시인의 집단 사냥'의 예시에서 Leont'ev(1981, pp. 210-213)는 개인의 행위와 집단적 활동 간의 중요한 차이를 설명했다. 활동(activity), 행위(action), 조작(operation)의 차이 구분은 Leont'ev의 3수준 활동 모델의 기초가 되었다. 가장 상위 수준의 집단적 활동은 객체 관련 동기, 가운데 수준의 개인 혹은 집단의 행위는 의식적 목적, 가장 하위 수준의 자동적 조작은 눈앞의 행위 조건과 도구에 의한 것이다. 그러나 Leont've는 Vygotsky의 원래 모델을 집단적 활동 체제로 시각적으로 확장해서 나타내지는 않았다.
> (Engeström, 1987, p. 78)

잘 알려진 Engeström의 활동이론 2세대 모형은 객체(혹은 목표)를 향한 집단적 동기에 의한 활동을 분석 단위로 포함시켜 어떻게 사회적 집단 (집합적 행위)이 활동을 중재하는지에 대한 이해를 넓혔다.

Leontiev의 이론에 대한 Engeström의 시각적 모형([그림 10-2] 참조)은 다층적이고 복잡한 현상을 투명하게 보여 주기 때문에 CHAT와 동의어나 마찬가지가 되었다. Vygotsky의 학습 사회·문화 모델에 추가된 핵심 요인은 객체에 대한 논점을 어떻게 바꾸었느냐에 있다. CHAT에서 객체는 역사적·문화적으로 상황화된 것이다. 추상적인 용어로 나무를 자르는 것을 묘사하기보다 활동이론가들은 인간의 집합적 행위 특히 문화적·사회적 용어(CHAT의 C와 H)에 깊은 관심을 갖는다. 활동이론가들에게 어떻게, 왜 숲이 제거되는지는 목표 지향적 행동으로서 그것을 이해하는지가 매우 중요하며, 따라서 유의미한 분석 단위는 19세기 중반 테네시 주 동쪽의 벌목 사례가 될 것이다. 이 객체 (조경 바꾸기)는 특정한 주체(벌목 회사와 벌목꾼, 3세대 CHAT에서는 집단 간의 모순으로 간주되는), 활용한 도구, 보다 광범위한 사회적 맥락이라는 점에서 이해되어야 할 것이다.

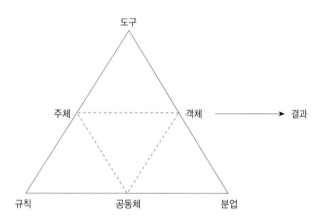

| 그림 10-2 | Engeström의 2세대 CHAT 도식
출처: Engestrom (1987).

이 사회적 맥락 혹은 집합적이라는 것에 대한 개념과 이것이 어떻게 활동을 중재하느냐는 2세대 CHAT에서 두 번째 심오한 진보였다. 중재의 사회적 층은 ① 어떻게 형식적·비형식적 규칙 (벌목 규제 혹은 나무에 관한 지역 관습)을 포함한 사회적 구조가 활동을 중재하는가와 ② 분업이 어떻게 활동을 중재하는가를 나타내고자 하는 것이다. 벌목의 사례에서, 요즘은 벌채꾼과 트럭 기사가 있지만 19세기 중반 미국의 벌목 상황에서는 휘파람으로 신호를 보내는 사람, 카우보이, 벌목수 등 전문성이 훨씬 분화되어 있었을 것이다. 두 경우 모두 다양한 산업가, 은행가, 로비스트 등 중재적 활동을 하는 사람들이 있을 것이다. 이 집합적 활동의 결과는 객체의 변형을 가져오고, 성과(나무, 벌초된 땅, 이윤)를 낸다.

CHAT의 강점 중 하나는 연구자들이 진보를 가져오는 활동체제의 모순을 살펴볼 수 있게 해 준다는 것이다. 벌목 사례를 더 살펴보면, 가스로 작동하는 새로운 운송수단이 어떻게 벌목을 변형시키고 벌목꾼들이 새로운 땅에 접근할 수 있게 해 주는지를 상상해 볼 수 있다. 이 모순의 개념을 사용하여 어떻게 새로운 도구(동력 사슬톱, 증기 엔진, 가스 작동 운송수단)가 형식적ㆍ비형식적 규칙(어떻게 지역이 완전히 벌목될지 혹은 어떻게 산업 폐기물이 부식될지에 관한 법적 제한)을 변화시키는지 그리고 어떻게 새로운 테크놀로지가 노새 모는 사람 같은 옛 직업을 없애 버리게 되면서 새로운 노동의 분업을 변화시키는지 살펴볼 수 있다.

어떻게 그리고 왜 벌목이 학습과 관련이 있는 것인지 불투명하게 느껴지겠지만 이러한 분석을 교실이나 학교 상황에서 이야기해 볼 필요가 있다. 분석가는 미국 위스콘신 주의 메디슨을 조사하면서 객체가 주체(학생)를 업무현장이나 대학으로 보내고, 민주주의 사회에 참여하게 준비시키기 위해 변형시키는 것을 볼 수 있다. 성과는 졸업 비율(혹은 학습 비율)이 될 것이다. 도구(교과서, 칠판, 테이블, 책상, 종이, 연필)는 이 변형을 촉진시키기 위해 활용될 수 있다. 형식적ㆍ비형식적 규칙(출석, 성적 방침 그리고 교사에 대한 존경의 표시 방법과 같은 비형식적인 규칙)과 분업(교사, 행정가, 운영위원, 학생)이 이러한 성과를 중재한다.

활동 시스템의 이러한 구성요소는 Leontiev가 설명한 것과 같이 활동의 위계적 구조에 의존한다. 어떤 활동 시스템이든지, 활동, 행위, 조작이라는 활동 관련 척도의 세 가지 수준으로 구성된다(Leontiev, 1978). 시스템의 세 가지 수준은 다음과 같이 설명할 수 있다.

활동은 동기를 지향하는데, 즉 객체가 스스로를 재촉한다는 것이다. 각 동기는 요구를 충족시키는 객체, 물질, 혹은 이상이다. 행위는 활동에 기능적으로 종속되는 과정이며 세부적인 의식적 목적을 향한다. 활동이론에 의하면 인간의 활동에 동기를 부여하는 객체와 활동이 즉각적으로 향하게 하는 목표 사이의 부조화는 매우 중요하다. 행위는 실제 활동의 조건에 의해

결정되는 조작을 통해 실현된다.

(Kaptelinin, 1996, p. 55)

CHAT는 어떻게 이런 요소들과 활동 시스템의 수준이 모순을 풀기 위한 시스템의 내적 필요에 의해 서로 조화를 이루며 진화해 가는지 설명하고자 한다. 따라서 문제에 직면했던 미국의 어떤 고등학교가 활동체제에 대해서 몰랐음에도 불구하고 새로운 도구(텔레비전, 컴퓨터) 혹은 분업(읽기 전문가, 학급 크기)을 도입하여 어떻게 그처럼 회복할 수 있었는지(Tyack, 1974 참조)를 이해하기 위한 분석 도구로 CHAT를 활용할 수 있다.

3세대 CHAT

CHAT 분석틀을 학교에 적용해 보고자 하는 시도에서 2세대 CHAT의 제한점들이 발견되었다. 누구의 관점에서 시스템이 분석되는가, 어떻게 활동시스템의 경계를 개념화할 것인가, 문제의 소지가 있는 권력관계를 개념화하지 않으면서 어떻게 이를 조정할 수 있을 것인가. 학교의 예로 돌아가서, 누가 활동 시스템의 객체를 정의하는가? 어떻게 학생들이 객체를 개념화하는가? 어떻게 교사 혹은 학부모가 그리고 우리가 무엇이 진정으로 일어나야 하는지와 관련된 시스템의 목표(민주주의 공화국에 참여하는 것)를 어떤 집단이 진술하게 할 것인지 조정할 수 있을 것인가? 이 물음들은 CHAT라는 용어를 처음 출현하게 한 3세대 CHAT로 알려진 연구 영역의 핵심에 놓여 있다(Engeström, 1987; Kuutti, 1996; Kaptelinin, 1996; Nardi, 1996b; Cole & Engeström, 2007). Engeström(1987)은 활동시스템의 구성성분(constituent) 간의 모순을 활동시스템의 구성요소(component) 간의 1차적 모순과 대조하는 의미에서 2차적 모순이라고 설명했다. 분석에서 누구의 목

소리를 들을 것인가를 결정하는 것은 심오한 윤리적·문화적 시사점이 있기 때문에 3세대 CHAT는 '다양한 관점의 대화를 이해할 수 있는 개념적 도구와 상호작용적 활동시스템의 네트워크'를 개발하는 데 초점을 두었다(Engeström, 2001, p. 135).

3세대 CHAT와 두 번째로 관련된 중요한 특성은 사회적·문화적인 관점으로 더 심화되었다는 것이다. 3세대 CHAT는 '미국 위스콘신 주 메디슨에 있는 고등학교'라고 말하기보다 특수한 사회적 규준과 문화적 실천을 가진 특정한 시간(예를 들면 2018년 봄학기)의 특정한 고등학교(Madison High East)로 묘사하기 시작했다. 특정한 시간, 장소, 사회문화적 맥락이라는 분석에서 시작함으로써 CHAT는 연구자들이 구성집단에 대해 더 세부적인 주장을 할 수 있게 해 주었고 나아가 그 구성집단이 스스로를 함께 정의할 수 있게 해 주었다. 심층적 역사적 접근이라고 부르는 이 방법은 Engeström과 Middleton(1998)의 건강시설 혹은 사무실 환경 조사, Brown과 Cole(2001)의 도서관과 학교의 5th Dimension, Etienne Wenger의 카지노 직원들의 실천 공동체 비유와 같이 엄밀하게 말해 활동이론은 아니지만 핵심적으로 공유되는 점이 많은 연구에 의해 특징지어 졌다. 이러한 연구를 수행하는 연구자들은 인터뷰와 관찰, 연대기적 문서 수집 같은 질적 자료 수집과 다양한 관점에서 활동 시스템의 특징을 이해하려는 분석방법을 쓴다.

CHAT: 특성과 주의사항

학습공학이 해 온 것을 가장 많이 활용한 활동이론의 3세대는 이 장의 나머지에서 대부분의 내용이 될 것이다. Engeström이 설명했듯이 이 수많은 업적은 실증연구를 통해 인간의 활동 시스템에 관한 결과를 조망하는 데 활용하고 이에 상응하는 기저 이론을 수정해가면서 CHAT의 틀에 적용해 온 결과다. 이러한 분석에 대해 설명하기 전에 학습환경의 이론적 기반으로서 CHAT의 다섯 가지 특성을 강조하고자 한다. CHAT는 학습이론이나 교수이론, 교수설계 이론이 아니다. 오히려 연구자들은 CHAT를 학습에 대한 이해, 수업의 개선, 교수설계를 위한 지침을 마련하는 도구로 활용하고자 했다.

1. CHAT는 분석도구이지 특정한 수업 형태를 처방하기 위한 처방적 이론이 아니다.

Vygotsky의 사회심리학에서 뻗어나온 CHAT는 사회적 상호작용을 통해서 배우며 따라서 학습은 사람들이 동료(특히 계속 복잡성이 증가하는 활동에 참여하는 동안 다양한 도구와 자원을 활용할 때)와 공동의 활동에 참여할 때 가장 강력하다고 한다. 이러한 이유 때문에 CHAT 연구자들은 학교를 기반으로 하는 학습에 특별한 관심을 두지 않는다. 학교는 전통적으로 학습을 격리시키고 (학생들은 독립적으로 작업하고), 위계(연방정부, 주 표준, 교과서, 교사)를 따라 학생들에게 흘러가는 내용의 논리에 따라서 작동하고, 결과적으로 학생들은 위계 사슬의 최절정인 인증 시험에서 정보를 재표상하게 된다(Lemke, 1990; Leander & Lovvorn, 2006 참조). 실제로, CHAT는 구성주의적 도구와 같이 개인의 자율성을 요구하는 학습용 테크놀로지와 가치 창조적 표현이 시스템의 목적과 반대된다는 이유로 시스템으로부터 배제될 것이라는 이슈 등을 조망하는 데 활용될 수 있다. 그러므로 CHAT는 어떻게 수업을 설계할 것인가를 처방하지 않으며, 작업현장, 학교, 디지털 게임 공동체 등에 활용할 수 있는 분석틀이라고 할 수 있다.

2. CHAT는 문화적 · 역사적으로 심오한 이론적 전통이 있음에도 불구하고 어떤 특정한 연구방법도 처방하지 않는다.

CHAT는 연구자들의 분석적 렌즈를 (활동 시스템에서의 모순과 같은) 특정 현상으로 향하게 하고 (학습자 정신 내의 작용과 같은) 다른 것들로부터는 멀어지게 하는 이론적 틀 혹은 일련의 가정들이다. CHAT는 그 자체가 특정한 연구방법이나 방법론을 처방하지는 않는다. Michael Cole, Jay Lemke, Yrjo Engeström, Bonni Nardi, Sasha Barab 그리고 저자들과 같은 연구자들은 CHAT 연구 안에서 다양한 연구기법을 적용해 왔다. CHAT가 주체, 도구, 공동체, 그들이 변형하는 객체의 상호 작용에 대한 이해를 포함하기 때문에 CHAT는 민속지학(참여 관찰, 인터뷰, 상호작용분석)이나 역사 분석(구술 역사, 문서 분석, 고문서 분석) 같은 문화적 방법을 전형적으로 사용한다.

관련된 많은 학자는 CHAT기반 연구에서 처방적이거나 표준적인 개념에 적대적인데, 그것은 연구되고 있는 맥락으로부터 연구방법이 나와야 한다고 굳게 믿기 때문이다. Hegel의 정신 현상학에 기반하여, Engeström은 "실질적인 이론과 연구방법은 본질적으로 깊이 연관되어 있으며 분리된 것이 아니다. 방법은 연구자가 연구의 대상에 들어가 깊이 파헤치면서 실체로부터 개발되거나 '도출되어야' 한다"고 주장했다(Engeström, 2001, 1993, p. 99). 다시 말해 CHAT 학자들은 어떤 상황에나 모두 적용될 수 있는 '특효약'은 없으며, 적용된 방법은 탐구되고 있는 질문과 그 질문이 나온 상황 모두에 적절해야 한다는 생각을 공유한다. 민속지학이나 형성적 실험과 같이 CHAT 연구에서 활용되고 있는 방법은 많으나 어떤 것도 형식적으로 규정되거나 인정된 것은 없다(Kaptelinin & Nardi, 1997). CHAT가 그렇다고 방법론적으로 무분별하다는 것은 아니며 대부분의 CHAT 연구에서는 공유된 방법론적 신념이 있다. 예를 들면 Nardi(1996b)는 인간-컴퓨터 상호작용 연구를 위해 CHAT가 주는 핵심적인 방법론적 시사점을 다음과 같이 설명했다.

- 연구 기간은 적절한 곳에서 시간이 지남에 따라 객체에서 일어나는

변화와 연구되는 환경 내의 다른 객체와의 관계 등 객체를 이해하기에 충분히 길어야 한다.

- 전반적인 방향과 활동의 속뜻을 파악하지 못하게 하는 협소한 일화적 조각보다는 활동의 광범위한 양상에 집중하라.
- 한 가지에 지나치게 의존하기보다 인터뷰, 관찰, 비디오, 사적 자료와 같은 다양한 자료 수집 기법을 활용하라.
- 이 책의 Hollan과 Reeves에서처럼, 사용자의 관점으로부터 사물을 이해하고자 노력하라(Nardi, 1996b에서 발췌).

CHAT가 방법론적 다양성을 지지함에도 불구하고 이론으로서, 분야를 넘어 공유되는 방법론적 접근이 있다. CHAT에서 나온 이 방법론적 신념은 활동, 역사성, 다중 관점의 체계적 특성과 변증법적 과정을 강조한다(Engeström, 2001).

3. 연구기법으로서 CHAT는 연구자가 인간의 활동을 이해하기 위해 이론적 가정을 활용한다는 의미에서 구조적이고 관념적으로 도출된 접근이다.

CHAT는 비판적 설계 민속지학(Barab, Thomas, Dodge, Squire & Newell, 2004)과 관련성을 공유하는데, 둘 다 기존의 모델을 제거하고 '자료에서'(Glaser & Strauss, 1967과 비교하라) 이론을 찾으려고 하는 근거이론과 같은 접근과는 완전히 대조를 이루면서 탐구를 위한 강력한 이론적 틀을 마련하고 문제를 조망하는 데 이를 사용한다. 활동이론은 활동, 행위, 조작의 시스템을 설명하는 데 활용된 기존의 이론적 구성과 모델로부터 깊은 영향을 받았다(Bakkhurst, 2009; Engeström, 2001). Engeström(2001)은 활동이론의 다양한 지각 표상과 관련된 학습을 분석하기 위한 세부적인 매트릭스를 통해 활동과 포괄적인 학습을 이해하기 위한 세부적인 접근을 처방했다([그림 10-3] 참조).

분석단위로서 활동 시스템	다중 관점	역사성	모순	확장된 주기
누가 학습하는가?				
왜 학습하는가?				
무엇을 학습하는가?				
어떻게 학습하는가?				

| 그림 10-3 | 확장된 학습의 분석 매트릭스
출처: Engeström (2001).

Engeström은 여기서 연구자들이 분석단위, 그러한 활동 시스템의 다양한 관점과 역사성, 변증법적 관계에 있는 내재된 모순, 확장적이고 변형적 학습이 일어나는 주기로서 활동 시스템에 초점을 맞추도록 하면서 학습과 활동을 분석하는 틀을 처방해 주고 있다. 이와 같이 대부분의 3세대 CHAT 이론가들과 마찬가지로 Engeström은 일반화할 수 있는 이론과 모델을 지양하는 방법론들(예컨대, Garfinkel, 1967; Glaser & Strauss, 1967)과는 달리 분석에 있어 강력한 이론적 모형을 제시하고 있다.

Engeström의 일반적 이론 모형의 중요성에 대한 강조는 CHAT 문헌에서는 거의 보편적이다. 다시 말하지만, CHAT 학자들은 도구와 모형을 수정해야 하는 맥락의 중요성을 인정하면서도 서로 다른 환경에서 활용될 일반적 분석도구와 활동 모형을 구축하는 것의 중요성을 강조한다. 예를 들면 CHAT를 컴퓨터지원 협력작업(computer-supported collaborative work: CSCW)이나 인간-컴퓨터 상호작용(human-computer interaction: HCI) 분야의 학자들에게 소개하는 논문에서 Kuutti와 Arvonen(1992)은 행위자와(예

활동에서 지원 체제에 대한 사람의 역할

지원영역	사전에 결정된	활동적	확장적
도구	일상적 자동화	도구	자동화 혹은 도구 구성
규칙	통제	공유된 의미	규칙 수립, 협상
분업	고정된, '강요된 조화'	상호 조화	작업 조직
주체 '사고'	사전 결정된 행위의 유발	정보 검색	학습, 이해
객체	데이터	공유된 자료	객체 구성
공동체	고정된 위계/ (비가시적) 네트워크	변동적인 가시적 네트워크	공동체 구축

| 그림 10-4 | 활동에서 행위자와 지원 체제 간의 관계 범위
출처: Kutti & Arvonen, (1992), p. 236.

를 들면 소프트웨어 사용자) 정보 공학 '지원 체제' 간의 관계를 이해하는 강력한 처방적 모형을 제공했다([그림 10-4] 참조). 행위자와 지원 체제 간의 관계의 유형화는 CHAT 가설과 공유된 이론적 틀을 크게 부각시키는 특징이다. 이 점을 고려할 때, 실증주의자들이 그들의 이데올로기와 지배적인 가정을 인정하거나 인정하지 않을 수 있음에도 불구하고, CHAT는 연구 문제가 이론에 의해 도출되고, 이론을 바탕으로 향상되는 것을 추구한다는 점에서 사회과학에서의 실증주의 관점과 매우 긴밀한 관계가 있다.

4. CHAT는 근본적으로 CHAT 연구자들에게 학습과 지식은 맥락으로부터 분리할 수 없는 것이라는 의미에서 상호주의자적(interactionist) 인식론이라고 할 수 있다.

CHAT 연구자들에게 최소한의 유의미한 분석 단위는 어떤 사회적 맥락에서 도구와 자원을 활용하여 활동에 참여하고 있는 개인이다. Vygotsky

에 뿌리를 둔 CHAT 연구자들에게 앎이란 행위(Wertsch, 1998)인데, 즉 도구, 자원, 사람, 현존하는 사회 구조(언어에서 문화 모델, 명시적 규칙까지 모두를 포함하는) 간의 상호작용을 통해 지식이 발생한다는 것이다. Hutchins(1995)와 Pea(1993)의 연구에 근거하여, CHAT 이론가들과 연구자들은 지식이 (공책과 같은) 물질적 도구와 (다양한 상황과 존재 방식을 유발하게 하는) 대화에 걸쳐 있다고 간주한다. CHAT 연구자들은 정보가 언어, 문화, 상황과 별개로 '저장될' 수 있고 상황과 독립적으로 '회상될' 수 있다고 가정하는 상징주의적 관점의 정보처리 모형을 거부한다. CHAT 연구자들은 정신을 뿌리줄기에(Cunningham, 1998 참조), 신경망으로서의 기호학에(Gee, 1992 참조), 혹은 체화된 경험에 근거를 둔 시뮬레이터에 비유한다(Barsalou, 1999; Gee, 1992; Glenberg & Robertson, 2000). 어떤 은유를 쓰건 간에 CHAT 연구자들은 상징주의 처리 전통을 따르지 않으므로, 지식은 행위이고 이는 사회적 활동으로 드러나며, 도구, 언어, 사회적 상호작용에 의해 함께 구성된다고 믿는다.

5. 마지막으로, CHAT에 내재된 것은 시스템에 내재된 모순을 통해 진보가 이루어지는 변화에 대한 갈등추동 이론이다.

CHAT는 독일 철학자인 Hegel과 Marx의 모순에 의한 변화 개념을 중시하는 변증법적 유물론의 지적 전통에 근거를 두고 있다. CHAT의 핵심 원리 중의 하나는 '활동 시스템 내에, 활동 시스템 간에 역사적으로 축적된 구조적 긴장'으로 정의되는 '변화와 발전의 원천으로서 모순의 중심적 역할'이다(Engeström, 2001, p. 137). 모순이 활동 시스템 내에 갈등과 동요를 유도하기는 하지만 활동 시스템의 혁신과 변형을 이끌어 내기도 한다. 그러나 CHAT에서 모순의 본질이나 Hegel이나 Marx의 철학적 사고를 통한 모순의 개념을 광범위하게 다루는 것은 이 장의 목적이 아니다. CHAT의 핵심은 모순을 추적함으로써 역사적 시스템의 진보를 추적하고 자신들이 되고자 하는 방식을 확인할 수 있다는 것이다. 저자들은 이 모순의 개념이 CHAT나 더 일반적으로는 마르크스시스트의 사고와는 관계없이 상당히 유용하다는 것을 발견했지만 연구자들은 공상주의자나 다른 사회변화 이론가들과 이 접근이 상당히 다르다는 것을 염두에 두어야만 한다.

학습공학에서의 CHAT

Vygotsky는 개인(혹은 개인 더하기 자극)을 유의미한 분석단위로 다룬 행동주의와 전통적 심리분석/자기성찰에 대응했으나, 1980년대 후반에 와서 Vygotsky의 사회심리학은 정신에 관한 인지과학적 시각의 새로운 비평에 대응할 수 있는 가능성 때문에 다시 주목받기 시작했다. 인지심리학의 초기 30년을 지배했던 상징적 처리 모형은 앎이란 감각을 통한 정보의 투입, 두뇌에서의 정보처리, 정보의 저장(안다는 것은 기억의 기능), 정보의 인출과 회상의 과정으로 간주되어 왔다(Derry & Steinkuehler, 2006; Gardner, 1987 참조). 정신의 이해에 있어 서로 관계가 있는 변화는 감각이 적극적으로 정보를 구성하고(Gibson, 1979 참조), 지식은 우리의 감각과 경험에 연계되어 심오하게 구현되며(Glenberg & Robertson, 2000 참조), 지식은 경험을 통해 개별적으로 독특하게 구성되고(von Glaserfeld, 1996), 지식은 도구에 의해 함께 구성되며(물질과 문화, Gee, 1992; Pea, 1991 참조), 지식은 사회적 과정(특히 앎의 방식을 정당화하는 공동체)을 통해 창출되고(Scardamalia & Bereiter, 1994), 지식은 광범위한 사회·문화·역사적인 (따라서 정치적인) 관심에 연계된 사회적 실천을 통해 재구성된다는(Lave & Wenger, 1991) 깨달음을 포함한 소위 '사회적 전환'을 가져왔다. 요약하자면 기존 모델은 정신을 디지털 컴퓨터로 보았다면, 인지과학 연구의 새 흐름은 이 비유의 단점들을 밝혀낸 것이다.

인지과학자(이후 학습공학자)들이 인지를 사회적 상황에 놓여진 것으로 간주한 것처럼 Vygotsky의 사회문화 심리학은 실험실을 통해서만 학습이 연구될 수 있는 것이 아니라 복잡한 일상 환경에서도 학습을 연구할 수 있다는 지적 전통을 제공했다(Anderson, Reder, & Simon, 1996; Derry & Steinkuehler, 2006; DeVane, Durga, & Squire, 2009; Gee, 2000/2004, Greeno, 1997; Hutchins, 1995; Kirshner & Whitson, 1997; Moss, Pullin, Gee, Haertel, & Young, 2005; Wertsch, 1998 참조). Vygotsky의 문화심리학을 향한 관심은 Vygotsky나 Dewey가 그랬던 것처럼 인간의 인지에 대한 연구의 중심에 문화적 배경을 두려하는 것이다(Cole, 1996). 이 시기에 이 접근을 유형화한 획기적인 연구는 멕시코의 치클고무 판매인에 대한 연구(Walkerdine, 1990), 바이(Vai)족[1] 재단사 간의 도제관계를 통한 학습에 대한 연구(Goody, Cole, & Scribner, 1977), 식이요법 다이어트 프로그램 참여자들에 대한 연구(Lave, 1988) 등이다. Lave와 Wenger(1991)의 합법적 주변 참여는 이러한 연구들을 종합하여 참여(습득에 반대되는 것으로서)의 비유를 통해 학습을 설명하고자 했으며, 인간 활동의 많은 부분에서 학습은 신참이 점차 진정한 사회적 실천의 중심이 되어 가는 사회적 과정을 통해 일어난다고 주장했다.

이 맥락에서, CHAT는 그러한 공간에서 학습을 개념화하기 위한 틀로 관심을 얻기 시작했다. Vygotsky에게 영감을 얻은 학습설계의 가장 영향력 있는 사례인 5th Dimension 프로젝트에서 CHAT는 프로그램을 주기적으로 이해하고 개선하기 위해 활용되었다(Cole, 2006 참조). 5th Dimension에서는 아동들이 문해력 개발을 지원하기 위해 설계된 방과 후 컴퓨터 동아리에 자발적으로 참여할 수 있다. 5th Dimension은 교육과정 목표를 내재한 환상적인 미로를 통해 서로 연계되어 있는 디지털 게임부터 읽기 자료

----

1) 역주: 라이베리아와 시에라리온 지역의 인종집단이다.

까지 다양한 활동의 네트워크다. 설계상 5th Dimension은 분산적이고 비선형적이며 다양한 기호에 부응하도록 설계된, 상호작용을 통한 학습을 촉진하기 위한 것이다. 또한 5th Dimension 사이트는 공동체 구성원(특히 예비 교사)들이 아동들을 위한 동료와 멘토 역할을 하도록 유도한다.

5th Dimension: CHAT기반 설계

5th Dimension(5thD)[2]은 지금까지 가장 많이 연구된 학습공학 관련 교육적 처치 중의 하나이며, 다양한 접근으로 100편이 넘는 연구 논문이 발표되었다(Cole, 2006; Mayer, Schustack, & Blanton, 1999 참조). 이 연구들을 통해 많은 통찰을 얻을 수 있었지만, CHAT 관점에서 가장 중요한 것은 그 자체로서 독특한 활동 시스템을 창출하기에 5thD와 같은 특정한 교육적 처치가 제한적이라는 것이었다. 5thD의 지역 프로그램 운영자가 설명한 바에 따르면 다음과 같다.

> 원래 5thD는 학습과 발달에 관한 이론, 아동이 무엇을 학습해야 하는 가에 대한 문화기반의 관점, 아동과 성인 사이에 잘 수립된 상호작용 양상을 잘 알고 있는 성인에 의해 개발되었다. 그러나 다른 환경에 있는 성인은 다른 관점, 목적, 이론을 갖고 있다. 지역 YMCA에서는 성인(부모, 감독, 상담자)이 학습자가 태도, 차이, 복종을 배우는 데 중요한 역할을 하는 것으로 보인다. '옳은 방식으로' 도구와 다른 기구를 활용하는 것이 중요하다.
>
> (Brown & Cole, 2002)

----

2) 역주: 1980년대 지역 커뮤니티 센터와 대학이 연계하여 개발한 방과 후 프로그램으로, 다양성과 컴퓨터 테크놀로지에 기반을 두고 아동 발달 관련 최신 이론들을 실제 학습환경에 적용해 보고자 한 것이다.

이는 고전적 유형의 CHAT 분석 방법이며, 연구주체 집단(5thD를 설계한 Cole과 동료들)이 자신들의 흥미에 맞는 개방형 과제에서 성인들과 함께 공동활동에 참여하는 학습자와 멘토들을 상상해 본 것이다. 반대로 프로그램을 활성화하는 지역 주체들은 아동들이 활동시스템의 객체로서 심어 준 가치를 필요로 한다는 모델을 지지하고 있다. 서로 다른 주체와 객체의 이러한 모순을 이해하는 것은 연구자들이 프로그램을 어떻게 발전시켜 가야 하는지 이해할 수 있게 해 준다.

5thD 실행과 관련된 연구결과는 이 중재 자체가 새로운 활동 시스템을 저절로 구성해 주지는 못한다는 것이다(아니면 5thD가 실패한 것일 수도 있다). 오히려 교육적 중재(독서 프로그램이나 디지털게임)는 주체가 객체를 변형하는 데 사용할 수 있는 도구와 유사하다. 유의할 것은 활동 시스템에서 요소 간의 화살표가 양방향을 가리키는 것은, 도구가 어떤 특정 조건하에 활동 시스템이 새로운 객체를 향하도록 영향을 미치는 모순을 창출할 수도 있다는 것을 보여 주고 있는 것이다. 학생들이 학교에 가지고 다닐 수만 있다면 모바일 전화기가 그러한 도구가 될 수 있다고 저자들은 주장한 바 있다(Squire & Dikkers, 2011 참조). 그러나 방과 후 수업처럼 광범위한 학교 체제의 부분 안에 완전히 새로운 활동 시스템을 만든다는 것은 쉽지 않다는 것이 밝혀졌다(Squire, MaKinster, Barnett, Luehmann, & Barab, 2003과 비교하라). 오히려 모순을 규명하고 이를 해결할 수 있는 변화를 유도하는 설계-연구-설계 주기를 통해 학습공학은 활동 시스템을 더 잘 이해하고 목표에 부합하는 새로운 활동 시스템을 설계하는 데 공헌할 수 있을 것이다.

대학과정 재설계 틀로서 CHAT

Barab, Thomas, Dodge, Squire, Newell(2002)은 가상 태양계 프로젝트

(virtual solar system: VSS)에서의 학습을 연구하기 위해 CHAT를 활용했다. VSS는 교수자, 연구자, 학습 과학자들이 가상 체계 입문이라는 강의 중심 대학 수업을 3D 모델 개발을 통해 천문학을 배우도록 협력적으로 재설계했을 때 어떤 결과를 가져오는지를 연구한 것이다. 연구자들은 수업 중 비디오에 녹화된 학생들을 관찰했고, 이는 장 시간 동안 개인의 행위와 집합적 활동의 상호 관계에 대한 논거를 만들 수 있게 해 주었다. 예를 들어 미시적 분석을 통해 연구자들은 초기 활동 객체인 비례축소와 같은 개념이 어떻게 만들어지고 도구로 활성화되는지 시범을 보여 주었다. 이론적으로 이 연구는 활동 시스템 안의 행위와 활동의 **프랙탈적**(fractal)[3] 특성을 이해하는 데 도움이 되었고, 연구자들이 상황 속에서 어떻게 이해가 일어나고 미래 행위를 위한 도구로 활용되는지 보여 주기 위해 개인과 집단의 행위를 집단적 활동에 연계할 수 있게 해 주었다.

그러나 Cole의 5thD에서처럼 CHAT의 분석력은 시스템 안에서 변화를 끌어내는 모순을 조망하는 능력에 있을 것이다. 과정 초기에, 3D 모델을 만드는 것을 배우는 것과 천문학을 배우는 사이의 모순은 활동 시스템의 객체 내 가장 주요한 모순으로 나타났다. 학습자와 교수자 모두 천문학에 대한 이해를 향상하는 데 초점을 맞춘 활동을 원했으나 3D 모델링 도구의 어려움은 3D 모델 만들기를 배우는 것을 객체 주도적 활동이 되어 버리게 했다. 이 분석 결과를 제시했을 때 교수자들은 도구를 보다 점진적으로 소개하는 새로운 초기 과제(정식 규칙)를 만들어서 시스템이 **천문학을 학습하**는 쪽으로 발전해 가도록 했다. 모순은 **분업**에서도 드러났다. 학습자들은 집단으로 과제를 수행해야 했는데 교수자와 대학 당국은 학점을 개별적으로 부여했다. 심지어 도구를 배우거나 모델을 구축하는 데 있어서 객체를 변형하는 데 직접적으로 유용하지 못했던 교수자와 같은 자원은 오히

---

3) 역주: 작은 구조가 전체 구조와 비슷한 형태로 끝없이 되풀이되는 구조를 말한다.

려 거부되었다. 예를 들어 교수자가 천문학의 역사에 대해 짧은 강의를 수차례 제공했고 연구자들도 이를 매우 높게 평가했지만, 모델을 만드느라 지친 학생들은 이를 별로 유용하다고 여기지 않았다.

이 사례에서 CHAT의 분석력을 통해 연구자들이 무엇을 얻어야 하는가 잠시 생각해 볼 필요가 있다. 결국 복잡한 3D 모델링 도구가 천문학 수업에 도입되었다면 문제가 생길 것은 자명한 일이 아닌가? 성적 체계가 학습, 집단의 역동성, 보다 광범위한 관심을 고려하여 설계되지 못한 것이 문제다.

실제로 CHAT는 이런 양상을 탐색할 수 있는 유일한 방법도 아니고 해결책을 제시해 줄 수 있는 것도 아니지만, 그 분석력은 이러한 영향력을 감지, 설명, 예측, 고려할 수 있는 틀을 제공해 준다. 복잡한 3D 모델링 도구 사례에서 CHAT는 연구자들이 이 문제를 단순히 도구가 너무 복잡하기 때문이라고 보지 않고 주어진 과제, 규칙, 도구의 부조화라는 것을 볼 수 있게 해 주었다. 더 중요한 것은 CHAT가 연구자와 교수자들이 그러한 모순을 시스템 변화의 동인으로 알아차리게 해 준다는 것이다. 갈등 때문에 프로그램을 '버리'거나 쉬운 답을 찾기보다는 CHAT는 연구자들이 물러나서 시스템을 전체로서, 시스템의 객체를 설계된 대로 또한 다양한 주체 집단이 경험한 대로 고려하며 살펴보게 해 준다. CHAT는 (특히 설계)연구자들에게 분석 렌즈를 제공하여 자신들이 설계한 교육적 처치의 질을 이해하고 수정안을 제시할 수 있도록 전체로 조망해 볼 수 있게 해 준다. 중요한 것은 연구자들에게 시스템 내의 주체로서 자기 자신의 목표뿐 아니라 학생, 행정가, 교사 등 다양한 집단을 포함한 다른 집단 구성요인을 살펴볼 수 있게 해 준다는 것이다. Engeström(2001)은 [그림 10-5]를 통해 이를 표현하고자 했는데, 여기서는 적어도 두 개의 다른 주체 그룹이 활동 시스템을 어떻게 경험하는지 CHAT 연구자들이 탐색해야 하는 방법을 보여 준다.

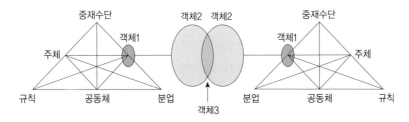

| 그림 10-5 | 대화에서 활동 시스템

출처: Engeström (2001).

Virtual Solar System 프로젝트의 첫 번째 주기가 끝나고, Barab와 동료들은 과정을 특징짓는 영향력이 큰 모순([그림 10-5] 참조)에 주목하고, 전체 과정이 새로운 교육학을 마음에 담고 재설계한다 해도 활동 시스템에 다양한 가치를 담은 새로운 테크놀로지를 도입하는 것은 어렵다는 것을 다시 한 번 강조했다. 모델링 기반의 교육과정을 채택하는 것은 많은 변화를 의미한다. 첫 번째는 학습자를 주체로 생각하게 하는 상황이다. 대부분의 학생들은 정보를 수동적으로 받아들고 학점 이수 요구사항만 만족하면 될 것이라는 기대로 과정에 들어온다. 많은 학생이 과학에 약간의 호기심이나 흥미를 갖고 있다 해도 이해를 구축하고 검증하는 자기주도적 방식으로 자신들이 학습한 것을 가지고 모델구축 공동체에 적극적으로 참여하게 되리라는 기대를 하지는 않는다. 유사하게, 모델링 기반 공동체로의 이러한 변화는 교수자가 전혀 의도하지 않았던 과정 참여의 측면을 급격하게 변화시켰다. 예를 들어 Barab와 동료들은 자신들의 모델이 어떻게 구축되었는지 자세히 설명하는 집단 글귀를 만들어 냈던 어떠한 참여자도 매우 깊은 이해를 생성한다는 것을 발견했는데, 이는 다른 참여자들이 결과를 실행하는 역할로 물러났기 때문이었다. Barab는 더 넓은 대학 시스템에서 학생들을 분류하고 이윤을 창출해야하는 기능을 생각해 보았을 때, 그러한 입문 과정이 변화하게 될 가능성에 대해 의문시하며 결론을 내렸다.

디지털 미디어에 적용된 CHAT

초기 디지털 미디어와 학습 분야에서 연구자들이 디지털로 매개된 친교 공간이 어떻게 기능하는지 이해하고 그에 기반하여 학습환경을 설계함에 따라 CHAT의 역할은 조정되었다. 이 패러다임에서(Steinkuehler, Squire & Barab, 2011 참조), 비디오 게임 공동체 같은 디지털 친교 공간이 학습에 중요한데, 이는 ① 학습은 흥미(혹은 열정)에서 나오고(Gee, 2003), ② 학습은 암기가 아니라 개방·폐쇄적 문제를 해결하는 데서 나오며(Gee, 2005; Steinkuehler, 2006), ③ 학습자들은 다른 연령과 능력 수준의 동료들과 상호작용함으로써 느슨한 사회적 연계를 더 넓혀 가고(Steinkuehler, 2004); ④ 학습자들은 게임 플레이의 서비스에 있는 다양한 도구를 통제할 수 있으며(Steinkuehler & Duncan, 2009), ⑤ 학습이 적시학습의 공고한 네트워크를 통해 지원되기(DeVane, Durga, & Squire., 2010) 때문이라고 했다. 이미 몇몇 연구자들이 Engeström이나 Barab처럼 3세대 CHAT를 적용해 보기는 했지만 Gee, Steinkuehler, Squire 같은 게임 연구자들은 사례 연구나 담화 연구 등으로 사회·문화 분석을 해 왔다.

이러한 연구 패러다임이 어떤 것인지 보여 주는 예시는 디지털 게임 플레이어들이 둥지를 튼 Apolyton 대학공동체(Apolyton.net)라고 할 수 있다. 기존 연구(Squire & Giovanetto, 2008; Squire, 2011)에 근거해서 짧게 설명하면 Apolyton 대학은 온라인 비형식 '대학'으로 2000년대 초 Civilization III 사용자들에 의해 시작되었다. Civilization III(Civ3)은 자원을 모으고, 도시를 세우고, 다른 컴퓨터 통제 플레이어들과 협상하면서 6,000년 역사의 문명을 이끄는 유명한 턴 제(turn-based) 전략 게임[4]이다. 이 대학

---

4) 역주: 적과 내가 서로 '차례(turn)'를 주고받으면서 승부를 겨루는 전략 시뮬레이션 게임을 총칭하는 장르명을 말한다.

은 베테랑 플레이어인 Theseus가 온라인 협력 및 경쟁을 할 수 있는 다음 확장 팩에 대비하기 위한 기술을 더 다지기 위해 이를 배울 수 있는 공동체를 찾으면서 만들어졌다.

핵심 공동체는 Apolyton.net 사이트에서 시작되었다. 플레이어들은 이전에 가장 재미있고, 정확하고, 균형 잡힌 게임을 만들기 위해 규칙을 '다시 쓰는' 편집 도구를 활용하는 '왕 중 왕' 전에 참여했었다. 요약하면, 그들은 '박스에서 나온' 상태 그대로의 게임에는 만족하지 못했고, 그것을 고치고 싶어 했다. Civ3가 플레이어들이 규칙을 다시 쓸 수 있도록 해 주는 편집 기능을 가지고 있었기 때문에 이것이 가능했다.

몇 주 후 공동체는 몇 백 명의 학생으로 성장하게 되었다. 플레이어들은 사용자들이 전투를 하지 않고도 이길 수 있게 하는 'Give Peace a Chance(평화 찬스)' 같은 주제로 과정을 설계하기에 이르렀다. 각 과정에서 플레이어들은 에디터로 만든 저장된 게임 파일을 다운로드 받고, 자신들의 게임에 노트를 달고, 예시 화면을 스크린 캡처하고, 이를 During-Action-Reports 형태로 게시판에 올렸다. 대부분의 리포트는 행위를 설명하기 위한 간단한 내러티브를 게시하거나, 자신들이 하고 있는 것과 관련된 플레이어 공동체에 질문을 올리거나, 게임의 기본 기술 통계(인구비율과 경제 성장 등) 같은 것들을 공유하는 것이었다.

곧 12개의 과정들이 생겨났다. 대학은 스스로 교육과정위원회를 조직해 핵심 교육과정을 수립했다. Civ3의 프로그래머 리더였던 Firaxis 게임사의 Soren Johnson이 합류하여 우후죽순으로 생겨난 것들의 알고리즘에 리버스 엔지니어링(reverse engineering)[5] 같은 새로운 도전을 안기기에 이르렀다. 이어 학장을 선출했다.

---

5) 역주: 개발이 완료되어 유지보수가 이루어지고 있는 소프트웨어 시스템의 구성요소를 알아내고, 구성요소들 간의 관계를 식별하며, 대상(object) 시스템을 분석하는 과정을 말한다.

18개월 후, 대학에 대한 관심이 시들해지기 시작했다. 부분적으로 공동체는 Civ3의 가능성에 지쳤다. 한 참여자의 말에 따르면 별로 배울 것이 없었다고 한다. 공동체가 해체된 이유 중 하나는 Civ3을 능가하는 Civ4를 개발하는 데 구성원들이 고용된 탓도 있었다. Civ4의 설계 리더인 Soren Johnson은 Apolyton에 크게 감명을 받아 Civ3만큼 Civ4가 개선될 수 있도록 100명의 '베타 테스터'를 뽑아 그들만의 '왕 중 왕' 전을 펼치게 했다. 결과적으로 다수의 플레이어가 Firaxis에 정식 직원으로 고용되었다.

피상적으로 CHAT를 적용해 보면 즐거움을 경험하고, 도전감을 느끼고, 기술을 개발하고, 사회적 네트워크를 확장하기 위해 자신들을 보다 더 유능한 Civ 플레이어로 만들기 위해 이런 활동에 참여했던 Theseus 같은 학생들을 주체로 간주할 수 있다([그림 10-5] 참조). 그들은 게임, 에디터와 같은 다양한 도구를 활용했고, 또한 플레이어들이 저장된 게임을 편집할 수 있는 Civ3MultiTool(Gramphos가 개발), 게임 규칙이나 게임 규칙을 편집하는 것을 설명하는 열성 사용자들이 만든 튜토리얼이나 아트팩(포토샵 등으로 제작한 것) 등 공동체가 개발한 다양한 모델링 도구들도 활용했다. 공동체는 또한 다양한 상황에서 쓸 수 있는 전략으로 알려진 REXing이나 Alex's Archer Rush 같은 개념적 도구도 개발했다. 공동체는 새로운 용어로 코드화된 지식을 설명하기 위한 용어사전도 개발했다. 이러한 물리적·개념적 도구는 시스템에 지속적으로 피드백을 제공하는 활동 시스템의 성과가 된다.

공동체는 비록 자발적으로 생겨난 것이기는 하나 참여를 중재하는 형식적·비형식적 규칙이 있다. 누구나 과정을 제안하고 참여할 수 있도록 개방적이지만, 과정을 제안하고 승인받는 공식 절차가 있다. 비형식적 규칙은 참여자들 간의 상호작용을 조정하기 위해 생겨났다. 대부분의 게시물은 2~5시간 안에 답글이 올라간다. 현재 사태나 정치에 대해 토론하기를 꺼리는 것과 같은 행동을 중재하는 비형식 규칙도 생겨나는데, 국제적인 공동체이기 때문에 이라크 전쟁 같은 그 당시 사태에 대해 매우 다양한 견해를 갖고 있었기 때문이다. 결과적으로 비록 개인적으로 그런 시도를 했을지는 몰라도 참여자들은 현재 사태에 대한 이야기를 하는 도구를 사용하지 않고 Apolyton 내에서 게임에 관해서만 이야기하게 되었다. 역사에 대해 이야기하는 데 게임을 사용하는 것이 보편화되면서 사용자들은 역사적으로 정확한 시나리오와 Apolyton에서 재미 요소로 만들어진 것 사이에서의 차이를 지적하기도 했다. 이렇게 자발적이고 즉석에서 생겨난 조직임에도, 공동체의 전반적인 건전성을 지원하고, 내용, 도구, 새로운 경험을 요구하는 등에 있어 위원회와 학장들 사이에 분업이 이루어졌다. 1년 간의 연구에서 174명의 플레이어가 대학에 참여하였다.

이와 같은 간략한 설명을 통해 활동 시스템으로서의 Apolyton 대학의 면모를 볼 수 있다. 플레이어들이 스스로 완벽하다고 느낄 때까지 자신들의 기술을 향상시키고 게임을 발전시켜 새로운 모델과 구조를 만들어 내려는 욕구와 같이 모순은 공간에서의 활동을 유도했다. 결국 플레이어 자신이 발전하면 더 많은 사람이 베타 테스트나 게임 설계와 같은 새로운 활동 시스템에 들어가게 되고 정식 게임 디자이너로 일자리를 얻게 된다. 학습공학자로서 저자들은 새로운 지식과 도구가 생겨나고 시스템으로 바로 적용되어 가는 신속성과 플레이어들이 자신들을 객체로서 발전시켜 가는 정도에 매우 감명받았다. 학교와는 다르게 기업들은 시스템이 만들어 낸 새로운 성과가 다른 시스템에 적용되는 생성적인 특성을 보여 준다. 이 생성적인 특성은 Apolyton 포럼, 공동체의 활동을 지원하기 위해 활용된 도구(게시판, 게임 모델링 도구, 게임 시스템 등), 공동체 활동의 객체, 그 공동체 내의 개별적 주체 간의 변증법적 관계에서 나온 것이다. 활동 시스템의 직접적인 범주 밖에서도 이러한 생성성은 이 활동 시스템과 다른 활동 시스템과의 대화를 통해 나온 것이다. Aoplyton에서의 학습과 활동은 합의된 목적을 위해 특정한 도구들을 활용하여 공동체 활동을 한 결과다.

결론: 학습공학 설계를 위한 CHAT의 활용

가장 기본적인 수준에서 CHAT는 "활동은 직접적으로 객체에 대해 행해진 형태이며 활동은 객체에 의해 서로 구분된다"고 한다(Kuutti, 1996, p. 26). 다시 말해 활동은 사람 혹은 어떤 목적에 대해 어떤 것을 행하는 사람으로 구성된다. 따라서 학습은 이 행함과 행함이 일어나는 사회 체제와 밀접하게 연계된다. CHAT에 따르면 학습공학은 문제없이 지식을 사용자에게 전달하는 매체가 아니라, 활동을 통해 성취되는 학습을 구조화하고 매개하는 도구다. CHAT는 학습공학을 '교수 기계'가 아닌 행함을 통한 학습의 '지원 체제'라고 본다(Kuutti & Arvonen, 1992 참조). 학습은 관찰이 아닌 행함에 의해서 성취되는 것이며 학습공학은 그 행함을 지원하고 구조화하는 역할을 한다.

Leontiev와 Kharkov 학파의 활동이론 개념부터 CHAT는 계속해서 추상적이고 상징적인 현상뿐 아니라 실제 일상세계에서 일어나고 실천되는 어떤 것으로서 인간의 사고를 이해하고자 했다. 교실, 업무현장, 병원과 같은 곳에서 인지에 대한 연구는 학습활동을 위한 도구의 중요성과 도구와 테크놀로지가 학습을 어떻게 돕는지 결정짓는 활동 시스템의 중요성을 이해하는 데 도움을 주었다. 학습이나 학습공학은 추상적이거나 스스로 완결하지 않으며, 오히려 큰 사회 체제에 내재된 풍부한 문화역사와 함께 하는 현상이고 다양한 의도와 목적을 가진 사람들에 의해 수행 또는 활용되는 것이다. 요약하자면 활동이론은 실험실에서 일어나는 이상적이고 정형화된 추상이 아닌, 도구와 테크놀로지를 활용한 학습의 복잡하고 어지러운 실재를 이해하고자 하는 것이다.

활동이론의 가장 큰 이점 중 하나는 활동의 생태계에 학습공학을 위치시키는 것이 아니라 교사, 설계자, 학자들에게 실제 세계의 복잡성과 산만함 속에서 학습공학이 하는 역할을 체계적인 방법으로 이해하게 해 주는 데 있다. 많은 교육자와 교수설계자는 학습공학의 성공은 학습 맥락에서 실제로 어떻게 활용되었느냐에 달려 있다고 결론 내리곤 하지만, 그러한 이해로부터 어떤 결론을 도출해야 할지 상상하기는 쉽지 않다. 어떻게, 어디서, 왜 활용되었느냐에 성공이 좌우되는 학습공학의 설계란 무엇이란 말인가? 만약 테크놀로지를 활용한 수업이 어지러운 실제 세계를 실현한 것과 같아서 배우는 것에 아무 도움을 주지 못했다고 누가 뭐라고 할 것인가? 활동이론은 이러한 질문에 대한 대답으로 학습공학자들에게 테크놀로지를 활용한 학습이 활동을 통해 어떻게 일어나는지 이해하기 위한 구조를 제공하고 있으며, 그 유용성은 실제 세계에서의 학습의 "정신없는 엄청난 혼동"(James, 1981, p. 462)을 이해하기 위한 문법을 제공하는 능력에 달려 있다.

【 참고문헌 】

Anderson, J. R., Reder, L. M., & Simon, H. A. (1996). Situated learning and education. *Educational Researcher, 25*(4), 5.

Bakhurst, D. (2009). Reflections on activity theory. *Educational Review, 61*(2), 197-210.

Barab, S., Thomas, M., Dodge, T., Squire, K., & Newell, M. (2004). Critical design ethnography: Designing for change. *Anthropology & Education Quarterly, 35*(2), 254-268.

Barab, S. A., Barnett, M., Yamagata-Lynch, L., Squire, K., & Keating, T. (2002). Using activity theory to understand the systemic tensions characterizing a technology-rich introductory astronomy course. *Mind, Culture, and Activity, 9*(2), 76-107.

Barsalou, L. (1999). Perceptual symbol systems. *Behavioral and Brain Sciences, 22*(4), 577-660.

Brown, K., & Cole, M. (2002). Cultural historical activity theory and the expansion of opportunities for learning after school. In G. Wells & G. Claxton (Eds.), *Learning for life in the 21st century: Sociocultural perspectives on the future of education* (pp. 225-238). New York: Blackwell.

Cole, M. (1996). *Cultural psychology: A once and future discipline*. Cambridge: Harvard University Press.

Cole, M. (2006). *The fifth dimension: An after-school program built on diversity*. New York: Russell Sage Foundation.

Cole, M., & Engeström, Y. (2007). Cultural-historical approaches to designing for development. *The Cambridge handbook of sociocultural psychology*, 484-507.

Collins, A., & Halverson, R. (2009). *Rethinking education in the age of technology: The digital revolution and schooling in America*. New York: Teacher's College Press.

Conner, D. B., Knight, D. K., & Cross, D. R. (1997). Mothers' and fathers' scaffolding of their 2-year-olds during problem-solving and literacy interactions. *British Journal of Developmental Psychology, 15*(3), 323-338.

Cunningham, D. J. (1998). Cognition as semiosis. *Theory & Psychology, 8*(6), 827.

Derry, S. J., & Steinkuehler, C. A. (2006). Cognitive and situative theories of learning and instruction. *Encyclopedia of cognitive science*. New York: John Wiley & Sons.

Dewey, J. (1938). *Logic: The theory of inquiry*. New York: Henry Holt and Company.

DeVane, B., Durga, S., & Squire, K. (2009). Competition as a driver for learning. *International Journal of Learning and Media, 1*(2). Retrieved from http://dx.doi.org/10.1162/ijlm.2009.0018

DeVane, B., Durga, S., & Squire, K. (2010). 'Economists who think like ecologists': Reframing systems thinking in games for learning. *E-Learning and Digital Media, 7*(1), 3-20.

Engeström, Y. (1987). *Learning by expanding: An activity-theoretical approach to developmental research*. Orienta-Konsultit Oy.

Engeström, Y. (1993). Developmental studies of work as a testbench of activity theory: The case of primary care medical practice. *Understanding practice: Perspectives on activity and context*, 64-103.

Engeström, Y. (1999). Activity theory and individual and social transformation. In Y. Engeström, R. Punamäki-Gitai, R. Miettinen, & R. Punamäki (Eds.), *Perspectives on activity theory* (pp. 19-38). Cambridge: Cambridge University Press.

Engeström, Y. (2001). Expansive learning at work: Toward an activity theoretical reconceptualization. *Journal of Education and Work, 14*(1), 133-156.

Engeström, Y., & Middleton, D. (Eds.). (1998). *Cognition and communication at work*. New York: Cambridge University Press.

Gardner, H. (1987). *The mind's new science: A history of the cognitive revolution*. New York: Basic Books.

Garfinkel, H. (1967). *Studies in ethnomethodology*. Englewood Cliffs, NJ: Prentice-Hall.

Gauvain, M. (2001). *The social context of cognitive development*. New York: Guilford Press.

Gee, J. (1992). *The social mind: Language, ideology, and social practice*. New York: Bergin & Garvey.

Gee, J. (2000). The new literacy studies and the 'social turn'. In D. Barton, M.

Hamilton, & J. Ivanic (Eds.), *Situated literacies: Reading and writing in context* (pp. 180-196). New York: Routledge.

Gee, J. P. (2003). *What video games have to teach us about learning and literacy.* New York: Palgrave Macmillan. Retrieved from http://www.amazon.com/Video-Games-Teach-Learning-Literacy/dp/1403961697

Gee, J. (2005). Semiotic social spaces and affinity spaces. In D. Barton & K. Tusting (Eds.), *Beyond communities of practice: Language power and social context* (pp. 214-232). Cambridge: Cambridge University Press.

Gibson, J. J. (1979). *The ecological approach to perception.* Boston: Houghton Mifflin.

Glaser, B., & Strauss, A. (1967). *The discovery of grounded theory: Strategies for qualitative research.* Chicago: Aldine.

Glenberg, A., & Robertson D. (2000). Symbol grounding and meaning: A comparison of high-dimensional and embodied theories of meaning. *Journal of Memory and Language, 43*(3), 379-401.

Goody, J., Cole, M., & Scribner, S. (1977). Writing and formal operations: A case study among the Vai. *Africa: Journal of the International African Institute, 47*(3), 289-304.

Greeno, J. (1997). On claims that answer the wrong questions. *Educational Researcher, 26*(1), 5.

Hutchins, E. (1995). *Cognition in the wild.* Cambridge, MA: MIT Press.

James, W. (1981). *Principles of psychology.* Cambridge, MA: Harvard University Press.

Kaptelinin, V. (1996). Activity theory: Implications for human-computer interaction. In B. A. Nardi (Ed.), *Context and consciousness: Activity theory and human-computer interaction* (pp. 103-116). Cambridge, MA: MIT Press.

Kaptelinin, V., & Nardi, B. A. (1997). Activity theory: Basic concepts and applications (pp. 158-159). Presented at the CHI' 97 extended abstracts on Human factors in computing systems: Looking to the future, ACM.

Kirshner, D., & Whitson, J. A. (1997). *Situated cognition: Social, semiotic, and psychological perspectives.* Mahwah, NJ: Lawrence Erlbaum.

Kozulin, A. (1986). Vygotsky in context. In A. Kozulin (Trans.), *Thought and language*. Cambridge, MA: MIT Press.

Kuutti, K. (1996). Activity theory as a potential framework for human-computer interaction research. In B. A. Nardi (Ed.), *Context and consciousness: Activity theory and human-computer interaction* (pp. 17-44).

Kuutti, K., & Arvonen, T. (1992). Identifying potential CSCW applications by means of activity theory concepts: A case example (pp. 233-240). *Proceedings of the 1992 ACM conference on Computer-supported Cooperative Work*, ACM.

Lave, J. (1988). *Cognition in practice: Mind, mathematics and culture in everyday life*. Cambridge: Cambridge University Press.

Lave, J., & Wenger, E. (1991). *Situated learning: Legitimate peripheral participation*. Cambridge: Cambridge University Press.

Leander, K. M., & Lovvorn, J. F. (2006). Literacy networks: Following the circulation of texts, bodies, and objects in the schooling and on line gaming of one youth. *Cognition and Instruction, 24*(3), 291-340.

Lemke, J. (1990). *Talking science: Language, learning, and values*. Westport, CT: Ablex.

Leont' ev, A. N. (1981). *Problems of the development of the mind*. Moscow: Progress.

Leontiev, A. (1977). Activity and consciousness: Philosophy in the USSR, problems of dialectical materialism. In N. Schmolze & A. Blunden (Trans.), Moscow: Progress Publishers.

Leontiev, A. (1978). *Activity, consciousness, and personality* (M. Hall, Trans.), Englewood Cliffs, NJ: Prentice-Hall.

Luria, A. R. (1976). *Cognitive development, its cultural and social foundations*. Cambridge, MA: Harvard University Press.

Marx, K., & Engels, F. (1998). *The German ideology: Including theses on Feuerbach and introduction to the critique of political economy*. Amherst, NY: Prometheus Books.

Mayer, R. E., Schustack, M. W., & Blanton, W. E. (1999). What do children learn from using computers in an informal, collaborative setting? *Educational Technology, 39*, 27-31.

Mead, G. H. (1934). *Mind, self and society.* Chicago: University of Chicago Press.

Moss, P. A., Pullin, D., Gee, J. P., & Haertel, E. H. (2005). The idea of testing: Psycho metric and sociocultural perspectives. *Measurement: Interdisciplinary Research & Perspective, 3*(2), 63-83.

Nardi, B. (1996a). Studying context: A comparison of activity theory, situated action models, and distributed cognition. *Context and consciousness: Activity theory and human-computer interaction* (pp. 69-102). Cambridge, MA: MIT Press.

Nardi, B. A. (1996b). *Context and consciousness: Activity theory and human-computer interaction.* Cambridge, MA: MIT Press.

Pea, R. (1993). Practices of distributed intelligence and designs for education. In G. Salomon (Ed.), *Distributed cognitions: Psychological and educational considerations* (pp. 47-87). Cambridge, UK: Cambridge University Press.

Peirce, C. S. (1998). Ed. N. Houser and C. J. W. Kloesel. Bloomington: Indiana University Press .

Scardamalia, M., & Bereiter, C. (1994). Computer support for knowledge-building communities. *Journal of the Learning Sciences, 3*(3), 265-283.

Squire, K. (2011). *Video games and learning: Teaching and participatory culture in the digital age.* New York: Teachers College Press.

Squire, K., & Dikkers, S. (in review) *Amplifications of learning: Use of mobile media devices among youth, 18*(4), 445-464.

Squire, K., & Giovanetto, L. (2008). The Higher Education of Gaming. *E-Learning, 5*(1), 2-28.

Squire, K. D., MaKinster, J. G., Barnett, M., Luehmann, A. L., & Barab, S. L. (2003). Designed curriculum and local culture: Acknowledging the primacy of classroom culture. *Science Education, 87*(4), 468-489.

Steinkuehler, C. A. (2006). Massively multiplayer online video gaming as participation in a discourse. *Mind, Culture, and Activity, 13*(1), 38-52.

Steinkuehler, C. A., & Duncan, S. (2009). Informal scientific reasoning in online virtual worlds. *Journal of Science Education & Technology,* 530-543.

Tyack, D. B. (1974). *The one best system: A history of American urban education.* Cambridge, MA: Harvard University Press.

Van der Veer, R., & Valsineer, J. (1993). *Understanding Vygotsky: A quest for synthesis*. New York: Wiley-Blackwell.

Von Glasersfeld, E. (1996). *Radical constructivism: A way of knowing and learning*. New York: Routledge.

Vygotsky, L. S. (1978). *Mind in society: Development of higher psychological processes* (14th ed.). Cambridge, MA: Harvard University Press.

Vygotsky, L. S. (1979). The development of higher forms of attention in childhood. *Journal of Russian and East European Psychology, 18*(1), 67-115.

Vygotsky, L. S. (1981). The development of higher forms of attention in childhood. In J. V. Wertsch (Ed.), *The concept of activity in soviet psychology*. Armonk, NY: Sharpe.

Walkerdine, V. (1990). Difference, cognition, and mathematics education. *For the Learning of Mathematics, 10*(3), 51-56.

Wenger, E. (1999). *Communities of practice: Learning, meaning, and identity*. Cambridge: Cambridge University Press.

Wertsch, J. V. (1998). *Mind as action*. New York: Oxford University Press.

11장

학습공동체:
연결을 위한 이론적 기반

Janette R. Hill

눈송이만큼 독특하게, 학습공동체는 수없이 많은 방법으로 만들어진다.

(Frazier, 2006, p. 21)

서론

학습을 촉진하고 지원하기 위해 공동체를 창출하는 것은 학습자를 위한 학습경험을 증진시키는 방법을 모색해 온 많은 교육자에게 오랜 관심사였다. 기업(Lave & Wenger, 1991)부터 다문화(Nieto, 1999) 교육상황, 테크놀로지에 따라 면대면 환경(Greyling & Wentzel, 2007 참조)부터 온라인 환경(Tu, Blocher, & Roberts, 2008)까지 여러 시기와 분야에 걸쳐, 관심의 영역은 매우 다양하다. 특히 온라인 학습이 발달하면서 교육영역에서 학습공동체 개념에 대한 관심이 집중되고 있다. 지난 10여 년간 소셜 네트워킹 도구들의 발달(Burgess, 2009 참조)에 힘입어 관심이 지속되어 온 온라인 학습환경에서 공동체를 창출하는 데 가장 선두적인 저자들은 Palloff와 Pratt(2004)였다.

학습공동체 창출이 모두에게 오랜 관심사이기는 하지만, 공동체 형성은 여전히 쉬운 일은 아니다. Jonassen(1995)은 어떤 교육환경에서나 공동체를 만드는 것이 가장 어려운 것 중의 하나라고 했다. 이 어려움은 특히 온라인 상황에서 더 큰 것으로 지적되기도 했다(Tu, Blocher, & Roberts, 2008; Burgess, 2009). 다른 어려움은 공동체와 학습공동체를 정의하는 일이다. 다음 절에서 이에 대한 조작적 정의를 위한 이론적 기반을 살펴보도록 하겠다.

공동체와 학습공동체의 정의

공동체와 학습공동체는 다양한 방법으로 정의된다. 가장 근본적인 수준에서 공동체는 물리적인 혹은 가상의 공간을 의미하며 또한 사회적 집단(클럽, 조직 등)을 의미하기도 한다. 초기 정의에 따르면 공동체는 "그냥 두면 활용되지 않을 수도 있는 감정과 에너지의 수준을 가볍게 자극해 주는 것"이다(Manning, Curtis, & McMillen, 1996, p. 3). 또한 Komito(1998)는 "공동체는 '우리는 그게 어떤 건지 좀 알고 있는' 그런 방식 이외에 정의하기는 어렵다"(p. 97)고 했다. "공동체는 형태나 기능이 고정된 것이 아니며 외부의 제한사항이 변화하는 환경 속에서 개인들에 의해 언제나 협상되는 의미와 구체성에 있어 다양한 선택이 가능한 것"이라는 의미다(Komito, 1998, p. 105).

학습공동체 또한 다양한 정의가 있다. Komito의 정의는 초기 정의를 위한 기반을 제공해 준다. 학습공동체는 개인적 · 집단적으로 이해하고자 하는 노력에 모두가 참여하는 학습문화다(Bielaczyc & Colling, 1999). 최근에 Yang, Yeh, Wang(2010)은 본래 Wenger와 동료들이 제시했던 정의를 제안하였는데, "Wenger, McDermott, Snyder(2002)는 학습공동체를 '주제에 대한 관심, 문제, 열정을 함께하는 집단이며, 지속적인 상호작용 과정을 통해 지식과 전문성의 깊이를 더해 가는 집단이다'(p. 4)라고" 정의했다 (pp. 287-288). 두 정의의 기반이 되는 것은 학습과정을 촉진하기 위해 함께 일하는 사람들의 집단이라는 생각이다.

학습공동체와 관련된 다른 구분을 해 볼 수도 있다. 어떻게 구성되는가? Hannafin 등(2003)은 원격교육의 맥락에서 직접적(directed), 협상적(negotiated), 비형식적(informal) 학습환경을 구분한 바 있다. Hannafin, Hill, Land, Lee에 따르면 다음과 같다.

> 직접적 원격 학습환경은 특정 분야나 공동체의 규준과 실천에 따라 학습 목적과 방법이 결정되는 권위적 주체가 있는 것이다. 객관주의 관점에서 전문가와 교수자는 학습자가 특정 지식과 기능을 획득하는 것을 확인하기 위한 일정한 교수전략과 평가전략을 제공한다. 협상적 원격 학습환경은 권위 있는 주체가 사전에 목적과 방법을 수립하되, 학습자들의 우선순위와 균형을 맞추어 절충적으로 결정하게 된다. 비형식적 원격 학습환경은 학습자 자율성의 범위가 커진다. 학습자가 개인적 학습 목적, 과정, 전략을 선택하고 자신의 학습을 평가하는 데 책임을 진다. (Hannafin et al., 2003, p. 246-247)

학습공동체 형성의 유형에도 유사한 구분이 적용된다. 예를 들면 전문가나 교수자에 의해 촉진된 학습공동체(Wilson Ludwig-Hardman, Thornam, & Dunlap, 2004)는 직접적이거나 제한적이라고 할 수 있다. 교실이나 훈련 상황과 같은 형식적 학습환경에 학습공동체를 형성하려고 하는 경우가 이에 해당한다.

학습공동체도 협상적일 수 있다. 형식적 학습환경을 다시 살펴보면, 아마도 공동체는 교수자에 의해 시작되겠지만, 학습자는 학습공동체를 위한 규준이나 기대를 설정하는 데 적극적으로 참여할 수 있다. 마지막으로 비형식 혹은 자발적(Wilson et al., 2004) 학습공동체는 진화하거나 성장하는 특성을 보인다. 학습의 80% 이상이 테크놀로지 발전 동향에 따라 비형식적으로 일어난다고 하며, 이는 이전 어느 때보다 명백해 보인다. 최근 들어 웹 2.0이나 소셜 네트워킹 테크놀로지에 의한 비형식 학습공동체 형성의 엄청난 발달만 보아도 알 수 있다. Nielsen Company(NielsenWire, 2011)에 의하면 2008년에서 2009년 사이 82퍼센트 성장한 소셜 네트워킹 테크놀로지의 활용은 어떻게 학습공동체가 형성되고, 기능하고, 성장해 갈 것인지에 대한 지속적인 관심과 함께 향후 10년간 더욱 발전할 것으로 예측했다.

많은 사람이 공동체와 학습공동체에 대해 이해하고자 오랫동안 노력해 왔음은 분명하다. 교실에서의 수백 년간의 경험을 포함하는 이러한 노력에도 불구하고, 공동체 구축을 위한 최선의 방법은 알려져 있지 않다. 학습공동체와 관련된 논의의 범위는 학습에서의 중요성부터 소속감(Moore & Kearsley, 1996; Palloff & Pratt, 1999)에 이르고, 학습공동체는 절대 생겨나지 않는다는 주장도 있었다(Cook, 1995). 실제로 학습공동체의 가치에 대한 옹호론에도 불구하고 저자조차도 학습과정이 일어나는 데 공동체가 꼭 필요한지에 대해 의문을 제기하기도 했다(Hill, 2002). 절대적인 지지든 회의적인 관점이든 학습공동체 창출을 위한 특정한 이론과 전략 및 기법을 탐색해 보는 것은 잠재적 영향력이 있는 이 학습전략을 개발할 수 있을 것인가를 알아보는 데 도움이 될 것이다.

학습공동체 사례

학습공동체는 형식적인 것에서 비형식적인 것까지 여러 분야, 다양한 맥락에서 찾아볼 수 있다. 학습공동체를 구성하는 핵심 이론들을 살펴보기 전에 잘 확립된 학습공동체부터 신생 학습공동체까지 몇 가지 사례를 살펴보고자 한다.

가장 잘 알려진 형식적 학습공동체의 예 중 하나는 **지식포럼**일 것이다. 지식포럼은 '지식 구축 공동체'라는 아이디어에서부터 출발했다 (Scardamalia & Bereiter, 1991). 지식포럼은 초·중·고등학교뿐 아니라 고등교육에서도 활용되고 있으며 공동체에서 학습자들이 함께 모여 집단적인 아이디어를 개발하고 확장해 가는 것을 강조한다. 웹 기반 도구를 활용하여 학습자들은 토론 중인 주제와 관련된 아이디어나 노트를 게시한다. 학습자들은 공유된 아이디어에 대해 코멘트를 하거나 정교화하고, 다양한 관점을 생성하기 위해 자신의 아이디어뿐 아니라 다른 사람의 아이디어를 재조직하기도 한다(Scardamalia & Bereiter, 2006). **지식포럼**은 학습자의 이해와 지식 구축을 촉진해 주며, 보다 큰 학습공동체의 이해와 지식을 넓히는 데도 기여할 수 있게 한다.

학습공동체는 **지식포럼**과 같은 환경의 구조 없이도 수업 내에서 만들어질 수 있다. Hudson, Hudson, Steel(2006)은 디지털 미디어 수업에 국제적 온라인 학습공동체를 수립한 예를 제시했다. 네덜란드와 영국의 대학 간 제휴 석사과정인 이 프로그램의 목적은 국제적 팀을 이루어 협력하도록 하는 것이다. 이를 촉진하기 위해 두 대학에서 각각 대표 학생들이 팀을 이루어 협력적으로 프로젝트를 수행한다. 학습자들은 온라인과 면대면으로 다양한 활동에 참여한다. 학습자들은 비디오 컨퍼런싱, 온라인 채팅, 이메일 등과 같은 다양한 도구를 활용하여 국제 팀 구성원들과 함께 학습 과정에 참여하며 학습공동체 구축을 위해 노력한다. 언어, 문화, 정체성과 같은 이슈가 공동체 관련 연구 후에 지적되기는 하였으나, 이 프로그램은 학습환경을 복잡하게 공들여 만들지 않아도 학습공동체가 수립될 수 있음을 보여 주는 좋은 예다.

비형식 학습공동체는 그 숫자와 대중성에 있어 지속적으로 성장하고 있다. 비형식 학습공동체는 교사 전문성 개발(Lock, 2006), 신입 사원(Blaaka & Cathrine, 2006), 자동차 판매 및 서비스 요원(Land, Draper, Ma, Hsui, Smith, & Jordan, 2009) 등 다양한 공동체를 지원하기 위해 개발되어 왔다. 웹 2.0 테크놀로지의 지속적인 확장이 가장 전도 유망한 사례 중 하나를 만들었다. Brown과 Adler(2008)는 다양한 웹 2.0 테크놀로지를 활용함으로써 어떻게 학습공동체를 형성할 수 있는지 제안했다. 또한 비형식 학습환경은 "전통적 학교가 수업에 지정된 주제만을 제공하는 것과는 달리 온라인상에서 다룰 수 있는 주제의 '목록'은 거의 무한하다. 이미 수천수만의 자료와 모듈이 온라인상에서 제공되며 정기적으로 추가되고 있다. 나아가 어떤 주제든 학생이 관심만 있다면 그 관심을 공유하는 사람이 있는 온라인 실천공동체가 안성맞춤이다" (p. 12)

Brown과 Adler(2008)가 논의하였던 바에 해당되는 예는 Inside Teaching이라는 '학습과 수업에 관심이 있는 교사, 전문 개발자, 다른 교육 전문가들을 위한 학습공동체를 지원하기 위해 설계된' 사이트다(http://gallery.carnegiefoundation.org/insideteaching/). 수업 개선을 위한 카네기재단(Carnegie Foundation for the Advancement of Teaching)의 후원으로 Inside Teaching은 교육자들에게 다음과 같은 기회를 제공한다.

수업 사례를 담은 멀티미디어 사례 목록들을 살펴보세요. 교사 교육을 위한 수업 사례들을 보며 다른 사람들의 관점을 배울 수 있습니다. 자신의 교수 학습경험을 함께 공유하고, 여기에서 제시된 작업들의 보다 큰 맥락을 보여 주는 자료와 자원들을 검색해 보세요. 이 사이트는 그 자체로서 학습환경이고 '살아 있는 기록'이며 방문자들의 참여에 의해 계속 성장해 갈 수 있습니다.

Inside Teaching에 참여함으로써 교육자들은 자신의 실천과 지식기반을 확장시킬 뿐 아니라 다른 사람들의 실천과 지식기반을 확장시킬 수 있도록 적극적으로 기여하게 된다.

학습공동체의 이론적 기반

많은 사람이 학습공동체와 관련하여 이론을 구축하기 위해 노력해 왔다. 어떤 이론은 실천공동체와 같은 특정한 유형의 공동체를 구축하기 위한 것이지만, 사회적 실재감과 같이 원격교육과 관련된 이론에서부터 시작된 것들도 있다. 대부분의 이론은 학습이 어떻게 일어나는가에 관한 사회적 구성주의 관점에서 왔다. 다음 절에서 사회적 구성주의 이론, 사회적 상호의존성, 사회적 실재감, 자기주도 학습과 같은 이론이 학습공동체의 구축에 어떤 도움을 주는지 탐색해 보고자 한다. 활동이론(10장 참조)이나 실천공동체(2장, 12장 참조)와 같은 이론들도 있으나, 이 장에 포함하지는 않는다.

사회적 구성주의 이론

사회적 구성주의 이론은 구성주의에 기반하여 다른 사람과의 상호작용이 학습과정에 어떤 영향과 효과를 가져오는지에 대한 논의를 확장하였다. 아마도 사회적 구성주의나 학습공동체에 가장 큰 영향을 준 이론가는 Vygotsky(1978)일 것이다. 특히 Vygotsky의 근접발달영역(zone of proxi mal development: ZPD) 개발이나 스캐폴딩이 가장 중요한 고려 대상이다.

근접발달영역은 혼자서 혹은 다른 사람의 도움을 받아서 수행할 수 있는 개인의 능력과 관련된 것이다. Vygotsky(1978)에 의하면, ZPD는 "독립적으로 문제를 해결할 수 있는 실제 수준과 어른의 가르침이나 좀 더 잘하는 동료와의 협력을 통해 문제를 해결하는 잠재적인 수준 간의 차이다"(p. 86) 스캐폴딩은 ZPD와 직접적으로 관련된 용어로 학습자가 과제에 참여하고 있는 동안 주어진 지원이나 도움에 관한 것이다. 학습자가 과제에 더 능숙해지고 혼자 문제를 해결할 수 있는 단계로 발전할 수록 지원은 점점 줄어든다.

사회적 구성주의 관점은 개별적 학습자의 상호의존성과 학습하고 있는 맥락을 강조한다. 특정한 맥락에서 공동체를 형성하게 해 주는 것이 학습자 간의 상호작용이기 때문에 ZPD와 스캐폴딩은 매우 중요한 고려 사항이다. 예를 들어 학습공동체에 처음 들어온 구성원은 해결책을 찾기 위해 구성원들에게 도움을 요청할 수 있다. 처음에 이 초심자는 ZPD의 연속체에서 가장 끝에 위치하겠지만, 좀 더 유능한 동료나 전문가가 해결책을 찾는 데 의미 있는 스캐폴딩을 제공해 주게 된다. 시간이 지날수록 초심자는 전문가가 되어 가면서 ZPD 연속체에서도 가장자리를 벗어나 이동하게 되며 궁극적으로는 스캐폴딩이 더 이상 필요하지 않게 될 것이다.

Coyle(2007)은 학습자가 학습전략을 개발하는 데 있어 사회적 맥락의 역할을 탐색하였다. 이 연구는 특히 학습공동체가 언어학습 전략을 개발할 때, 외국어를 배우는 학습자에게 어떤 도움을 주는지에 관한 것이었다. 결과에 따르면 풍부한 학습 (사회적)맥락과 연계될 때, 학습자는 학습에 있어 매우 강력한 잠재력을 보여 주었다.

사회적 구성주의에 관한 더 큰 이론적 기반과 더불어 학습공동체가 어떻게 형성되고, 성장하고, 수행하는지에 대한 통찰을 제공하는 미시적인 접근들도 많이 있다. 최근 들어 온라인 공동체의 성장과 관련해 큰 관심을 불러일으키는 것이 다음 절에서 설명하고 있는 사회적 실재감이다.

사회적 실재감

구성원 간의 연결은 학습공동체의 형성과 성장을 위한 요소다. 사회적 실재감 이론은 이러한 연결이 공동체 안에서 어떻게 일어나는지 탐색하고 있다. 간단히 말해, 사회적 실재감은 "상호작용에서 상대방을 인식하고 이에 따라 상호적 관계를 평가하는 정도다"(Williams & Christie, 1976, p. 66). 최근 들어 Tu(2002)는 이를 "온라인 환경에서 학습자가 경험하는 공동체에 대한 느낌에 대한 척도"(p. 131)로 정의했다.

사회적 실재감에 대해 느끼는 정도는 학습공동체의 기능에 영향을 준다 (Gunawardena & Zittle, 1997; Tu, 2004). Tu와 McIsaac(2002)은 온라인 수업에서 사회적 실재감과 상호작용의 관계에 대해 연구했다. 연구 결과 온라인 수업에서 51명의 학생들은 사회적 실재감이 상호작용에 영향을 준다고 했다. 연구자들은 참여의 빈도가 사회적 실재감을 높여 주는 것은 아니며 사회적 실재감에 영향을 주는 것은 사회적 맥락, 온라인 커뮤니케이션, 상호작용의 세 가지 차원이었다. 이를 높이기 위한 전략을 개발하는 것은 사회적 실재감에 영향을 준다.

Greyling과 Wentzel(2007)은 3,000명의 학생이 수강하는 테크놀로지 활용 수업에서 사회적 실재감을 연구했다. 면대면 수업 외에 교수자는 온라인 환경을 만들어 학습자들이 경제학 주제에 대한 아이디어들을 게시할 수 있게 했다. 온라인 환경은 수업과 직접 관련이 없는 정보를 교환할 수 있는 사회적 공간이기도 했다. 논문에 서술하기를 "사회적 실재감을 형성하는 것은 기대한 것 이상의 긍정적인 효과가 있었다. 본래의 의도는 과목과 상관없이 토론 게시판을 흐려 놓는 주제를 줄이기 위해 분리된 공간을 만들고자 한 것이었다. 결과적으로 더 많은 학생이 토론에 참여하고 서로의 글을 읽었으며 사회적 공간에서 느낀 긍정적인 느낌이 경제학이라는 주제와 연계되기 시작했다"(p. 664) 연구자들은 사회적 실재감이 높아짐에 따라 과목에서 교수와 학습의 기반이 형성되기 시작했다고 설명했다.

사회적 실재감은 '저절로 생겨나는 것'은 아니다. '연결되어 있다는 느낌'을 촉진하는 방법을 찾는 것은 학습공동체 효과에 핵심적인 역할을 할 것이다. 사회적 상호의존성 이론은 어떻게 이것이 가능한지에 대해 통찰을 제공해 준다.

사회적 상호의존성

학습공동체의 주요 특성은 공동체 구성원들이 협력할 뿐 아니라 다양한 방법으로 협동한다는 것이다. 사회적 상호의존성은 협동학습의 기저 이론이다. 이는 매우 길고 깊은 역사를 갖고 있는데, Koffka와 Lewin에서 시작하여 20세기 들어 Johnson과 Johnson이 이후 이론을 발전시켜 나간다 (Johnson, Johnson, & Holubec, 2009). Johnson과 Johnson(2009)에 따르면, "사회적 상호의존성은 자신과 다른 사람의 행동이 개인의 성과에 영향을 미칠 때 나타난다"(p. 366) 또한 "두 가지 유형의 사회적 상호의존성이 있는데, 개인들의 행위가 공동의 목표 성취에 긍정적인 영향을 미치는 경우와 서로의 목표를 성취하는 데 개인들의 행위가 부정적인 영향을 미치는 경우다"(p. 366)

학습공동체에서 긍정적인 상호의존성을 촉진하는 것은 개인뿐 아니라 전체 공동체를 위해서도 매우 중요하다. Hudson, Hudson, Steel(2006)은 국제 온라인 학습공동체에서 상호의존성을 위한 외적인 촉진에 대해 연구했다. 이 맥락에서 "잘 조화를 이룬 상호의존성"을 설계하여 "그룹 구성원 누구나 조사, 정교화, 변화시킬 수 있는 공유된 목표, 분업, 공동 활동을 포함한 진정한 상호의존성에 기반하는 것이 바로 협력"(p. 735)이라고 했다. 연구 결과 학습공동체에 관해 언어, 문화, 정체성을 포함하여 개인과 집단 수준에서 몇 가지 이슈가 제기되었다. 연구자들은 학습에 대한 평가보다는 학습을 위한 평가를 강조해야 함을 인식하고 평가의 중요성을 강조했다. 사회적 상호의존성의 틀 안에서 과제를 수행하게 되면 학습 맥락의 많은 부분이 다양한 수준에서 영향을 받는다.

사회적 상호의존성 이론은 학습공동체의 구성원이 상호작용을 위해 효과적이고 보다 의미 있는 환경을 어떻게 만들 수 있는지 설명할 수 있게 해 준다. 학습공동체가 형성되는 더 큰 맥락도 또한 중요하다. 상황학습 이론이 이 부분에 대한 이해에 도움을 줄 수 있다.

상황학습

상황학습 관점에 따르면, 의미는 맥락과 독립하여 존재하지 않으며 오히려 맥락이 의미를 형성하고 정의한다(Brown, Collins, & Duguid, 1989). 보다 구체적으로 학습은 특정한 사회적 맥락에 처해 있으며(Brown, Collins, & Duguid, 1989; Wenger, 1989) 인지는 개인, 도구, 객체 사이에 분산되어 있고(Pea, 1993; 2004, Salomon, 1993) 학습공동체 안에서 지식과 학습은 상호작용적 커뮤니케이션과 촉진된 협력을 통해 통합된다. 상황학습 관점에서 아는 것(knowing)과 알려진 것(which is known)은 분리되지 않는다. 실천, 의미, 정체성은 서로 긴밀하게 연계되어 있으며 특정한 맥락에서 동시에 구성된다(Barab & Kirschner, 2001; Kirshner & Whitson, 1997). 상황적 맥락에서 학습은 학습자가 지식의 실제적 유용성을 인식하고 실제 세계의 문제를 분석하고, 해석하고, 해결하기 위해 노력하는 데 있어 인지적으로 이를 활용하고자 할 때 일어난다(Hannafin, Hill, Land, & Lee, 2013).

Espinoza(2009)는 **상황학습**이라는 렌즈를 통해 전자공학 워크숍과 개별 프로젝트를 하는 학생들을 인터뷰하고 관찰했다. 학생들은 활동과 문제해결, 질의응답을 통해 지식을 구성했다. 학생 간 상호작용과 교사(더 유능한 동료)와의 상호작용이 일어났다. 이를 지원하고 상호작용을 가능하게 하는 것이 학습공동체의 핵심적인 특징이다.

상황학습의 좀 더 큰 맥락으로부터 학습공동체의 개인이라는 중요한 요소를 살펴볼 필요가 있다. 자기주도 학습과 자기조절 이론의 두 가지를 다음 절에서 설명하겠다.

자기주도 학습과 자기조절 이론

이 장에서 계속 언급하듯, 학습은 "환경, 사회적 상호작용, 개인의 신념, 지식, 태도에 의해 큰 영향을 받는다"(Dierking, 1991, p. 4) 학습공동체에서 개인을 논할 때 이는 특히 중요하게 염두에 두어야 할 사항이다. 학습공동체라는 집단에 더 초점을 맞추게 되지만 개인은 공동체를 형성하게 하는 기반이다. 학습공동체 맥락에서 학습자를 지원하는 방법에 대한 이해를 돕는 두 가지 이론은 자기조절 학습과 자기주도 학습이다.

자기조절(self-regulation)은 자기효능감, 동기, 메타인지 등과 같은 개인의 특성 모두를 아우르는 개념이다. 각 특성은 다양하게 연구되고 있으며 (Lim & Kim, 2003; Loiver & Shaw, 2003, Song & Hill, 2009 참조), 대다수의 연구는 모든 요소가 학생들의 학습경험에 중요한 역할을 한다는 것이다. 개인의 자기효능감은 인지적 몰입의 특성과 질에 영향을 줄 수 있다. 자기효능감이 높을수록 학습공동체와 같은 사회적 맥락에 개인이 더 잘 참여할 수 있다(Pajares, 1996). 공동체의 일원이 되고 싶은 동기 또한 매우 중요한 고려 사항이다. 학습공동체의 구성원은 미루거나 꾸물대는 것 같은 도전을 극복하고(Elvers, Polzella, & Graetz, 2003 참조) 의미 있는 상호작용을 위해 보다 큰 공동체의 의사소통 유발성을 잘 이용함으로써(King, 2002) 온전하게 참여하고자 하는 동기가 있어야만 한다. 마지막으로 학습공동체 구성원은 학습과정에서 다양한 면을 판단해 봄으로써 자신들이 아는 것과 모르는 것이 무엇인지 자각할 수 있어야 한다.

자기주도 학습(self-directed learning)은 학습공동체 내의 개인의 상호작용과 학습에 대한 시사점이 많은 이론이다. 역사적으로 자기주도 학습은 과정(예컨대, Mocker & Spear, 1982)이라는 관점과 개인적 속성(예컨대, Garrison, 1997)이라는 관점에서 연구되어 왔다. 자기주도 학습 연구는 1990년 후반에 매우 활발했지만 고등교육에서 온라인이 급증하면서(The Sloan Consortium, 2004), 학습공동체와 같은 특정한 맥락에서 자기주도 학습이 필요하다는 데 몇몇 학자들이 주목하면서 21세기 들어 다시 크게 부활하고 있다(예컨대, Hartley & Bendixen, 2001; Whipp & Chiarelli, 2004; Robertson, 2011).

Robertson(2011)은 블렌디드형 온라인 학습공동체에서 자기주도 학습을 지원하기 위한 테크놀로지 활용에 관해 연구했다. 113명의 컴퓨터 공학과 학생들은 보다 광범위한 학습공동체와 면대면 상호작용을 하는 기회를 연장하기 위해 블로그를 활용하였다. 연구 결과 학습자들은 자기주도 학습력이 신장되었을 뿐 아니라 학습공동체에서 서로 돕는 데도 도움이 된 것으로 나타났다.

학습공동체 구축과 관련된 이슈와 도전 사항

면대면이든 온라인이든 간에 학습공동체를 개발하는 것은 쉽지 않다. 시간이 오래 걸리며 학습공동체 모든 구성원의 관심이 필요하다. 또한 온라인 학습공동체의 맥락에서 특히 광범위하게 연구되어 온 상호작용이 필요하다. 실제로 상호작용은 학습경험에서 핵심 요소로 간주되고 있다

(Garrison & Cleveland-Innes, 2005). 학습공동체 참여자들은 다른 참여자, 보다 유능한 타인이나 전문가 그리고 내용과 상호작용을 한다(Garrison & Cleveland-Innes, 2005; Moore, 1989). 상호작용을 촉진하는 것은 학습공동체에서 매우 중요하다.

실재감을 구축하는 것 또한 중요하다(Tu, 2004). 다수의 연구가 사회적 실재감(Tu & McIsaac, 2002 참조), 학습 실재감(Shea & Bidjerano, 2010 참조) 등 다양한 형태의 실재감에 관해 다루고 있다. Garrison과 동료들은 다양한 형태의 실재감을 통합하기 위해 거시적인 틀을 제안하였다. 탐구공동체 틀(community of inquiry framework)은 사회적·인지적·교수적 실재감(Garrison & Arbaugh, 2007; Garrison, Anderson, & Archer, 2010 참조)을 포함한다. 이 틀이 원래는 온라인에서의 교육적 경험을 지원하기 위해 설계된 것이지만, 담화를 촉진하고, 내용을 선정하고, 분위기를 형성한다는 주요 특성은 학습공동체에서도 핵심적인 요인들이다. 학습공동체에 사회적·인지적·교수적 실재감을 가능하게 하고 지원하는 것은 쉬운 일이 아니다.

학습공동체의 목표는 중요하게 생각해 볼 이슈다. 학습공동체는 풀뿌리 운동처럼 나타날 수도 있다. 처음에는 뚜렷한 목표도 없다가 학습공동체에 대한 요구에 의해서 시간이 지남에 따라 성장할 수도 있다. 학습공동체는 한편 의도적으로 구성될 수도 있는데, 공동체의 유형도 중요하게 생각해 볼 문제다. 예를 들어 Garrison과 동료들이 제안한 탐구공동체로 만들어 가고 싶어 할 수도 있고, 특정한 목적을 위한 실천공동체로 만들어 가고 싶을 수도 있다. Wenger(2006)에 의하면 실천공동체는 "자신들이 하고 있는 어떤 것에 대한 관심이나 열정을 공유하고 정기적으로 상호작용함에 따라 더 잘하게 되는 법을 배우게 되는 사람들의 모임"(p. 1)이다. 이 같은 관점에서 보면 모든 학습공동체가 실천공동체는 아니며, 학습공동체의 목표에 대해 숙고해 볼 필요가 있다.

학습공동체 형성에 있어 또 다른 도전 사항은 기본 가정에 있다. 예를 들어 물리적 학습환경에서의 학습공동체에 관한 연구가 부족한 상황에서, 온라인 학습환경에서보다 면대면 학습환경에서 학습공동체가 더 쉽게 형성될 수 있다고 가정하기도 한다. 저자를 포함하여 몇몇 연구자들은 이는 잘못된 가정이라 주장하고 싶지만, 전통적인 면대면 학습환경에서 하루하루 혹은 몇 주 지나는 동안 상호작용을 통해 공동체가 형성된다는 점을 부인할 수는 없다. 인간의 사회적 속성은 연결이 일어나게 하고 때로는 이를 요구하게도 한다.

학습공동체는 면대면 학습환경에서 일어난다는 가정이 있기는 하지만 일대일 상호작용의 부족과 같은 중요한 도전 사항은 여전히 존재한다. 실제로 면대면 학습환경에서 학습공동체가 직면하는 도전은 온라인 학습환경에서도 마찬가지다. 그러나 온라인 환경에서는 상호작용의 특성과 유형 때문에 생겨나는 이슈들이 더 많은데, 테크놀로지나 시간(비실시간 커뮤니케이션)과 관련된 문제가 예가 될 수 있다. 다행히 학습공동체를 구축할 수 있는 전략들이 기존 연구에 의해 제시되고 있어 이를 적용해 볼 필요가 있다.

학습공동체 구축: 전략과 기법

앞에서 언급했듯이 학습공동체는 '저절로 생겨나는 것'은 아니며, 공동체의 생명주기 동안 계획과 지속적 관리 및 유지가 필요하다(Hill, Rave, & Han, 2007). 기존 연구(Hill, 2002)에 따르면 학습공동체 환경, 시간, 테크놀로지의 세 가지 측면에서의 도전이 있다. 각 부분에 대해서 효과적이고 효율적인 공동체를 구축하기 위한 제언으로 제시하고자 한다.

학습공동체 환경

학습공동체를 위한 환경에서 고려해야 할 몇 가지 주요한 요소가 있다. 사회문화적 이론에 따르면, 학습자가 상호작용하고 공유하는 데 있어 '안전하다'고 느낄 수 있게 하는 것이 매우 중요하다(Guldberg & Pilkington, 2006). 안전한 환경을 갖는 것은 학습자가 자신들이 지원을 받고 있다는 것을 알기 때문에 성장하고 때로는 위험을 감수할 수도 있게 하는 맥락을 조성한다. 또한 안전한 환경을 갖는 것은 보다 큰 공동체와 개인의 사회적 실재감을 촉진함으로써 학습자들이 '진짜 자신'으로 참여하게 하는 데도 도움을 준다(Greyling & Wentzel, 2007).

사회적 상호의존성 관점에서 보면 학습자들이 참여할 수 있게 하는 공동의 기반을 갖는 것이 중요하다(Johnson & Johnson, 2009). 상호작용을 위한 기본 규칙을 제정하는 것 등이 포함될 수 있다. 공동의 기반으로 다져진 환경을 제공하는 것은 학습자들이 공동체에서 자신의 역할을 이해하고 때로는 다른 역할을 탐색해 보게 하는 것을 가능하게 한다. 나아가 "신념, 가치, 지식, 기능을 교환하는 토대"를 제공함으로써(Bird & Sultmann, 2010, p. 43) 관계 형성을 촉진한다(Lock, 2006).

학습공동체 안에 실제 세계의 상황을 만드는 것은 상황 학습관점에서 볼 때 중요한 고려 사항이다. Yang, Yeh, Wong(2010)은 학생들이 작가, 편집자, 시사 해설자 등의 실제 세계 역할을 해 보게 하는 연구를 수행했다. 학생들은 동료의 글을 읽고 편집해 주었으며 동료 편집자로부터 수정한 것을 평가받고 피드백에 근거해 글을 수정했다. 연구 결과 이 과정에 참여한 학생들은 작문 실력이 향상되었을 뿐 아니라 동료와의 상호작용도 개선되었다. 실제 세계를 반영한 학습환경의 구축은 학습공동체의 이러한 학습 과정을 이끌어 줄 수 있다(Reeves, Herrington, & Oliver, 2002 참조).

마지막으로 자기주도 혹은 자기조절 학습을 지원하기 위해 학습공동체

환경은 작업하거나 커뮤니케이션하는 데 있어 '실패해도 괜찮은' 곳이어야 한다(Hill, 2002). 학습자들은 벌받을 두려움 없이 의견을 표현하고 제안 사항을 낼 수 있어야 한다. 이는 학습자가 자신의 개별적 목표를 공동체 맥락에서 세울 수 있게 해 주고, 아마도 안전지대를 벗어나 새 영역으로 뻗어갈 수 있게 해 줄 것이다.

시간

시간은 우리가 갖고 있는 가장 소중한 자원이며 거의 언제나 절박하다. 학습공동체에 참여하는 이들에게도 마찬가지다. 학습자들을 시간적인 측면에서 지원할 수 있는 전략은 많이 있다.

학습자들에게 누군가 '거기 있다'고 확신시켜 줄 필요가 있다(Hill, 2002). 개인 학습자에게 직접적으로 연락하는 것부터 정기적으로 공동체와 뉴스를 공유하는 것까지 다양한 방법이 있다. 학습공동체를 위해 실재감이 중요하다는 것을 다시 한 번 강조해 준다(Tu, 2001).

학습자가 자신의 시간을 관리하도록 도와주는 방법을 찾는 것도 중요하다. 사회적 상호작용이 학습공동체에 핵심적이지만 학습공동체 이외의 것들도 있다는 것을 인식할 필요가 있다. 학습자는 공동체에 주어진 시간을 관리하는 전략(하루에 1~2시간을 상호작용에 참여하는 것)도 개발해야 하지만 한편으로는 자신들이 어떻게 참여할 것인가라는 견지에서 우선순위를 정해 보도록 격려하는 것도 필요하다. 이것이 자기주도적 학습자(Song & Hill, 2009 참조)의 특징이며 학습공동체에서 강화해야 하는 특성이다.

테크놀로지

테크놀로지는 학습공동체가 계속해서 성장하고 진화할 수 있게 해 준다. 최근의 웹 2.0이나 3.0 도구들은 학습공동체가 운영하는 사회문화적 맥락을 보강하고 강화해 준다. 테크놀로지는 또한 쉽고 빠르게 사회적 실재감을 강화해 준다. 블로그나 위키는 몇 초만에 전 세계의 수백만과 연결하여 협력적 지식구축을 할 수 있게 해 준다.

테크놀로지와 관련하여 오래 활용되어 오고 있는 몇 가지 전략이 있다 (Hill, 2002). 첫째, 학습공동체가 면대면이든 온라인이든, 형식적이든 비형식적이든 효율적인 상호작용을 가능하게 해 주는 구조를 만드는 것이 중요하다. 또한 자신에게 학습환경에 참여하는 데 있어 다양한 방법을 제공하여 가장 잘 맞는 것을 선택할 수 있게 하는 것이 중요하다. 마지막으로 학습공동체가 온전히 테크놀로지에 의존하고 있다면 24시간 주 7일 지원하여 사소한 기술적 오류를 최소화하는 것이 중요하다.

테크놀로지와 관련하여 가장 큰 도전 사항은 학습공동체를 촉진하기 위해서 아니면 단순히 학습자의 공동체를 위해서 어떻게 최선의 활용을 할 것인가. 이 구분은 간과할 수 없으며 학습공동체가 지속적으로 성장해 감에 따라 중요하게 고려할 사항이다.

학습공동체의 미래: 결론 및 후속 연구를 위한 제언

학습공동체는 '우리는 우리와 함께하는 동료로부터 배울 수 있다'는 잘 알려진 문구에서 찾아볼 수 있다(Hill, 2002). 앞서 언급했지만 학습공동체를 구축하는 것은 관심과 보살핌을 필요로 한다. 또한 이는 계속해서 진화해 가는 과정이며 특히 공동체가 만들어지는 방법이기도 하다. 이는 앞으로의 연구를 위해 풍부한 맥락을 제공하며 몇 가지 고려해 볼 만한 질문들을 제시해 보면 다음과 같다.

- 학습공동체 구성원들에게 전환학습(transformative learning)[1] 경험을 제공하는 것이 가능한가? 몇몇 학자들은 전환학습과 학습공동체(Jenlink & Jenlink, 2008; Ryman , Hardham, Richardson, & Ross, 2009 참조)를 연구해 왔지만 여전히 보다 많은 연구가 필요한 영역이다.
- 학습공동체에서 문화는 어떠한 역할을 하는가? 전환학습에서 기존 연구는 이 분야에 대해 연구해 왔지만(Hudson, Hudson, & Steel, 2006; Uzuner, 2009), 학습공동체를 지원하거나 도전에 처하게 하는 데 문화가 어떤 역할을 하는지에 대한 보다 깊이 있는 연구가 필요하다.
- 학습공동체에 '너무 많은 학습자'가 있는 것이 가능한가? 소셜 네트워킹 테크놀로지를 활용하는 몇몇 비형식 학습공동체의 구성원은 수만 명이 넘는다. 이해를 구축하고 공유하기에는 학습자가 너무 많은가? 상대가 있다는 것을 알게 하는 커뮤니케이션의 투명성이 가능하기에 학습자가 너무 많은가? 학습 관점에서 이 환경의 효과성을 바라보는 지속적인 연구가 필요하다.
- 학습공동체에 너무도 중요한 구성원들의 공헌을 어떻게 격려하고 보상해 줄 것인가? 개인 구성원의 공헌 없이 학습공동체는 존재할 수가 없다. 이는 공동체 내에 사회적 구조의 중요성을 다시 한 번 강조해 준다(Cho , Lee, Stefanone, & Gay, 2005). 구성원들을 격려하고 동기를 유발시킬 수 있는 요소에 대한 탐색이 필요하다.

----

1) 역주: transformative learning은 심리적(자신에 대한 이해에서의 변화), 신념적(신념 체계의 수정), 행동적(생활에서의 변화) 차원에서의 관점의 변형 과정에 관한 이론에 근거하고 있다.

【 참고문헌 】

Allan, B., & Lewis, D. (2006). The impact of membership of a virtual learning community on individual careers and professional identity. *British Journal of Educational Technology, 37*(6), 841-852.

Barab, S. A., & Kirschner, D. (2001). Guest editor's introduction: Rethinking methodology in the learning sciences. *Journal of the Learning Sciences, 10*(1 & 2), 5-15.

Bielaczyc, K., & Collins, A. (1999). Learning communities in classrooms: A reconceptualization of educational practice. In C. Reigeluth (Ed.), *Instructional design theories and models*(Vol. II pp, 269-292). Mahwah, NJ: Lawrence Erlbaum.

Bird, K. A., & Sultmann, W. F. (2010). Social and emotional learning: Reporting a system approach to developing relationships, nurturing well-being and invigorating learning. *Educational & Child Psychology, 27*(1), 143-155.

Blaaka, G., & Cathrine, F. (2005/2006). A social and cultural approach to newcomers' workplace learning. International: Newcomers' learning process in two different knowledge communities. *Journal of Learning, 12*(2), 63-70.

Brown, J. S., & Adler, R. P. (2008). Minds on fire: Open education, the long tail and learning 2.0. *EDUCAUSE Review, 43*(1). Available online: http://www.educause.edu/EDUCAUSE+Review/EDUCAUSEReviewMagazineVolume43/MindsonFireOpenEducationtheLon/162420

Brown, J. S., Collins, A., & Duguid, S. (1989). Situated cognition and the culture of learning. *Educational Researcher, 18*(1), 32-42.

Burgess, K. R. (2009). Social networking technologies as vehicles of support for women in learning communities. *New Directions for Adult and Continuing Education, 122*, 63-71.

Cho, H., Lee, J.-S., Stefanone, M., & Gay, G. (2005). Development of computer-supported collaborative learning in a distributed learning community. *Behaviour & Information Technology, 24*(6), 435-447.

Cook, D. L. (1995). Community and computer-generated distance learning environments. *New Directions for Adult and Continuing Education, 67*, 33-39.

Coyle, D. (2007). Strategic classrooms: Learning communities which nurture the development of learner strategies. *Language Learning Journal, 35*(1), 65-79.

Dalsgaard, C., & Paulsen, M. F. (2009). Transparency in cooperative online education. *International Review of Research in Open and Distance Learning, 10*(3), 1-22.

Dierking, L. D. (1991). Learning theory and learning styles: An overview. *Journal of Museum Education, 16*(1), 4-6.

Elvers, G. C., Polzella, D. J., & Graetz, K. (2003). Procrastination in online courses: Performance and attitudinal differences. *Teaching of Psychology, 30*(2), 159-162.

Espinoza, S. L. (2009). Practice activities in technological schools: Perspective of situated learning in communities of practice. *International Journal of Learning, 16*(1), 347-357.

Frazier, N. E. (2006). In the loop: One librarian's experiences teaching within first-year learning communities. *College and Undergraduate Libraries, 13*(1), 21-31.

Garrison, D. R. (1997). Self-directed learning: Toward a comprehensive model. *Adult Education Quarterly, 48*(1), 18-33.

Garrison, D. R., & Arbaugh, J. B. (2007). Researching the community of inquiry framework: Review, issues, and future directions. *Internet and Higher Education, 10*, 157-172.

Garrison, D. R., & Cleveland-Innes, M. (2005). Facilitating cognitive presence in online learning: Interaction is not enough. *American Journal of Distance Education, 19*(3), 133-148.

Garrison, D. R., Anderson, T., & Archer, W. (2010). The first decade of the community of inquiry framework: A retrospective. *Internet and Higher Education, 13*, 5-9.

Greyling, F. C., & Wentzel, A. (2007). Humanising education through technology: Creating presence in large classes. *South Africa Journal of Higher Education, 21*(4), 654-667.

Guldberg, K., & Pilkington, R. (2006). A community of practice approach to the development of non-traditional learners networked learning. *Journal of Computer Assisted Learning, 22*, 159-171.

Gunawardena, C. N., & Zittle, F. J. (1997). Social presence as a predictor of satisfaction within a computer-mediated conferencing environment. *American Journal of Distance Education, 11*(3), 8-26.

Hannafin, M. J., Hill, J. R., Land, S., & Lee, E. (2013). Student-centered, open learning environments: Research, theory, and practice. In Spector, M., Merrill, D., Elen, J., & Bishop, M. J. (Eds.), *Handbook of research on educational communications and technology* (4th ed). New York: Springer.

Hannafin, M. J., Hill, J. R., Oliver, K., Glazer, E., & Sharma, P. (2003). Cognitive and learning factors in Web-based environments. In M. Moore & W Anderson (Eds.), *Handbook of distance education* (pp. 245-260), Mahwah, NJ: Lawrence Erlbaum.

Hartley, K., & Bendixen, L. D. (2001). Educational research in the Internet age: Examining the role of individual characteristics. *Educational Researcher, 30*(9), 22-26.

Hill, J. R. (2002). Strategies and techniques for community-building in Web-based learning environments. *Journal of Computing in Higher Education, 14*(1), 67-86.

Hill, J. R., Raven, A., & Han, S. (2007). Connections in Web-based learning environments: A research-based model for community building. In R. Luppicini (Ed.), *Online learning communities* (pp. 153-168). Greenwich, CT: Information Age Publishing.

Hudson, B., Hudson, A., & Steel, J. (2006). Orchestrating interdependence in an international learning community. *British Journal of Educational Technology, 37*(5), 733-748.

Jenlink, P. M., & Jenlink, K. E. (2008). Creating democratic learning communities: Transformative work as spatial practice. *Theory into Practice, 47*, 311-317.

Johnson, D. W., & Johnson, R. T. (2009). An educational psychology success story: Social interdependence theory and cooperative learning. *Educational Researcher, 38*(5), 365-379.

Johnson, D. W., Johnson, R. T., & Holubec, E. (2009). *Circles of learning: Cooperation in the classroom* (6th edn.). Edina, MA: Interaction Book Company.

Jonassen, D. H. (1995). Supporting communities of learners with technology: A vision for integrating technology with learning in schools. *Educational Technology, 35*(4), 60-63.

King, K. P. (2002). Identifying success in online teacher education and professional development. *Internet and Higher Education, 5*(3), 231-246.

Kirshner, D., & Whitson, J. A. (1997). Editors' introduction to situated cognition. In D. Kirshner & J. A. Whitson (Eds.), *Situated cognition: Social, semiotic, and psychological perspectives* (pp. 1-16). Mahwah, NJ: Lawrence Erlbaum.

Komito, L. (1998). The net as a foraging society: Flexible communities. *The Information Society, 14*, 97-106.

Land, S., Draper, D., Ma, Z., Hsui, H., Smith, B., & Jordan, R. (2009). An investigation of knowledge building activities in an online community of practice at Subaru of America. *Performance Improvement Quarterly, 22*(1), 1-15.

Lave, J., & Wenger, E. (1991). *Situated learning: Legitimate peripheral participation.* Cambridge, MA: Cambridge University Press.

Lim, D. H., & Kim, H. (2003). Motivation and learner characteristics affecting online learning and learning application. *Journal of Educational Technology Systems, 31*(4), 423-439.

Lock, J. V. (2006). A new image: Online communities to facilitate teacher professional development. *Journal of Technology and Teacher Education, 14*(4), 663-678.

Manning, G., Curtis, K., & McMillen, S. (1996). *Building community: The human side of work.* Cincinnati, OH: Thomson Executive.

Mocker, D. W., & Spear, G. E. (1982). *Lifelong learning: Formal, nonformal, informal, and self-directed.* Columbus, OH: ERIC Clearinghouse for Adult, Career, and Vocational Education, Ohio State University.

Moore, M. G. (1989). Three types of interaction. *American Journal of Distance Education, 3*(2). Available online: http://www.ajde.com/Contents/vol3_2.htm#editorial

Moore, M. G., & Kearsley, G. (1996). *Distance education: A systems view.* New York: Wadsworth.

Nielsen, W. (2011). Led by Facebook, Twitter, global time spent on social media sites up 82% year over year. Available online: http://blog.nielsen.com/nielsenwire/global/led-by-facebook-twitter-global-time-spent-on-social-media-sites-up-82-year-over-year/

Nieto, S. (1999). *The light in their eyes: Creating multicultural learning communities.* New York: Teachers College Press.

Oliver, M., & Shaw, G. P. (2003). Asynchronous discussion in support of medical education. *Journal of Asynchronous Learning Networks, 7*(1). http://www.aln.org/publications/jaln/v7n1/v7n1oliver.asp

Pajares, F. (1996). Self-efficacy beliefs in academic settings. *Review of Educational Research, 66*(4), 543-578.

Palloff, R. M., & Pratt, K. (1999). *Building learning communities in cyberspace: Effective strategies for the online classroom.* San Francisco, CA: Jossey-Bass.

Palloff, R. M., & Pratt, K. (2004). *Collaborating online: Learning together in community.* San Francisco, CA: Jossey-Bass.

Pea, R. D. (1993). Practices of distributed intelligence and designs for education. In: G. Salomon (Ed.), *Distributed cognitions: Psychological and educational considerations* (pp. 47-87). New York: Cambridge University Press.

Pea, R. D. (2004). The social and technological dimensions of scaffolding and related theoretical concepts for learning, education, and human activity. *Journal of the Learning Sciences, 13*(3), 423-451.

Petrides, L. A. (2002). Web-based technologies for distributed (or distance) learning: Creating learning-centered educational experiences in the higher education classroom. *International Journal of Instructional Media 29*(1), 69-77.,

Reeves, T. C., Herrington, J., & Oliver, R. (2002). Authentic activities and online learning. In A. Goody, J. Herrington, & M. Northcote (Eds.), *Quality conversations: Research and development in higher education* (Vol. 25, pp. 562-567). Jamison, ACT: HERDSA.

Robertson, J. (2011). The educational affordances of blogs for self-directed learning.

Computers & Education, 57, 1628-1644.

Ryman, S., Hardham, G., Richardson, B., & Ross, J. (2009). Creating and sustaining online learning communities: Designing for transformative learning. International Journal of Pedagogies and Learning, 5(3), 32-45.

Salomon, G., (1993). No distribution without individuals' cognition: A dynamic interactional view. In G. Salomon, (Ed.), Distributed cognition: Psychological and educational consideration (pp. 111-138). New York: Cambridge University Press.

Scardamalia, M., & Bereiter, C. (1991). Higher levels of agency for children in knowledge building: A challenge for the design of new knowledge media. Journal of the Learning Sciences, 1(1), 37-68.

Scardamalia, M., & Bereiter, C. (2006). Knowledge building: Theory, pedagogy, and technology. In R. K. Sawyer (Ed.), The Cambridge handbook of the learning sciences (pp. 97-118). Cambridge, MA: Cambridge University Press.

Shea, P., & Bidjerano, T. (2010). Learning presence: Towards a theory of self-efficacy, self-regulation, and the development of a communities of inquiry in online and blended learning environments. Computers & Education, 55, 1721-1731.

Short, J., Williams, E., & Christie, B. (1976). The social psychology of telecommunications. London: John Wiley & Sons.

Sloan Consortium. (2004). Entering the mainstream: The quality and extent of online education in the United States, 2003 and 2004. Retrieved March 10, 2005, from http://www.sloan-c.org/resources/

Song, L., & Hill, J. R. (2009). Understanding adult learners' self-regulation in on line environments: A qualitative study. International Journal of Instructional Media, 36(3), 264-274.

Tu, C.-H. (2002). The measurement of social presence in an online environment. International Journal on E-Learning, 1(2), 34-45.

Tu, C.-H. (2004). Online collaborative learning communities: Twenty-one designs to building an on line collaborative learning community. Westport, CT: Libraries Unlimited.

Tu, C.-H., & McIsaac, M. (2002). The relationship of social presence and interaction in online classes. *American Journal of Distance Education, 16*(3), 131-150.

Tu, C.-H., Blocher, M., & Roberts, G. (2008). Constructs for Web 2.0 learning environments: A theatrical metaphor. *Educational Media International, 45*(4), 253-269.

Uzuner, S. (2009). Questions of culture in distance learning: A research review. *International Review of Research in Open and Distance Learning, 10*(3), 1-19.

Vygotsky, L. S. (1978). *Mind in society*. Cambridge, MA: Harvard University Press.

Wenger, E. (1998). *Communities of practice: Learning, meaning, and identity*. New York: Cambridge University Press.

Wenger, E. (2006). *Communities of practice: A brief introduction*. Available online: http://www.ewenger.com/theory/

Whipp, J. L., & Chiarelli, S. (2004). Self-regulation in a web-based course: A case study. *Educational Technology Research and Development, 52*(4), 5-22.

Wilson, B. G., Ludwig-Hardman, S., Thornam, C. L., & Dunlap, J. C. (2004). Bounded community: Designing and facilitating learning communities in formal courses. *International Review of Research in Open and Distance Learning, 5*(3). Available online: http://www.irrodl.org/content/v5.3/wilson.html

Yang, Y.-F., Yeh, H.-C., & Wong, W-K. (2010). The influence of social interaction on meaning construction in a virtual community. *British Journal of Educational Technology, 41*(2), 287-306.

12장

실천공동체란 무엇이며,
어떻게 지원할 수 있나

Christopher Hoadley

사회적 혹은 상황학습 이론에서 가장 중요한 개념 중 하나가 바로 실천 공동체의 개념이다. 이 개념은 구성주의 개념이나 근접발달 영역의 개념과 같이 학습에 대한 설명적 틀 그리고 교수가 어떻게 제시되어야 하는지에 대한 은유로 사용되어 왔다. 본 장에서는 실천공동체 개념의 역사와 기저 이론의 가정에 대해 설명한다. 그리고 실천공동체를 만들고 유지하면서 확인된 중요한 과정들에 대해 검토하며, 실천공동체의 개념을 다른 사회적 학습 접근법 혹은 지식공동체와 비교하고 대조한다. 마지막으로 테크놀로지를 활용하여 실천공동체를 지원하기 위해 사용해 왔던 몇 가지 기법들을 소개한다.

실천공동체 정의

실천공동체라는 용어는 Lave와 Wenger와 함께 연구하였던 Brown과 Duguid도 사용하였고(Brown & Duguid, 1991), Julian Orr(1990)의 연구와 더 이전에는 Edward Constant(1987)의 연구에서도 찾아볼 수 있지만, 주로 상황학습에 대한 Lave와 Wenger의 획기적인 책을 그 용어의 기원으로 삼는다(Lave & Wenger, 1991). 시간이 지남에 따라, 실천공동체의 개념은 설명적인 것(Lave, 1989; Lave & Wenger, 1991)에서 좀 더 처방적인 것(예컨대, Wenger, McDermott, & Snyder, 2002)으로 진화해 왔다. Cox는 Orr의 본래의 연구가 설명에서 처방으로 초점이 바뀌며 어떻게 다르게 논의되어 왔는지에 대해 잘 분석하였다(Cox, 2007). 실천공동체가 학습 현상인지 혹은 교수 전략인지를 논의하기 전에 실천공동체에 대한 초기 개념 그리고 앎에 대한 이론들, 학습 그리고 테크놀로지에 대해 검토해 보는 것이 도움이 될 것이다.

실천공동체란 무엇인가? Lave와 Wenger의 1991년 연구에서 두 가지 정의가 도출되었으며, 저자는 특성기반 정의와 과정기반 정의로 구분한다.

실천공동체에 대한 특성기반 정의

첫 번째로, 특성기반 정의는 단어 그 자체로부터 나온 것이다. 즉, 실천을 공유하는 공동체라는 것이다. 테크놀로지 수용, 지식 관리 그리고 학습에 대한 인류학적 관점은 학습이 개인의 소유물도 머릿속의 표상(인지적 관점)도 아니며, 맥락과 다른 사람과의 상호작용 안에 존재하는 개인의 관계적인 소유물(상황적 관점)이라고 본다. Orr의 연구는 매뉴얼, 표준 작동 절차, 혹은 공식적으로 배운 것들을 참고할 수 없었던 제록스 복사기 정비사들에 대한 연구를 통해 지식은 전수되는 것이 아니라 함께 구성해 가는 것이라는 것을 보여 주었다. 구성과 이야기 공유를 통해 그리고 함께 문제 해결을 함으로써, 정비사들은 어떻게 복사기를 고칠 수 있을 것인지에 대해 매뉴얼을 통해서보다 훨씬 더 잘 이해할 수 있었다. 혁신과 학습에 대한 이 예시는 전문가 혹은 연구자들이 지식을 생성하고, 그 후 학습자들에게 전수한다는 좀 더 교수주의적인(instructivist) 설명을 반박한다. 복사기 정비는 암묵적 지식과 관련된 문제 해결의 맥락 속에 놓여 있으며, 이는 실제 문제의 맥락에서 사회적 과정을 통해서만 명시적 지식이 될 수 있고, 이 상황에서 한 개인이 '안다는 것'의 속성을 설명하기는 쉽지 않다. 실천과 그것의 의미, 맥락, 지속, 보급, 범위에 대해 연구하는 것이 인류학의 핵심 분야인데, Orr의 연구와 그 이후 Lave와 Wenger의 연구는 지식과 학습은 문화적 실천 속에 놓여 있다는 중요한 통찰을 제시한다. 이러한 통찰은 과학과 테크놀로지에 대한 기존 연구와 연관되어 있다.

   Constant(1987)는 '실천'과 '공동체'의 조합은 지식을 설명하는 최소 단위(grain size)라고 주장한 바 있다. Constant는 지식 관리와 혁신에 있어 기술적 혁신을 고려하였을 때 지식에 대한 구조적 관점과 시스템적 관점 둘 다 제한점이 있음을 강조하였다. 오히려 그는 지식이 실천 속에 어떻게 내재되는지 그리고 실천을 공유하는 실천자들의 공동체가 지식을 연구하는 타당한 분석 단위가 될 것인지를 강조하였다. 과학·지식 관리 관점의 역사에서 보았을 때, 머릿속의 개인적 지식에 대한 문제는 Constant에게 전혀 중요한 것이 아니었다. 대신 어떤 사회 구성 요인이 혁신적 지식 연구를 유의미하게 하느냐에 관심을 두었다. Constant의 관점에서 주목할 것 중 하나는 지식의 소유자로서 회사 혹은 조직을 포함하고 있다는 점이다. 이는 회사에서의 조직적 지식 관리 방안과 연결될 수 있다. Constant가 명시적으로 고려했던 또 다른 점은 사회·기술적 시스템이다. 행위자 연결망 이론(actor-network theory)과 활동이론(10장 참조) 둘 다 시스템의 최소 단위에 관한 예시들인데, 여기서는 관심의 범위가 연결된 사람들과 도구들의 범위가 된다. 물론, 충분한 연결을 구성하는 것이 무엇인지 그리고 거기에 따라서 시스템의 경계가 어디에 놓여 있는지를 결정하는 것은 어렵다. Constant가 명시적으로 논의하지는 않았지만 세 번째로 고려할 만한 것이 문화적 최소 단위다. 그러나 문화적 지식은 대규모 집단의 사람들이 가지는 공통성에 대해 기술하는 경향이 있으며, 사실 문화의 경계를 공유된 지식으로 정의하기도 한다. 문화의 최소 단위는 혁신적이거나 높은 영향력이 있는 지식과 같이 균등하게 분배되지 않은 지식을 연구하는 데에는 유용하지 않다.

Brown과 Duguid(1991)가 이야기한 것처럼, 어떤 지식은 "퍼져 나가는" 반면, 어떤 지식은 "고정된다" 말하자면, 어떠한 지식은 그것을 더 잘 분배하도록 요구하는 조직적 혹은 개인적 압력에도 불구하고 특정 사람들의 집단 안에만 남아 있는 경향이 있다. 예를 들면, 능숙한 컴퓨터 사용자가 가지고 있는 매우 높은 기술적 지식은 다른 사람들에게도 매우 가치가 높은 것임에도 불구하고 널리 분배하기 어렵다. 혹은 공중위생에 관한 모범 사례들('손을 씻어라' 혹은 '담배를 피우지 마라')은 많은 경우에 사람들에게 전달하기는 쉽지만 목표 대상을 '벗어날 수'도 있다. 이러한 유형의 지식은 널리 퍼지기 어렵기 때문에 '고정된' 지식으로 부를 수 있다. 퍼져 나가는 지식은 그 반대다. 회사가 무역상 기밀로 하고 싶어 하는 혁신이 모든 노력에도 불구하고 번갯불처럼 퍼져나가는 것이 그 예가 될 수 있다. Brown과 Duguid는 지식은 어떤 측면으로는 쉽게 퍼져 나가지만 또 동시에 그렇지 않기도 하는, 고정되기도 하고 퍼져 나가는 것 둘 다일 수 있다고 지적한다. Brown과 Duguid의 논의에 대해 Constant는 자연스러운 '범위' 혹은 지식의 전파는 실천을 공유하고 있는 사람들의 공동체를 관찰함으로써 설명될 수 있다고 했다. 실천은 사람들이 그들의 문화, 직업 혹은 여가활동의 일부로서 '행하고' 있는 무엇인가로 지식을 정의하기 때문에 중요하다. 어떠한 교사라도 입증할 수 있듯이, 행함이 없는 앎은 거의 불가능한 것처럼 보인다. 즉, 어떠한 학습의 결과도 거의 남게 되지 않는다. 또 Constant는 실천은 지식이 어디에 존재하는지를 명시하는 것만으로는 충분하지 않다고 이야기하고 있는데, 왜냐하면 서로 떨어져 있는 집단들이 실천 혹은 일련의 실천들을 공유할 수는 있지만 그들이 서로 연락하지 않는다면(공동체의 개념이 서로 교감하는 사람들의 집단인 것을 돌아본다면) 그러한 실천들의 의미는 동일하지 않을 것이기 때문이다. 간단히 말하자면, 공동체의 실제적 맥락 속에서 지식은 실천과 동일시된다. 여러 이론가들은 지식(혹은 그것의 유사체)이 실제로 개인들에게 존재하는 것인지에 대해 보다 급진적 혹은 온건한 입장들을 취하고 있는데, Lave와 Wenger는 단호한 관점을 취하면서 실천공동체는 "지식의 존재를 위한 내적 조건"이라고 주장하고 있다. 상황적 지식에 대한 이러한 견해는 머릿속 지식에 대한 학교 지향적 관념과는 분명 매우 다르다.

이는 학습과 관련된 개인주의적인 관점의 가장 중요한 문제 중 하나인 전이와 관련이 있다. 개인적인 수준에서, 학습자들은 어떤 것(예를 들면, 수학 문제를 풀기 위한 기술)을 아는 것처럼 보일 수 있지만 그 후 그 지식을 그들이 기술을 습득했던 상황과 다른 맥락에 적용하는 데는 실패한다. 개인적인 수준에서 분석했을 때 난해한 결점으로 보였던 것이 특정 실천들을 모두 공유하고 있는 사람들 집단의 전체적인 속성으로 보았을 때 타당해진다. 즉, 수학을 학습하는 것은 뇌에 특정 사실들을 새겨 넣는 과정이라기보다는 수학을 실천하는 사람이 되어 가는 것이 된다. 특정 직업을 통해 살펴보면 이해하기 더 쉽다. 대학원의 전문적 수학자는 다른 수학자들과 '조화를 이루면서' 어떻게 수학적 연구를 할 수 있는지를 배운다. 그러나 어린 학생들이 연산을 배우는 것도 마찬가지다. Senge의 아이디어를 계승하여 Barab와 Duffy(1998, 2장 참조)는 이것을 학습자들이 전문적 수준의 실천은 아니더라도 유사한 학습의 단계에 있는 사람들과 진정으로 공유되는 실천을 하는 "연습의 장(practice field)"(여기서 연습은 '피아노를 연습한다'와 '사회문화적 연습'이라는 이중적 의미)으로 묘사하였다. 마이너리그의 야구 팀들은 '진짜' 야구인가? 리틀 리그는 어떠한가? 연습의 장에 대한 견해는 이러한 예들에 대해 생각해 볼 수 있는 방법을 제공해 준다. 이러한 예들은 실천을 공유하고 있는 공동체를 나타내며, 구성원들은 자신을 그 공동체 그리고 공동체의 행동과 동일시하게 되며 점점 더 실천에서 중심이 되어 가는 것을 보여 준다. 메이저 리그에서의 초심자 그리고 리틀 리그에 갓 들어온 사람 둘 다 각각의 공동체 내에서 합법적으로 야구 연습에 참여할 수 있는 기회를 공유하고 있으며, 점차적으로 점점 더 그 실천들과 동일시되어 간다.

따라서 실천공동체에 대한 특성기반 정의는 교육자들에게 상당히 중요한 견해들을 포함하고 있다. 요약하자면, 지식에 대한 인류학적 관점과 상황적 학습은 인지적 구성주의처럼 머릿속에 있는 지식 구조나 행동주의처럼 환경에 의해 결정되는 행동들이 아닌, 맥락 속에 실천들을 포함하는 개인과 문화 사이 어딘가에 놓인 속성이라고 밝히고 있다. Lave와 Wenger의 자연 발생적 실천공동체(재단사들의 도제제도)에 대한 설명은 실제적인 실천 맥락 혹은 연습의 장 안에 놓여 있는 학습의 중요성에 대해 강조한다. 그렇기 때문에 배운 내용을 의미 없이 되풀이해 보게 하는 것만으로는 충분하지 않으며, 학습자들이 지원적인 실제적 맥락 속에 포함되도록 돕거나 목표로 하는 지식을 학습자들이 '행할 수' 있는 유사-실제적 맥락을 만들어 주어야 할 필요가 있다.

과정으로서 실천공동체 정의하기

두 번째로, 실천공동체에 대한 과정기반 정의는, Lave와 Wenger가 지식 생성, 적용 그리고 재생산 과정에 대해 설명한 것에 기반하는데, 실천공동체는 합법적 주변적 참여의 지속적 과정이 일어나는 집단이라는 것이다.

합법적 주변적 참여를 통해 학습자들은 공동체 안으로 들어 오게 되며 점차적으로 그 실천들을 지속하게 된다. 처음에는 별로 관련이 없는 방식으로 참여를 할 수도 있지만, 시간이 지나면서, 점차 집단의 회원으로서 그리고 중심으로서의 신분을 지속하게 되고 점점 더 집단 실천의 중심이 되어 간다. 합법적 주변적 참여에 대한 이후의 연구가 종종 두서없는 실천의 형태로 이루어지는 참여에 초점을 맞추어 온 반면(예컨대, Kilner, 2004; Senge, 1990), 이 실천은 어떠한 형태로도 나타날 수 있다(예를 들면, 전통춤을 연습하는 공동체를 생각해 보라). Lave와 Wenger는 중심자로서 공동체에 참여하고 공동체와 동일시하며 실천공동체 내에서 현상을 정의하는 과정을 통해 지식이 재생산(그리고 진화)됨을 발견하였다.

학습에 대한 이러한 개념은 중요한 교육적 의의를 가진다. 첫째, 실천공동체의 관점에서 학습자들은 전문가들에게 접근할 수 있어야만 하며, 그들 자신을 구성원으로 인식하거나 혹은 전문가의 실천들이 중요한 공동체의 회원이기를 열망해야만 한다. 이는 학교 내에서 학생들이 학년 혹은 수준에 따라 구분되는 방식과는 반대되는 것이다. 둘째, 학습자들이 실천공동체에 가입함으로써 스스로를 문화에 적응시키려고 한다면, 공통의 역사와 정체성을 가진 공동체가 이미 존재해야만 한다(Barab & Duffy, 1998). 셋째, 교육 시스템 내에 합법적 주변적 참여가 가능한 공간이 있어야만 한다. 학교는 행동의 획일성을 강조함으로써 좀 더 주변적인 사람들의 참여가 비합법적인 것이 되어 버리게 한다. 예를 들어, 수업 중 토론에서 말할 수 있는 기회가 충분하지 않다면 어떤 학생들은 '말없이 듣기만' 하고 싶을 수도 있는데, 이를 위해서는 토론에 참여하지 않고 그 주변에 머물러 있는 것을 합법화해 줄 수 있는 공간이 필요하다. 이와 유사하게, 강의 유형에서는 학생은 직접적으로 지식과 관련된 어떠한 실천에도 참여할 수 있는 기회가 없을 수도 있다. 교사가 수업을 하는 것과 학생들이 연습하는 것 간에 철저한 분업이 이루어지는 것은 학생들로 하여금 유의미한 방법으로 학습에 참여할 수 없게 한다. 이러한 과정은 학생들이 교실의 실제적인 실천들과 동일시하는 것을 불가능하게 하며, 교실 밖의 세계에 대해서는 훨씬 더 그러하다.

실천공동체 vs. 다른 지식공동체들

앞에서 언급하였듯이, 실천공동체의 개념은 Lave와 Wenger 그리고 Brown과 Duguid에 의해 대중화된 이후부터 상당히 확장되어 왔다. Constant는 처음에 실천공동체를 지식의 유형에 대한 서술어로서 사용하였다면, Lave와 Wenger는 그것을 모든 지식과 학습의 기저에 놓여 있는 자연적 발생과정들을 설명하는 설명적 이론으로서 사용하였으며, 그 이후로 실천공동체에 대한 문헌은 그 개념을 종종 두 가지 방식으로 변형시켜 왔다. 첫 번째 변화는 실천공동체를 교사나 최고정보관리책임자(chief information officer) 혹은 공동체의 조직자들이 명시적으로 만들어 내고 발전시키는 것으로서 자연스럽게 나타나는 본질적 현상으로 보는 것이었다. 이와 연관된 두 번째 변화는 실천공동체의 인류학적이고 사회적 측면들에서 벗어나 외적 표상들과 명시적 규칙(예를 들면, 실천공동체를 지원하고 발전시키는 방법에 대해 설명해 주는 테크놀로지 플랫폼)들을 통해 실천공동체가 물리적으로 출현하는 것이다. 이는 학습이론으로서의 구성주의가 점차적으로 교수전략들에 대한 설명으로서의 구성주의로 변화해 가고 있는 것과 유사하다. 좋은 학습이론의 교육적 의의를 이해하고자 하는 것은 합당하지만, 이론과 설계를 구분하는 데 주의해야 한다. 사회적 학습이론을 발전시키기 위해, 우리는 다른 이론들의 가정과 시사점을 고려하고 설계자와 교육자들이 그러한 이론들을 바탕으로 학습환경을 설계할 때 교육적 전략을 시행하는 데 있어 어떤 역할을 했는지 상기할 필요가 있다.

예를 들면, 지식구축(knowledge-building)공동체와 실천공동체의 용어들은 가끔 서로 교체되어 사용되거나 혹은 한 가지가 다른 것의 사례로서 사용되기도 한다(예컨대, Hoadley & Kilner, 2005). 이 책에서는 지식구축공동체를 사회적 학습환경을 이해하기 위한 틀로 논의한다. 두 개념이 유사하게 보이지만 주요한 몇 가지 차이점이 있다. 가장 눈에 띄는 것은 지식구축공동체는 의도적이라는 것이다. 즉, 공동체의(혹은 공동체 조직자의) 목적이 명시적으로 학습과 지식을 축적하는 데 있는 반면, Orr의 복사기 정비사는 그들의 직무를 수행하고 그들의 직업적 정체성 안에서 일을 좀 더 수월하게 하고자 하는 목표를 가지고 있었다. 학습은 그러한 과정의 부수적이고 도구적인 측면이었다. 지식 구성을 위해 스스로 안건을 개발하고 정하는 학습자의 혁신적 힘에 대해 강조한 Scardamalia와 Bereiter의 관점(Scardamalia & Bereiter, 1991)에 따르면 그들은 주체가 공동체의 학습과정에서 중요한 추진동력이 된다고 했지만, 이와는 대조적으로 복사기 정비사는 그들의 하루에 대한 안건을 정하는 데 제한적인 주체성을 가지며, 다른 정비사들의 공동체적 안건에 대해서는 훨씬 더 적은 주체성을 가질 수 있다고 주장한다. 둘 간의 두 번째 차이점은 진정성에 대한 근원과 속성이다. 두 사례 모두 성공적인 학습자는 공동체의 실천과 자신의 실천을 더 많이 동일시하고, 그것이 그들의 삶을 정의하게 될 것이라는 점을 가정하고 있기는 하지만, 지식구축공동체는 개인의 호기심 혹은 교사가 먼저 수립해 놓은 안건에서 도출된 문제들을 탐구할 수 있다. 자연적으로 발생된 실천공동체는 학습목표를 갖고 있지 않다. 목표는 공동체의 기능과 사회 내에서의 역할이 진화되어 감에 따라 발현될 것이다. 연습의 장은 전문적인 실천보다는 준비 형태의 학습이 일어나게 하지만, 설령 메이저 리그가 될 수 있을지라도 궁극적으로 리틀리그는 살아 남기 위해 스스로 충분히 성취해야만 한다. 지식구축공동체는 이런 식으로 제한되지는 않을 것이다. Hoadley와 Kilner(2005)는 지식구축공동체가 한번 만들어져서 운영되고 있다면, 탐구적 실천이 핵심이 되는 실천공동체가 된다고 주장한다.

지식구축공동체는 실천공동체와 비교·대조할 수 있는 다양한 유형의 공동체 중 한 예시에 불과하다. 유감스럽게도 용어가 항상 일관되지 않아서, '학습자의 공동체'가 더 전문적인 정의처럼 들리기도 하고 더 일반적으로 쓰인다. 다양한 정의가 있는 다른 용어로는 '지식네트워크' '흥미공동체' 등이 있고 심지어 '실천공동체' 자체도 그렇다. 그러나 보편적인 용어가 없음에도 불구하고 다양한 특성을 가진 사람들과 학습활동을 분류하기 위해서는 몇 가지 정의를 살펴볼 필요가 있다. Andriessen(2005)은 문헌 분석을 통해 '지식공동체(knowledge community)' 분류체계를 만들고자 했는데, 지식을 지원하거나 생성하는 모든 공동체를 아우르는 상위개념으로서 기존에 발표된 내용과 지식공동체 원형의 핵심 특성 도출을 기반으로 지식공동체라는 용어를 제안했다. 지식공동체의 다양한 유형의 핵심적인 특성을 공동 목표가 있는가, 공유하는 대상에 대한 약속(계약 가치)이 있는가, 정의된 멤버십, 그룹의 공식·비공식 절차(예를 들어 공적 규칙, 회의 일정, 진행자 등), 구성(이질성·동질성), 상호작용·호혜의 정도가 있는가, 공동체가 강한 정체성이 있는가, 공적 조직 내에 혹은 그에 걸쳐 있는가, 지리적으로 분산되어 있는지와 집단 내 상호작용을 위해 어느 정도로 테크놀로지의 중재를 받는가 등으로 규명하였다. 이 특성의 목록을 조합한 후 Andriessen은 요인 분석을 통해 공동체의 원형으로 군집화했다.

Andriessen은 두 개의 관련된 특성을 발견해 지식공동체 다양성의 두 차원을 만들었다. 첫 번째 차원은 '연결성(connectivity)'으로 정체성과 상호작용의 정도에 따른 구성원 간의 사회적 연결성 정도를 나타내는 것이다. 두 번째 차원은 '제도화(institutionalization)'로 계약 가치(대상들), 공유된 목적, 정의된 멤버십, 구성, 공식성으로 구성된다. '이 사람들은 공식적이고 목적 지향적인 팀인가?' 하고 궁금하게 여길 수 있다. 그러나 흥미롭게도 지리, 크기, 그룹이 조직 내·조직 간인가, 그룹이 테크놀로지에 의해 중재를 받는가의 여부는 공동체를 분류할 때 상관관계가 없는 것으로 나타났다. 공동체를 2차원 공간에 표기하면서 Andreissen은 다섯 개 군을 확인했다. 연결성과 제도화가 낮은 경우는 '관심 집단'으로, 실제 응집력은 없더라도 어느 정도 관심을 공유하는 사람들이다. 연결성이 중간 정도이고 제도화가 낮은 경우는 '비공식 네트워크'로, Wenger가 말한 '관심 공동체'나 Brown이 말한 '전문가 네트워크'와 유사하다. 연결성이 높고 제도화가 낮은 경우는 '비공식 공동체'인데 Lave와 Wenger가 정의한 고전적인 실천공동체와 유사하다. 연결성과 제도화가 높은 경우는 '전략적 공동체'로, 기업 프로젝트 팀과 같이 매우 구조화되고 목적지향적으로 만들어진 경우이며 이 범주에는 학교기반의 지식구축공동체를 포함시킬 수도 있다. 마지막으로 낮은 연결성과 높은 제도화의 경우는 지식공동체 문헌에서 별로 찾아 볼 수가 없지만 '공동체'로 명명할 수 있고, 유의미한 대인 접촉이 없더라도 전문가 간의 의견 일치를 끌어내기 위해 설문과 요약의 주기를 반복하는 델파이 과정에 참여하는 경우가 이에 해당한다.

Andreissen의 차원을 교육적 지식공동체에도 적용해 볼 수 있다. 자연스럽게 생겨난 실천공동체는 제도화는 낮고 연결성은 높으며, 지속적인 스터디 그룹은 연결성은 높고 제도화는 낮거나 중간 정도, 대학원생 메일링 리스트는 연결성은 낮지만 제도화는 중간에서 높은 정도라고 할 수 있다. Andriessen의 관점이 정보공학과 지식경영 문헌에 기반하고 있기 때문에 학습이 목적 지향적인 것과 전문적 성과를 위한 것인지의 정도에 대한 차원은 고려되지 않고 있다. 다른 전문적 실천 혹은 생계 관련 실천과는 달리 지식구축공동체와 실천공동체의 가장 큰 차이는 핵심 실천이나 공동체의 가치가 어느 정도로 학습에 관련된 것인가에 있다. Andriessen의 유형 분류를 '교육적' 관점에서 세 차원으로 나누어 볼 수 있다. 예를 들어 느슨한 공동체와 상응하는 '교육적' 공동체는 어떤 것이 될까? 어떤 경우든 공동체 유형의 구분은 교수설계와 관련이 있는데, 학습자 간 연결성이나 형식성과 제도화 정도는 공동체의 성격에 변화를 줄 수 있고 결과적으로 그 공동체에서 일어나기를 기대하는 학습과정의 유형에도 심오한 영향을 끼칠 수 있다. 대학 수업관리 시스템의 토론게시판에 참여하는 대형 강의 수강생들의 경우 진정으로 높은 연결성을 가진 공동체가 될 수 있을까? 교수자가 그 집단을 '실천공동체'라고 명명하더라도 집단 내 학습자들의 정체성, 동료들과 공동의 실천을 공유할 수 있는 능력은 문화화 과정과 합법적 주변적 참여가 일어나게 하는 데는 미치지 못할 것이다.

테크놀로지와 실천공동체

앞서 언급한 것처럼, 테크놀로지와 공동체는 깊은 관련이 있다. 이 둘의 관계는 테크놀로지 활용이 본격화되고 Orr, Constant, Brown, Duguid 및 Lave와 Wenger가 지식 경영을 연계해 보려고 시도했던 1990년대로 거슬러 올라간다. 기업 환경에 테크놀로지를 도입하고자 했던 핵심 동인 중 하나는 정보가 회사의 전략적 자산이라는 자각과, 정보의 가치는 계산적 측면이나 컴퓨터 기반 정보의 복사 · 전송에 있는 것이 아니라 정보 검색, 필터링, 변형을 위한 테크놀로지 지원을 통해 증가하는 것이라는 인식에 있었다(예컨대, Taylor, 1986). 최근 들어 네트워크 기반 테크놀로지는 커뮤니케이션이 시 · 공간의 영향 없이 풍부한 채널을 통할 수 있게 해 주면서, 지식 공동체에 관한 문헌에서 분산(distributed)과 면대면의 용어 설명과 비교가 더 이상 큰 이슈도 아니게 되었다(Andriessen, 2005). 최근 연구 결과는 테크놀로지의 역할이 실천공동체에 플랫폼을 제공할 수 있음을 강조하고 있다(Wenger, White, & Smith, 2010). 물론 일반적으로 테크놀로지가 공동체나 공유된 실천, 혹은 둘 다를 지원한다고 생각하지만, 학자들은 대체로 실천 자체보다는 공동체(커뮤니케이션)를 지원하는 테크놀로지의 역할을 연구해 왔다. 예를 들어 온라인 토론 게시판은 전 세계 퀼트 취미를 가진 사람들을 지원해 줄 수 있다. 이 경우 테크놀로지는 퀼트를 하는 사람 간의 커뮤니케이션을 지원해 주는 것이지 퀼트를 하는 것 자체를 지원해 주지는 않는다. 반면에 퀼트 디자인을 미리 도와주는 소프트웨어를 활용한다면 이는 테크놀로지가 실천을 지원하는 사례라고 할 수 있다. 이러한 소프트웨어는 서로 다른 지역에 있는 사람들이 퀼트 디자인에 관한 협력을 하도록 지원할 것이라고 쉽게 상상할 수 있고, 이는 테크놀로지가 커뮤니케이션과 실천을 동시에 지원하는 사례라고 할 수 있다. 분명 어떤 유형의 인공물이나 문화적 중재든 테크놀로지라고 생각할 수 있지만(Hutchins, 1995), 교육과 실천공동체 연구자들의 주된 관심은 컴퓨터 등의 정보와 커뮤니케이션 테크놀로지다.

테크놀로지가 실천공동체를 지원하기 위한 방법은 무엇이 있는가? 연구자들은 실천공동체와 관련된 테크놀로지 어포던스로서 내용·과정·맥락(content·process·context: CPC)의 세 영역을 규명했다(Hoadley & Kliner, 2005; Hoadly & Kim, 2003). 내용 어포던스는 다양한 형태로 정보를 저장·조작하고(멀티미디어 어포던스, 검색, 자료 처리 등), 시간과 공간을 넘어 표상을 전달하고(비실시간 협력), 사람의 표상 능력을 지원(작가가 손이나 타자기로 쓰는 것에 비해 워드프로세서로 더 빠르고 쉽게 텍스트를 편집하게 해 주는 것)하는 등 테크놀로지의 표상 능력을 의미한다. 과정 어포던스는 특정한 과제, 활동, 행위의 연계를 스캐폴딩하는 테크놀로지의 능력을 말한다. 예를 들어 회사 내의 기업 테크놀로지는 지불해야 할 송장이 든 문서를 찾을 수 있도록 지원하는 특정한 비즈니스 절차를 통제하고 실행할 수 있으며, 학습도구는 과학 수업에서 연구 주기의 단계를 통해 학습자들을 안내해 줄 수 있다. 맥락 어포던스는 테크놀로지가 사용자의 사회적 상황을 바꾸어 줄 수 있게 해 주는 능력을 말한다. 예를 들어 온라인 포럼은 비슷한 업무를 하는 사람들이 원격으로 공동체를 구성하게 할 수 있고, 토론 도구는 익명성을 보장하여 성 평등에 관한 토론을 할 수 있게 지원할 수 있으며,

면대면보다 대규모의 청중과 커뮤니케이션을 할 필요가 있는 이에게 소셜 네트워크 도구를 제공해 줄 수도 있다. 이 세 가지 어포던스를 고려하여 테크놀로지가 설계·개발되면 일반적으로 학습에, 특히 실천공동체에 가치를 부여하고 향상시켜 준다.

실천공동체에 관한 저서들은 Lave와 Wenger가 묘사한 것 같이 자연스럽게 발생하는 공동체보다는 교육자, 관리자 혹은 과학자의 목표를 가진 실천공동체에 초점을 둔다(예컨대, Dixon, Allen, Burgess, Kilner, & Schweitzer, 2005; Kimble, Hildreth, & Bourdon, 2008; Olson, Zimmermman, & Bos, 2008; Saint-Onge & Wallace, 2003; Wenger, 1998; Wenger et al., 2002). (자연스럽게 발생하는) 현상으로서의 실천공동체와 의도된·설계된 학습환경, 그리고 온라인에서 주로 상호작용하는 실천공동체를 지원하기 위해 활용된 도구를 잘 구별할 필요가 있다.

교육설계자에게 핵심 질문은 바람직한 학습이 일어나는 실천공동체의 형성과 지속을 테크놀로지가 어떻게 지원해 줄 것인가 하는 것이다. 공동체나 실천을 강요할 수도 없다는 것을 주지할 때, 학습 지향 실천공동체를 키우기 위해 테크놀로지를 활용하는 기법은 어떤 것이 있을까? 이 장에서는 유사한 관심을 가진 다른 공동체와 연계하기, 공유된 지식 저장고에의 접근성 제공, 공동체 내 대화 지원, 정보 자원의 맥락에 대한 자각 제공 등 네 가지 기법을 제안한다. 이는 Hoadley와 Kilner(2005)에 의해 규명된 실천공동체의 C4P 모델의 네 가지 대상 영역을 따른 것이다. 군대를 위한 온라인 실천공동체인 CompanyCommand를 운영하는 Kliner와 동료들에 의해 만들어진 이 모델은(Kliner, 2004) 공동의 목표를 지원하기 위한 내용, 대화, 연결, 정보 맥락의 네 가지 요인으로 구성된 온라인 실천공동체의 구조를 보여 준다. 이미 언급했듯이 실천공동체는 과제 중심일 수도 그렇지 않을 수도 있고, Lave와 Wenger가 규명한 보다 고전적인 모델로 그 공동체를 정의하는 실천을 수행하는 공동의 목적만 있는 공동체일 수도 있다. 예를 들면 재단사의 실천공동체는 재단이라는 공동의 목적만, 의사들의 실천공동체는 환자를 처방한다는 공동의 목적만 갖고 있다. 테크놀로지를 활용해 실천공동체를 지원할 수 있는 다양한 기법이 있지만, 여기서는 C4P 모델에 맞는 네 가지 기법만 소개했는데 이 요소들이 테크놀로지를 활용해 실천공동체를 지원하는 일반적인 방법의 예시로 적합하기 때문이다.

실천공동체를 지원하기 위해 테크놀로지를 활용하는 첫 번째 기법은 유사한 실천을 하는 다른 사람들과 연계시키는 것이다. 앞서 논의한 것처럼, 실천을 공유하는 것만으로 실천공동체를 형성하기는 충분하지 않으며 참여자들에게는 Andriessen이 말한 연결성이 있어야 한다. Facebook처럼 누구나 쓸 수 있게 개방된 것부터 미군 중대 사령관에게만 사용이 제한된 CompanyCommand처럼 폐쇄적인 것까지 소셜 네트워크 도구는 Kilner가 말한 연결을 지원할 수 있다. 이는 유사한 실천을 공유하는 다른 사람들을 찾을 수 있게 해 주고 특히 기존 공동체의 중심 구성원이 누군지 잘 모르는 초심자나 주변적 참여자들에게 도움이 될 수 있다. 예를 들면, 자동차 복원 취미를 가진 사람들이나 전문가들이 Facebook 그룹을 만들 수 있다. 사람들은 점차 그룹에 등록하게 되고 공동체의 다른 구성원들과 개별적인 관계를 맺어 가면서 '친구가 되고' 다른 사람의 삶에 대한 관심과 아는 것이 더 많아지면서 관계를 더 깊게 만들어 줄 수 있는 뉴스피드 같은 기능을 활용할 수도 있다. 생각이 비슷한 사람들이 서로를 찾을 수 있게 디렉토리나 프로파일을 제공하는 특징을 가진 다른 플랫폼도 있다.

실천공동체를 지원하기 위해 테크놀로지를 활용하는 두 번째 기법은 공유된 정보자원 저장고를 제공하는 것이다. 지식에 대한 단순한 시각은 이 저장고를 공동체의 지식이라고 여길지 모르나, 실천공동체는 지식이 진짜로 존재하는 곳인 실천 속에서 공동체에 의해 활용되는 단순한 정보로 여긴다. 예를 들어 기업의 지식 경영 시스템은 영업용 연락처의 정보 저장고를 포함하고 있을 수 있다. 영업을 하는 실천공동체의 구성원은 이 저장고를 고객에게 상품을 파는 실천의 일부로 여기고, 만약 저장고가 그렇게 설계되었다면 주변적 참여자인 영업 팀이 더 숙련된 영업 팀의 실천에 접근할 수 있도록 도와줄 수도 있다. 또는 대학생들의 작문 수업 실천공동체는 참고자료와 초고의 공유된 저장고로 위키를 활용하여 (교실 토론을 준비하기 위해 서로의 작업 내용을 읽는 형태로 진정한 주변 참여를 지원하는) 서로의 작업 내용에 접근할 수 있게 할 것이다. C4P 모델에서 이는 내용을 지원하는 방법이 된다.

세 번째 기법은 토론할 수 있는 도구를 제공하여 커뮤니케이션을 직접적으로 지원하는 것이다. 이는 아마도 실천공동체에서 가장 보편적으로 활용되는 테크놀로지로 C4P 용어로 말하자면 대화를 지원하기 위한 것이다. 예시는 희귀병을 앓는 그룹을 지원하기 위해 전 세계 사람들이 참여하는 게시판부터 전문적 협회의 구성원들을 위해 폐쇄적으로 운영되는 블로그 도구, 난치병 사례에 대해 의사 간의 비공식적 컨설팅이 이루어지는 온라인 비디오 컨퍼런싱까지 다양하다. 사람들은 실천공동체에 관련하여 직접 혹은 종이에 쓴 형태로 대화를 할 수도 있지만, 지리적으로 떨어져 있거나 토론을 효과적으로 구조화하기 위해서는 인터넷 기반 테크놀로지가 더 용이하다. 대화는 기존의 덧글달기식 토론 도구와 달라도 된다. 예를 들어 세컨드 라이프와 같은 가상세계에서 활용되는 더 새로운 대화 지원 테크놀로지는 가상 연단 앞 줄에 앉아 있거나 칵테일 파티에 와 있는 것처럼 아바타를 움직이고 보디랭귀지를 쓰면서 가상 컨퍼런스에 참여할 수 있게 해 준다.

실천공동체를 지원하기 위해 테크놀로지를 활용하는 네 번째 기법은 다양한 자원의 정보 맥락의 중요성에 대한 인식을 공동체에 제공하는 것이다. 예를 들면 온라인 서점은 자동추천 기능으로 같은 사람들이 보통 읽는 책들의 유형이 무엇인지 알려줄 수 있고 위키피디아에 있는 히스토리(편집 로그)는 백과사전이 어떻게 완성되어 가는지 보여 주며 시간이 지남에 따라 해당 페이지의 다양한 편집인들의 목표나 태도 같은 것까지 드러내 주기도 한다. C4P 틀에서 이는 공유된 정보 자원의 정보 맥락을 수립하는 데 도움을 준다.

이 네 가지 기법은 Kilner 등의 C4P 틀에 부합하는 것이지만 실천공동체를 변화시키거나 지원하기 위해 테크놀로지가 내용, 과정, 맥락 어포던스를 활용할 수 있는 방법들에 대한 모든 것을 다 포함하고 있지는 않다. 그보다는 C4P의 각 영역에서 보다 보편적으로 활용되고 있는 기법들이라고 할 수 있다. 실천공동체 발달을 위해 테크놀로지 플랫폼을 만들거나 선정하려고 시도하는 교수설계자들을 위한 단 하나의 혹은 최적의 테크놀로지란 없다. '실천공동체'는 특정 소프트웨어 유형의 이름도 아니다. 대신에 위키, 블로그, 가상세계, 강의 관리 시스템, 전화나 이메일 등 공유된 실천을 통해 공동체에 참여하고 있는 사람들을 지원하기 위한 어떤 도구든지 실천공동체를 위한 플랫폼이 될 수 있다. 다시 말하지만 C4P 모델과 CPC 틀은 지원되어야 하는 공동체의 요소와 이 요소들을 다룰 수 있는 테크놀로지의 어포던스를 확인할 수 있게 해 준다.

요약

실천공동체는 진정한 주변적 참여를 통해 멤버십을 얻고 공유된 실천의 장인 공동체의 승인을 받는 과정을 통한 특정한 학습모델의 기저가 되는 중요한 이론적 구인이다. 지식공동체가 다양한 형태(흥미공동체, 지식구축 공동체, 델파이 그룹 등)를 가지는 반면, 실천공동체는 보통 비형식성의 정도(조직이 아닌 공동체로 만드는 낮은 것에서 중간 수준의 제도화)와 높은 연결성(공동체 구성원 간의 밀접한 사회적 관계와 높은 그룹 정체성)을 가진다. 실천공동체는 지식은 개별적 학습자의 머릿속에 인지적으로 자리 잡는 것이 아니라 시간이 지남에 따라 공유된 실천 속에서 집단으로 활성화되는 속성을 지닌 것으로 보는 상황이론에 근거하고 있다.

교육자들과 교수설계자들은 바람직한 실천이 있는 공동체를 예를 들어 주거나 지원해 주고 합법적 주변적 참여의 과정에 학습자가 참여하게 하는 식으로 실천공동체 모델을 이용하려고 할지도 모른다. 실천공동체는 관리자, 교사, 설계자가 생겨나라고 한다고 생기는 것이 아니며, 그러한 공동체는 공동체를 지원하는 테크놀로지의 제공과 같은 다양한 방법을 통해 지원되고 육성될 수 있다. 테크놀로지는 내용, 스캐폴딩 과정, 사용자의 사회적 맥락 변화를 표상하는 어포던스를 갖는다. 이 어포던스는 연결, 대화, 내용, 정보 맥락 등 실천공동체 기능의 핵심 요소를 하나 혹은 그 이상 지원하기 위해 적용된다.

【 참고문헌 】

Andriessen, J. H. E. (2005). Archetypes of knowledge communities. In P. van den Besselaar, G. De Michelis, J. Preece, & C. Simone (Eds.), *Communities and technologies* (pp. 191-213). Milan: Springer.

Barab, S., & Duffy, T. (1998). *From practice fields to communities of practice* (p. 31). Bloomington, IN: Center for Research on Learning and Technology. CRLT Technical Report 1-98, http://crlt.indiana.edu/publications/duffy_publ3.pdf [accessed July 10, 2011]

Brown, J. S., & Duguid, P. (1991). Organizational learning and communities-of-practice: Toward a unified view of working, learning, and innovation. *Organization Science, 2*(1), 40-57.

Constant, E. W., II (1987). The social locus of technological practice: Community, system, or organization? In W. E. Bijker, T. P. Hughes, & T. J. Pinch (Eds.), *The social construction of technological systems* (pp. 223-242). Cambridge MA: MIT Press.

Cox, A. (2007). Reproducing knowledge: Xerox and the story of knowledge management. *Knowledge Management Research and Practice, 5*(1), 3-12.

Dixon, N. M., Allen, N., Burgess, T., Kilner, P., & Schweitzer, S. (2005). *CompanyCommand: Unleashing the power of the army profession.* West Point, NY: Center for the Advancement of Leader Development & Organizational Learning.

Hoadley, C., & Kilner, P. G. (2005). Using technology to transform communities of practice into knowledge-building communities. *SIGGROUP Bulletin, 25*(1), 31-40.

Hoadley, C., & Kim, D. E. (2003). Learning, design, and technology: Creation of a design studio for educational innovation. In A. Palma dos Reis & P. Isaias (Eds.), *Proceedings of the IADIS International Conference e-Society 2003* (pp. 510-519). Lisbon, Portugal: International Association for the Development of the Information Society, IADIS.

Hutchins, E. (1995). *Cognition in the wild.* Cambridge, MA: MIT Press.

Kilner, P. G. (2004). The Con-4P Model of Learning Design for Professional Communities. In J. Nall & R. Robson (Eds.), *Proceedings of E-Learn 2004* (pp. 1307-1311). Norfolk, VA: Association for the Advancement of Computing in Education.

Kimble, C., Hildreth, P. M., & Bourdon, I. (2008). *Communities of practice: Creating learning environments for educators*. Charlotte, NC: Information Age Pub.

Lave, J. (1987). *Cognition in practice*. New York, NY: Cambridge University Press.

Lave, J., & Wenger, E. (1991). *Situated learning: Legitimate peripheral participation*. New York: Cambridge University Press.

Olson, G. M., Zimmerman, A., & Bos, N. (2008). *Scientific collaboration on the Internet*. Cambridge, MA: MIT Press.

Orr, J. E. (1990). Sharing knowledge, celebrating identity: Community memory in a service culture. In D. Middleton & D. Edwards (Eds.), *Collective remembering* (pp. 169-189). Newbury Park, CA: Sage Publications.

Saint-Onge, H., & Wallace, D. (2003). *Leveraging communities of practice for strategic advantage*. Boston: Butterworth-Heinemann.

Scardamalia, M., & Bereiter, C. (1991). Higher levels of agency for children in knowledge building: A challenge for the design of new knowledge media. *Journal of the Learning Sciences, 1*(1), 37-68.

Senge, P. M. (1990). *The fifth discipline: The art and practice of the learning organization* (1st edn.). New York: Doubleday/Currency.

Taylor, R. S. (1986). The value-added model. In R. S. Taylor (Ed.), *Value-added processes in information systems* (pp. 48-70). Norwood, NJ: Ablex.

Wenger, E. (1998). *Communities of practice: Learning, meaning, and identity*. Cambridge, UK: Cambridge University Press.

Wenger, E., McDermott, R. A., & Snyder, W. (2002). *Cultivating communities of practice: A guide to managing knowledge*. Boston, MA: Harvard Business School Press.

Wenger, E., White, N., & Smith, J. D. (2010). *Digital habitats: Stewarding technology for communities*. Portland, OR: CPSquare.

3부

학습환경 연구를 위한
이론적 관점

13장

새로운 현상으로서 학습환경:

복잡성에 대한
이론적 · 방법론적 시사점

Michael J. Jacobson & Manu Kapur

이 책의 핵심 내용인 학습환경에 대한 체계적 연구의 기반이 되는 이론은 매우 다양하다. 그렇다면 '학습'이 먼저인가 '환경'이 먼저인가? 이론적 환원주의 입장에서 감히 이야기하자면, 무엇이 우선인가에 관해서는 흔히 첫째냐 둘째냐의 문제가 되어 버리는 경향이 있다. 첫 번째의 예를 들면, Piagetian(1980)의 구성주의는 학습을 변화하는 생태 또는 환경에 대한 동화와 조절과정과 연관된 개인의 변화라고 보는 반면, 두 번째는 Vygotsky(1978)와 같은 사회 문화적 관점들이 있다. 다른 학자들은 이러한 입장의 다양한 예들을 옹호하거나 비판할 뿐만 아니라 논의, 분석, 대조, 비교해 왔다[지난 20년간의 논쟁에 대해 *Cognitive Science* (Norman, 1993)의 특집호와 *Educational Researcher*(Anderson, Reder, & Simon, 1997; Greeno, 1997)의 논문 참고].

본 장의 목표는 논쟁을 더하는 것이 아니라 세 번째 소재인 '학습-환경'의 이론과 연구방법을 위한 제언을 통해 논쟁을 재개념화하는 것이다. 학습이 일어나는 환경은 사실 특정한 속성과 과정을 지닌 복잡한 시스템이다. 이에 대해서는 다음에서 더 논의하도록 한다.

Bar-Yam(2003)은 복잡한 시스템에 대한 연구의 특징을 '나무' 혹은 '숲'이 아닌 '숲-나무'로 나타내고 있다. 복잡성을 연구하는 과학자들은 미시적 혹은 거시적 수준의 특성에만 관심을 가질 경우 알아차리지 못할 수도 있는 복잡한 시스템의 여러 수준('나무'의 미시적 수준 혹은 '숲'의 거시적 수준)에 걸쳐 있는 관련 있는 속성들을 이해하기 위해서는 이론적 입장을 서로 넘나들어야 한다고 주장한다. 예를 들면 마치 나무가 모여 있는 숲의 땅에 드리운 그림자가 나무를 생존하게 해 주는 데 필요한 토양 속의 박테리아를 살도록 도와주는 것과 같이 나무나 숲 하나만 보아서는 고려할 수 없는 다양한 수준이 있다는 것이다.

본 장에서는 복잡한 물리적 사회 시스템에 대한 연구에 사용되는 개념적 관점과 방법들이 어떻게 학습환경과 학습과학 분야의 연구에 활용될 수 있을지 논의하고자 한다. 특히 복잡한 학습환경 시스템의 개념에 대해 탐구하는데, 이는 학습체제의 다양한 수준 내·수준 간 상호 피드백 체계, 이에 수반되어 나타나는 집합적 속성, 이에 따른 학습체제의 미시, 중간, 거시 수준의 상호작용을 형성하고 제한하는 피드백 등에 대한 고려를 통해 이론을 발전시킬 잠재력이 있기 때문이다.

복잡성이란 무엇인가

지난 30년간 복잡한 시스템의 행동에 관한 과학적인 연구들은 기존에 너무 단순화하거나 혹은 무시해 왔던 세계에 대한 통찰을 제시해 주고 있다(Bar-Yam, 2003). 요컨대, 복잡한 시스템은 서로 상호작용하는 요소들 혹은 행위자들로 구성되어 있으며 그 환경은 대부분 단순한 규칙을 바탕으로 한다. 시스템의 수준 내 그리고 수준 간 상호 피드백 체계는 시스템의 중간적·거시적 수준에서 형성되는 패턴들과 함께 자기조직화[1]를 가져온다. 복잡한 시스템의 행동에는 선형성과 비선형성이 변증법적으로 공존하기도 하는데, 이는 매일 일어나는 날씨 변화의 비선형적이고 개연적인 속성으로부터 계절의 선형적인 예측이 가능한 것과 같다. 복잡한 시스템의 또 다른 주요한 특징은 공통적인 속성들이 부분의 행동으로부터 나오며(발생되며), 발생된 속성들은 대체로 그러한 부분들이 나타내고 있지 않았던 것들이라는 점이다. 복잡한 시스템들의 예로는 박테리아의 공격에 대한 백혈구의 적응, 뉴런의 상호작용으로부터 나오는 감정적·인지적 뇌 행동들, 새들이 떼를 지어 나는 모습, 포식자-포획자의 상호작용에서 비롯된 생태계의 역동적인 평형상태, 살 곳에 대한 개인의 결정에서 비롯된 도시 내의 분리 패턴 등이 있다.

그렇다면 복잡한 시스템에 대한 연구들이 물리학, 생물학, 화학 등과 같은 과학적 분야의 이론, 연구 그리고 학문적 관점들과는 다른 독특한 발견 혹은 통찰을 만들어 왔는가? Melanie Mitchell(2009)의 최근 저서에서 이러한 이슈가 논의되었는데, 복잡한 시스템의 특성에 대한 연구에 가장 유의미한 공헌이라고 할 수 있을 만한 것들을 탐색하고 있다. Mitchell은 장기간 지속되어 왔던 과학적 가정들에 도전하는 복잡한 문제들을 개념화하는 새로운 방법들이 있다고 이야기한다. 예를 들면, 카오스는 전체적인 시스템이 임의적으로 행동하는 것처럼 보이기 위해 시스템의 내적인 임의성이 필요하지는 않다는 것을 보여 준다. 또한 유전학에서의 최근 발견들은 진화에서 유전적 변화의 역할에 대한 중요성에 도전한다. 그리고 우연과 자기조직화는 진화에서 자연도태의 중요성에 도전하는 역학관계로 여겨진

---

1) 역주: 주어진 입력 패턴에 대하여 정확한 해답을 모르는 상태에서 자기 스스로 학습할 수 있는 능력을 말한다. 자기 조직화를 가진 신경망은 학습능력을 가지고 있어서 외부 환경에 맞도록 시스템을 구조화한다.

다. Mitchell은 또한 비선형성, 분산적 통제, 네트워크, 시스템의 위계적 수준, 정보의 통계적 표상 등을 포함하는 일반인의 사고방식과 과학공동체의 사고방식 둘 다 중요하다는 점에 주목한다. 다음에서는 복잡성에 대한 견해가 학습환경 연구와 관련된 학습과학 분야에 현재 어떻게 포함되고 있는지 살펴보려 한다.

복잡한 시스템과 학습환경에 대한 연구

지난 10년 동안 학습과학 및 관련 분야에서는 복잡한 시스템에 대한 개념을 배우는 것으로부터 학습과정과 환경을 이해하는 데 복잡한 물리적 사회환경에 대한 관점을 적용하는 것으로 변화가 일어나고 있다(Jacobson & Wilensky, 2006 참조). 후자의 경향을 보여 주는 한 지표는 학습환경을 연구하는 연구자들이 복잡성이라는 개념을 사용하는 것에서 나타난다. 예를 들면, 이 책에서 DeVane과 Squire가 저술한 장(10장)은 활동이론의 현재 관점에 대해 논의하고 방과 후 프로그램을 위한 테크놀로지 기반 학습환경인 Michael Cole의 5th Dimension에 대해 언급하고 있다. 5th Dimension의 주요 설계 특징들은 그것이 분권화되어 있으며, 디지털 게임에서부터 학습자들이 상호작용하는 이야기에 이르기까지의 활동들이 비선형적 네트워크라는 것이다. Cole의 논문이나 10장 어디에도 복잡성에 대한 직접적인 언급은 없으나 복잡한 시스템 연구에서 이야기하는 분권화된 과정들과 비선형성의 주요 개념적 관점들이 사용되고 있다(이는 위에서 언급한 Mitchell의 관점과 일치한다).

학습환경 연구에 사용되고 있는 다른 복잡성의 관점들 중 Bereiter와 Scardamalia(2005)는 다음과 같이 주장하고 있는데, 이는 매우 유의미한 시사점을 제시해 준다.

자기조직화와 발생 같은 복잡한 시스템의 개념들이 교육 심리의 주요 영역으로 들어오면서 이 분야에서 어떠한 것에 대해서도 단순한 인과적 설명이 있을 수 없다는 것은 점차 더 명확해지고 있다. 일반적으로, 사회인지 과정에서 나온 것은 과정 안으로 들어가는 것으로는 설명이 될 수 없거나 충분히 예측될 수 없다. 창조적 작업, 이해 그리고 인지적 발달은 모두 좀 더 단순한 요소들의 상호작용으로부터 발생된 복잡한 구조의 예다. 학습 그 자체는 신경의 수준과 지식의 수준 둘 다에서 발생적인 속성을 갖는다.

(Pribram & King, 1996, in Bereiter and Scardamalia, 2005, p. 707)

단순한 인과적 설명에 대한 Bereiter와 Scardamalia의 비평은 발생의 구인에 초점이 맞추어져 있으며, 그것은 좀 더 단순한 요소들의 상호작용으로부터 발생된 속성들이다. 발생의 구인은 중요한 연구방법론적 그리고 이론적 제언을 포함하는 학습환경 연구에 매우 중요하다. 이러한 제언들을 고려하면서 다음 절에서는 발생에 관한 관점들을 좀 더 충분히 설명하고, 그 다음 절에서 학습환경 연구를 위한 연구방법과 이론에 주는 제언들을 논의하도록 한다.

학습과 인지과학에서의 발생

발생에 대한 관심은 인지과학과 학습과학의 최신 영역이다(Clancey, 2008; Goldstone, 2006). 인지와 학습에 관한 기존의 이론들(예컨대, Hutchins, 1995; Lemke, 2000)은 인지가 구성 · 조직되고 난 후 어떻게 발전되는지에 대해서는 자세히 설명하고 있지만, 애초에 이러한 구조를 전제하지 않는 발생에 관한 이론에 대해서는 앞서 언급한 복잡성 이론의 관점이 필요하며, 이는 사회과학의 복잡성에 대한 Epstein과 Axtell(1996)의 연구와 특히 관련이 있다.

이러한 필요성은 개인적인 수준에서 일어나는 간주관적(inter-subjective) 과정에서 인지, 예를 들면 의견(Isenberg, 1986), 추상적 표상의 발생 (Schwartz, 1995), 표상과 스키마 학습(Rumelhart, Smolensky, McClelland, & Hinton, 1986), 집단의 역동성(Kapur, Voiklis, & Kinzer, 2008), 지식 구축 (Bereiter & Scardamalia, 2005) 등에 대한 경험적 연구의 축적된 결과에서 나온 것인데, 이는 협력적 주체가 만들어 내거나 협력자들 중 중심 경향이 기대하는 것과는 복잡성과 유형 두 가지 측면에서 다른 것(Vallabha & McClelland, 2007)이라고 할 수 있다. 게다가 이러한 인지는 협력적 주체들의 사전 숙고나 지각없이 자발적으로 발생된다(Goldstone, 2006). 분명한 것은 개인과 집단 모두 학습을 한다는 점이고 복잡성 이론은 이러한 학습이 개별적이면서 동시에 변증법적 · 발생적이라고 지적하고 있으며, 이는 Bereiter와 Scardamalia가 비판했던 것처럼 단순한 인과구조의 관점에 직접적으로 도전하는 것이다.

그러나 발생적 행동의 개념은 오히려 역설적이다. 발생적 행동은 시스템 내의 주체들(예를 들면, 공동체 내의 개인들) 간의 상호작용에서 발생하지만 다른 한편으로는, 다음에 일어날 주체들 간 상호작용을 제한하기도 하는데, 그렇게 함으로써 발생적 행동은 개인 간 상호작용과는 독립적으로 고유의 생명을 갖는 것처럼 보이며(Kauffman, 1995), 그로 인해 시스템의 개인적 주체들(혹은 부분들)로 환원될 수 없다(Lemke, 2000). 예를 들면, 교통체증은 개인 운전자들 간의 상호작용으로부터 발생한다. 동시에 그 이후의 개인들 간 상호작용을 제한하기도 한다. 교통체증은 한번 발생하게 되면 교통체증이 거꾸로 전파되는 것과 같이(예를 들어, 도로를 가득 메운 자동차) 고유의 생명을 갖는 것처럼 보이게 되며, 개인 운전자들이 대부분 앞쪽으로 움직이고 있기 때문에 교통체증의 발생적인 패턴은 개인 운전자의 행동으로 환원될 수 없다. 유사하게 사회적 관계에서의 구조들(규범, 가치, 신념, 어휘 등)도 개인들 간의 지역적 상호작용에서 발생하며, 한 번 발생하고 나면 이러한 구조들은 개인들 간의 그 다음 지역적 상호작용을 제한하게 된다(Lemke, 2000; Watts & Strogatz, 1998).

Schwartz(1995)는 짝활동에서 학생들이 공통의 기반을 만들기 위해 협동적으로 노력한 것이 새로운 문제를 해결하기 위한 추상적인 표상의 발생에 어떤 영향을 주었는지 그리고 그러한 발생이 개인적인 차원에서보다 집단의 차원에서 어떻게 더 유의미하게 크게 나타나는지를 보여 주었다. Schwartz는 표상이 개인들 간의 상호작용에서 발생된 것이기는 하지만, 그것이 짝을 이룬 개인들에게 환원되거나 개인들에게 귀인된다고 할 수 없다고 주장하였다. 더 나아가, 이러한 표상들이 한번 발생되고 나면 그것이 이후 짝을 이룬 개인들 간의 다음 상호작용에 영향을 미치게 된다. 결과적으로 이러한 표상들의 추상적인 속성은 문제의 다양한 특성들을 공통적인 표상으로 나타내고 조직화하기 위해 필요한 것이다. 생산적인 실패(productive failure)에 대한 Kapur의 연구는 문제의 중요한 특성에 주의를 집중하도록 유도하는 발생적인 표상들의 역할과 표상적 다양성이 협동적인 문제 해결을 통한 학습에 어떻게 긍정적으로 영향을 미칠 수 있는지를 강조해 준다(Kapur & Bielaczyc, 2011). 이와 유사하게, 객체 간 의미 구성(Stahl, Koschmann, & Suthers, 2006)과 지식구축공동체(Bereiter & Scardamalia, 2005)에 관한 연구들도 학습의 발생적 속성에 대해 강조하고 있다.

발생적 현상은 그 자체가 그것에 대한 설명이며(Bar-Yam, 2003; Kauffman, 1995), 이는 발생적 속성을 가진 복잡한 시스템으로서의 학습환경에 대한 연구에 중요한 방법론적 시사점을 가진다(Voiklis, Kapur, Kinzer, & Black, 2006). 예를 들면, 시간을 되돌릴 수 있더라도 진화는 실제 일어났던 것처럼(Dawkins, 1986에 따르면 아마도 절대) 진행되지 않을 것이다. 현상 진화의 실제 궤도는 현상 그 자체에 대한 설명이 된다. 다시 말하면, 우리가 시간이 흐르면서 어떠한 것을 배우거나 이해하게 되었을 때 그 시간으로 다시 돌아가서 모두 새로 시작할 수 있다고 하더라도 학습은 똑같은 궤도로 나타나지 않을 것이다. 따라서 어떻게 미시적 수준의 상호작용으로부터 거시적 수준의 행동들이 발생되고 또 미시적 상호작용을 제한하는지 이해하는 것은 근본적으로 중요해진다. 그러나 '어떻게'를 이해하기 위해서는 복잡성과 관련된 중요한 원리들을 먼저 이해할 필요가 있다.

원리 1: 복잡한 시스템 내에 선형성과 비선형성이 공존할 수 있다

뇌를 뉴런(객체)의 집합으로 생각해 보자. 이러한 뉴런은 그 자체가 복잡한 화학적 시스템이지만 선형적이고 확률적 함수(혹은 규칙)로 규정되는 시냅스의 상호작용에서 단순한 이진법의 행동을 보여 준다. 개별적인 미시 수준에서의 복잡성이 집합적인 중간 수준에서의 단순성을 가져오는 것을 보여 주는 이러한 유형의 발생적 행동을 **발생적 단순성**이라고 부른다(Bar-Yam, 2003). 다시 말하면, 비선형적인 화학적 반응이 선형적인 전체적 행동을 야기할 수 있다.

더 나아가, 중간 수준에서 나타나는 뉴런들 간의 단순한(이진법의) 시냅스 상호작용들은 개별 뉴런들의 행동에서나 미시 수준의 화학적 반응에서는 찾아볼 수 없는 복잡한 비선형적인 거시 수준의 뇌 '행동들'—기억, 인지, 학습 등—을 야기한다. 다시 말해서, 선형적인 중간 수준의 시냅스 상호작용으로부터 기억, 인지 등의 복잡하고 비선형적인 행동들이 발생된다. 중간 수준에서의 복잡성을 야기하는 개별적 수준의 단순성은 **발생적 복잡성**이다(Bar-Yam, 2003). 반면에 피드백 메커니즘을 통해 여러 수준을 거쳐 인지적 구조가 발생되고 나면, 이러한 구조들은 그 구조를 발생시킨 뉴런들 간의 매우 선형적인 시냅스 상호작용을 제한하게 된다(Epstein & Axtell, 1996; Kauffman, 1995). 그러나 이는 발생적 단순성과 발생적 복잡성의 개념들을 보여 주기 위한 하나의 예일 뿐이다. 사회·문화·환경적 요소들과 같이 함께 진화하는 다른 요소들도 역시 의식이나 인지와 같은 행동이 발생하는 데 중요한 것들이다. 실제로 McClellan(2010)은 다음과 같이 주장하였다.

> 발생적인 과정의 중요성에 대해 강조하는 사람들 중 그 누구도 계획적이고 명시적인 목적 지향적 사고가 인간의 지적 성취를 이루는 데 역할을 담당했다는 사실을 부인하지는 않을 것이다. 그러나 그러한 사고방식은 문화와 교육을 통해 지원되는 일생 동안의 사고 구조화 연습의 발생적인 결과로 볼 수 있다.
>
> (Cole & Scribner, 1974, p. 753)

> 발생적 단순성과 복잡성을 구분하는 것은 수준의 변화(미시적에서 중간적, 거시적으로)가 행동 유형(단순성과 복잡성)의 변화를 수반한다는 것을 보여 주기 때문에 중요하다. "분석의 한 수준(개별적 수준)에서의 행동을 지배하는 규칙들은 좀 더 고차원적인 수준(집단적 수준)에서 질적으로 다른 행동을 야기할 수 있다"
>
> (Gureckis & Goldstone, 2006, p. 1).

이 원리가 학습환경 연구에 주는 중요한 의의는 복잡한 행동을 이해하기 위해 반드시 복잡한 설명이 필요한 것은 아니라는 것이다. 그러한 복잡한 행동들은 효용 함수, 판단 규칙 또는 지역적 상호작용에 포함된 휴리스틱과 같은 단순하고 최소한의 정보를 통해 '상향식'으로 잘 설명될 수 있다 (Nowak, 2004). 그러나 이러한 규칙들은 결정론적이며 인간으로부터 주체성 또는 의도적·목적지향적인 활동들을 박탈한다는 의미는 아니다. 사실은 그와 정반대다. 이러한 규칙들은 맥락에 민감하며 개연적이라서 설명적 구인과 복잡한 현상을 설명하기 위해 연구자들이 고안한 관계로 보아야만 한다. 이처럼 생각하면, 발생적 단순성과 복잡성 간의 구분은 거시적 현상이 미시적 현상에 상응할 것이라고 기대하는 선형성에 기반을 둔 전통적인 개념과 다르다고 할 수 있다. 이 논리가 적용되지 않는 것은 선형성의 핵심 개념에 대한 재검토를 요구한다.

선형성은 일반적으로 수학적 연산자와 함수적 관계 둘 다로 인식될 수 있다. 선형적 연산자는 기본적으로 덧셈 연산자다(Bertuglia & Vaio, 2005). 예를 들면, 선형 미분과 통계적 모델링과 같은 전통적인 분석 방법들은 수학적 복잡성과는 상관없이 기본적으로 선형적 연산자들이다. 이들은 전체가 부분의 합과 동일한 폐쇄적 선형 시스템(혹은 그것의 근사치)에서 잘 적용된다. 따라서 시스템을 그것의 구성요소나 부분으로 나누는 것, 부분들을 개별적으로 학습하는 것 그리고 전체를 만들기 위해 부분들을 더하는 것이 가능하다. 그러나 개방적 시스템의 발생적 행동들을 연구하기 위해 선형적 연산자와 관련 방법들을 적용하는 것은 부분들을 어떻게 더하더라도 발생적 속성을 분석하거나 얻어 낼 수 없기 때문에 근본적으로 문제가 있다.

선형성은 일정한 비례나 직선과 같은 함수적 관계로 생각될 수도 있다. 인과적 관계를 나타낼 때, 선형성은 결과가 그 원인에 비례하는 현상에만 제한된다. 이는 선형성이 작은 변화들을 장기적인 효과가 없는 일시적인 것으로 여기는 경향이 있기 때문이다. 그러나 발생적 행동들은 종종 부분적 활동이 선형적임에도 불구하고 비선형적인 전체적인 결과를 보인다. 앞서 증거를 보여 주었던 것과 같이, 선형성과 비선형성은 시스템 안에 공존할 수 있다. 따라서 우리는 전체적인 결과들이 부분적 원인들에 비례한다고 가정할 수 없다. 실제로 엘니뇨와 같은 작은 선형적인 변화들이 종종 커다란 비선형적 결과를 가져올 수 있으며, 이는 Edward Lorenz(1963)의 기후 연구가 반세기 전에 보여 준 소위 '나비 효과'라는 것으로 은유적으로 표현되고 있다. 따라서 범위와 위계에 걸쳐 있는 변인들 간의 중요한 비선형적 관계들은 선형적으로 표현되었을 때, 완전히 손실되거나 더 심각하게는 부적절하게 그리고 부정확해질 수 있다. 왜냐하면 그것만이 선형적 방법이 다룰 수 있는 것이기 때문이다(Holland, 1995).

그러나 발생적인 행동을 이해하는 것이 선형성에서 비선형성으로의 개념적 변화를 요구하는 것은 아니다. 선형 대 비선형과 같은 이분법적 방법으로 단순한 시스템과 복잡한 시스템을 구분하는 것보다 복잡성과 발생적 행동에 대해 좀 더 생산적으로 설명하는 방법은 이러한 이분법을 무너뜨리는 것이다. 복잡성은 선형성과 비선형성의 변증법적 공존으로 더 잘 설명된다. 발생적 행동의 복잡성은 개방적 시스템의 여러 수준 혹은 범위 내외의 선형성과 비선형성의 공존으로부터 나온다. 정말로 이 때문에 복잡한 시스템은 무질서와 질서, 예측 가능성(예를 들면, 어트랙터[2]와 잘 연결된 마디들 혹은 중추들)과 예측 불가능성, 일관성과 비일관성, 안정성과 불안정성, 집중과 분권 등 겉보기에 서로 반대적인 속성과 행동들을 드러낸다. 둘 중 하나가 아닌 둘 다인 것이다(Kauffman, 1995).

이 요지를 잘 보여 줄 수 있는 한 가지 예로 기체의 미시적·거시적 역학관계를 생각해 보자. 기체 분자는 잘 정의된 에너지 보존의 법칙과 운동량의 법칙에 따라 서로 상호작용한다. 이 둘은 모두 선형적 법칙이다. 그러나 기체의 움직임은 분명히 비선형적이고 복잡하다. 염료를 가스실에 던지면 확산 경로의 비선형성을 쉽게 관찰할 수 있다. 따라서 복잡한 시스템으로서의 기체의 역학관계는 잘 정의된 선형적인 규칙에 의해 규제되는 지역적·선형적 상호작용으로부터 발생된다. 그러나 기체의 주요한 전체적 행동인 확산은 비선형적이다. 게다가 비선형적인 전체적 행동은 그것이 발생되어 나온 바로 그 기체 분자들 간의 선형적인 지역적 상호작용들을 영속화한다. 이것을 고려했을 때, 기체의 역학관계는 선형적인가? 답은 둘 다다. 기체의 확산과 같은 발생적 현상은 선형성과 비선형성의 변

---

2) 역주: 역동적 시스템 내에서 시스템의 시작 조건과 상관없이 진화해 가고자 하는 물리적 속성이다.

증법적 공존으로 가장 잘 설명된다. 흥미로운 것은 압력과 부피와 같은 기체의 다른 전체적 속성들이 기체의 법칙에 따라 완벽하게 선형적으로 반응한다는 점이며, 이는 변증법적 공존이라는 중요한 사실을 강조해 준다.

원리 2: 발생적 현상에 대한 설명은 인과적이다

인과관계는 전적이거나 조건부이거나 결과를 하나 혹은 다수의, 순차적인 혹은 동시적인 원인들과 연관 짓는 것에 불과하다. 인과관계를 선형성과 혼돈하지 않는 것이 중요하다. 원인과 결과 간의 관계를 찾는 것이 반드시 그 관계가 선형적이라는 것을 의미하는 것은 아니다. 역사적으로, 우리가 구할 수 있는 수학적 도구들은 대체로 선형적이었다. 그 결과 자연과학자와 사회과학자의 수학 교육은 주로 선형적인 수학적 도구들로 구성되었다. 예를 들면, 미적분학, 선형 미분 방정식, 회귀, 다층 모델링, 분산모델링과 같은 통계 모델링 등은 모두 원인과 결과의 관계들을 선형적인 방식으로 표현하는 수학적 도구들이다. 따라서 인류 과학 역사의 성장기동안 원인과 결과를 연관 짓기 위한 초기 도구가 선형적이었기 때문에, 시간이 흐르면서 인과관계의 개념이 선형성과 동의어가 된 것은 놀랄만한 사실이 아니다.

인과관계와 선형성에 대한 혼재가 워낙 강력해서 인과관계를 언급하는 것만으로도 복잡성을 연구하는 데 질적연구를 선택하게 만든다. 이는 서술적인 방법만으로도 복잡한 현상의 인과구조를 설명해야 하기 때문에 별로 좋은 선택은 아니다(diSessa, 1994). 복잡한 현상에 대한 질적인 기술이결코 인과적이 아니라고 주장하는 것은 복잡한 시스템의 역학관계를 잘못이해하고 있음을 보여 준다. 왜냐하면 발생적 행동에 대한 연구는 그러한발생적 현상이 어떻게 부분적 상호작용으로부터 발생되었는지를 설명하기 위한 상향적 인과관계뿐만 아니라 어떻게 전체적 행동이 한번 발생된

후 그 다음 지역적 상호작용을 형성하고 제한하는지를 설명하기 위한 하향적 인과관계 또한 필요로 하기 때문이다. 그렇기 때문에 복잡한 시스템의 역학관계에 대한 어떠한 설명도 필연적으로 상향적·하향적 인과관계를 모두 설명해야만 할 것이다(Lemke, 2000). 설명을 질적으로, 양적으로, 혹은 계산적으로 하는지에 따라 설명이 덜 인과적인 것이 되지는 않는다. 왜냐하면 그 현상이 인과적이지 않다면 필요한 인과관계를 기술하지 않게 되고, 그렇기 때문에 역학관계에 대한 설명이 부족하게 될 것이기 때문이다. 더 나아가, 우리가 상향적·하향적 인과관계를 추구한다는 것이 원인과 결과 간의 모든 관계를 선형적이고 수학적 도구들을 가지고 분석해야 한다는 것을 의미하는 것은 아니다. 사실 복잡성을 연구하는 과학자들은 복잡한 물리적·생물학적 사회적 시스템들을 연구할 때, 상향적 그리고 하향적 인과관계를 설명하기 위해 당연히 자주 선형적·비선형적 방법들을 병행하여 사용한다.

원리 3: 발생적 현상에 대한 모든 설명은 환원적이다

환원(reduction)은 그저 현상을 설명할 수 있는 최소한의 설명을 찾기 위한 것에 불과하다. 이론적·방법론적·존재론적 환원인지와는 관계없이, 환원을 선형성과 혼동하지 않는 것이 중요하다. 예를 들면, 기압, 부피, 온도의 조합들에서 일어나는 기체의 행동에 대해 기술하기 위해서 그 움직임을 원자나 분자의 수준에서 묘사를 할 필요는 없다. 기체의 법칙이 이 현상에 대한 최소한의 충분한(환원적인) 묘사로서 충분하다. 그러나 위에서 언급하였듯이, 역사적으로 무엇을 설명한다는 것에 대한 과학적인 개념은 환원적인 설명들을 이끌어 내는 지배적인 방법이 선형적인 도구들의 형태였던 수학(혹은 수학적 도구들에 대한 관찰의 방법론적 환원)에 너무 깊게 자리 잡고 있다.

일부 이러한 선형적 환원주의에 대한 거부는 복잡한 설명을 기술하는데 있어 환원적인 방법을 중시하지 않는 질적인 패러다임의 발전을 가져왔다. 그러나 복잡한 현상에 대한 질적인 서술들이 환원적이지 않다는 것은 복잡성에 대한 오개념을 나타내는 것이다. 앞서 논의했던 것과 같이 복잡한 현상으로서의 학습은 그 자체가 가장 간결한 설명이다. 따라서 어떠한 설명도 양적, 질적 혹은 계산적이든, 하나 혹은 여러 개의 혼합으로 사용되든지 간에 필연적으로 환원적일 것이다(Kapur, Hung, Jacobson, Voiklis, & Victor, 2007). 간단하게나마 발생에 대한 이러한 개념적 분석을 염두에 두고, 이제는 '학습-환경' 내의 발생적 행동을 어떻게 원칙에 입각하여 이해할 수 있을지와 관련된 방법론에 관심을 돌리려고 한다.

방법론적 시사점

앞 절의 연장선상에서 만약 학습이 복잡하고 발생적인 현상이라고 한다면, 학습을 설명하고 이해하기 위한 방법 역시 필연적으로 인과적이고 환원적이어야만 한다. 인과관계 혹은 환원 그 자체가 중요한 것은 아니다. 방법론상의 진정한 도전은 학습을 야기하는 역학관계의 선형성과 비선형성의 변증법적 공존을 다루는 것에서 비롯된다. 이를 위해 연구방법들이 어떻게 사용되었는지 그리고 현재 학습환경 연구에서 거의 사용되지 않는 연구방법들이 제고의 여지가 있는지 알아보기 위해 교육 연구에서 사용된 기존의 연구방법들을 검토하고자 한다.

일반적으로 기존의 연구방법론적 접근들은 세 가지 분류 ① 실험적, ② 서술적, ③ 설계 중 하나 또는 그 이상에 해당된다. 그러나 논의하고자 하는 목적에 따라 세 가지는 두 가지 분류로 축소될 수 있을 것이다. 왜냐하면 구성적·방법론적 수준(이론적 수준이 아닌)에서 세 번째 분류인 설계기반 접근은 학습을 설명하고 이해하기 위해 전형적으로 서술적인, 가끔은 통합적인(서술적이면서 실험적인) 방법을 사용하기 때문이다. 설계 연구자들은 설계 공간의 가능성에 대한 반복적인 탐구로 풍부한 설명을 제공해 준다. 먼저 잠재적 가능성이 크거나 효과적인 설계 요소들이 정해지면, 협동적 상황에서 학습이 발생되는 것을 설명하고 기록하기 위해 서술적인 방법과 설명적 방법이 함께 사용될 수 있다(Barab & Squire, 2004). 그러나 연구방법론적 수준에서, 설계적 접근은 현상학적인 이해를 구하고 설명하기 위해서 마지막 분석 단계에서 일반적으로 서술적 혹은 통합적(서술적이면서 실험적인) 접근에 의지하게 된다. 따라서 이 장의 목적을 위해서는, 발생적 현상으로서 학습과 환경에 대해 살펴보는 데 있어 실험적 접근과 서술적 접근의 유용성과 한계점에 대해 검토하는 것만으로 충분하다.

실험적 접근

실험적(유사 실험을 포함한) 접근은 교육 연구에서 많이 사용되고 있다(Kapur & Kinzer, 2007; Suthers & Hundhausen, 2003). 이러한 접근은 보통 설계의 인과적 혹은 유사 인과적 설명들이나 통제 혹은 비교 조건들과 비교하였을 때 처치의 효과를 규명하려고 한다. 질적인 상호작용 데이터를 분류하는 환원적 수치화와 집계 및 종합 그리고 선형적인 통계적 모델링이 이러한 접근의 대표적인 것들이다. 이러한 접근법이 조작된 변인들과 그 결과 간의 관계에 대한 통합적 수준의 해석과 결론을 이끌어 내는 것을 가능하게 하는 반면, 교육 집단에서의 상호작용적 역학관계의 복잡성을 지나치게 단순화한다는 비판을 받을 수도 있다. 그러나 여전히 실험적 접근은 계량화된 인과적 혹은 유사 인과적 일반화를 만들어 내는 방법으로, 특히 서술적인 방법의 보완으로서 역할이 크다.

학습의 발생을 설명하는 데 있어 실험적 접근이 충분한지를 검토하기 위해 실험적 접근이 학습을 이끌어 내는 역학관계의 선형성과 비선형성의 변증법적 공존을 다룰 수 있는지 그리고 어떻게 다룰 수 있는지를 확인할 필요가 있다. 아쉽게도, 수학적 모델링을 위한 주요 도구들(미분 방정식, 통계적 모델링 등)은 근본적으로 선형적이기 때문에, 발생적 현상을 설명하기 위한 연구방법론적 도전에 부응하지 못하고 있다. 앞서 언급한 것처럼, 선형적인(가산적인) 방법은 시스템을 구성요소 혹은 부분들로 나누고, 각 부분을 개별적으로 공부하고, 그런 뒤에 부분들을 함께 더하여 전체를 만드는 방법으로 작동한다. 그러나 위에서 논의하였듯이, 발생적 현상은 '부분을 합하는' 방법으로 분석될 수 없다. 게다가 이질적인 주체들(부분들)이 요소들로 합쳐지거나 평균을 냈을 때 중요한 정보가 손실될 수 있다(Edelson, 1997). "비선형성은 관찰한 것을 이론으로 일반화시키는 데 가장 유용한 경향 분석, 평형상태의 결정, 표집 평균 등의 도구들이 매우 무뎌졌다는 것을 의미한다"(Hollan, 1995, p. 5)

선형적인 도구들과 연구 방법들이 그동안 더 지배적으로 사용되어 왔다는 것은 Bertuglia와 Vaio(2005)에 아주 잘 나타나 있다.

선형적인 모델들이 실제로는 우리가 현실을 묘사하기 위해 만들 수 있는 모델들의 파노라마 중 예외에 해당됨에도 불구하고, 그것들이 과거에 특별히 주목을 받아 왔던 이유는 여러 가지가 있다. 한 가지 이유는 수학 교육, 특히 자연과학 교육이 적어도 지난 30년간 선형적 수학에 초점을 맞추어 왔다는 것이다. 선형적 수학 기법들이 비선형적 기법들보다 더 단순하다는 이유에서였고, 한편으로는 (아마도 무엇보다도) 선형적 수학이 비선형적 수학보다 즉각적으로 이해하기 더 쉽기 때문이다. 선형적 수학으로 치우치게 되는 두 번째 이유는 선형적 수학이 자연 현상에 대해 효과적인 설명을 제공해 주는 몇 가지 사례들이 있기 때문이다. 두 번째 이유 때문에 선형적 모델이 적용될 수 없고 적절한 설명기법이 부족했던 다른 사례들까지 모두 그렇게 간주해 버리게 되었다.   (Bertuglia & Vaio, 2005, p. 241)

따라서 전통적인 실험적 접근들과 선형성에 대한 그들의 근본적인 가정은 복잡한 현상의 발생적 행동을 나타내기는커녕 포착하지도 못한다. 이는 실험적인 접근들을 모두 버려야 한다고 제안하는 것은 아니다. 예를 들면, 선형적인 통계 모델링 기법들은 선형성이 명백한 복잡한 시스템의 범위를 분석하는 데 가치가 있을 수 있다. 그러나 여전히 발생적 현상을 연구하기 위해 선형적 방법을 적용하는 것에 대한 한계점을 이해할 필요는 있으며, 따라서 이러한 접근들을 사용함으로써 무엇을 성취할 수 있는 것인가에 대해 주의하고 겸손해야만 한다.

서술적 접근

최근 교육 연구가 근본적으로 지향하고 있는 것 중 하나는 주체 간, 상황 내 현상으로서의 의미에 대한 사회 참여적 구성이다(Koschmann, Zemel, Conlee-Stevens, Young, Robbs, & Barnhart, 2005; Stahl et al., 2006). 이 분야에 대한 과거의 연구는 현상이 발생함에 따라 그것에 대한 풍부한, 데이터 기반의 상향식 이해를 얻기 위해 설계된 서술적인 접근들을 통해 발생적인 의미 형성 과정에 초점을 맞추어 왔다. 이러한 방법들에는 대화 분석(Sacks, Schegloff, & Jefferson, 1974), 담화 분석(Johnstone, 2002), 서사 분석(Hermann, 2003) 등이 있다. (미시적 수준에서의 대화 혹은 담화 분석과 거시적 수준에서의 서사 분석과 같은) 현상의 다양한 범위에서 이러한 방법들을 사용할 수 있기 때문에, 이들은 함께 사용되었을 때 발생적 현상에 대해 생태학적으로 타당한 이해를 제공해 줄 수 있다.

그렇기는 하지만, 처치와 설계에 대한 결정들을 일반화하기 어렵다는 점과 이론의 적용보다는 이론의 정립을 지나치게 강조한다는 것과 같은 서술적 방법의 한계점들도 지적되어 왔다(Stahl et al., 2006). 게다가 복잡성의 관점에서 보았을 때, 발생적 현상을 설명하기 위해 사용되는 서술적인 방법조차도 환원적이다. 발생적 현상이 그 자체로서 가장 간단한 설명이라고 한 점을 상기해 보았을 때, 실험적 그리고 서술적 접근 간의 차이는 전자가 환원주의적이고 후자가 그렇지 않다는 점이 아니다. 그보다는 서술적인 방법은 실험적인 방법보다 덜 환원적이기 때문에 환원의 정도가 다른 것이다. 환원의 수준이 다른 것은 다른 종류의 설명과 이해를 이끌어 내며 둘 다 통찰력 있고 중요하다(Suthers, 2006).

더 나아가, 발생적 현상의 순수한 공간적 · 시간적 범위는 깊이 있는 서술적 분석의 유용성을(부인하지는 않지만) 제한하며, 당연히 현상이 발생하는 전체 공간과 시간적 범위 중 인간이 처리할 수 있는 부분에만 초점을 맞추도록 요구한다(Edelson, 1997). 예를 들면, 누군가 서술적 방법을 사용하여 위키피디아의 권위적 역학관계에 대해 연구한다고 하였을 때, 연구 방법을 선택하는 것 자체가 깊이 있는 연구를 하기 위해 무엇을 선택하는지 그 범위를 하나 혹은 몇몇의 논문들로 제한하게 된다. 이는 물론 위키피디아의 공간적 · 시간적 범위가 획일적이어서 작은 부분을 이해하는 것이 획일적으로 전체에 적용될 수 있다면 문제가 되지 않는다. 그러나 불행히도, 발생적 현상은 이런 경우가 거의 없다.

시간적 관점에서 보았을 때, 발생적 현상은 종종 현상의 진화에 있어 좁은 시간 간격을 두고 발생하는 급격한 단계 이행으로 나타난다(Kauffman, 1995). 서술적인 분석을 통해서 이러한 현상을 일관되고 안정적인 방법으로 발견하기는 (불가능하지는 않지만) 어려운 경향이 있다(Kruse & Stadler, 1993). 유사하게, 대규모의 역학관계는 그것의 공간적 · 시간적 범위의 다른 부분들에서 매우 다른 특성을 보여 준다. 그 범위의 작은 부분에 대한 깊이 있는 묘사는 그 자체로서 매우 의미 있고 많은 정보를 담고 있을지라도 전체 범위에 대한 이해를 추구하는 경우에 많은 것을 제공해 주지 못한다. 예를 들어, 20세기 중반부터 꾸준히 지구의 평균 기온이 상승하였음에도 불구하고, 2010년 겨울 미국 동부에는 많은 양의 눈이 내렸다. 더욱이 지역의 큰 부분이 매우 규칙적으로 보일지라도, 혼돈과 발생적 행동의 근원은 작은 부분에 있을 수 있다. 어느 해는 덴버의 특정 겨울보다 봄이 더 추울 수 있다고 하더라도 북아메리카의 겨울-봄-여름-가을의 계절적인 기후의 순서는 선형적인 것이 분명한 예가 될 수 있다. 다시 말해서, 서술적인 분석으로는 이러한 현상을 일관되고 안정적인 방법으로 발견하는 것이 어렵다(Kruse & Stadler, 1993). 그러나 현상의 공간적 · 시간적 범위의 많은 부분에 분배될 만큼 많은 서술적 연구가 어떻게든 이러한 노력들을 의미 있는 전체로 통합하고 조정할 수 있도록 제공된다면 여전히 유용한 것이라고 할 수 있다.

마지막으로 실험적 접근과 서술적 접근 둘 다에 해당되는 한계점이 있는데, 그것은 바로 이러한 접근들은 이미 발생된 현상을 이해하고 설명하는 것에만 국한된다는 점이다(Epstein & Axtell, 1996). 예를 들면, 한번 패턴이나 조직들(예를 들면, 의견, 규칙, 집단 토론에서의 수렴 현상)이 발생하고 나면, 그것들은 집합적 수준의 관계들을 설명하기 위한 실험적 방법의 대상이 될 수 있다. 동시에, 서술적인 방법들은 발생적인 조직들을 이끌어 내는 진화의 궤적을 이해하고 그것을 정밀하게 묘사하기 위해 사용될 수 있다. 그러나 시간을 되돌려서 유사한 초기 조건을 가지고 시작하더라도 동일한 궤적은 나타나지 않는다(Kauffman, 1995). 발생적 패턴을 더 이상 단순화할 수 없게 만들고 따라서 그것 자체로 설명이 되게 하는 이유는 일정 부분 그것이 초기 조건들에 매우 민감하기 때문이다.

결론적으로, 발생적 현상을 이해하기 위해서 우리는 실제 발생이 일어나는 진화의 궤도를 설명하고 이해하는 것뿐만 아니라 발생이 일어날 수 있는 진화 궤도의 가능성이 있는 공간에 대해서도 설명하고 이해할 필요가 있다(Huang & Kapur, 2007). 기후 시스템이 아주 좋은 예가 될 수 있다.

기후 패턴의 발생적 역학관계에 대해 이해하기 위해 실험적·서술적인 접근만을 주로 사용한다면, 기후 시스템이 진화하는 궤도의 가능성 있는 공간 즉, 카오스 이론의 개발은 불가능했을 것이다(Gleick, 1989). 간단히 말해서, (지역이 어디인지에 따라서) 내일 따뜻하고 맑을 가능성이 높다면, 비가 오거나 혹은 천둥 번개를 동반한 비가 내릴 낮다는 가능성도 역시 있는 것이다. 사회적 역학관계나 학습은 아마도 기후 변화보다 훨씬 더 복잡할 것이다. 따라서 실험적·서술적인 접근들에만 의존하는 것은 발생적 현상이 일어나게 될 가능성이 있는 공간에 대해 이해하는 데 제약을 가져온다.

통합적 접근

실험적 접근과 기술적 접근이 각각의 장점이 있다는 것을 염두에 두고, 연구자들은 좀 더 진보적인 관점에서 이러한 접근들의 통합을 모색하게 되었다(Suthers, 2006). 저자들도 같은 입장이기는 하지만, 실험적·서술적 접근들 둘 다, 홀로 사용되든지 함께 사용되든지 간에 학습환경을 이해하기 위한 연구 방법으로서 한계를 갖고 있다. 이 둘을 혼용하는 것이 필요하기는 하지만, 그것만으로는 충분하지 않다(Huang & Kapur, 2007). 발생적 현상으로서 '학습-환경'의 고유한 복잡성은 통합적인 접근으로도 한계를 가진다(Epstein & Axtell, 1996; Hollan, 1995).

학습을 발생적 현상으로 설명하고자 하는 관점은 실험적·서술적 연구 방법을 기반으로 하는 것뿐만 아니라 '상향식' 방법으로 학습을 연구하기 위해 필수적인 것을 설정해 준다. 에이전트 기반 모델링(agent-based modeling)과 모델(새로운 계량적 모델을 만들어 내는 에이전트 기반 모델링과 기존의 에이전트 기반 모델을 활용하는 것 둘 다를 ABM라고 부르기로 한다)은 자연과학(Jackson, 1996)에서 뿐만 아니라, 경제학(Arthur, Durlauf, & Lane, 1997), 사회학(Watts & Strogatz, 1998), 사회문화 심리학(Axelrod, 1997), 조직 과학(Carley, 2002)에서도 점차 많이 사용되고 있는 연구 방법론을 보완해 준다. 에이전트 기반 모델링은 복잡성 이론에 근거하여 복잡한 시스템의 역학 관계에 대한 중요한 이론적·경험적 통찰을 제공해 준다(Eidelson, 1997). 그러나 ABM을 연구 도구에 통합하는 것이 실험적·서술적 방법들이 해결하지 못했던 연구 방법론적 문제들을 어떻게든 해결해 줄 것이라고 막연하게 주장할 수는 없다. 대신 각각의 방법론이 고유의 인식론적·연구 방법적 한계가 존재한다는 것을 전제하고, 서술적인 방법이 실험적 방법만을 사용해서는 알아내기 힘든 현실에 대한 통찰을 밝혀 내는 것처럼, 계량적 ABM이 실험적·서술적 접근법들과 통합되었을 때, 찾아내기 힘든 통찰을 밝혀 줄 가능성이 있다고 주장하는 것이다. 이 점을 염두에 두고, 에이전트 기반 모델링에 대해 간단히 설명하고, 연구 예시와 함께 방법론에 대해 소개하며, 더 나아가 학습환경의 복잡한 역학관계를 이해하기 위한 연구방법론적 가능성에 대해서도 논의하려고 한다.

에이전트 기반 모델링

지난 20년 동안 계량적인 에이전트 기반 모델(ABM)들과 모델링은 복잡한 물리적·생물학적·사회적 현상들에 대한 이해를 추구하는 데 중요한 도구로 부각되었다(Eidelson, 1997). 실제로 계량적인 ABM으로부터 나온 증거는 과학적 증거를 제공해 주는 세 번째 타당한 자료 그리고 과학을 하는 세 번째 방법으로 논의되어 왔다(Axelrod, 1997). 다른 두 가지는 직접적 관찰과 수학적 조작이다(Jackson, 1996). 따라서 (앞서 논의하였듯이) 계량적 ABM이 자연과학과 사회과학 분야에 널리 활용되고 있는 것은 놀라운 일이 아니다. 그럼에도 학습과 교육과학 분야의 연구자들이 계량적 ABM을 활용하기 시작한 것은 최근의 일이다(Abrahamson & Wilensky, 2005; Blikstein, Abrahamson, & Wilensky, 2006; Goldstone, 2006; Jacobson, & Wilensky, 2006). 그러나 일반적으로는 학습과학 분야에서 그리고 좀 더 구체적으로 '학습-환경'에 대한 연구에서 그러한 방법들의 잠재성과 활용에 대해서는 아직 많이 연구되지 않았다. 따라서 여기에서 ABM에 대해 종합적으로 논의하는 것은 불가능하다. 대신 개념적인 기초를 제시하고, 현재 진행 중인 연구방법적 이슈를 강조하고자 한다(자세한 내용은 Axelrod, 1997; Epstein & Axtell, 1996 참고).

ABM은 관심의 초점을 요인들에서 개별 주체들로 바꾸었다(Macy & Willer, 2002). 이제는 더 이상 요인들로 통합되는 동질적인 주체들을 가정하고 현상에 대해 연구할 필요가 없게 되었다. 대신 연구자들은 행동의 간단한 규칙들을 활용하여 각자 그들 고유의 유전적·문화적 속성을 가진 집단 내의 이질적인 주체들로서 에이전트의 다양성을 좀 더 적절하게 유지할 수 있다(Axelrod, 1997). ABM은 복잡성의 가장 기본인 역동적 미니멀리즘의 원칙(Nowak, 2004)을 보여 주는데, 부분적으로 단순한 규칙들이 종합적으로는 복잡한 발생적 행동들을 충분히 만들어 낼 수 있다는 것이다(Bar-Yam, 2003). 복잡한 행동에 대한 복잡한 설명을 요구하는 것은 인식론적 필수요소가 아니다(Casti, 1994; Kapur, Voiklis, & Kinzer, 2008). 복잡한 집합적인 행동도 (부분적 상호작용에 포함된 효용함수, 판단 규칙, 혹은 발견법 등) 단순하고 최소한의 정보로 아주 잘 설명될 수 있다. 부분적 상호작용을 지속적으로 업데이트하는 것은 시간이 흐름에 따라 현상을 '상향적' 방법으로 발생시킬 수 있다(Nowak, 2004). 공간과 시간을 넘어 서로 상호작용하는 이질적인 행동 주체들은 발생적인 전체적 구조와 패턴을 만들어 내며, 이는 다시 에이전트들 간의 그 다음 상호작용을 변증법적으로 형성하거나 제한한다. ABM은 개별 에이전트들 간의 상호작용을 계량적으로 시뮬레이션하고 그러한 시스템을 가상환경에서 진화하도록 함으로써, '상향적' 방법으로 발생적 행동들을 나타낸다(Epstein & Axtell, 1996). 그래서 ABM은 처음부터 발생적 구조들을 사실로 받아들이기보다는 이러한 구조들이 애초에 어떻게 발생되고 그것들이 발생되어 나온 부분적 행동들을 어떻게 형성하는지와 관련된 가능성의 공간을 만들어 내고 이해하려고 한다(Vallacher & Nowak, 2004 참조). 따라서 더 이상 사회적 현상의 정적인 평형 상태, 이미 발생한 현상, 혹은 통합적 요인으로 동질적인 행동주체를 단순화해버리는 것과 같은 분석에 국한될 필요는 없다. ABM을 활용하면, 발생을 야기하는 역학관계에 대한 원칙에 입각한, 상황을 주도하는 그리고 과정 중심적인 분석이 연구방법적으로 가능하다.

ABM은 자연과학과 사회과학 분야의 연구자들이 발생적 행동의 역학관계를 나타내기 위해 점점 더 많이 사용하고 있기 때문에, ABM의 잠재성에 대한 논의는 이제 더 이상 이론적인 명제에 머물러 있지 않다. 예를 들면, 양극화된 무리가 어떻게 자연스럽게 공통의 의견으로 발생되는지를 시뮬레이션하는 사회충격 이론(social impact theory)에 대한 계량적 ABM을 생각해 보자. 기존의 이론적·경험적 증거들에 기반하여, 두 개의 서로 엮여 있는 변증법적인 메커니즘을 통해 작동하는 사회적 영향력에 대한 ABM이 가설로 설정된다. 집단이 각 개인에 영향을 미치고, 각 개인이 집단에 영향을 미친다. 변증법의 강도는 집단의 크기, 개인의 설득력 그리고 물리적(혹은 사회적) 공간에서의 개인의 위치라는 세 가지 변인들의 함수로 결정된다. (사회적 영향력을 집단의 개인에 대한 그리고 개인의 집단에 대한 상호작용에 지속적으로 적용하는 것과 같은) 진화가 진행되는 동안, 시뮬레이션은 초기의 무작위적 의견 분포에서, 다수 의견의 바다 속에 존재하는 소수 의견의 섬의 발생적 구조로 진화해 나가며, 이는 실제 세계에서의 발생적 의견 구조와 다르지 않다.

인지과학 분야에서 다양한 인지적 구인을 설명하기 위해 연결주의적(connectionist) 모델들이 증가한 것은 학습을 모델링하기 위한 발생주의적 접근에 대한 또 다른 예를 보여 준다(Rumelhart, Hinton, & McClellnad, 1986). 발생주의적 모델링 접근법은 스키마의 형성(Rumelhart et al., 1986), 범주 학습(Vallabha & McClelland, 2007), 언어 규칙(Rumelhart & McClelland, 1986), 의사 결정(Usher & McClelland, 2001)과 같은 다양한 인지적 행동들을 나타내는 데 사용된다(McClellan, 2010 참조).

발생적 행동을 나타내기 위해 ABM를 사용하는 다른 예는 인지적·심리적 발달에 대한 이론 연구(Abrabamson & Wilensky, 2005; Bliksteine et al., 2006), 세대 간 문화 전파와 진화(Boyd & Richerson, 2005), 사회적 관습의 발생(Barr, 2004), 상호작용을 통한 어휘 발달(Hutchins & Hazelhurst, 1995), 사회적 규칙(Fehr & Fischbacher, 2004)과 신념 체계(Watts, 2007)의 발생, 집단 경로 형성(Goldstone, Jones, & Roberts, 2006)을 들 수 있다. 다음에서는 학습과학 연구에서 계량적 모델의 사용과 관련된 세 가지 예들을 살펴보겠다.

예시 1: Piaget-Vygotsky 모델

이 예시는 '학습환경'과도 관련 있는 학습과학 분야의 이론적 이슈를 분석하기 위해 에이전트 기반 모델링을 사용한 것이다. Abrahamson과 Wilensky(2005)는 인간이 어떻게 학습하는지에 대한 이론적 설명을 계량적으로 시각화하기 위해 사용된 에이전트 기반 모델링에 대해 연구해 왔다. 그 결과 Piaget와 Vygotsky의 학습이론을 계량적으로 예시화하기 위해 "I'm Game"이라는 NetLogo ABM을 개발하였다(Wilensky, 1999) ([그림 13-1] 참조). 이 시뮬레이션은 놀이를 하고 있는 아동 집단을 맥락으로 삼고, Piaget와 Vygotsky의 놀이와 인지적 발달에 대한 연구에 기반하고 있으며, NetLogo 컴퓨터 코드를 활용하여 상대적으로 쉽게 구현한 것이다. 기본적으로, "I'm Game"은 가상의 학습자들이 세 가지 계량적 조건의 구슬게임에서 수행을 향상시키기 위해 노력하는 '모델기반 사고 실험'이다.

첫 번째 조건에서 Piaget 플레이어들은 어떻게 구슬을 목표 지점과 가깝게 할 수 있는지 피드백(피드백을 통한 스키마의 동화)을 기반으로 구슬게임 플레이를 향상시키려고(학습) 노력하는 한편, 두 번째 조건의 Vygotsky 플레이어들은 구슬게임 과제를 좀 더 성공적으로 수행하는 다른 가상의 플레이어들을 모방함으로써 배운다. 세 번째 Piaget-Vygotsky 조건은 가상의 학습자들이 피드백과 모방 둘 다를 통해 구슬게임 플레이를 향상시키도록 프로그램 되었다. 계량적 통제로서의 '무작위' 조건도 있다.

Abrahamson과 Wilensky(2005)는 Piaget와 Vygotsky의 학습에 대한 이 모델이 "이론적 모델들에 대한 과장된 캐리커처"(p. 18)라고 조심스럽게 지적하고 있다. 그러나 또한 이 모델에 프로그램된 단순한 에이전트 규칙들이 "집단의 수준에서 흥미로운 행동적 패턴을 보여 주는 데이터를 생성해 내는 데 충분할 수 있기"(p. 18)를 바라고 있다. 그들은 다른 연구자들도 이론에 대한 서로 다른 가정들을 계량적으로 탐구하는 것이 가능하도록

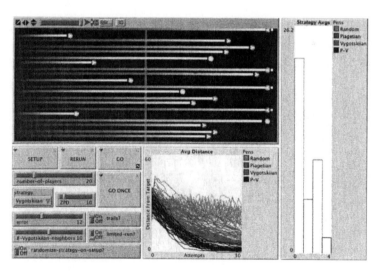

| 그림 13-1 | 상호작용 시뮬레이션 NetLogo "I'm Game" 화면
출처: Abrahamson & Wilensky (2005).

혹은 새로운 계량적 실험을 위해 서로 다른 처치 조건들을 만들어 내기 위해 자신들의 모델을 변형하는 것과 같은 학문적 담화를 촉진하는 촉진제로서의 ABM을 활용하도록 권장하고 있다.

Jim Levin 교수와 샌디에이고의 캘리포니아 대학교의 비교인지 연구소 (laboratory of comparative human cognition: LCHC) 멤버들은 이들의 연구를 계승했다(Abrahamson, Wilensky, & Levin, 2007). LCHC 그룹은 학습, 특히 Abrahamson-Wilensky(A-W)의 Piaget Vygotsky 학습을 연구하기 위한 모델링 환경으로서 NetLogo를 사용하기 시작했다. 그들은 둘로 이루어진 짝 중, 좀 더 숙련된 구성원의 변화는 없이 초보 학습자만 변하게 된다는 단방향성을 가정하고 있는 Vygotsky의 근접발달영역(zone of proximal development: ZPD)의 A-W 실행에 대한 비평을 자세히 설명하였다. 대신, LCHC 그룹은 ZPD가 (학습자와 같은) 초보 구성원과 (교사와 같은) 더 숙련된 사람 둘 다에 변화를 가져 오는 역동적 혹은 양방향의 구조라고 주장하

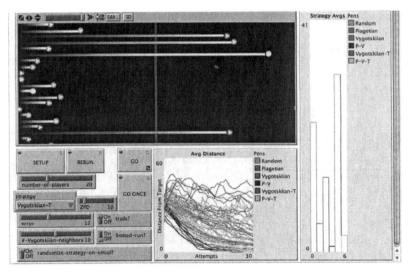

| 그림 13-2 | Jim Levin이 수정한 A-W 모델 화면
출처: Abrahamson et al. (2007).

였다. Levin은 모델의 프로그래밍에 비교적 간단한 변화를 주어서 '학생들'이 어떻게 수행하는지에 대한 이해를 바탕으로 구슬게임 '선생님'이 변화할 수 있도록 하였다([그림 13-2] 참조). 모델의 결과에 대한 자세한 설명은 Abrahamson, Wilensky, Levin(2007)을 참조하기 바란다.

예시 2: 교실에서의 협동학습

Abrahamson, Blikstein, Wilensky(2007)의 연구는 교실 학습환경을 연구할 때 사용된 서술적인 기법들을 보완·확장하는 분석적 통찰을 제공하기 위해 에이전트 기반 모델링을 사용하였다. 이를 위해 실제 교실 데이터를

| 그림 13-3 | 교실 비디오 데이터에서 나온 컴퓨터 시뮬레이션 결과의 세 가지 예시
출처: Abraham et al. (2007).

바탕으로 중학교 수학 시간에 협동하는 학생들에 대한 에이전트 기반 시뮬레이션을 개발하였다. 시뮬레이션을 실행하고 처치로부터 나온 데이터와 그 결과를 비교함으로써 컴퓨터 모델이 유효함을 입증하였다. 이 모델은 [그림 13-3]에 나타난 것처럼 학생들의 협동적 상호작용과 동일한 구조의 에이전트 기반 시각화를 제공해 주었다. 더 나아가, 이 모델은 개별 학생들이 ('계산 담당' '확인하는 사람' 혹은 '조립공' 등과 같은) 집단 내에서의 역할을 어떻게 수행하는지 그리고 그룹 간 '대사(ambassadors)'의 역할을 어떻게 수행하는지와 유사한 발생적인 참여 패턴을 생성하였다. 경험적으로, ('계산 담당'이 '조립공'보다 더 높은 수준의 수학적 사고를 하는 것과 같이) 각기 다른 역할과 관련된 다른 유형의 수학적 활동이 있는 것으로 나타났으며, 이는 또한 수학적 수행 수준과 관련이 있었다. 연구진은 실제와 가상의 행동들 간의 기능적 유사성에 대해 모델이 "관찰된 패턴의 발생에 대한 복잡하지는 않지만 독자 생존 가능한 설명"(Abrahamson et al., 2007, p. 54)을 제공해 준다고 결론 내리고 있다.

예시 3: CSCL 집단의 마르코프 모델링

실험적·서술적 방법과 함께 계량적 모델을 통합적으로 사용하는 것에 대한 연구는 CSCL(computer-supported collaborative learning, 컴퓨터 보조 협동학습)의 집단 토론에서 수렴이 발생하는 것에 대한 것으로 지금도 계속되고 있다(Kapur et al., 2008; Kapur, Voiklis, Kinzer, & Black, 2006, 참조). 복잡성 이론에 근거하여, 연구진은 집단 토론 내에서의 의견 수렴을 집단 구성원들 간의 업무상 상호작용으로부터 생기는 발생적인 행동으로 개념화하였다. 발생적 단순성과 발생적 복잡성의 개념(Bar-Yam, 2003)을 적용하면서, 미시적 수준에서 집단 구성원들의 문제 해결 상호작용을 나타내기 위해 이론적으로 타당한 단순한 규칙들을 가설로 세웠으며, 그로 인해 야기된 발생적 행동, 즉, 토론에서의 의견 수렴을 규명하였다. 일반적으로 사용되는 계량적 모델을 마르코프 연쇄(Markov walk)의 형태로 적용해 보면, 집단 구성원들 간의 상호작용은 집단이 목적을 향해 나아가게 하거나 혹은 목적에서 멀어지게 하거나, 현 상태를 유지하게 하는 목적 지향적 적응으로 개념화될 수 있다. 이러한 분석은 집단 토론에서 수렴의 발생에 대한 새로운 통찰을 보여 준다. 특히 이 모델은 실제 상호작용적 데이터에 적용되었을 때, 집단들이 토론의 초반부에 매우 수렴적이거나 혹은 발산적인 체제로 스스로 구성되는 경향이 있음을 보여 주었다. [그림 13-4]는 구조화된 혹은 비구조화된 문제 해결에 있어 낮은 수행의 집단과 높은 수행의 집단이 나타내는 수렴곡선들을 보여 준다.

　문제의 유형과 관계없이, 수렴곡선은 집단 토론에서의 초기 의견 교환

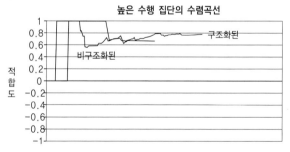

| 그림 13-4 |　구조화된 혹은 비구조화된 물리문제 해결에서
높은 수행집단과 낮은 수행집단의 수렴곡선

의 민감성을 분명히 보여 준다. 초기 의견 교환의 민감성의 발생은 구성원의 높은 수준 혹은 낮은 수준의 의견 제시가 토론의 후반부보다는 전반부에 제시되었을 때, 궁극적으로 집단의 수행에 더 큰 긍정적 혹은 부정적 영향을 끼친다는 것을 의미한다. 결론적으로, 집단의 최종 수행은 토론의 처음 30~40%에 해당되는 시간 동안 어떤 일이 발생했는지에 따라 예측될 수 있다. 수렴이 일반적으로 CSCL 연구에서 사용되었던 "코딩하고 빈도를 찾는" 방법(Suthers, 2006)보다는 집단 수행에 대해 더 강력한 예측 변수임을 보여 주었다.

ABM 접근법이 학습환경의 서로 다른 측면에 대한 이해를 증진시키기 위해 더 중요한 것은, 지금까지의 모든 예시에서 보듯 단순하고 선형적인 규칙을 사용하여 서로 상호작용하는 단순한 에이전트들이 놀랍게도 우리가 사회에서 관찰할 수 있는 현상과 질적으로 매우 유사한 발생적이고 비선형적인 패턴을 만들어 낸다는 점이다. 계량적인 ABM으로 선형성과 비선형성의 변증법적 공존을 다룰 수 있다. 그러나 회의론자들은 ABM 역시 복잡한 인간의 행동을 계량화할 수 있는 에이전트의 수준으로 환원하여 지나치게 단순화하였다는 점을 비난할지도 모른다. 실제로 그들은 '모든 모델은 잘못되었으나 몇몇은 다른 것들보다 더 낫다'고 할지도 모른다. 그러나 대규모 현상을 보여 주는 데 대규모 ABM이 사용되어 왔다는 사실에 주목할 필요가 있으며, 예를 들어, 도시계획자들을 돕기 위해 수백만 명의 이동객들이 있는 대도시의 교통을 시뮬레이션해 보는 것이다(Balmer, Naga, & Raney, 2004). 여기서 중요한 것은 ABM을 실험적 · 서술적 연구방법과 함께 통합적으로 사용하였을 때 발생적 현상으로서의 학습에 대한 흥미롭고 그럴듯한 이해, 즉 서술적 방법이나 실험적 방법만으로는 불가능한 이해를 얻을 수 있다는 점이다.

신빙성, 즉 행동과 패턴의 그럴듯함은 계량적 ABM뿐만 아니라 다른 과학적 연구방법들에도 설명력을 부여해 준다. '0.05 혹은 그 이하'의 p값이 인과적 혹은 상관적 설명을 보여 주기에 충분하다고 받아들여지는 것처럼 충분함에 대한 기준이 분야마다 다름에도 불구하고, 설명의 충분성은 과학적 탐구에 필수적이다. ABM의 설명력을 고려하였을 때, 만약 가상현실에서 최소의 변인들에 작용하는 단순한 메커니즘들이 현실적인 현상을 만들어 낸다면, 아마도 그 동일한 최소의 변인들에 작용하는 동일한 단순한 메커니즘들은 현실 세계에서 실제 현상을 만들어 낼 것이다(Nowak, 2004). 바꾸어 말하면, 실제와 똑같아 보이는 것이 아마도 실제와 동일한 것일 수 있다(Voiklis et al., 2006). 따라서 계량적 실험을 수행하기 위해 이론적으로 견고한 계량적 ABM에 대해 가설을 세우고, 그 결과를 이론적·경험적 데이터와 비교하여 유효한 것으로 입증할 수 있다(Goldstone & Janssen, 2005; Jacobson & Wilensky, 2006). 그렇게 함으로써 계량적 ABM은 Goldstone과 Janssen(2005)이 '구성을 통한 증명'이라고 부르는, 현상을 설명한다는 것에 대한 바로 그 개념을 밀고 나간다. Epstein과 Axtell(1996)은 이 개념을 다음과 같이 간단명료하게 설명한다.

관찰된 사회적 현상에 대한 설명을 구성하는 것은 무엇인가? 아마도 언젠가는 사람들이 '그것을 설명할 수 있습니까?'라는 질문을 '그것을 키울(grow) 수 있습니까'라고 묻는 것으로 해석하게 될 것이다. 인공적인 사회 모델링은 미시적 수준의 조건들이 관심 있는 거시적 현상을 만들어 내기에 충분하다는 것을 보여 주는 가상 세계에서의 사회적 구조를 '키워내는 것(grow)'을 가능하게 한다. 그리고 그것이 결국은 가장 중요한 목적이다. 사회과학자로서, 우리는 이미 발생된 집합적인 현상을 보고 그것을 만들어 낼 수 있는 미시적 규칙들을 찾는다. 그러나 그것들을 키워 내는-현대의 객체 기반 프로그래밍으로 크게 촉진되는-능력은 새로운 것이다. 실로 그것은 새로운 생성적인 사회과학의 잠재성을 드러내고 있다.

(Epstein & Axtell, 1996, p. 20)

이것이 조금은 지나치게 보일 수는 있으나, '상향적' 방법으로 발생적 사회 현상을 나타내는 혹은 '키우는' 계량적 ABM의 능력은 분명 방법과 탐구의 목적 간의 존재론적 일관성을 제공해 준다. 지식과 앎의 속성에 대한 과학적 담화 내에서 이루어지는 인식론적 그리고 그로 인한 연구방법론적 논쟁은 점차 계량적 ABM을 통합적인 연구 방법 도구의 일부로 사용하는 것을 찬성하는 쪽으로 기울고 있다. 그러나 계량적 ABM이 그 자체의 한계가 없는 것은 아니다. 예를 들면, 신빙성은 발생적 현상을 이해하기 위한 이론 정립에 매우 중요하다고 판명되기는 하였으나, 신빙성에 너무 지나치게 의존하는 것은 분명 증거의 구성요소에 대한 기준이 한계에 이르게 할 수 있다(Voiklis et al., 2006). 이 때문에 계량적 ABM으로부터 나온 결과들을 현상학적으로 검증하는 것이 꼭 필요한 것이다(Goldstone & Janssen, 2005).

그러한 현상학적 검증은 어떻게 이루어지는 것인가? Cioffi-Revilla(2002)는 가상으로 만들어진 결과가 단지 '인공적 결과물'이 아니라는 것을 확인하기 위해 계량적 ABM에 대한 민감성·불변성 분석을 하기 위한 구체적인 절차를 제안한다. 최소한 이러한 분석에는 시스템의 크기(상호작용하는 에이전트의 수), 에이전트의 기하학적 구조(에이전트가 상호작용하는 격자와 같은 공간적 풍경의 구조) 그리고 통신망 접속 형태에 따른 가상으로 만들어진 결과의 민감성과 불변성을 연구하는 것이 포함될 수 있다. 더 나아가, 가상으로 만들어진 결과는 또한 실세계의 현상에 부합하도록 조정될 필요가 있다. 현상학적 시간 조정은 개념적 시간(시뮬레이션에서 반복된 횟수)과 규준적 시간(예를 들면, 시간, 일, 월, 년, 세기) 간의 유사성을 확인하는 것을 도와준다. 현상학적 규모 조정은 가상과 실제 현상에서 발생적 현상의 규모, 크기, 혹은 강도의 측면에서의 유사성을 확인하는 것을 도와준다. 현상학적 분배 조정은 가상으로 만들어진 현상에서 발생하는 분배(예를 들면 멱(冪)법칙[3])가 실제 현상에서의 분배와 매개변수에 의해 부합하는지를 확인하는 것을 도와준다. 마지막으로 그리고 가장 중요하게, 만약 ABM이 학습과 학습환경에 대해 이해하는 것을 돕는다면, (개별 에이전트들이 어떻게 행동하고 무엇을 하는지) 행동적 수준을 넘어 학습을 위한 그들의 능력 또한 만들어 줄 필요가 있다. 이 능력을 위해, 우리는 성찰, 학습, 도구의 사용 등과 같이 이론적으로 중요한 관점들에 따라 [발생적 알고리즘(Mitchell, 1996)과 인공생명(Langton, 1995)과 같이] 스스로 발전해 나가는 에이전트들이 필요하다.

분야가 발전해 나감에 따라, '학습-환경'을 연구하기 위한 현상학적 검증의 유형은 점차 증가할 것이며, 또 그래야만 한다. 옹호자들과 회의론자들 간의 지속적인 대화가 계량적 ABM의 검증에 대한 새로운 아이디어를 만들어 내기를 바란다. 아마도, 시간이 흐르면 이러한 대화 속에서 무엇이 **충분한** 설명인지에 대한 기준과 척도가 나오게 될 것이다. 여전히 계량적 ABM만으로는 충분하지 않으며, 고립되어서는 이것이 이루어질 수 없다. 앞서 언급한 것처럼, 고유의 장점과 한계점 있음에도 불구하고 기존의 연구방법들을 기반으로 하는 통합적 접근이 필요하다. 예를 들면, (실험적, 서술적 혹은 둘 다를 사용한 방법을 통해 얻은) 기존의 이론적·경험적 이해들은 공동체 내의 개별적 에이전트들 간의 상호작용적 규칙과 중요한 변인들을 설명하는 데 사용될 수 있다. 이는 다시 에이전트들과 그들의 상호작용적 규칙들을 설계하는 데 활용될 수 있으며, 이후에 계량적 ABM이 이것을 시뮬레이션할 수 있다. 실증적 타당화에 따라, 가상으로 만들어진 전체적 행동으로부터 도출된 통찰은 다시 우리의 이론 정립 노력에 영향을 미칠 수 있다. 중요한 것은 이 순환적 과정을 반복적으로 적용하는 것은 필수적이며 우리의 연구방법론적 입장의 요지를 형성한다는 점이다. 이론과 경험적 데이터로 검증하는 반복적인 이론 구축의 순환과정을 통

---

3) 역주: 멱법칙은 한 수(數)가 다른 수의 거듭제곱으로 표현되는 두 수의 함수적 관계를 의미한다. 예를 들어, 특정 인구수를 가지는 도시들의 숫자는 인구수의 거듭제곱에 반비례하여 나타난다. 경험적인 멱법칙 분포는 근사적으로만 또는 제한된 범위에서만 적용된다.

해 우리는 발생적 현상으로서의 학습에 대해 좀 더 잘 이해할 수 있다. ABM은 이론과 경험적 데이터를 바탕으로 가설을 세운다. ABM을 활용한 계량적 실험은 다시 새로운 통찰을 제공하고, 경험적 데이터를 설명하며, 이론 구축에 영향을 미친다.

학습에 대해 연구하기 위해 사용되어 왔던 연구방법론적 접근들은 학습이 어떻게 일어나는지에 대한 우리의 이해에 강력한 그리고 종종 반직관적인 통찰을 제공해 왔다(Bransford, Brown, Cocking, & Donovan, 2000; Sawyer, 2006). 그러나 학습이 일어나는 환경은 선천적으로 복잡하고, 선형적인 학습현상이 비선형적인 복잡한 학습 시스템 내의 다양한 상호작용과 수준들로부터 변증법적으로 발생하는 것이라는 이론적 관점을 취하는 것은 학습과학 연구자들에게 큰 도전이다. 양적·서술적인 접근들을 ABM 기법과 통합하기 위해 학습환경 연구에서 새로운 연구방법을 모색하는 것은 현재 능력으로는 체계적으로 연구하기 어려운 발생적 현상으로서의 학습환경과 학습의 범주를 밝히는 데 큰 잠재력을 갖고 있다. 더 나아가, 학습의 과정에 대한 이러한 새로운 관점들을 위한 설명의 일관성을 제공하기 위해서는 새로운 이론적 관점이 필요하다.

자연과학의 역사에서 갈릴레오의 망원경 혹은 현대 고에너지물리학의 입자가속기와 같은 새로운 기기와 그에 수반되는 연구방법들은 모두 이전까지는 불가능했던 획기적인 이론적 발전을 가져왔다. 이와 유사하게, ABM은 학습환경 연구자들과 '학습-환경' 연구를 위한 새로운 도구를 제시하고 있으며, 이는 반복적인 이론 구축 순환과정의 일환이 될 것이다. Epstein과 Axtell(1996)이 좀 더 일반적으로 사회과학을 지향했던 것처럼, 이것이 새로운 종류의 '생성' 학습환경 연구 영역이 될지 확신할 수는 없다. 그럼에도 발생적 현상으로 학습을 바라보는 것은 분명 이 영역에 유의미한 생성적 담화를 이끌어 낼 것이다.

이론적 시사점

어트랙터, 무척도 네트워크, 돌연변이와 같은 복잡한 관점들은 학습환경 연구에 잠재적으로 중요한 이론적 시사점을 제공한다. 이 분야에서 20년이 넘도록 지속적으로 이론적인 '첨예한 대립'(diSessa, 2006)을 해 오고 있는 지식 표상과 개념적 변화에 대한 두 가지의 경쟁적인 이론적 관점이 있다. ① "응집된 지식(coherent knowledge: CK)" 이론은 지식을 비교적 안정적이고 일관된 것으로 개념화하고 있고, ② "분열된 지식(knowledge-in-pieces: KIP)" 이론은 아이디어를 맥락적 단서와 요인들에 의해 크게 영향받고, 분열되어 있는 것으로 본다. 간단히 말하자면, 이러한 이론들은 어떻게 지식이 표상되고 변화되는지에 대한 매우 다른 메커니즘을 제안하고 있는 것이다. Chi와 동료들이 설명한(Chi, 1992, 2005; Chi, Slotta, & de Leeuw, 1994) 것과 같은 CK 이론들은 지식은 비교적 안정적인(일관된) 분류로 표현되며, 학습은 (과학 분야의 많은 개념과 같이) 배우기 어려운 지식에 대한 분류 과정과 개념적 변화를 위한 재분류 과정을 포함하는 것이라고 제안한다. 반면, diSessa(2006)와 같은 KIP 이론은 현상론적 초안 혹은 'p-prims'[4]를 활성화하는 것과 같은 과정들은 종종 불안정하며 환경적 단서와 p-prim의 조정 수준 발달에 의해 영향받는다.

그러나 지식 표상과 학습환경을 복잡한 시스템으로 보는 것은 선형성과 비선형성의 역동적 공존으로 예측된다. 이것은 시간이 지나면서 복잡한 인지적 지식 시스템의 행동에 명료하게 나타나게 될 안정적·불안정적인

---

4) 역주: 주제에 대한 지식 부족으로 개인이 무비판적으로 수용하는 단순한 설명적·서술적 아이디어다. 이는 사람들이 관찰하는 단순한 일상현상의 초보적 추상 집합체 같은 것이다. 그러나 사태에 대한 단순한 기억과는 다른데, 사태에서 일어난 현상의 유형에 대한 추상화와 일반화라는 한 수준을 제거한 것이기 때문이다. p-prim은 과학 법칙을 암기하는 것과도 다른데, 법칙을 학습하는 것은 학습자의 의도적 추론이나 '전문가 설명'을 의미하기 때문이다. p-prim은 무의식적으로, 보다 직관적으로, 비형식적으로, 부정확한 설명이다(diSessa, 1983)

역학관계가 있다는 것을 의미한다. 무척도 네트워크에 관한 연구처럼, 복잡성의 관점에서 지식 표상과 개념적 변화에 관한 학습환경 논쟁은, CK와 KIP 이론들이 사실은 진화하고 변화하는 인지적 지식 체계의 역학관계의 다른 측면들에 초점을 맞추어 왔다는 것을 드러내고, 복잡성의 관점이 이 영역의 새로운 이론적 발전에 기여할 수 있을 것이라는 사실을 보여줄 수 있다. 다시 말해서, 선형성과 비선형성의 공존은 지식 표상과 개념적 변화는 응집적이면서 분열적일 수 있는, 즉 둘 중 하나가 아닌 둘 다일 수 있는 가능성을 제공한다.

복잡성 관점이 학습환경에 대한 이론적 이해를 발전시킬 수 있도록 관련 연구자들이 계속해서 다른 방법을 찾을 것이다. 본 장의 서두에서 이야기하였듯이, 학습환경에 대한 지금까지의 중요한 이론들은 일반적으로 Piaget의 구성주의 혹은 Vygotsky의 사회문화적 관점을 취해 왔으며, 전자를 개인적인 인지 과정의 미시적 상호작용을 중시하는 이론으로 그리고 후자를 거시적 역학관계를 종합하는 이론으로 규정할 수 있다. 유감스럽게도 이러한 입장 중 어떠한 것도 학습환경 시스템의 수준을 넘나드는 상호작용에 대한 원칙에 입각한 이론적 설명을 제공해 주지는 못하고 있다. 즉, 사회 인지적 이론들은 '학습-환경' 시스템의 사회 문화적 · 거시적 수준에서 발생적 속성들에 대해 설명하는 것이 부족하다는 것이다. 더 나아가, 사회 문화적 설명들은 어떻게 거시적 구조가 학습-환경에서 개별 에이전트들의 미시적 행동들을 제약하고 형성하는 피드백 고리를 만드는지 자세히 설명하지 않는다. 복잡성 이론과 개념적 관점이 학습환경에 대한 이론을 풍부하게 하고 앞서 논의했던 학습환경에서의 에이전트 기반 모델링 사용과 같은 새로운 연구방법론적 접근법과 연계하는 것이 가능하리라 확신한다.

결론

  본 장에서 우리는 복잡한 시스템적 틀이 제공하는 학습환경 연구를 위한 중요한 개념적·연구방법론적 시사점을 논의하였다. 현재로서는 일반적인 '복잡한 시스템에 대한 이론'이 존재하지 않는 것 같기에(Mitchell, 2009) 우리는 '틀(framework)'이라는 용어를 사용한다. 오히려 복잡한 시스템의 다양한 유형을 연구하는 학제적 분야에서는 (다중 위계적 구조, 창발적 정형화, 역동적 어트랙터, 무척도 네트워크 같은) 개념적 관점 혹은 원리들과 과학적 탐구를 수행하는 데 사용되는 표상과 담화를 위한 공통의 틀로서 기능하는 (에이전트 기반 모델링, 연결망 분석과 같은) 과학을 수행하는 방법들을 사용한다. 이처럼 다양한 분야에서 관심 있는 복잡한 시스템을 연구하는 데 구체적인 이론적 관점을 만들어 낼 수 있으며, 이는 복잡한 시스템적 틀에 기반을 두고 있기 때문에 공통적 요소를 공유하게 된다.

  복잡성의 관점들은 또한 학습환경 연구에 인식론적 의의를 갖는다. 많은 연구자는 복잡한 학습환경에 대한 설명은 반드시 복잡해야 하고(복잡성-복잡성의 인식론적 입장) 그리고 당연히 단순한 학습환경에 대한 설명은 단순할(단순성-단순성의 인식론적 입장) 것이라는 암묵적 인식론을 가지고 있는 것처럼 보인다. 그러나 복잡성에 관한 연구자들은 또 다른 인식론적 틀을 가지고 있는데, 이는 많은 복잡한 학습환경의 행동에 포함된 명백한 복잡성이 보통 자기조직화와 발생적 속성과 함께 상대적으로 단순한 규칙들에 기초한 시스템 요소 간의 상호작용과, 시스템의 서로 다른 수준 내외 피드백 메커니즘 그리고 발생하는 요소에 기초한 단순한 설명들을 가지고 있다는 것이다. 우리는 이것을 단순성-복잡성의 인식론적 관점이라고 부른다.

  그러한 인식론적 가정을 구체화하는 것은 '학습-환경'을 연구하는 연구자들이 복잡성(뿐만 아니라 경쟁하는 이론적 관점들)의 이론적·연구방법론적 실행 가능성에 대해 고려할 수 있도록 도와줄 것이다. 그러나 몇몇 연구자들은 이러한 접근법이 도전적이라고 느낄 것이다. 예를 들면, 복잡성–복잡성의 인식론적 입장을 지닌 사람은 앞서 논의했던 Abrahamson, Blikstein, Wilensky(2007)의 연구에서처럼 교실 학습환경에 대한 상대적으로 단순한 에이전트 기반 모델이 그 맥락에서의 학습의 중요한 패턴과 역학관계에 대한 통찰을 제공해 줄 수 있다는 사실을 받아들이는 데 어려움을 느낄 수 있다.

이 장은 복잡한 물리적 사회 시스템에 대한 연구로부터 나온 이론과 방법들이 '학습–환경'의 과정과 역학관계를 탐구하는 연구들을 향상시켜 줄 수 있는 방법에 대한 관심을 가져 오게 하기 위한 목적에서 집필되었다. 자기조직화와 비선형성과 같은 중요한 복잡성 구인들은 일반적인 학습과학 연구 그리고 학습환경에 대한 특정 연구에서의 개념적 담화에서 점점 더 많이 논의되고 있다. 반면 지금까지 학습과 학습환경에 대한 과학적 탐구를 수행하는 데 사용하였던 유일한 방법인 전통적인 양적·질적 연구방법들을 보완하기 위한 계량적 모델링 기법은 상대적으로 거의 사용되지 않고 있다. 그러한 개념적·연구방법론적 강화가 '학습' '학습환경' 그리고 '학습–환경'을 연구하는 연구자 공동체에 의해 실제로 받아들여졌는지는 시간이 말해 줄 것이다. "자연과학에서 가장 중요한 과제는 복잡성이 사실 단순성의 가면일 뿐이라는 것을 보여 주는 그리고 분명한 혼돈 속에 숨어 있는 패턴을 찾아내는 것이다"(Herbert Simon, 1996, p. 1)라는 명제처럼 그 대답은 긍정적일 것이라 믿는다.

【 참고문헌 】

Abrahamson, D., & Wilensky, U. (2005). *Piaget? Vygotsky? I'm game!: Agent-based modeling for psychology research*. Paper presented at the Jean Piaget Society, Vancouver, Canada.

Abrahamson, D., Blikstein, E., & Wilensky, U. (2007). Classroom model, model classroom: Computer-supported methodology for investigating collaborative-learning pedagogy. In C. Chinn, G. Erkens, & S. Puntambeka (Eds.), *Proceedings of the Computer Supported Collaborative Learning (CSCL) Conference* (Vol. 8, pp. 46-55). New Brunswick, NJ: Rutgers University.

Abrahamson, D., Wilensky, U., & Levin, J. A. (2007). *Agent-based modeling as a bridge between cognitive and social perspectives on learning*. Paper presented at the Annual Meeting of the American Educational Research Association, Chicago, IL.

Anderson, J. R., Reder, L. M., & Simon, H. A. (1997). Situative versus cognitive perspectives: Form versus substance. *Educational Researcher, 26*(1), 18-21.

Arthur, B., Durlauf, S., & Lane, D. (Eds.). (1997). *The economy as an evolving complex system* (Vol. II). Reading, MA: Addison-Wesley.

Axelrod, R. (1997). *The complexity of cooperation: Agent-based models of competition and collaboration*. Princeton, NJ: Princeton University Press.

Balmer, M., Nagel, K., & Raney, B. (2004). Large-scale multi-agent simulations for transportation applications. *Intelligent Transportation Systems, 8*, 1-17.

Bar-Yam, Y. (2003). *Dynamics of complex systems*. New York: Perseus Publishing.

Barab, S., & Squire, K. (2004). Design-based research: Putting a stake in the ground. *Journal of the Learning Sciences, 13*(1), 1-14.

Barabasi, A. L., & Bonabeau, E. (2003). Scale-free networks. *Scientific American, 288*(5), 60-69.

Barr, D. J. (2004). Establishing conventional communication systems: Is common knowledge necessary? *Cognitive Science, 28*, 937-962.

Bereiter, C., & Scardamalia, M. (2005). Technology and literacies: From print literacy to dialogic literacy. In N. Bascia, A. Cumming, A. Datnow, K. Leithwood, & D.

Livingstone (Eds.), *International handbook of educational policy* (pp. 749-761). Dordrecht, The Netherlands: Springer.

Bertuglia, C. S., & Vaio, F. (2005). *Nonlinearity, chaos, and complexity: The dynamics of natural and social systems.* Oxford, UK: Oxford University Press.

Bielaczyc, K., & Collins, A. (2010). Design research: Foundational perspectives, critical tensions, and arenas for action. In J. Campione, K. Metz, & A. M. Palincsar (Eds.), *Children's learning in and out of school: Essays in honor of Ann Brown.*

Blikstein, P., Abrahamson, D., & Wilensky, U. (2006). *Minsky, mind, and models: Juxtaposing agent based computer simulations and clinical-interview data as a methodology for investigating cognitive developmental theory.* Paper presented at the annual meeting of the Jean Piaget Society, Baltimore, MD.

Boyd, R., & Richerson, P. J. (2005). *The origin and evolution of cultures.* Oxford University Press.

Bransford, J. D., Brown, A. L., Cocking, R. R., & Donovan, S. (Eds.). (2000). *How people learn: Brain, mind, experience, and school* (expanded edition). Washington DC: National Academy Press.

Carley, K. M. (2002). Computational organizational science: A new frontier. *Proceedings of the National Academy of Sciences, 19*(3), 7257-7262.

Casti, J. L. (1994). *Complexity.* New York: Basic Books.

Chi, M. T. H. (1992). Conceptual change within and across ontological categories: Implications for learning and discovery in science. In R. Giere (Ed.), *Minnesota studies in the philosophy of science: Cognitive models of science* (Vol. XV, pp. J29-186). Minneapolis: University of Minnesota Press.

Chi, M. T. H. (2005). Commonsense conceptions of emergent processes: Why some misconceptions are robust. *Journal of the Learning Sciences, 14*(2), 161-199.

Chi, M. T. H., Slotta, J. D., & de Leeuw, N. (1994). From things to processes: A theory of conceptual change for learning science concepts. *Learning and Instruction, 4*, 27-43.

Cioffi-Revilla, C. (2002). Invariance and universality in social agent-based simulations. *Proceedings of the National Academy of Sciences, 19*(3), 7314-7316.

Clancey, W. J. (2008). Scientific antecedents of situated cognition. In P. Robbins & M. Aydede (Eds.), *Cambridge handbook of situated cognition* (pp. 11-34). Cambridge, MA: Cambridge University Press.

Cole, M., & Scribner, S. (1974). *Culture and thought: A psychological introduction.* New York: Wiley.

Dawkins, R. (1986). *Blind watchmaker.* New York: Norton.

diSessa, A. (1993). Towards an epistemology of physics. *Cognition and Instruction 10*(2), 105-225.

diSessa, A. A. (2006). A history of conceptual change research: Threads and fault lines. In R. K. Sawyer (Ed.), *The Cambridge handbook of the learning sciences* (pp. 265-281). Cambridge, UK: Cambridge University Press.

Eidelson, R. J. (1997). Complex adaptive systems in the behavioral and social sciences. *Review of General Psychology, 1*(1), 42-71.

Epstein, J. M., & Axtell, R. (1996). *Growing artificial societies: Social science from the bottom up.* Washington DC: Brookings Institution Press/MIT Press.

Fehr, E., & Fischbacher, U. (2004). Social norms and human cooperation. *Trends in Cognitive Sciences, 8,* 185-189.

Gleick, J. (1987). *Chaos: Making a new science.* New York: Viking Penguin.

Goldstone, R. L. (2006). The complex systems see-change in education. *Journal of the Learning Sciences, 15*(1), 35-43.

Goldstone, R. L., & Janssen, M. A. (2005). Computational models of collective behavior. *Trends in Cognitive Sciences, 9*(9), 424-429.

Goldstone, R. L., Jones, A., & Roberts, M. (2006). Group path formation. *IEEE Transactions on System, Man, and Cybernetics, Part A Systems and Humans, 36*(3), 611-620.

Greeno, J. G. (1997). On claims that answer the wrong questions. *Educational Researcher, 26*(1), 5-17.

Gureckis, T. M., & Goldstone, R. L. (2006). Thinking in groups. *Pragmatics and Cognition, 14*(2), 293-311.

Hermann, D. (Ed.). (2003). *Narrative theory and the cognitive sciences.* Stanford, CA: Center for the Study of Language and Information.

Holland, J. H. (1995). *Hidden order: How adaptation builds complexity*. Reading, MA: Addison-Wesley.

Huang, J. S., & Kapur, M. (2007). Diffusion of pedagogical innovations as a complex adaptive process - agent-based modeling as research method. In T. Hirashima & S. S. C. Young (Eds.), *Supporting learning flow through interactive technologies-frontiers in artificial intelligence and applications*. Amsterdam: IOS Press.

Hutchins, E. (1995). *Cognition in the wild*. Cambridge, MA: MIT Press.

Hutchins, E., & Hazelhurst, B. (1995). How to invent a lexicon: The development of shared symbols in interaction. In N. Gilbert & R. Conte (Eds.), *Artificial societies: The computer simulation of social life* (pp. 157-189). London: UCL Press.

Isenberg, D. (1986). Group polarization: A critical review and meta-analysis. *Journal of Personality and Social Psychology, 50*, 1141-1151.

Jacobson, M. J., & Wilensky, U. (2006). Complex systems in education: Scientific and educational importance and implications for the learning sciences. *Journal of the Learning Sciences, 15*(1), 11-34.

Jacobson, M. J., Wilensky, U., Reimann, P, Sengupta, E, Wilerson-Jerde, M., & Kapur, M. (2010). Learning about complexity and beyond: Theoretical and methodological implications for the learning sciences. In K. Gomez, L. Lyons, & J. Radinsky (Eds.), *Learning in the Disciplines: Proceedings of the 9th International Conference of the Learning Sciences (ICLS 2010)-Short Papers, Symposia, and Selected Abstracts* (Vol. 2, pp. 195-202). Chicago, IL: International Society of the Learning Sciences.

Johnstone, B. (2002). *Discourse analysis*. Oxford: Blackwell.

Kapur, M. (2009). Productive failure in mathematical problem solving. *Instructional Science, 38*(6), 523-550.

Kapur, M. (2010). A further study of productive failure in mathematical problem solving: Unpacking the design components. *Instructional Science, 39*(4), 561-579.

Kapur, M., & Bielaczyc, K. (2011). Designing for productive failure. *The Journal of* the *Learning Sciences*, DOI: 10.1080/10508406.2011.591717

Kapur, M., & Jacobson, M. J. (2009). *Learning as an emergent phenomenon: Methodological implications*. Paper presented at the annual meeting of the American Educational Research Association, San Diego.

Kapur, M., & Kinzer, C. (2007). The effect of problem type on interactional activity, inequity, and group performance in a synchronous computer-supported collaborative environment. *Educational Technology, Research and Development, 55*(5), 439-459.

Kapur, M., Voiklis, J., & Kinzer, C. K. (2008). Sensitivities to early exchange in synchronous computer-supported collaborative (CSCL) groups. *Computers & Education, 51*(1), 54-66. Retrieved from http://dx.doi.org/10.1016/j.compedu.2007.04.007.

Kapur, M., Voiklis, J., Kinzer, C., & Black, J. (2006). Insights into the emergence of convergence in group discussions. In S. Barab, K. Hay, & D. Hickey (Eds.), *Proceedings of the International Conference on the Learning Sciences* (pp. 300-306). Mahwah, NJ: Erlbaum.

Kapur, M., Hung, D., Jacobson, M., Voiklis, J., & Victor, C. D.-T. (2007). *Emergence of learning in computer-supported, large-scale collective dynamics: A research agenda*. Paper presented at the Computer Supported Collaborative Learning Conference, New Brunswick, NJ.

Kauffman, S. (1995). *At home in the universe: The search for laws of self-organization and complexity*. New York: Oxford University Press.

Koschmann, T., Zemel, A., Conlee-Stevens, M., Young, N., Robbs, J., & Barnhart, A. (2005). How do people learn? Members' methods and communicative mediation. In R. Bromme, F. W. Hesse, & H. Spada (Eds.), *Barriers and biases in computer-mediated knowledge communication* (pp. 265-294). Boston: Springer-Verlag.

Kruse, P., & Stadler, M. (1993). The significance of nonlinear phenomena for the investigation of cognitive systems. In H. Haken & A. Mikhailov (Eds.), *Interdisciplinary approaches to nonlinear complex systems* (pp. 138-160). Berlin, Germany: Springer-Verlag.

Langton, C. (Ed.). (1995). *Artificial life: An overview*. Cambridge, MA: MIT Press.

Lemke, J. J. (2000). Across the scales of time: Artifacts, activities, and meanings in ecosocial systems. *Mind, Culture, and Activity, 7*(4), 273-290.

Lorenz, E. N. (1963). Deterministic nonperiodic flow. *Journal of Atmospheric Science, 20*, 130-141.

Macy, M. W., & Willer, R. (2002). From factors to actors: Computational sociology and agent-based modeling. *Annual Review of Sociology, 28*, 143-166.

McClelland, J. L. (2010). Emergence in cognitive science. *Topics in Cognitive Science, 2*(4), 751-770.

Mitchell, M. (1996). *An introduction to genetic algorithms*. Cambridge, MA: MIT Press.

Mitchell, M. (2009). *Complexity: A guided tour*. New York: Oxford University Press.

Norman, D. (1993). Cognition in the head and in the world: An introduction to the special issue on situated action. *Cognitive Science, 17*(1), 1-6.

Nowak, A. (2004). Dynamical minimalism: Why less is more in psychology. *Personality and Social Psychology Review, 8*(2), 183-192.

Nowak, A., Szamrej, J., & Latane, B. (1990). From private attitude to public opinion: A dynamic theory of social impact. *Psychological Review, 97*, 362-376.

Piaget, J. (1980). *Adaptation and intelligence: Organic selection and phenocopy* (S. Eames, Trans.). Chicago: University of Chicago Press.

Pribram, K., & King, J. (Eds.). (1996). *Learning as self organization*. Mahwah, NJ: Lawrence Erlbaum Associates.

Rumelhart, D. E., & McClelland, J. L. (1986). On learning the past tenses of English verbs. In J. L. McClelland & D. E. Rumelhart (Eds.), *Parallel distributed processing: Explorations in the microstructure of cognition* (Vol. II, pp. 216-227). Cambridge, MA: MIT Press.

Rumelhart, D. E., Hinton, G. E., & McClelland, J. L. (1986). A general framework for parallel distributed processing. In D. E. Rumelhart, J. L. McClelland & the PDP Research Group (Eds.), *Parallel distributed processing (Vol, 1: Frameworks)*. Cambridge, MA: MIT (Bradford) Press.

Rumelhart, D. E., Smolensky, P., McClelland, J. L., & Hinton, G. E. (1986). Parallel distributed processing models of schemata and sequential thought processes.

In J. L. McClelland & D. E. Rumelhart (Eds.), *Parallel distributed processing: Explorations in the microstructure of cognition* (Vol. II, pp. 7-57). Cambridge, MA: MIT Press.

Sacks, H., Schegloff, E. A., & Jefferson, G. (1974). A simplest systematic for the organization of turn-taking in conversation. *Language, 50*(4), 696-735.

Sawyer, R. K. (1999). The emergence of creativity. *Philosophical Psychology, 12*(4), 447-469.

Sawyer, R. K. (2004). The mechanisms of emergence. *Philosophy of the Social Sciences, 34*, 260-282.

Sawyer, R. K. (Ed.). (2006). *Cambridge handbook of the learning sciences.* Cambridge, UK: Cambridge University Press.

Schwartz, D. L. (1995). The emergence of abstract dyad representations in dyad problem solving. *Journal of the Learning Sciences, 4*(3), 321-354.

Simon, H. A. (1996). *The sciences of the artificial.* Cambridge, MA: MIT Press.

Stahl, G., Koschmann, T., & Suthers, D. D. (2006). Computer-supported collaborative learning. In K. I. Sawyer (Ed.), *The Cambridge handbook of the learning sciences* (pp. 409-425). Cambridge, UK: Cambridge University Press.

Suthers, D., & Hundhausen, C. (2003). An empirical study of the effects of representational guidance on collaborative learning. *Journal of the Learning Sciences, 12*(2), 183-219.

Suthers, D. D. (2006). Technology affordances for intersubjective meaning making: A research agenda for CSCL. *International Journal of Computer-Supported Collaborative Learning, 1*(3), 315-337.

Usher, M., & McClelland, J. L. (2001). On the time course of perceptual choice: The leaky competing accumulator model. *Psychological Review, 108*, 550-592.

Vallabha, G. K., & McClelland, J. L. (2007). Success and failure of new speech category learning in adulthood: Consequences of learned Hebbian attractors in topographic maps. *Cognitive, Affective and Behavioral Neuroscience, 7*, 53-73.

Vallacher, R. R., & Nowak, A. (2004). Dynamical social psychology: Toward coherence in human experience and scientific theory. In A. W. Kruglanski &

E. T. Higgins (Eds.), *Social psychology: Handbook of basic principles*. New York: Guilford Publications.

Voiklis, J., Kapur, M., Kinzer, C., & Black, J. (2006). An emergentist account of collective cognition in collaborative problem solving. In R. Sun (Ed.), *Proceedings of the Cognitive Science Conference* (pp. 858-863). Mahwah, NJ: Erlbaum.

Vygotsky, L. S. (1978). *Mind in society: The development of higher psychological processes*. Cambridge, MA: Harvard University Press .

Watts, D. J. (2007). *The collective dynamics of belief*. Paper available online at http://cdg.columbia.edu/uploads/papers/

Watts, D. J., & Strogatz, S. (1998). Collective dynamics of 'small world' networks. *Nature, 393*, 440-442.

Wilensky, U. (1999). *NetLogo*. Evanston, IL: Center for Connected Learning and Computer-Based Modeling. Northwestern University (http://ccl.northwestern.edu/netlogo).

찾아보기

인명

내 용

저자 소개

1장   Susan M. Land(Pennsylvania State University)

       Michael J. Hannafin(University of Georgia)

       Kevin Oliver(North Carolina State University)

2장   Sasha Barab(Arizona State University)

       Thomas M. Duffy(Indiana University)

3장   Pablo Pirnay-Dummer(Albert-Ludwigs-University of Freiburg)

       Dirk Ifenthaler(Albert-Ludwigs-University of Freiburg)

       Norbert M. Seel(Albert-Ludwigs-University of Freiburg)

4장   David H. Jonassen(University of Missouri)

       Matthew A. Easter(University of Missouri)

5장   E. Michael Nussbaum(University of Nevada, Las Vegas)

6장   Janet L. Kolodner(Georgia Institute of Technology)

       Brian Dorn(University of Hartford)

       Jakita O. Thomas(Spelman College)

       Mark Guzdial(Georgia Institute of Technology)

편저자 소개

David H. Jonassen
University, Ph.D.(Educational Media 전공)
전) University of Missouri, Pennsylvania State University,
    Learning Technologies and Educational Psychology 교수
연구분야: 인지도구, 문제해결학습

Susan M. Land
Florida State University, Ph.D.(Instructional Systems Design 전공)
현) Pennsylvania State University, Instructional Systems Program 교수
연구분야: 개방형 테크놀로지 기반 학습환경

역자 소개

한승연(Seungyeon Han)

이화여자대학교 교육공학과 학사 및 석사

미국 University of Georgia, Ph.D.(Instructional Technology 전공)

현) 한양사이버대학교 교육공학과 및 동대학원 교수

    한국교육공학회, 한국기업교육학회, 한국멀티미디어언어교육학회 이사

연구분야: 학습이론, 온라인 협력학습, 테크놀로지 기반 학습, 교수설계

e-mail: synhan@hycu.ac.kr

한인숙(Insook Han)

고려대학교 교육학과 학사 및 석사

미국 Teachers College, Columbia University, Ed.D.(Instructional Technology & Media 전공)

현) 한양사이버대학교 교육공학과 및 동대학원 교수

    한국교육공학회 이사

연구분야: 멀티미디어 학습, 인지학습, 교수설계, 이러닝

e-mail: hanis@hycu.ac.kr

학습환경 설계의 이론적 기반

Theoretical Foundations of Learning Environments-2nd Edition

2014년 10월 1일 1판 1쇄 인쇄
2014년 10월 10일 1판 1쇄 발행

엮은이 • David H. Jonassen · Susan M. Land
옮긴이 • 한승연 · 한인숙
펴낸곳 • ㈜ 학지사

　　　　　121-838 서울특별시 마포구 양화로 15길 20 마인드월드빌딩
대표전화 • 02)330-5114　　팩스 • 02)324-2345
등록번호 • 제313-2006-000265호

홈페이지 • http://www.hakjisa.co.kr
커뮤니티 • http://cafe.naver.com/hakjisa

ISBN 978-89-997-0497-0　93370

Korean Translation Copyright ⓒ 2014 by Hakjisa Publisher, Inc.

정가 19,000원

역자와의 협약으로 인지는 생략합니다.
파본은 구입처에서 교환해 드립니다.

이 책을 무단으로 전재하거나 복제할 경우 저작권법에 따라 처벌을 받게 됩니다.

인터넷 학술논문 원문 서비스 **뉴논문** www.newnonmun.com

이 도서의 국립중앙도서관 출판시도서목록(CIP)은 서지정보유통지원
시스템 홈페이지(http://seoji.nl.go.kr)와 국가자료공동목록시스템
(http://www.nl.go.kr/kolisnet)에서 이용하실 수 있습니다.
(CIP제어번호: CIP2014027297)